吳汝鈞著

佛學研究方法論

《下冊》

臺灣學生書局印行

佛學研究方法論三版　目錄

下冊

符號邏輯研究法：

實踐修行法：㈠

附錄：

補遺：

維也納學派方法：陳那之認識論

服部正明原著

一、正理學派對佛教的批判

在《正理經》（Nyāyasūtra，正理學派的提綱挈領的文獻）第四編第二章定句二六—三七中，曾批判過佛教學派的思想；這思想「不承認對應于觀念的外物在外界的實在性，認爲所有觀念都是謬誤」。在這一批判中，我們可以見到一些與龍樹（Nāgārjuna，紀元一五〇—二五〇左右）的《中論》（Mūlamadhyamakakārikā）的詩節相類似的表現，和一些與《迴諍論》（Vigrahavyāvartanī）的內容有關係的論述。這個批判，與《正理經》第二編一樣，其批判對象，都被認爲是中觀思想。（註一）本文的目的，在檢討代表中期大乘佛教的唯識學派的認識論（譯者案，即主要是陳那的認識論）；首先，我們要對這裏提到的正理學派對中觀思想的批判，研究一下。

觀念的對象，其眞性是不能透過理性的分析考察來認識的。譬如，對應于「布」一觀念的布的實在物，是被認爲是實在的；絲則據分析的考察，被確認出來。倘若我們把絲一根一根地抽去，則被確認爲實在的布，便變成無有了。由于布不能外于絲而被認識，故所謂「布」一觀念，不過是在沒有對象的情況下生起的錯誤觀念而已。所有的觀念，都是如此。因此，觀念全是虛妄的。——這卽是定句二六所介紹的佛教學派的主張。對此，正理學派展開其反駁的論點，如下面所示。

透過理性的分析考察來識別物件，正是認識物件的眞性哩。正理學派以爲，知有之物爲有，知無之物爲無，這些知，亦是對物件的認識。因此，說物件依理性而被識別，但又說其眞性不能被認識，這是矛盾的。（定句二七）

一實體以其他實體爲質料因，通過它而使自己能以結果的身份來存在；這實體，是不能外于質料因的實體而被認識的。兩個實體，例如布與壺，沒有質料因與結果的關係，可以分別地被知覺。但絲是布的質料因，布依絲而存在，故布不能外于絲而被認識。（定句二八）

我們的認識，都是通過知識手段（pramāṇa）的；不管這被認識的東西，是存在的，抑是不存在的。對于在房間的一個角落的壺，我們透過知覺來認識它的顏色與形狀。對于遠方的山嶺，我們則藉着煙的知覺，透過推理，來認識它的火。又，我們對于一些事，如提婆達多不在家（他在家中的非存在），牛不是馬（馬在牛中的非存在），都透過知覺來認識。乃至于人的種種活動，都是以對象的認識爲基礎；而這對象的認識，是通過知識手段而來的。通過理性而來的識別，正是倚賴知識手段去認識對象哩。因此，倘若物件的眞性不能被認識的話，則人的一切活動，便都不能成立了。（定句二九）

「一切都不存在」，這個認識，倘若能通過知識手段而成立，則由于在這個認識中，有某些點不能被否定，故「一切都不存在」一肯認，不免自己矛盾哩。「一切都不存在」，這個認識，倘若不能通過知識手段而成立，則我們根據甚麼能說「一切都不存在」呢？「一切都不存在」一事，倘若能夠不倚靠對這事的認識而成立，則「一切都存在」，當亦能夠不倚靠認識而成立了。由此可以見到，所謂「一切都不存在」一肯認，不論我們對它的認識能否成立，都是不合理的。（定句三〇）

這是正理學派的實在論，我們會在後面作總結來敍述它。正理學派認爲，不管是存在的抑是非存在的東西，都要透過知識手段來認識；故觀念不單純是主觀的事。佛教學派與這個學說不相容，它的主張，在這裏再度被提出來。——所謂知識手段（pramāṇa）、知識對象（prameya）一類觀念，與在夢中出現的對象的觀念一樣，都只是妄想而已，與實在並不相應。我們也可以用夢幻、海市蜃樓一類東西，來比喻這些觀念哩。（定句三一—三二）以下是正理學派的批判，這批判卽環繞着這些比喻而展開。

首先必須指出的是，佛教學派爲了證立知識手段等觀念的虛妄性，只舉比喻，而未有陳述理由。缺乏理由的陳述，要達到證立其主張的目的，是不可能的。（註二）夢中對象的知覺之所以爲虛妄，是由于覺醒時同樣對象不能被知覺之故。倘若夢的比喻，含有這樣的意思——覺醒時不能被知覺，卽非實在，則應有這樣的結論，卽是，覺醒時可被經驗的知識手段、知識對象，是實在的。「A不能被知覺，故A非實在」，這種說法，只能在肯定「能被知覺卽是實在」這一前提下成立。倘若以爲，不管A能否被知覺，A皆非實在的話，則不能被知覺這一事實，便不能作爲證立A的非實在的理由了。（定句三三）

又，在正理學派看來，說夢中能被知覺的對象非實在，亦是不能肯定的。人在夢中知覺種種對象，相應地有畏怖和欣喜的感覺。倘若夢中出現的東西全非實在，則要說明這樣的夢的多樣性，便不可能了。正理學派以爲，夢中知覺，是以醒覺時被知覺的東西爲對象的。這與想像、慾望以過去曾經驗過的東西爲對象，是同樣的。因此，依醒覺時意識的功能，能知夢中知覺之誤。以非A爲A，是錯誤的認識，人在誤以非A爲A時，他當是預先已知道過A了。未嘗見過象的人，是不會誤認岩石爲象的。關于夢中的知覺，亦可同樣說。當說「在夢中見象」、「在夢中見馬」時，象與馬雖不在夢中存在，但對它們所生起的知覺，是以曾經被知覺過的象與馬爲對象的。由是，夢中知覺亦以實在的東西爲對象，不能說爲全是虛妄。（定句三四）

夢中的知覺，是這樣的構造，即是，在沒有A的場合中，見到過去認識的A；依夢醒時的意識，知道夢中的A的非存在，A的存在不過是一錯覺時，這個知覺便會消失。同樣，在平時，由于一些原因，致有錯誤的認識，但當對象的眞性被認識時，這個錯誤的認識便會消失。人們由遠方看直立的樁子，以爲這是一個站立着的人。但當走近樁子，而知覺這是樁子時，這個錯誤的認識，便會消失了。因此，當知道某一觀念是錯誤的認識時，即是事物的眞性被正確地認識之時哩。

佛教學派爲了證示觀念的謬誤性，舉出了幻象、蜃樓和海市的比喻；這都是以特定的東西作爲對象的錯誤的認識，不能說爲是欠缺對象的虛妄。因此，當對象的眞性被認識時，這些錯誤的認識，便會消滅。（以下我們看看一些例子）

㈠當魔術師向具有馬的形狀的木片念咒時，觀衆即知覺到虛幻的馬。

㈡當濃霧順着街巷的形狀擴散開時，從遠方看的人便會生起「這是街巷」的錯誤的認識。

沒有霧時，這種認識便不會生起。

㈢當太陽光線由于地熱關係而搖曳時，在遠方的人便會升起「這是水」的錯誤的認識。在這地點附近的人，便不會生起是水的認識。

像這樣，不管是那一種場合，在錯誤的認識中，都有特定的對象，使這錯誤的認識生起。同時，在這些例子中，其共通點是，對同一東西具有兩種認識。觀衆認識爲馬的東西，在魔術師則知其爲木片。對遠看的人爲街巷，爲水的，附近的人則知其爲霧，爲搖曳的太陽光線哩。前者是錯誤的認識，後者則是認識對象的眞性。對象的眞性倘被認識，錯誤的認識便會消滅。假若我們以觀念全是虛妄的話，則這樣的情況，便不能成立了。（定句三五）

佛教學說否定知覺、推理等的知識手段，以認識爲虛妄。正理學派則主張，卽使在錯誤認識的場合下，對象仍是實在的。因此，正理學派自然沒有理由容許佛教學說了。錯誤的認識，有其發生的原因。當錯誤地以樁子爲人時，其認識卽以兩者的相似性爲原因。卽是說，從遠方看對象，它具有人立着的形狀；這錯誤的認識的生起，是由于我們把不在知覺中的人的特殊性，付託給這個對象之故。虛幻的馬和蜃樓的街巷的情況，也是一樣，錯誤的認識的發生，其原因都是可理解的。我們不能否認具有原因的認識，以爲它只是虛妄。再者，譬如說吧，當患眼疾的人說有兩個月亮時，旁人都可明顯地知道，他犯有認識上的錯誤。被確認是存在的，卽不是虛妄。錯誤的認識，只有在具有其原因而存在的情況下，在正確的認識生起時，才會像夢中出現的對象那樣，消失掉。（定句三六）

佛教學派認爲「以香爲香是錯誤的認識」，這是由于它對錯誤認識的構造，未有理解哩。

按在錯誤的認識中，作爲觀念所本的別的對象，被覆蓋在眞實的對象之上。作爲「人」這一觀念的本來對象（pradhāna）的人，由于形狀的相似性，被覆蓋在眞實對象（tattva）的椿子之上；由此而認椿子爲人，這是錯誤的認識。在認旗幟爲鶴，認石頭爲鳩的場合，也是一樣，在眞實的對象之上，蓋上別的與它相似的對象。這樣地分兩重來執取被覆蓋的對象，是錯誤的認識。但對香這一對象，我們並不在其上用別的對象來覆蓋它，而把它認識爲香。故這不能說是謬誤。（定句三七）

二、龍樹對正理學派的批判

通過多位學者的研究，我們可以普遍地知道龍樹在《迴諍論》、《廣破論》（Vaidalya-prakaraṇa）中對正理學派的批判了。（註三）龍樹的批判的旨趣，是這樣表示的：他指出容許知識手段（pramāṇa）和知識對象（prameya）的實在性，在邏輯上是矛盾的，由此而表明這兩者都無本體（svabhāva）。以知覺爲例而言，倘若以爲知覺能在不需對象的情況下，自體卽能成立，則知覺便會變成不是任何東西的知覺了。但說知覺依于對象而成立，亦是不可能的。因爲（知覺尚未發生，）尚未發生的東西，是不能依存其他東西的。我們也不能有這種想法：在依存對象以前旣已生起的知覺，可依存對象，重新成立。又，倘若容許知覺依存對象而成立，則由于對象在知覺之先，已作爲對象被確立了，故根據知覺來確立對象，便變成不必要了。再者，在這個情況，由于知識手段與對象間的確立與被確立的關係變成逆轉，故對象必須說是知識手段，知識手段必須說是對象，（這如何可能呢？）龍樹在《迴諍論》中，卽舉出父與子的例子。子由父而生；但由于父在子生時，才開始成爲父，故說子生父，亦當是可以的。從這個觀點看，變成子即是父，父即是子。實際來說，「父」、「子」都是為了成就日常的習慣而被假構出來的語言；父這一實體，子這一實體，實在是沒有的。對于知識手段與對象，亦可同樣說。兩者不過是習慣上的名稱而已，並無對應于名稱的本體。

龍樹即通過這樣的批判，證示知識手段、對象不能各各有其本體。他强調，名稱與概念是與實在不相應的假構。倘若在事物中，有對應于名稱與概念的不變異的本體，則由于本體恆常是自己同一的和不變化的，故我們便一定要否認在事實上的現象的流動變化了。龍樹的意思是，名稱與概念是日常習慣的基礎，我們要透過闡明這名稱與概念的虛僞性，强調要遠離語言的虛構，直接觀照現象事實的眞實相狀，而開示出「圓滿的智慧」（prajñāpāramitā，般若波羅蜜多）的立場。

三、正理學派的認識論

現存的《正理經》，由五編構成。第一和第五兩編的內容，是討論論證法的標示、定義和分類各事項，這論證法以知識手段和知識對象為開始。第二、三、四編則是檢討他人對于定義的批判，和檢討對這些批判的反應和答覆；這檢討稱為parīkṣā。由于在這檢討部份中，預認了在《廣破論》等作品中所表示的龍樹的學說，故這部份的成立，最低限度是在龍樹以後。正理學派為了確立論證法則，因而考察過知識手段問題。它對于語言與概念，並無不信任。「圓滿的智慧」的志向，離開言說，那是在邏輯思考的領域以外的；後者立根于日常的經驗。龍樹即使批判了正理學派，但它的基本見解，却未有改變，仍然以為，概念必須以在外界存在的東西，作指示的對象。

不過，正理學派並不是如龍樹所批判的那樣，視知識手段爲實在。pramāṇa（知識手段）這一詞語，是由接尾辭-ana附加在pra-mā（測量）之上而成的名詞，-ana是道具、手段之意。這詞語的原來意思，是「測量用的道具」，卽秤、準繩等，亦有知覺、推理的意思，這卽是測量或測知對象的手段。換言之，所謂pramāṇa，卽是認識的原因（upalabdhi-hetu）。（註四）

不用說，認識的原因，因個別的認識而不同。譬如說吧，認識的原因，只在知覺中特有的，是感官與對象的接觸。知覺壺的顏色與形狀，與知覺太鼓的聲音，無論在感官、對象，甚至是兩者的接觸，都是不同的。知覺壺時，眼睛或者它與壺的接觸，稱爲「知識手段」；但眼與這接觸，並不恆常地是知識手段。因此，說對應于「知識手段」這個名稱的東西是存在的，並不表示它能恆常地保持它作爲知識手段的同一性。被稱爲「知識手段」的東西，依對應于不同的個別的認識，而有不同。帶來某一個認識的「知識手段」，在別的認識場合中成爲知識對象」，這種情形亦是有的。例如，在知覺中，感官是「知識手段」，我們對它並不能直接地知覺，但它的存在，可通過知識的發生的事實，推理出來，因此，這便是「知識對象」。《正理經》曾以秤爲例子，顯示出同一物可以是「知識手段」，也可以是「知識對象」。（註五）當測量金屬的重量時，秤是「測量用的道具」，金屬是「被測量的對象」。但當金屬被量出有這樣的重量，而被用來決定秤的刻度時，金屬卽變成「測量用的道具」，秤卽成「被測量的對象」。「知識手段」與「知識對象」的關係，亦與這相同。因此，所謂「知識手段」，是認識的原因每次給予的名稱，並無恆常地對應這個名稱的不變異的東西。不過，說這個名稱缺乏對應物，是虛妄的東西，也是不成的。

復次，正理學派以爲，作爲知覺的原因的感官，或感官與對象所成的接觸，被知覺的對象，都不是有恆常不變的本體。除了單體的原子，及虛空、時間、空間等之外，所有的實體，都是由多數的構成要素，集合而成，故是會消滅的。知覺對象與感官，也是這樣的實體。兩者的接觸（saṃnikarṣa），是感官與對象這兩種實體所有的屬性的結合（saṃyoga），這是在具有一定原因的情況下生起的，是會消滅的。（註六）

故對于正理學派來說，說知識手段這樣的不變異的存在是有，說知識對象有本體，是實在，都是不可認許的。正理學派批判的矛頭，指向龍樹，在它的檢討中，以再確認自家學說的立場的正當性作結；這卽是，所有的名稱與概念，必對應于外界的實在。卽使是錯誤的觀念，由于它是透過把別的對象，覆蓋在實在的對象之上而生起，故它不能是缺乏對象的虛妄。若依知識手段來認識實在，卽會帶來正確的觀念。正理學派卽基于這樣的見解，來考察知識手段的問題。

現存最古的《正理經》的註釋，有五世紀前半期左右的學者瓦兹耶耶拿（Vātsyāyana）所著的《正理釋論》（Nyāyabhāṣya）。這書的前頭，這樣地記載着：「在通過知識手段來理解對象時，由于（人的理解的）活動是有效的，故知識手段也具有效果。」（註七）這表示一個意思：知識的眞僞，可通過（研究）以這知識爲基礎的活動是否有效，卽知識與活動間有無整合性，而被檢證。例如，知對象爲水的知識，在限于「飲」或「沐浴」一類活動是以這知識爲基礎，而後能實現出來，這樣的情況下，是眞知。知陽炎爲「水」的知識，因不能成就這樣的活動，故是僞知。「知識手段」帶來眞知，因而這是「具有效果的」（arthavat）。瓦兹耶耶拿又說，人以義務、實利、幸福和解脫，作爲他的目標，而放棄與它們相反的東西；這人的作爲，是以這樣的意識爲前提的：自家的知識，是通過正確的知識手段而得的。（註八）總之，人的一切合目的的行爲，其基礎，是依知識手段而來的對于對象的理解。

唯識思想通過無著（Asaṅga，三九〇—四八〇左右）與世親（Vasubandhu，四〇〇—八〇左右），而成爲系統的哲學。在此之前，正理學派曾經考察過知識手段；其他學派也有進行這個工作。五世紀左右的學者撒巴拉斯瓦明（Śabarasvāmin），是最先注解《彌曼差經》（Mīmāṃsāsūtra）的人，即認許六種知識手段；即在正理學派所列舉的知覺、推理、證言（śabda）和類比（upamāna）之上，再加上邏輯的要求（arthāpatti）和非存在（abhāva），共六種。（註九）彌曼差學派意圖樹立原則，來解釋祭式的規定；它很早已展開有關知識手段的學說了。《正理經》的第二篇，曾批判過視邏輯的要求和非存在爲獨立的知識手段的見解。（註一〇）另外，數論學派的毗梨沙伽那（Vārṣagaṇya，四〇〇左右），曾在他的《六十科論》（Ṣaṣṭitantra）中，詳論有關知識手段的事。（註一一）

四、早期佛教的認識論

佛教的各派，特別是說一切有部與經量部，也有精緻的認識論。世親所寫的《阿毗達磨俱舍論》（Abhidharmakośa，略稱《俱舍論》），比《唯識二十論》（Viṃśatikā Vijñapti-mātratāsiddhiḥ）和《唯識三十頌》（Triṃśikā Vijñaptimātratāsiddhiḥ）爲早出；這書吸收了由經量部立場而來的批評，對說一切有部學說作了總結。其中含有不少關于認識條件與過程的考察。這裏的主題，常與《大毗婆沙論》的論點相應。按《大毗婆沙論》是在迦膩色迦（Kaniṣka）王時代編纂的說一切有部的百科全書。

《俱舍論》第一章（界品）中，（註一二）記有學者對某一問題的不同見解。這問題是有關「見」顏色與形狀的機能的；即是，這機能是屬于感官的眼呢，抑是屬于心識呢？倘若以爲眼中有認識機能，則心在作聽覺以至觸覺的活動時，視覺認識應該都能生起，但這便與說一切有部的基本說法矛盾了；這說法是，兩種以上的認識，不能同時生起。另一方面，倘若以爲見的機能屬心識，則由于心識不爲其他的存在要素所抵觸，這樣，人便亦應該能夠看到爲牆壁所遮隔的對象了。此中，各種說法的支持者，對這樣的疑點，都提出了解答；世親即採取非難與應答的方式，詳細討論這些解答所更生起的問題，他也說及經量部的主張。說一切有部認爲，正統的說法是，正在作視覺活動的心，即是眼識，而與眼識一齊作用的眼，能夠見物。《俱舍論》更進而討論很多問題，例如，在感官知覺對象時，感官是否與對象接觸呢，又感官能否知覺到與它自身不同大小的對象呢，等等。（註一三）六種感官中，嗅覺、味覺、觸覺這些器官，直接接觸它們的對象；視覺、聽覺器官則知覺遠方的東西，其所知覺的，不必限于與自身等量的東西；思考器官則由于對過去、未來的東西都能認識，故不與對象接觸，而且由于思考器官是沒有形體的，故不能與對象的大小作比較。凡此都是此中論及的內容。

這樣的考察，並不只在部派佛教中進行。《正理經》第三篇，採取數論學派與正理學派間的非難與應答的方式，展開議論，其內容幾乎與上面的相同。（註一四）五世紀左右的自在黑（Īśvarakṛṣṇa）曾寫有《數論頌》（Sāṃkhyakārikā），這是對數論學說的提綱契領書；在對這書作註釋的古註中，即記載有這一議論，作爲對正理學說的批判。（註一五）正理學派以爲，感官由元素所構成，具有知覺元素屬性的能力。數論學派則直接地視感官爲由自我意識（ahaṃkāra）開展出來的東西，更追溯遠些的話，可說是由理性（buddhi）所開展出來的東西。這學派把認識中的主要任務，歸劃給理性。很明顯地看出，認識機能在眼中的主張，近于正理學說；認識機能在識中的主張，近于數論學說。由自我意識開展出來的感官，被認爲具有心的性格，故能及于卽使是在遠方的對象，能捕取與其自體的大小相異的對象。由元素構成的感官，則不能離開其處所，亦不能接觸與自身不是等量的東西。另外一些問題，例如，心的感官何以不能知覺爲牆壁所遮隔的東西呢，而需要與對象接觸的感官，又何以能知覺爲水晶等透明體所隔的對象呢，等等，這些問題，與《俱舍論》的看法亦相同。

對于認識機能屬感官抑屬心一問題的考察，我們可以追尋它的更遠古的淵源。在古《奧義書》中，可以找到視覺、聽覺等機能各各有其獨立性的說法，亦有這樣的說法，謂各個機能可由自我開展出來，像火花由火源飛散開來一樣哩。前一種說法，與正理學說的關係，已不能透過思想史來追尋了；但關于後一種說法，則我們可以清楚地了解到其中的過程：這說法經過大敍事詩中的哲學思想，而向數論學說展開。（註一六）

原始佛典把六種感官及其對象，列擧出來，成爲「十二領域」；此中並無認識論的考察的意味。由感官接觸對象而生的感受，引起對對象的執着；執着卽生渴愛（tṛṣṇā）。這渴愛帶來生命的苦惱，成爲輪廻的原因。要從輪廻中解脫，必須把感官從對象方面引回來，不斷地監視它，不使它投向對象。原始佛教卽這樣地從解脫論的觀點，來處理感官與對象的問題；但未能檢討感官是否由元素構成的問題，也沒有討論有關認識過程的種種問題。但到部派佛教，則同時與其他學派考察知識手段的問題，並在與其他學派共通的課題的意識下，使其認識論學說化。

部派佛教中最有力的說一切有部，將所有事象，分析爲存在要素（dharma），而開展出獨特的實在論。這不是我們目前要考察的主題。不過，在「知識以外界實在的東西作爲對象」的這一界限中，部派的見解，與正理學說共通。龍樹曾尖銳地指出知識不與實在相應，但他只把知識主體與知識手段放在與對象相同的平面上，把它們只作爲存在的東西來討論；却未有把有關知覺表象與概念的成立過程，及這過程中的感官機能與意識機能，當作問題來討論。因此，他對正理學派及說一切有部學說的反駁，不能算是對其認識論的內在的批判。不過，（我們可以這樣說，）正理學派的立場，是把知識眞僞的決定基準，放在以這基準爲根本的活動的有效性上；它以通過知識手段而得的對象的知識，作爲人的種種活動的前提。龍樹與它却不相同，他的立場，清楚地闡明，使習慣得以成立的概念，實際上正是虛構哩。龍樹的這個立場，成了大乘佛教哲學思想的基石。唯識學派的認識論，卽在這個基石之上，復活部派佛教的阿毗達磨傳統，而使之樹立起來。按知覺如實地捕捉實在，而概念、判斷和推理則以非實在爲對象。唯識學派的認識論的特徵，卽表示于它把知覺從概念、判斷和推理中判別開一點上；又可以從它確立表象主義的立場上看到。這表象主義的立場，由對外界實在論的批判而來。

五、勝論學派的實在論

以外界實在論爲立足點的學派，認爲與外界對象對應的知識（yathārthajñāna），是眞知；這卽是如實地模寫對象的知識。（他們以爲，）與對象不一致的知識，則是僞知。上面引過的《正理釋論》，開首卽表示，知識的眞僞的檢證，可以看由這知識而來的活動的有效性來決定；《釋論》並明確肯定，能帶來眞知的知識手段，「具有效果」（arthavat）。不過，在依據活動的有效性來檢證知識的眞僞以前，知識的眞僞，應當作爲屬性而具備于知識自體中。眞僞是知識屬性，而決定眞僞，則要看知識與實在的對象是否一致。知陽炎爲水的知識，由于欠缺與實在對象的一致性，故是僞知；基于僞知而來的活動，不可能有效。因此，知識手段若要「具有效果」，它必須要「有」實在的「對象」（arthavat）。後世的註釋家，卽這樣理解瓦茲耶耶拿所要說明的旨趣。

知識與對象的對應，以甚麼樣的意義來表示呢？要弄清楚這個問題，我們得先研究一下勝論學派的實在論。正理學派卽是繼承它的。

在與佛陀同時代的思想家中，有些是自然哲學的思考方式的，它的源流，歷歷可見；這便成了勝論學說的基礎。勝論學說能作爲一哲學體系而成立，其特色在依據六原理來對存在分類。在《勝論經》（Vaiśeṣikasūtra，紀元二世紀初左右成立的勝論學說綱要書）中，存在的東西，被分類爲實體（dravya）、屬性（guṇa）、運動（karman）、普遍（sāmānya）、特殊（viśeṣa）和內屬（samavāya）六種。這些原理，由所謂「句義」（padārtha）來表示。這些並不是判斷所依據的普遍的概念，而是詞語（pada）所指示的對象；這詞語被認爲是概念的指標。勝論學派的見解是，只要有概念，便有作爲它的根據的東西存在；詞語卽表示這存在物。

對應于「牛」這一詞語，有牛的實體存在；對應于牛的述語「白色」、「步行」，有白色這一屬性和步行這一運動存在。對于「牛」這一詞語，白牛、斑牛、步行中的牛、立着的牛，都可適用。此中，「牛」所表示的，不是個體的牛，而是多數的牛的共通形態（ākṛti），這種說法，由來已久了。依勝論學說，由于形態是構成部份的一定的配置（saṃsthāna），故是實體所有的屬性中的一種。不過，共通性不只是在多數的實體中見到。例如，關于牛與布，有「白色」這一共通的觀念生起；「步行」這一共通的詞語，對牛，馬和對人，都可適用。此中，勝論學派把相關于多數的實體、屬性、運動的同一觀念所生的根據，視爲內在于這些多數的實體、屬性和運動的獨特的實在，而名之爲普遍。所有的牛，由于內在有牛的普遍「牛性」，人卽把它們認識爲牛，而可用「牛」這一詞語來表示。這「牛性」不單是關涉多數的牛的同一觀念的根據，亦是把牛從異種的東西（例如馬）區別出來的根據。從這觀點看，「牛性」是特殊的。《勝論經》曾這樣說：「普遍和特殊，都以觀念爲基礎。」（註一七）對于同一的牛，人持「牛」一觀念呢，抑持「非馬」一觀念呢，（實兩者都可能，）由此看，「牛性」可以是普遍的，也可以是特殊的。又牛的白色和步行，倘若與牛本質地結合起來，則不能自牛中分離開來。普遍與特殊，對于實體、屬性和運動的關係，亦是同樣的。恰如把斧頭釘在木塊上那樣，本來是分離而存在的兩實體，當結合時，這結合便被認爲是實體所有的一種屬性，則那不可能分離的本性的結合關係，便作爲內屬而被視爲實在了。白色、步行內屬于牛，普遍、特殊內屬于實體、屬性和運動。

六種「句義」，全都是有，但並不是並列地存在着。實體佔中心位置，其他則內屬于實體，作爲實體的限定要素（viśeṣaṇa）而存在。實體是被屬性及其他所限定的東西（viśeṣya）。但一實體亦可成爲其他一實體的限定要素。「持杖的人」和「有角的動物」這些詞語所表示的，是以杖和角作限定要素的人和動物。對于作爲實體的限定要素的屬性和運動，更有各各的普遍，內屬于它們。但屬性和運動，則不能更有別的屬性和運動了。《勝論經》所舉的句義」，有六種，後世更加上非存在（abhāva），而成七種；這是對應于否定觀點的實在。當說「牛棚中無牛」時，牛棚中的牛的非存在，即被指示出來；當說「牛非馬」時，牛中的馬的非存在，即被指示出來。因而這些非存在，各各以牛棚、牛作爲處所，而成爲處所的限定要素。

所謂知識與對象一致，其意即是，存在物的這樣的構造，在知識中如實地被捕取。知識是自我的屬性，它的發生，通過與感官接觸的統覺器官（manas）把直觀內容傳達到自我而成。直觀內容是在知覺中感官與對象接觸而生起的。感官與對象接觸時，亦同時知這對象的限定要素。《勝論經》中即有這樣的記載：「相關于實體、屬性和運動方面，（知覺）依存于普遍、特殊」，「相關于實體方面，（知覺）依存于實體、屬性和運動」。（註一八）這即是，由于屬性、運動不能獨立于其所內屬的實體而被知覺，（註一九）感官在知覺被實體、屬性、運動及普遍、特殊所限定的實體時，同時亦知覺內屬于各各實體、屬性、運動這些限定要素的普遍、特殊。

《正理經》舉出自我、身體等十二事項，作爲知識對象；這些東西，應當通過解脫與輪廻的觀點，作爲對象而被考察；這觀點是：「通過對眞性的認識，有解脫；錯誤的認識則生輪廻」。瓦茲耶耶拿也同意，我們可依據六原理，來總括知識對象。（註二〇）（正理學派的）烏地奧陀卡拉（Uddyotakara）曾以六原理爲基礎，把感官與對象的接觸，加以分類。（註二一）他的接觸論，即爲後來的學者所承繼。

在通過眼而知覺黑褐色的壺的場合中，感官（眼）與實體（壺）的接觸，是結合（saṃyoga），感官同時亦接觸實體的屬性（黑褐色），這屬性是通過對于結合物的內屬（saṃyuktasamavāya）而來的。另外，感官同時又接觸內屬于實體屬性的普遍（黑褐色性），這普遍是通過對于「內屬于結合物的東西」的內屬（saṃyuktasamavetasamavāya）而來的。在耳感官知覺聲音的場合，爲中耳所包的虛空（ākāśa），卽是耳；由于聲音是虛空的屬性，故感官與對象的接觸，是內屬（samavāya）。另外，耳感官更通過對于內屬物的內屬（samavetasamavāya），而接觸聲音的普遍。又，知覺小牛棚和牛的感官，通過限定要素與被限定物的關係（viśeṣaṇaviśeṣyabhāva），而接觸限定其處所的牛的非存在，及馬的非存在。

順這樣的勝論學說下去，卽會變成，卽使是最單純的知覺，在構造上，也要通過知覺限定要素與被限定物而成立。對于牛的知覺，或者說，對于具有「牛性」的東西的知覺，包含着對于「牛性」這一普遍的知覺，及對于爲它所限定的基體的知覺，這知覺又與使這兩者結合的思惟，同時而起。順此，這知覺卽爲「這是牛」這樣的判斷，作爲命題而被表示出來。其後，爲了更明確地弄清楚知識的構造，「這個東西具有『牛性』（asya gotvam）」這樣的命題形式，便一般地被採用了。「這個東西」對應于基體，「牛性」對應于限定要素。由于基體包有限定要素」這樣的對象的構造，原原本本地在知識中被模寫出來，因而知識亦以主詞（viśeṣya）包有賓詞（prakāra）的形式被表現出來。

至于知覺的心理過程方面，在以命題形式來表現知識之前，應該經過一階段；在這階段中，對象的基體及其限度要素都未分化，而只把對象作爲某物來直觀。關于這點，在《勝論經》中未有明顯的說法；不過，這階段其後卽作爲「不伴隨着思想的知覺」（nirvikalpaka-pratyakṣa），而與「伴隨着思想的知覺」（savikalpaka-pratyakṣa）區別開來；後者與基體、限定要素都拉上關係。不過，「不伴隨着思想的知覺」與「伴隨着思想的知覺」，只是明晰性的程度不同而已，在知識對實在的關係上，兩者之間並無質的差異。知識不管在那一階段中，都是對應于外界實在的東西的。

六、唯識學派的認識論

以上的認識論，依勝論學派與正理學派而構成。龍樹的思想，在指出概念的虛妄性。唯識學派依據龍樹思想，通過對意識體驗的分析，而展開其獨特的認識論，重視認識的主觀性。倘若我們以爲概念完全是虛妄的話，則必須這樣理解認識主體：它不只模寫對象，而且可以在不被對象規定的情況下，具有形成概念的能力。唯識學派卽在「識」（vijñāna）中，認許這個能力，且確立這樣的說法：「識」可不待外界的對象，自身卽能生出基本的表象，甚至是作爲概念的基礎的表象。

所謂唯識（vijñaptimātra），卽表示只有表象（vijñapti，識）；被表象的東西，在外界是無存在的。唯識學派擧出各種理由，來證立作爲表象而在心中映現出來的形象，並不屬於外界的存在物。例如，人的眼睛，見到有清澈的水在流動的河，但這河對于在地獄的罪人，則作爲火河而被表象出來。但對于同樣的河，餓鬼則視爲滿佈着汚物和膿液的東西，而表象出來。這樣，同一的東西，對應于見者的境遇的差別，而不同地被表象出來，這可被理解爲，這表示表象並不是通過映寫外界的實在而生的，而是由主觀內部自發地顯現出來的東西。又，在夢與想像等的日常經驗中，或是在瑜伽與禪定等的修習過程中，外界的對象，卽使不是實在，我們也可以生起對象的表象。關于這點，亦可看作是證實了「唯識」的眞理性。（註二二）因此，唯識學派卽以這樣的見解爲本：一般人以爲，離開心識，還有外界的存在；

但實際上，這些外界的存在，不過是在識上的顯現而已。

「識」（vijñāna）這一詞語，有認識機能的意味，「心」（citta）、「意」（manas）被認爲是它的同義語。（註二三）嚴格地言，「識」是以視、聽、嗅、味、觸覺器官及思考力爲媒介的六種認識機能；「意」表示伴隨着識的自我意識（末那識）；「心」則是潛在意識（阿賴耶識），在通常的認識機能的底層。（註二四）不過，一般來說，心、意都是認識機能的一部，都被包括在廣義的「識」一概念中。六種認識機能與自我意識，對于潛在意識來說，被視爲「現勢的識」（pravṛtti-vijñāna，轉識，現行識）。現勢的識並不認識外界存在的對象。所謂識在生起作用，是指識在自己內部知覺對象的形象；對象的形象和知覺對象的能力，都以潛勢的形式，存于潛在意識中，其現勢化，即表現認識作用。故眞實的只是，識自己了知自己，這個被了知的自己，帶着表象而生起。此中並沒有外界對象，也沒有對外界對象作認識的自己。現勢的識在作用的同時，即把自己的餘習，殘留在潛在意識中。潛在意識是一個藏（倉庫），內面儲藏着由無限過去而來的認識和經驗的餘習。這些餘習作爲未來的作用的潛勢力而成熟着，機會到時，即現勢化。現勢化的識，在生起作用的瞬間即滅去，而與次一瞬間的識相交替。這樣，識一面擁有現勢與潛勢的二重構造，一面不斷生滅的識，即形成一個流向。作爲認識主體的自己，與作爲客體的物質存在，都不過是在這「識之流」（vijñāna-saṃtāna，識相續）上被假構出來的東西而已。

假構非實在的自己的，是自我意識。從無限的過去重復下來的自我的假構，其餘習（我執習氣）被保持在潛在意識中；這餘習的成熟現勢化，即成自我意識。它的思惟的本質，是以潛在意識的流向爲自我。六識的機能，都爲自我意識所伴隨着；它們都帶有這樣的性格：

自己以器官作媒介，認識在自我以外的對象。在識之上顯現的表象，通過知覺器官而被把捉，作爲被思惟的對象，通過意識而被客體化。表象是個別的東西，意識則通過思惟，來把它們分類，而一一給予名稱。通過語言來表示對象的習慣，由于在潛在意識中，已培植出它生起名稱和表示對象的潛勢力（名言習氣），是以「壺」、「布」等詞語，能適用到個別的表象上去；同時，表象亦被視爲對應于「壺」、「布」等詞語的實在。

由語言來表示的東西，概念所指的東西，是通過思惟而「被假構的東西」(parikalpita)、「被想像的東西」（utprekṣita）；實際上，這不過是在識上顯現的表象而已。視「壺」、「布」等在外界有實在，恰如視幻象、幻馬爲實在一樣哩；這是經過魔術師把咒文念向木片方面而顯現出來的東西。依據唯識觀的修習，當完全脫離自我意識時，思惟上的假構即被除去，同時亦可明確地知道，只具有表象的那些名稱和概念，並沒有相應的實在物。

七、陳那論直接知覺與概念

思惟的根本，在于無限過去的經驗餘習；而概念的虛妄性，則來自思惟。關于這點，無著與世親的著作，已有清晰的闡述了；這兩人使唯識學說系統化。陳那（Dignāga，四八〇—五四〇左右）則更進一步，考察思惟的機能。他屬于唯識思想家的系譜，但他未有談到自我意識與潛在意識；他只是純粹以知識論的觀點，闡明思惟的機能和概念的特質。

《集量論》（Pramāṇasamuccaya，《知識論集成》）一書，集陳那學說的大成。在此書的第一章中，他把直接知覺（pratyakṣa）與概念、判斷、推理（anumāna）區別開來；前者捕取對象的個別相（svalakṣaṇa），後者則捕取一般相（sāmānyalakṣaṇa）。他明確地表示，知識手段只有這兩種。（註二五）正理學派以爲，證言（śabda）與類比（upamāna）是獨立的知識手段；陳那則將之都歸到推理方面去，而限定知識手段只有二種。關于這點，他的學說是有創新性的。必須重視的是，對象的兩種相，各各依其個別的知識手段而被知。倘若以外界實在論的立場來說，則爲知覺所知的東西，與依其他知識手段而被知的東西，是同一的對象。由于見到遠方的煙，因而推知有火的存在；這由推理而得的火，與目光所及而知覺到的火，是同一物，是對應于「火」這一概念的實在的東西。正理學派清脆地認定，對于同一對象的各種知識手段，是並存的。（註二六）陳那則不同，他肯定直接知覺與概念乃至推理間的本質的區別。

陳那作這樣的定義：「直接知覺是離思惟（kalpanā）的東西」。他又給予思惟這樣的性格：「（在直接被知覺的東西中）把名稱（nāman）和種類（jāti）等結合起來」。（註二七）把名稱和種類等結合起來，其意卽是，把那些自身不能表示的東西，通過語言表示出來。陳那說：「在偶然的詞語（yadṛcchā-śabda，固有名詞）的場合，爲名稱所限定的東西，以『達多』（Dittha）來表示，在表示種類的詞語（jāti-śabda）的場合，爲種類所限定的的東西，以「牛」來表示………」他卽根據這樣的說明，闡明依據語言而來的對象的表示，與思惟有不可分的關係。他列舉了名稱、種類、性質（guṇa）、作用（kriyā）和實體（dravya）五種，作爲與直接被知覺的東西相結合的要素。《大註解書》（Mahābhāṣya）是對于巴尼尼（Pāṇini）法典而作的；由于在這書中，可見有表示種類、性質、作用的詞語與偶然的詞語（固有名詞）這四種詞語的區別；又由于在同書開頭解釋詞語部份，所出現的概念，是實體、作用、性質和形相（種類），（註二八）我們可以這樣理解，陳那卽根據法典學派的說法，而列擧出（上述的）五種範疇。思惟卽通過這五種中的一種，來規定直接被知覺的東西，據語言來把它表示出來。

直接被知覺的東西，是個別相，這是不能用語言來表示的。當牛直接被知覺時，作爲知覺內容的，是特定的牛，例如，正在樹下休息的白牛。它不僅異于馬、象等，與其他的牛也不相同哩。但「牛」這一詞語，則可適用于任何的牛。倘若以「牛」這一詞語，來表示直接被知覺的特定的牛，則它便不能稱在道路上步行的斑牛，和繫在車旁的黑牛爲「牛」了。「生的表示對象，並不是具有特定顏色的和在作特定動作的個別的牛，而是共通于一切牛的牛一般。不過，所謂牛一般，其自身並不具有獨自的存在性。又不是白牛，又不是斑牛、黑牛，又不是步行的牛，又不是坐着的牛，這樣的牛，是不存在的。因此，牛一般，實卽是種類（jāti），是思惟作出來的概念。

表示性質的詞語，例如「白」，亦是同樣的。牛的白色，布的白色，是個別的；對應于「白」的白一般，是不存在的。「養食」的作用，「拐杖」的實體，亦是由思惟所產生，不能被認爲是實在的東西。關于這點，在偶然的詞語，或固有名詞的場合，亦是一樣，通過「達多」一名而被表示的實體，是不存在的。就佛教學派的見解來說，識是一種流向狀態的存在要素群，它每瞬間都在更生；由于人的存在，卽是這種識之故，故倘若以「達多」表示某人的幼年期，則同樣的名稱，便不能表示其人的老年期了。卽使是主張有人格實體，（也是有問題的。）因爲在這實體中，那些構成要素是會變化的，那是隨着身體的成長與老化而來的。另外，在這實體中，亦會有狀態的差異，那是由步行、飲食等動作而來的。因此，卽使是主張有人格實體的人，亦必須承認，人自幼年期起到老年期止，會有多數實體存在。這恰如由同樣粘土而造成的東西，亦有壺與皿的區別一樣，又如牛奶由于狀態的變化，而變成凝乳一樣哩。順此可見，「達多」這一名稱所表示的，是思惟所生出來的東西；即是說，在由生到死的時間推移中，思惟把繼起不斷而成爲一個流向的多數的人的存在，加以概括；（其結果即是「達多」。）（註二九）

八、陳那與勝論論概念的歧異

思惟通過範疇，來表示被直接知覺的對象，陳那的五種範疇，與勝論的基體的限定要素，大抵一致；勝論以爲，這些基體的限定要素，是在對象中的。勝論學說中的普遍與特殊，本來是同一的東西；這相當于陳那的種類一範疇。勝論學派在限定要素中，並沒有擧出名稱；我想我們可以這樣理解：名稱是普遍，內在于多數個別的「達多」中。陳那的見解與勝論學說的決定相異處在，勝論所視爲實在的普遍，陳那則認爲是通過思惟而被假構的東西，非實在的東西。再進一步，勝論學說以爲，作爲述語來描述牛的「白」、「步行」，對應于實在的白色和步行；後者是牛的屬性和運動。由于這屬性和運動，各含有其自身的普遍，即「白色性」與「步行性」，因此，這屬性和運動即成爲述語「白」、「步行」的表示對象。陳那的看法則是，當我們說牛是「白」時，作爲個別相的白，已被白的一般相所置換了。白的一般相，是種類。實際上，陳那以法典學派的詞語分類爲基礎，而列擧出五種範疇；我們可以把這些範疇，都當作種類來理解。（註三〇）而種類是不實在的。實在的是個別相，從其他的東西區別開來。這個別相只有透過直接知覺而被捕取，而直接知覺是「離思惟」的。這樣，陳那闡明直接知覺與概念（語言）在關連到對象方面的本質的區別；這概念亦可包括基于它而來的判斷與推理。直接知覺是以實在的個別相爲對象的知識手段；概念則是以非實在的一般相爲對象的知識手段。正理學派以爲，知識手段可並存；卽是說，同樣的知覺對象，亦能透過推理而被認識。陳那認爲這是不可能的。

九、對于詞語認識的考察：他者之排除

陳那在《集量論》第五章中，對于由詞語而來的認識（śabda），作了考察，這亦卽是有關概念的考察。在這考察中，他闡明對應于詞語和概念的實在，是不可能的。他提出「對于他者之排除」（anyāpoha）的說法，認爲詞語在對象方面的表示機能，是「他者之排除」。這「他者之排除」，在共通于多數的個別物這一點中，相當于實在論者所認許的種類。

陳那在被分類爲五種的詞語中，取出表示種類的詞語（jāti-śabda）來論究，目的在證立詞語並不表示實在的東西。他最初處理的學說，認爲表示種類的詞語，可以表示屬于種類的一切個別物。（註三一）譬如說，當說「不要危害婆羅門啊」時，由個別的婆羅門組合而成的全體，卽通過「婆羅門」這一詞語，而被表示出來。但當要限定其表示對象，卽在多數個別物中，要表示某一特定的東西時，便要使用表示個別物的詞語（bheda-śabda）了。當說「帶那婆羅門高地尼（Kauṇḍinya）來啊」時，其人本來已通過「婆羅門」被表示出來了，但爲了要把表示對象，限定在婆羅門中的一個特定的人物身上，他不是馬特拉（Mātra）等人，則用「高地尼」這一詞語。

陳那對于這一學說的處理是，他舉出兩種理由，說明詞語的表示對象，不能是個別物。㈠個別物是無數的，依據約定來確定一詞語與所有個別物的關係，是不可能的。詞語旣不能

確定它和表示對象的關係，則它只能使人理解它自身的語形而已，並不能表示任何東西。㈡例如，所謂「存在物」（sat）這一詞語，它可適用于「存在物」中的實體、屬性和運動的任何一項。因此，當聽到「存在物」一詞語時，它所表示的對象，是實體呢，抑是屬性運動呢，那是不明瞭的。換言之，對于「存在物」一詞語的表示對象的關係，並無決定性，便是因爲這緣故，我們不能以個別的實體、屬性或運動，作爲「存在物」的表示對象。陳那即這樣否定了詞語可以表示屬于種類的個別物的學說。

另外一種說法，以爲詞語以種類爲其表示對象；陳那也加以批判。（註三二）他指出，倘若「存在物」（sat）一詞語的表示對象，是種類的話，則文字中的兩詞語的同格關係（sāmānādhikaraṇya），便不能成立了；這些文字包括：「有實體」（sad dravyam），「有屬性」（san guṇaḥ），「有運動」（sat karma）。在文學中，有同格關係的兩個詞語，表示同一的基體。例如，在「他是婆羅門」（sa brāhmaṇaḥ）的場合，同格關係的「他」(saḥ)與「婆羅門」（brāhmaṇaḥ）所表示的東西，存在論地是同一的。但倘若「存在物」（sat）所表示的東西是種類（sattā）的話，則這便不能與「實體」（dravya）、「屬性」（guṇa）或「運動」（karman）是同格了；這些都表示包括在這種類之下的個別物。在這種情況下，倘若說「實體之存在性」（dravyasya sattā）的話，在兩者之間必有語格的語尾的差異(dravyasya 是屬格，sattā 是主格）。但 sad dravyam 一類的表現，實際上却被使用。因此，我們不能認爲詞語表示種類的說法爲妥當。

另外有些說法，以爲詞語的表示對象，是個別物與種類的關係（saṃbandha）、種類的基體（jātimat，為種類所限定的個別物，還有其他各種解釋），陳那都詳細檢討過了。最後

他表示，由于這些都不可能是詞語的表示的對象，故詞語並不表示實在的東西，它只有「排除他者」的機能。（註三三）

陳那以爲，詞語表示對象的機能，與在推理中的證因的機能，是相同的。例如，在以「煙」爲證因而推理出「山有火」的場合，火的被認識，並不是作爲個別的東西，在火燄與熱度方面與其他的火不相同，而被認識；它却是作爲純然是「火一般」，而被認識。實在的火，完全是個別的東西；共通于所有的火的「火一般」，是不存在的。不過，由于不是火的東西，不具有煙，例如地、水等，我們可以從火與地、水的不同，而想到，所有的火都有其共通性。「火一般」是通過「對于不是火的東西的否定」，亦卽「他者之排除」，而被假構出來的概念。這並不是火所有的肯定形式的性質，而是思惟所交託給火的性質。陳那對有關證因的機能的見解是：「對象所有的性質是多數的，它們不能通過證因而（各各）全面地被認識。（證因）只通過他者之排除，使人認識（它自己）所被結附着的（性質）」。（註三四）

詞語表示對象的機能，也完全是同樣的。「表示對象是多樣的。（對象的多樣性）不能通過詞語而全面地被理解。這（詞語）按照自己（與對象）的結合關係，而有（他者之）排除的效用。」（註三五）例如，這裏有一株樹。有人用「波羅舍」（palāśa）一詞語，把它表示出來；也可用「樹」（vṛkṣa），「實體」（dravya），「由地元素所成的東西」(pārthiva），「存在物」（sat）這些詞語來表示。這些詞語都表示同一的東西。換言之，在詞語所表示的東西中，有波羅舍性、樹性、實體性等多數性質，詞語不過表示其中的一部份而已。由于所謂實在，是無數性質的統合性，是完全個別的，不能分割的東西；故詞語所表示的一部份，只是通過思惟而被抽取出來的東西，並非實在哩。倘若詞語卽此卽表示實在的話，則變成多數的詞語（譯者按：即「波羅舍」、「樹」、「實在」……）都是同義語了。或變成，通過這多數的詞語來表示的東西，一方面是一，一方面又是多的實在了。作爲多數性質的統合體的實在，如實地爲直接知覺所捕取；後者是離思惟離言說的。對于詞語的機能，我們可以這樣理解，它把被直接知覺所把握的實在，從其他東西區別開來。「樹」這一詞語，把實在從「不是樹的東西」中區別開來。當我們把同樣的實在，從「不是實體的東西」中區別開來時，即使用「實體」這一詞語。按照被區別的東西的不同，不同的詞語，可適用于同一的實在。這樣，陳那即樹立這樣的學說，通過「他者之排除」，詞語可表示對象，或表示由對象的他者（譯者按：指對象之外的其他東西）區別開來的那一部份。

「對不是樹的東西的否定」，亦共通于正在存在着的赤松、黑松、稚杉、老杉中；這些都各自具有與其他相異的個別相。另外，「對不是樹的東西的否定」，由于有個別的樹，作爲它的根據，故我們必須認許它，把它看作是常有。另外，對于無數樹中的任何一顆樹，這都是可承認的；而且，它不會分爲部份，而是常是全體地表現其機能的。即是說，實在論者所舉出的普遍（種類）的特質，例如㈠在多數物件中的同一性（ekatva）、㈡恆常性（nityatva），和㈢在個別物中的完全的存在（pratyekaparisamāpti），這些特質，都具備于「他者之排除」中。（註三六）「他者之排除」具有種類的性格，當我們將之作爲詞語的表示對象來理解時，即可全部解決認爲實在的個別物和種類由詞語來表示的想法的困難。

龍樹指出概念與實在乖離；他的思想發展到陳那，則檢討語言的機能和概念的特質，歸結于「他者之排除」的學說。他的排除論，招來了正理學派的烏地奧陀卡拉（六世紀後半左右）和彌曼差派的古摩里拉（Kumārila，六〇〇—六〇左右）的反駁；（註三七）正理學

同解釋，不過，本文的考察範圍，到陳那而止。的精緻的理論，（註三八）成爲後期佛教概念論的基礎。法稱以後，佛教學者對排除論有不

派以爲，語言的表示對象是實在。其後（佛教）有法稱（Dharmakīrti，六〇〇—六〇左右）

十、有形象認識論：知識與知識手段的同一

我們在上面所闡明的陳那的思想是，認識的對象，或是個別相，或是一般相；其中，一般相是思惟所假構的概念，只有個別相是實在。上面也已說過，陳那屬于唯識思想家的系譜。唯識說以爲，由于外界的對象並不存在，故在外界亦無個別相，個別相是識自己生出來的表象。陳那在《集量論》中，對于是否有外界的對象一問題，並未有給出肯定的答案。不過，他曾評斥外界實在論，如在正理學說中所見到者。但他却未有否認經量部的外界實在論。他建立了這樣的說法，以爲知識手段與作爲結果的知識，是同一的東西。他表示，這說法對于唯識學說，和承認外界有對象存在的經量部學說，都是相符順的。

正理學派與說一切有部的前提是，外界有物件存在；他們的見解是，這物件的形象，在知識中被攝取。就這個立場來說，感官對向外界物件，和接觸它；這感官與接觸，可被視爲知識手段。知識手段與知識的區別，是自明的事；後者是通過知識手段而有的結果。不過，陳那以爲，外界有物件存在，並不是明晰的事實。卽使是存在，但由于不可被知，故與不存在是同性的。所謂可知，是指在知識中有形象的出現。在我們看來是確實的，只是某一形象明顯地在知識中顯現這一事實而已。離開知識的外界物件，不具有形象的知識本身，都決不能爲我們所經驗到。因此，說無形象的知識模寫外界物件的形象，是不適切的。知識必須

具有形象，而無論怎樣的形象，都不能在知識之外被見到。唯識說以爲只有表象，而外界物件是不存在的。陳那在接受唯識說的同時，亦認許經量部的學說。這學說以具有形象的知識爲基點，再而推理出那些把它的形象給予知識的外界物的存在。他在論述知識手段與結果是同一時，所着力的地方，即是知識是有形象的（sākāra）這一事實。

某一東西的形象在知識中顯現，即表示這東西已被知，故在第一義方面，我們可以把具有形象的知識，理解爲知識作用的結果。但我們亦可以假定，在作爲結果而生起的知識中，有攝取形象的作用在；這作用，一如容貌與其父相似的兒子，在出生時，被稱爲「攝取其父的肖像」那樣。陳那把這知識自體攝取形象的作用，看成是知識手段。他以爲，對于知識來說，知識手段必須是最具有決定力量的重要因素。我們把某一知識，由其他的知識區別開來，而把它成立爲知識；這種做法，是通過這知識攝取特定的形象而來的。同時，由于攝取形象的作用，是在知識之上被假定出來的，這知識是一種結果，故我們可以說，知識手段與結果，只是從不同的側面看同一的知識而得到的東西而已。（註三九）

陳那又從知識的自己認識（svasamvitti）一點，而論知識手段與結果的同一性。（註四〇）自己認識是以形象的認識論爲前題的唯識學派與經量部的理論。在某物被知時，或者說，當知識持有某一形象而生起的同時，這知識自身被自覺到，這即是知識的自己認識。關于這個理論，請留待後述。我們可以這樣了解，當知識在作自己認識時，有形象的知識，即成爲對象；這有形象的知識與認識它的能力，是在知識中。陳那的論旨是，自己認識是結果，對于這一結果來說，其能力可被看成是知識手段。但倘若依從經量部的說法，而以爲在外界有對象的話，則由于認識「具有形象的知識」的能力，並不以外界的東西爲對象，因此，知識具有對象的形象（viṣayākāratā）一點，或者說，知識的形象與對象的相似性（sārūpya），可以看成卽是知識手段。他的結論是，無論如何，知識手段及其結果，只是通過邏輯的分析而建立起來的假說而已；這分析是對于本來是同一的知識而作的。實際上所有的，只有知識作爲具有形象的東西而顯現這一個事實而已。

十一、世親對外界實在論的批判

陳那在《集量論》中，採取與唯識學派、經量部的學說相符順的方式，而論述其知識論。他的基調是唯識思想，但他亦採納經量部的學說。但他的《觀所緣緣論》（Ālambanaparīkṣā，對認識對象的考察）則不同；在其中，他闡明自己的唯識思想，而評斥經量部的外界實在論。在《觀所緣緣論》中的對外界實在論的批判，在世親的《唯識三十論》中，已有其端緒了。唯識思想，本來是與止觀的修習密切地連結起來而形成的，關于這點，在《解深密經》（Saṃdhinirmocanasūtra）中也可見到。說外界的對象不存在，在于止觀的體驗，這止觀的體驗，一方面抑止心的作用，使它不趨向外界；一方面又在心中隨意描劃對象。關于這點，在《攝大乘論》（Mahāyānasaṃgraha）論證外界對象的非存在的部份中，也可推知到了。世親是最早通過對實在論的批判，理論地明示出知識對象不能是外界存在的人。（註四一）

世親在《唯識二十論》中，對三種外界實在論，都一一予以評斥。這些說法都是就作爲認識對象而被視爲外界的存在而言的。卽是說，這些東西，㈠如勝論學派所視爲全體（avayavin）那樣，是單一的東西；㈡或如說一切有部的見解那樣，在這些東西中，多數的原子，並不凝集爲一體，而是在相互之間留有空隙的情況下集合起來；㈢或如經量部的說法那樣，在這些東西中，多數原子集結起來，相互之間不留間隙，而成爲一粗大形象，這粗大的形象，不能在單一的原子中見到。

一、依勝論的說法，所有的實體，除單體的地、水、火、風的原子，與虛空、時間、空間等外，都是由多數的構成要素而成，所謂「作爲結果的實體」。原子集合起來，形成各種實體；被形成出來的實體又集合起來，更形成別的實體。這樣地被形成出來的「作爲結果的實體」，都具有與「作爲原因的實體」不同的獨自的存在性。故有所謂布的實體，與絲不同；有壺的實體，與兩個碗型不同。布與壺是作爲全體（avayavin）而存在，具有單一性；這全體與構成它們的各個部份（avayava），都是不同的。世親否定勝論的這個學說，他的理由是，與對象各部份不同的所謂全體，這一單一的東西，根本不存在。按原始佛教的想法，把人的存在，解體爲若干物理的和心理的要素，否定人格實體；其後這一想法進展至這樣一個學說，把所有現象的存在，都解體爲構成要素。倘若我們通過世親在《俱舍論》與《成業論》（Karmasiddhiprakarana）所表示的思想立場來推論，則可以這樣說，他對勝論的批判的思想背景，是經量部的學說；這學說以全體爲假象（samvrtisat），而非實在（dravyasat）。

二、說一切有部的見解是這樣，多數的原子集合時，一個個的原子只是互相接近而已，並不接觸。由于原子是極限，由分析物質的空間廣度而得，故不具有部份。因此，在兩個原子接觸時，不能有其部份的融合。但倘若兩個原子全體地接觸的話，由于兩者完全重合，故變成與只有一個原子時的同樣的情況。因此，說一切有部主張，原子是在互相不融合的情況下集合起來。（註四二）對于這個說法，世親指出其中的困難如下：由于個別的原子不能被知覺，故卽使多數原子集合起來，亦不能成爲知覺的對象。

三、經量部的見解以爲，多數的原子集合起來，相互間不留空隙。這個見解，世親自己在《俱舍論》中也承認哩。（註四三）他說明接受這個見解的理由，表示倘若原子之間有空隙，可爲其他原子涉入的話，則物質的不可侵入性（障礙有對）一原理，便要被否定了。不過，他在《唯識二十論》中，却批判經量部的這個說法。他表示，由于我們不能證明原初作爲集結體的一部份的原子是一實體，故不能說多數原子構成集結體。倘若原子能集結，則由于一原子的上下與四方都與其他的原子結合，這原子便變成有六個部份了！而具有部份的東西，是可更分割的，不能說爲是單一的實體。反之，倘若原子沒有部份，則一個原子和六個原子結合，它們會完全重合起來；因而作爲原子的集結體的物體，亦會變成一個原子的大小了。這樣，被知覺的東西將變爲一點也不存在了。故不管原子具有部份，抑是不具有部份，都不能避免不合理的情況出現。由此可得，構成集合體的單一的原子的存在，不能被證明；既然這不能被證明，則原子的集結體，即不可能是認識的對象。

世親這樣批判了三種外界實在論，即確立唯識說，强調「這世界所有的東西，只是表象而已」。《唯識二十論》未有說到潛在意識（阿賴耶識）與自我意識（末那識），但却明瞭地表明這樣的思想：表象是透過自身的心識流向（saṃtāna）的特殊變化（pariṇamaviśeṣa）而生起，而不以存在于外界的東西爲對象而生起；這心識流向是生命過去的行爲餘習所熏染而成的。

十二、陳那對外界實在論的否定：認識對象的兩個條件

《觀所緣緣論》以《唯識二十論》爲藍本；在這部著作中，陳那明確地表示出認識對象

所要具備的兩個條件，而由這觀點來研究外界實在論。「倘若有某一東西，能生起具有自身形象的表象，則這東西是認識的對象。」（註四四）他的想法卽是，認識的對象必須滿足下面兩個條件：

一、它使表象生起；

二、它具有與表象相同的形象。

要滿足第一條件，對象必須是實在；不是實在的東西，不能觸發感官而生起表象。倘使不是實在的東西亦可生起表象的話，則卽使是兎角，人亦當可見到了。第二個條件是對象，它是個別地限定知識內容的重要因素；這亦是必須要滿足的。個別的知識，並不作爲知識一般而成立，而是以各各特有的表象爲其內容的。表象是在知識中顯現出來的對象的形象；對象則把自身的形象，給予知識，通過這種過程，對象卽在內容方面，限定知識。這樣的對象，必須具有與表象相同的形象。人倘若能以圓形的東西作對象，而又具有四角形的表象，則以三角形的東西作對象，亦當可有相同的表象（譯者按：卽四角形的表象）了。這是由于，在這種情況下，所有的知識都變成相同內容的東西了。

陳那卽就這個觀點，來考究有關認識對象的三種學說。最初提出來處理的說法，以個別的原子爲認識對象。這說法的旨趣是，原子並不是單獨地存在着，它恆常地作爲多數的集合體而存在；不過，恰如一個物體的色、味等爲各各與它們相對應的感官所個別地捕取那樣，作爲集合體的原子，亦個別地成爲知覺的對象。這種旨趣，《俱舍論》亦有說及，（註四五）被認爲是說一切有部的學說。由于個別的原子是實在，故可滿足作爲認識對象的條件。但第二條件要求與表象相同的形象，這在原子中却找不到哩。陳那指出這點，表示倘若只有使認識生起的條件的話，則這條件，在感官中亦具足，但誰也不會認爲感官是認識對象。

陳那跟着考究經量部的說法；這說法以爲，認識的對象，由多數原子集結而成。可以這樣想，在原子的集結體中，有一粗大的形象，與表象相一致。不過，依據經量部的確定的說法，能夠分析成構成要素的，是假象（saṃvṛtisat），而非實在（Paramārthasat）。（註四六）而不是實在的東西，是不能生起表象的。即是說，經量部的學說，只滿足認識對象所要具備的第二條件，却不能滿足第一條件。有眼病的人，把月看成是兩重表象；但兩重月並不是實在，因而我們不能肯認這兩重月是使這表象生起的原因。

以上兩種說法，都有困難，都不能滿足兩條件的全部。陳那所舉出的第三種說法，則是要避開這些困難的。這說法以爲，所有的物體，不止只具有一種性質，而却是具有各種性質的，如香、甘的味道與粗大的感觸。原子亦是一樣，它可被看成具有微細的形狀，同時亦具有粗大的形狀。通過感官而被知覺的，只是粗大的形狀，微細的形狀，則不被知覺。因個別感官的能力，都是固定了的。例如，眼只知覺顏色與形狀，對象中雖有堅性濕潤性，但眼並不具有知覺它們的能力。原子的細微形狀不被知覺，亦是基於同樣的理由哩。這第三種說法，是那一學派提倡的呢？關于這點，目前已不能明確地知曉了。（註四七）總之，依據這說法，由于對象是原子，是實在，且具有粗大的形狀，與表象相一致；故我們似可這樣理解，它已滿足兩個條件了。但陳那却指出由這說法所導致出來的結論，是不合理的。他的議論如下：

倘若在原子自身中，有粗大的形狀，與表象相一致，則由同種原子所成的東西，應當都像同樣形狀的東西了。即是說，土製的東西，都成壺的形狀，或都成鉢的形狀，而不能有壺與鉢的區別了。倘若以爲在壺與在鉢中，原子的配列形態不同，則兩者之間的相異，不能說爲是在實在的原子中；只是由于它是多數的原子所構成的東西而已，即是說，它的因素是假象意義的。然而，在批判經量部學說時已說過，假象是不能作爲使表象生起的對象的。

十三、認識的對象即是知識的形象

陳那這樣地全盤否定了外界實在論後，即表明自己的說法：認識的對象，正是知識內部所有的形象。「在知識內部，要認識的東西的形狀，恰如是外界的東西那樣地顯現，這即是認識的對象。」（註四八）

上面我們說過，唯識學派否認外界對象的存在，建立這樣的學說：作爲被捕取者（grāhya）的對象，與作爲捕取者（grāhaka）的主體，都不過是在識之流向上被假構出來的東西而已。在很多這個學派的論書中，都有這樣的說法：被看作是對象與主體的東西，實際上是識自身中的「對象的形象」（arthākāra，viṣayākāra）與「識自體的形象」（svākāra）而已，或者是識「作爲對象的顯現」（arthābhāsa）與「作爲其自體的顯現」（svābhāsa）而已。陳那即以這唯識學說爲基礎，表明認識的對象，正是知識內部所有的形象。

倘若認識的對象是在知識內部顯現的形象，則知識成爲認識知識自身的事了。陳那在《集量論》中，詳論知識的本質，是自己認識（svasaṃvedana）。無著與世親的著作，未有提到自己認識。但我們不能確定，自己認識是否首先由陳那提出的。因爲，如前所述，陳那曾經證示出這說法亦可在經量部的立場下成立；另外，在他的學說中，我們可以看到很多方面都受到經量部的影響，只是在《成唯識論》中，曾根據《集量論》的論述，把識的「三分說」，介紹出來。這「三分說」，提出在識中除了有「相分」（對象的形相）和把握相分的「見分」

（識自體的形象）外，還有「自證分」，那是作爲知識作用的結果的自己意識。（註四九）因此，自己認識的說法，在世親直系的唯識思想家中，卽被推定爲陳那所特有的學說。

正理學說以爲，照見對象的知識，不能照見自己。知識只能通過其他的知識而被知。對象的印象，通過感官而被接受，當這印象由統覺器官傳達到認識主體時，卽生起「這是壺」的知識。其後，當認識主體依統覺器官而知道知識自體時，卽有「我知這是壺」、「我有關于壺的知識」這樣的追認識（anuvyavasāya）生起。這是正理學派的說法。倘若就數論學派來說，理性（buddhi）具有認識機能，它屬于由物質原理（prakṛti）所開展出來的東西的行列，而不是精神。因此，它能認識由知覺器官和思考器官所提供出來的對象，却不能自覺自己的機能哩。知道理性的機能的，却是精神原理（puruṣa），它好像那些眺看舞台上的舞女的觀衆那樣，觀察由物質原理所開展出來的一切東西哩。陳那的見解，以爲知識能認識自己，正顯著地與這些學說相對照。

知識的本質，是自己認識，這點可以燈火來做譬喻。在昏暗的房間，倘若點亮燈火，則在此之前見不到的牆壁、天花板與桌子、椅子等對象，都被照出來了。與此同時，我們亦可以看到燈火自體。燈火在照出對象的同時，亦照出自身。我們也可以說，知識也有與燈火相同的性質。當我們知覺青色時，同時亦意識到這一知覺。卽是說，知識在知覺對象的同時，亦認識自身。所謂青色被知覺一事，其知覺（活動）若不被意識，則這件事便不明白了。倘若燈火只照對象，而不照其自體，則可見的只是對象，而燈火自體不可見，我們卽無法弄明白，到底是對象自體在顯現呢，抑是燈火把它照出來呢？由此可見，對象爲燈火所照出這一事，亦通過燈火的自照，而變得更爲明瞭了。知識亦如燈火那樣，照見自己，由于這點，使對象爲知識所照出一事，也變得更明瞭了。所謂知識的自己認識，大致可以這樣來了解。知識的特質，卽是說，它與無感覺的物體的不同之處，可以說在于自己認識。陳那在「觀所緣緣論」中，並未有表明這個見解，但把知識內部所有的形象，看作是認識的對象，這個立場，總關連到知識的自己認識的證明吧。

十四、知識之外無對象

知識內部所有的對象的形象，能滿足認識對象的第二條件——具有與表象相同的形象，那是自明的事。不過，我們何以能把那些東西——它是知識的一部份，因而與知識同時發生——認作是使知識生起的原因呢？陳那對于有關這第一條件的疑問，提供了兩種解答。（註五〇）首先，他說知識內部所有的形象，對于知識來說，卽使不是在時間上先行，也是在邏輯上先行，故我們可把它看成是原因。卽是說，有前者便有後者；沒有前者也沒有後者。第二，他說前者在時間上亦是先行的原因。知識每瞬間地生滅，先前一瞬間的知識在滅去時，把自己的作用的餘勢，存留在識之流向中，而成爲生起同種知識的潛勢力（ śakti ）。這潛勢力卽在次一瞬間的知識中，生起同樣的形象。因此，在先前一瞬間的知識內部的對象的形象，與次一瞬間的知識內部所生起的形象，是同一的東西；它存留在識之流向中，作爲潛勢力，成爲後者的原因。陳那以爲，感官是知識取得對象的能力，這潛勢力正是感官哩。（註五一）

陳那在《觀所緣緣論》中的結論是，知識內部具有對象的形象，它在作用時，同時生起潛勢力，潛勢力又生出具有形象的知識。這樣，知識卽通過兩者的相互作用而繼續下去，由無限的過去，形成一個流向。知識之外，無對象存在。

勝論派與正理學派視普遍爲實在；陳那則證立這普遍不過是概念而已，它通過思惟而被假構出來。他只承認個別相是實在；不過，就他在《觀所緣緣論》中所表示的思想立場看來，我們可以這樣理解，他的所謂個別相，不外是知識內部所有的形象而已。《集量論》被認爲是他的最後的著作；在這部書中，他容許經量部的外界實在論。因爲經量部並不以外界的存在爲前提，它是由具有形象而顯現出來的知識這一事實，來推定外界的存在的。他的立場，只以知識內部的形象爲眞正地存在的東西；這立場與這點亦是一貫的。

佛教的認識論，最先在部派佛教中展開，那是本着佛教與其他學派對知識手段作考察這樣的背景下展開的；陳那的學說，其基礎在唯識思想；他的學說，也確定了佛教認識論的基本原則。他的概念論與直接知覺論，其後又通過法稱而進一步細密化，給予爾後的佛教哲學決定的影響。

附　註

註一：參考宇井伯壽〈正理學派の成立並に正理經編纂年代〉（載于《印度哲學研究第一》中）頁二二七以下。

註二：用五支中只要缺乏任何一支的論證，在討論中，屬「敗北的立場」（nigrahasthāna）的一種。cf. NS：Nyāyasūtra（ed. Gangānātha Jhā, Poona Oriental Ser., 58），V.2.12.

註三：山口益〈正理學派に對する龍樹の論書——ヴア — イダルヤについて——〉（載于《中觀佛教論考》）；上述宇井伯壽之論文頁二〇五以下；梶山雄一〈廣破論と正理經〉（《印度

學佛教學研究》第五卷第一號，頁一九二－一九五）"; G. Tucci, Pre-Diṅnāga Buddhist Texts on Logic from Chinese Sources, Baroda 1930 (G.O.S., 49); E.H. Johnston and A. Kunst (ed.), The Vigrahavyāvartanī of Nāgārjuna (Mélanges chinois et bouddhiques, 8), Introduction, p.106。

註四：NBh: Nyāyabhāṣya (ed. G. Jhā, Poona Oriental Ser.), p.81.3; Nyāyavārttika (Kashi Skt. Ser., 33), p.5.16-18.

註五：NS, NBh, Ⅱ.1.16.

註六：Cf. Vaiśeṣikasūtra (ed. Muni Jambuvijaya, G.O.S., 136), Ⅶ.2.10.

註七：NBh. p.1: pramāṇato 'rthapratipattau pravṛttisāmarthyād arthavat pramāṇam.

註八：NBh, ad NS, Ⅱ.1.20。

註九：Cf. Śabarabhāṣya (Bibliotheca Indica, New Ser., 44, etc.), p.18.7-11。

註一〇：NS, Ⅱ.1.1ff.

註一一：E. Frauwallner, "Die Erkenntnislehre des klassischen Sāṃkhya-systems," WZKSO, Ⅱ (1958).

註一二：AKBh: Abhidharmakośabhāṣya (ed. P. Pradhan, Patna 1967), p.30 (ad. V. I. 42). 櫻部建《俱舍論の研究》，法藏館，昭和四四年，頁二一八－二二二。

註一三：AKBh, pp. 32-34 (ad. v. I. 43 cd-44ab). 上引櫻部書，頁二二三－二二八。

註一四：NS, Ⅲ.1.32-51。

註一五：Yuktidīpikā (ed. R.C. Pandeya, Delhi 1967), p.103.23-28.

註一六：Cf. Frauwallner, *Geschichte der indischen Philosophie*, I.Bd., Salzburg 1953, pp. 106-107.

註一七：*Vaiśeṣikasūtra*, I,2,3.

註一八：ibid., VIII.6-7.

註一九：ibid., VIII.4.

註二〇：NS, NBh, I.1.9.

註二一：*Nyāyavārttika*, p. 31.

註二二：眞諦譯《攝大乘論》依慧學相品（《大正藏》卷三一，頁一二八c）。在玄奘的譯本中，該詩節並未見出現；在西藏譯本中則可見到。

註二三：*Viṃśatikā* (ed. Sylvain Lévi, Paris 1925), p.3,3.

註二四：《瑜伽師地論》卷六三（《大正藏》卷三〇，頁六五一b）；《成唯識論》新導本，卷五，頁八一九；《攝大乘論》所知依分。世親的這樣見解，以為心、意、識是同義異語，大抵是基于經量部的學說而來。cf. AK, I, v.34a.

註二五：M. Hattori, *Dignāga, On Perception*, Cambridge, Mass., 1968, p.24.

註二六：Cf. NBh, p.11 (ad NS, I.1.3).

註二七：Hattori, op.cit., p.25.

註二八：*Mahābhāṣya* (ed. Kielhorn), I, p.19.20-21, p.1.6ff.

註二九：Cf. *Tattvasaṃgrahapañjikā* (Buddha Bharati Ser., 1), ad v. 1225.

註三〇：*Tattvasaṃgraha*, vv. 1226-1227.

註三一：Pramāṇasamuccayavṛtti, V, ad v. 2ab.

註三二：ibid., V, ad v. 2cd.

註三三：Pramāṇasamuccaya, V, v. 11d.

註三四：ibid., II. v.13. 北川秀則《インド古典論理學の研究——陳那の體系》，鈴木學術財團，一九六五年，頁一一八。Frauwallner, "Dignāga, sein Werk und seine Entwicklung," WZKSO III (1959), p. 102.

註三五：ibid., V, v.12., Cf. Ślokavārttikaṭīkā (Śarkarikā), Madras Univ. Skt. Ser., 17, p. 46. 7-8.

註三六：Pramāṇasamuccayavṛtti, V, ad v. 36d. Cf. Tattvasaṃgrahapañjikā ad v. 1000-1001.

註三七：Nyāyavārttika, ad sūtra II. 2. 64; Mīmāṃsāślokavārttika, apohavāda.

註三八：Pramāṇavārttika, Chap. I (ed. R. Gnoli, Roma 1960), vv. 40-185. Cf. Frauwallner, "Beiträge zur Apohalehre. I. Dharmakīrti," WZKM, 37-39-40-42 (1930-35).

註三九：Hattori, op.cit., p. 28, F.

註四〇：ibid., pp. 28-29, G.

註四一：有關《唯識二十論》與《觀所緣緣論》的內容，在服部正明、上山春平共著的《佛教の思想四・認識と超越（唯識）》（角川書店，昭和四五年）第二章「實在論と唯識思想」中，有詳細的討論。此中我們在若干處引用了同書的文字，謹此誌明。

註四二：AKBh, p. 32 (ad v. I. 43). 上面所舉櫻部書，頁二二五。

註四三：ibid., p. 33 (ad. v. I. 43). 上面所舉櫻部書，頁二二六。這個說法，世親歸之于某個大德

（bhadanta），自己亦表示贊許。

註四四：Ālambanaparīkṣāvṛtti, ad v. 2a.

註四五：AKBh, p. 189. 24-190. 2 (ad v. III. 100ab).

註四六：Abhidharmakośa, VI. 4.

註四七：在Vinīdeva的註釋中，曾舉出Vāgbhaṭa之名，但他是屬于那一學派的學者呢，已無法弄明白了。另外，有關這第三說，可參閱Frauwallner, "Dignāgas Ālambanaparīkṣā," WZKM, (19), pp. 186-187. 另外，又有山口益之〈觀所緣論の原典解釋〉（載于《世親唯識の原典解明》，頁四五〇—四五一，參考註一）。

註四八：Ālambanaparīkṣā, v. 6a-c.

註四九：《成唯識論》新導本，卷二，頁二九。

註五〇：Ālambanaparīkṣā, v. 7ab.

註五一：ibid., v. 7cd.

京都學派方法(一)：

從「有」「無」問題看東西哲學的異向

Abe Masao 原著

田立克（Paul Tillich）在他的《系統神學》（Systematic Theology）第一册中說：『非存有』一字本身已表示出，在本體論的有效性方面，存有是先于非存有的。」（頁一八九）他在另外的地方也說：「存有『包容』它自身和非存有。」又說：「非存有依存于它所否定的存有。『依存』所首先指向的，是存有在本體論方面臨于非存有的先在性。」（The Courage to Be，頁三四，頁四〇）田立克這樣提出，與一些基督教思想家的做法有關，他們有一種把上帝看成是絕對存有的趨勢。

在一些希臘哲學的主流中，亦有對于存有與非存有的關係的相同的理解方式。那是透過to on（存有物）與me on（存有的欠缺）的觀念而來的。雖然在時間上，在地理位置上和在觀念的開拓上，希臘哲學與基督教運動有不同的出發點，但田立克的見解卻表示出這兩流思想在一個具有重要意義的層次上會合了。而他的評論更反映出西方對存有與非存有的一種基本看法，雖不必是唯一基本的看法。

下面我將提出我對這種理解的不同看法：我並不覺得存有先在于非存有，有本體論的基礎。存有被假定爲包容它自身與非存有。我卻以爲，存有與非存有的基礎，不能是「絕對存有」，而是「非存有非非存有」。認爲存有先在于非存有，存有總較非存有爲高，爲根本，我想那是田立克自己未經批判的想法，和西方一般在相當長的一段時期中的未經批判的想法吧。

以下我將稍爲詳盡地討論這些問題。

一、西方的有無觀——肯定原理的強調

在古希臘，人們以爲，當沒有存有時，非存有便出現了；正如當沒有光明時，黑暗便來臨那樣。非存有被理解爲是 sterēsis，privatio，或存有的欠缺，即 me on。巴門尼底斯說：「存有的存有，不存有的不存有。」柏拉圖對 me on 和 ouk on 的「不存有」的意思劃定分界：me on 是存有的相對否定，ouk on 是存有的絕對否定。他排斥後者，以之爲不可思議和不可知的；同時他在與 to on 的關連下把握前者，視之爲不同于存有者。柏拉圖以爲，現實存在常是存有與非存有的混合，如同現象必成爲存有，然後變化，然後消逝那樣。但純粹存有則是不變的永恒的，它是理念，是作爲副本的現象的原型。又，對于柏拉圖來說，eidos（形式）是「存有」，它決定一現實存在；hȳle（質料）則是「非存有」，它由 eidos 所形成，因它是不決定的，自身是無形式的。復次，由倫理學的觀點看，「存有」被視爲等同于善（agathon），而「非存有」則被視爲惡的形而上學的根源。無論如何，我們都可以在古代希臘人中看到肯定生命的態度，他們把非存有理解爲純然是存有的缺失。

基督徒一直相信，神是創造者，他超越乎他的創造，他的受造物之上。神並不由一些「被

給予」的質料而創造宇宙，他卻是創造一切，包括質料在內哩。田立克說：「柏拉圖主義的 me on 式質料有着二元成分，它強化了所有的異教精神——基督教以 creatio ex nihilo（由無而生有）一原則爲基礎，否定了 me on 式質料的觀念。質料並不是神之外的第二原則。」（Systematic Theology，第一冊，頁一八八）因此，神所由以創造的 nihil（虛無），是 ouk on，是存有的絕對否定。在田立克看來，在基督教思想中，神透過「我是我之所是」（'ehyeh 'asher 'ehyeh）——'hayah'作爲'ehyeh 的語根，卽發生，生成，存在之意——而顯示其自己，他是存有自身，或存有的基礎，具有維繫着非存有的能力。（同上，頁二三五——六）另外一面，由無中而被創造的受造物，常面臨着虛無的深淵。復次，在基督教傳統來說，神並不是一哲學的原理，而是一活的人格神，他是愛和正義。因此，對于基督教傳統來說，存有與非存有的問題不單是一本體論的問題，且是一實踐的宗教的問題，其中包含有忠誠、懇摯、可信與僞造、虛假、欺詐、叛逆、罪過、公正與不公等的含義。由此可得，虛無是受造物的人類的一個部分，它不單是惡的根源，且亦是罪的根源，背叛神的意志。這惡即是善的欠缺。

與柏拉圖主義比較來說，基督教實更能正視非存有（me on 與 ouk on）的觀念，更深入處理存有的觀念。不過，「存有在某些方面較非存有具有先在性」這樣的表示，却是共通于柏拉圖主義與基督教的。不過，我已說過，我並不覺得存有先在于非存有，有本體論的基礎；我以爲，我們不必未經批判地假定存有在層次上高于非存有，比非存有更爲根本，問題的關鍵在，在與肯定原理的關連下，我們應該如何理解否定原理。倘若參考以下的兩種觀察，我想我在上面提出的反對意見，會顯得更有說服力。

首先，我們可以把「存有——非存有」視爲「生——死」和「善——惡」的本體論的範疇。這樣，問題便變成，生先在于死，其本體論的根據安在呢？西方哲學以爲善先在于惡，這在徹底的分析上是否可以充分解明呢？不用說，人多是望生而厭死；而善亦應較惡爲優。不過，人生的現實，能否透過對生命與道德律令的企慕而按制得住，那卻是另一問題哩。

第二點，在存有與非存有的均衡狀態下，存有獲得優勢，克服了存有與非存有間的對抗性，這表示趨向絕對存有，以之作爲最後目的。同樣，要克服生死間的對抗性，表示趨向永恒生命；要克服善與惡的對抗性，則要趨向最高善。不過，由于我們必須審查有關肯定原理高于否定原理的想法，故亦必須批判地審查絕對存有、永恒生命和最高善這些觀念。

圖 I「在本體論的有效性方面，存有先在于非存有」「存有『包容』它自身和非存有」
——田立克

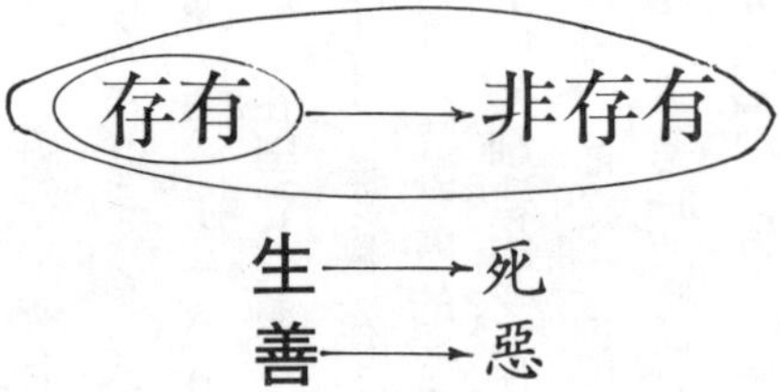

圖 II在存有與非存有的均衡狀態下，存有獲得優勢，克服了存有與非存有間的對抗性，這表示趨向絕對存有，以之作爲最後目的。

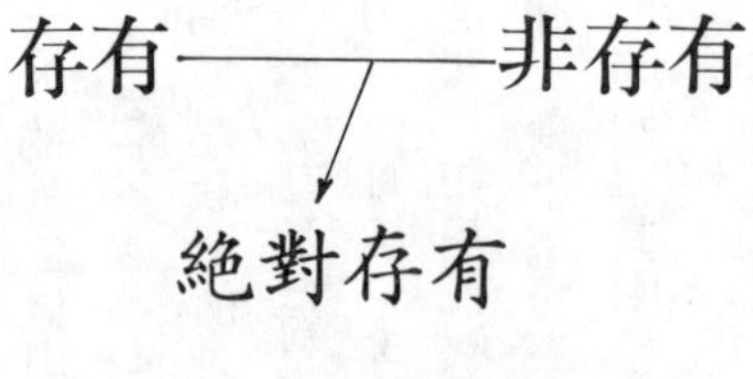

二、東方的有無觀——否定原理的強調

在東方，孔子傳統方面的人，强調人文倫理及人的內在善，甚麼是眞正的人文；他們的思考方式，基本上與西方傳統的人士在理解肯定與否定方面無異致。但道家與佛家却以爲，「無」的觀念是中心的和本質的。

在道家傳統方面，老子在《道德經》的開首便說：「道可道，非常道；名可名，非常名。無名天地之始，有名萬物之母。」他又說：「天地萬物生于有，有生于無。」（第四〇章）顯然，對于老子來說，作爲宇宙的根本原理的道，是完全不可名狀的，不可知的，非存在的；但它却是無所不包的和不疲竭的；在這方面，莊子表現得更爲徹底。他說：

倘若宇宙有一個開始的話，則應有某一時刻，它在這開始之先。又應有某一時刻，它在那「先于上面那開始的時刻的時刻」之先。倘若有存在，則在它之先必有非存在。倘若有一「任何東西都不存在」的時刻，則在此之前，必應更有一時刻，在這時刻中，即使「沒有任何東西」亦不存在。突然間，沒有任何東西存在，你能確切地說這是屬于存在或非存在的範疇麼？即使是我剛才說過的那些話語，我亦不能確定，它們實際是說出來了，抑是未有說出來哩。（譯者按：此節莊子之文是作者取自Herbert A. Giles所譯《莊子》Chuang Tzŭ頁二三中者）

這是一種徹底的否定，由此而趨向那完全超乎始與末、存在與非存在、有與無之上的最後眞實。對于莊子來說，存有與非存有都由道而來，因此是道的兩個面相，而道是完全不可名狀的。他以道爲基礎，而游心于自由，以之爲理想的生活。他是老子的「道無爲，而無不

爲」（第三七章）的觀念那一路。

在古印度，在佛教興起之先，人們已清楚地認識到否定的意義了。《奧義書》哲學强調梵與我的純一性，而只否定地以 neti，neti 來表示之，如見者不能被見，知者不能被知。但梵與我却被理解爲是永恒的、不變的和實體的。佛教徒則否定我的實體性格，而提出無我及無常。佛教的一個基本義理是，沒有例外地，一切都是無常，沒有恒常的自性（自我同一），沒有不變的實體。佛教另外一個基本義理是，一切都沒有例外地依存于一些東西，沒有任何東西是獨立的和自存的；這稱爲緣起，這是依存地生起、關係性、相關地生起，或依存地一齊生起之意。一切都是無常，都依存地生起。這義理不止應用于宇宙萬物中，亦必須應用到宇宙之外。這卽表示，佛教徒以爲，作爲宇宙的創造者和統治者的唯一的神的觀念，和作爲宇宙恒常的無間斷力量的梵的觀念，畢竟是不完足的。佛教以爲，所有東西，沒有例外地，都不是那唯一的超越的神所創造的受造物，亦不是內在于那不滅之梵的一些東西，而却是依存地共起的，並沒有一恒常的實體的自性。人若不能充份了解這個眞理，而依戀他的財物，他所愛的人，和他自己，視之爲恒常的和不滅的，他卽在迷惑中而不能免于苦。但當人能覺悟到這個眞理時，他卽認識到最後的眞實，從惑與苦中解脫出來，而得涅槃。在涅槃中，人能充份實現智慧與慈悲；故涅槃是眞實生命與生活的基礎。

佛教的無我或無恒常自我，一切無常，和緣起等觀念，都預認着對存有、存在和實體性的否定。龍樹清楚地了解到早期佛教傳統的基本觀念的含義，而確立空的觀念。必須强調的是，龍樹的空觀並不是虛無主義的。空是完全沒有形相，它不着于存有與非存有；因「非存有」仍不免是和「存有」區別開來的一種形相哩。實際上，他不止拒斥「恒常論的」觀念，這觀點以爲，現象卽此卽是眞實；他同時亦拒斥那恰巧是相反的「虛無論的」觀點，以之爲虛妄。這觀點以爲，空與非存有都是眞實。他開啓了一個新的遠景，從「與肯定或否定，存有或非存有相連起來的」一切虛妄觀點解脫開來，而爲大乘空的基點；他稱這基點爲中道。順此可見，龍樹的中道觀並不表示在兩極端間的一個中間點，像亞里斯多德式的有無觀念所可能表示的那樣。它實指向那一超越任何二元性的路數，超越包括存有與非存有、肯定與否定在內的二元性。故他的空觀並不是與充實飽滿相對反的純然的空。空實超越乎和包容了空與充實飽滿二者。由它是從「形相」和「無形相性」解脫開來的意義看，它是眞實地無形相的。實際上，在空觀中，空卽此卽是充實飽滿，充實飽滿卽此卽是空，無形相卽此卽是形相，形相卽此卽是無形相。故龍樹以眞空爲妙有。

我們可以邏輯地解釋空的這種辯證的構造如下。對于空的會得，並不單是透過否定「恒常論的」觀點的，而亦要透過否定「虛無論的」觀點，這「虛無論的」觀點是否定前者的；故它不是基于單純的否定，而是基于對否定的否定。這雙重否定並不是一相對否定，而是一絕對否定。而絕對否定正是絕對肯定。因邏輯地言，否定的否定卽是肯定。不過，這又不是一純然的和直接的肯定。它是透過雙重否定亦卽絕對否定而會得的肯定。故我們可以說，絕對否定卽絕對肯定，絕對肯定卽絕對否定，這個吊詭的陳述正顯示出空的辯證的和動態的結構；在這樣的結構中，空卽是充實飽滿，充實飽滿卽是空。

三、絶對無

現在我們進入問題的重點了。倘若我們認爲肯定原理具有臨于否定原理的「本體論的先在性」的話，像西方的知性傳統那樣，則上述的空的動態的構造，便不可能了。只有在肯定原理和否定原理具有同等的力量和互相否定時，空的辯證的構造才可能。在中國和日本的詞語「有」與「無」中，最能清楚見到這點。有卽存有（being）；無卽非存有（non-being）。在相互的關係上，有與無是完全地平衡的；這與西方觀念中的being與non-being，to on與me on，être與non-être，Sein與Nichtsein都不同。有與無是完全地相對的、互補的，和交相涉入的；而不是互外于對方的。換言之，無並不是單方面地由有的否定而得。無是有的否定，有是無的否定。並沒有一者具有臨于他者之上的邏輯的和本體論的先在性。無是有的一個完全對等觀念，它不只是有的欠缺，它比西方所了解的「非存有」具有更强的否定性。復次，有與無是完全地對反的原理，因此它們互不能從對方分開來，它們是在一個背反中，一個自我矛盾中，而成一整體。佛敎的空觀卽顯示一個基點，那是要由克服了有與無的背反的和自我矛盾的一體性而會得的。

在梵語中，相應于me on或非存有的，是asat或abhāva；它們是sat或bhāva的否定語。這與希臘語及其他相關的西方語言的情況並沒有不同。不過，如中村元氏所指出的，印度人並不同于希臘人或其他西方人，他們對一個否定式的想法，並不單純是否定的，且同時亦是正面的和肯定的。故印度論理學並不用全稱否定判斷(E)，而將之改爲全稱肯定判斷(A)來討論；如「所有言說都是非恒常不變的」（anityah śabdah）。因此，在印度思惟中，sat與asat，bhāva與abhāva，並不被理解爲具有一單純的前後的關係，而被理解爲互相矛盾的，雖這不是互相對反的。佛敎提出「緣起」說，在他們把sat或bhāva理解爲一「非自性存在的眞實」（asvabhāva）的情況下，sat與asat，bhāva與abhāva亦被視爲互相依存的。龍樹的「空」

觀卽透過「緣起」觀而被確立爲根本的正面的原理，而超越乎 sat（或 bhāva）與 asat（或 abhāva）之上。

西方思想視存有爲本體論地先在于非存有，故其超越乎存有與非存有的對反之上的究極者，是大寫的絕對存有 Being，這可用一斜向絕對存有方向的線段表示出來（圖Ⅱ）。與此相反，佛敎的空，作爲究極者，是要透過一個直接超越有與無的二元性的過程而會得的；這有與無，是在相同的立足點，完全地交相涉入，如圖Ⅲ所示。

圖Ⅲ

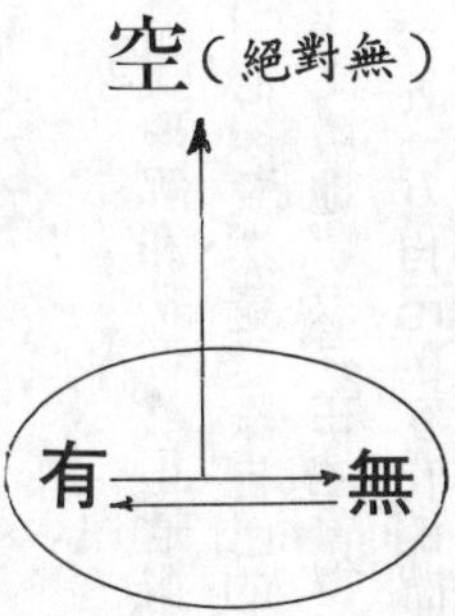

由此可見，對于佛敎來說，究極者並不是「絕對存有」自身，而是無形相的「空」。這空不是有，亦不是無；爲了別于相對無起見，它常被稱爲「絕對無」。

嚴格地言，倘若空或絕對無只是超越有無二元性而居于這二元性之外的第三者的話（如圖Ⅲ所示），則不能被稱爲眞正的空或眞正的絕對無。——因這樣理解的空或無，只不過是一些東西而已，它們被稱爲「空」或「無」，亦卽虛無 Nothingness。換言之，它仍立于與有無所成的二元關係上。必須克服了這種二元性，才能會得眞正的空或眞正的絕對無。對于空的了解是重要的，但亦不能偏于空而爲空。便是因爲如此，大乘佛敎立根于空觀，在它的漫長的歷史中，極力排棄對于空的執着，視爲「對于空的虛妄的理解」，一種「對虛無的僵化的看法」，一種「斷滅虛無的看法」。要獲致眞正的空，空必須把自己也「空掉」；空必須變成不空。結果，眞空卽是妙有，絕對無，一切如如飽滿，如來，最高眞實；它超越有無，而使有無在交相涉入的關係下表現其功能。

圖 IV

上面所述對于空的錯誤理解和執着，正是概念思考的結果。我們對于佛教的空觀，不能經由概念而確當地會得，必須要透過認識自己的存在是存有與非存有、有與無的自我矛盾的統一，在解脫的意義下，主體地，或存在地會得。

這種對于眞空亦「空掉」其自己的存在的認識顯示出，這並不是靜的狀態，可以客觀地觀察的，而是一動態的空的活動，你我亦處身于其間的。在這動態的空的全體之外，再沒有任何東西存在了。一方面，在眞正的空中，有非有而變成無；無非無而變成有；因兩者都被空掉。由此便能充分體會到由有到無和由無到有的交相涉入的運作。在另一方面，有是常有，無是常無；因在眞正的空中，上面的那種「空掉」亦被「空掉」哩。故我們亦能充分體會到由有到有與由無到無的自我同一的運作。

總結地言，(1)有與無間的交相涉入的運作與(2)有與無的自我同一的運作都在眞正的空中被完全地、動態地和吊詭地體會得。

這眞是一廣大無邊的境地，它自己便是空的活動的動態全體。當我們能把這眞正的空理解爲一無限的動態的境界，完全「空掉」肯定與否定、正面與負面（的極端）時，有與無卽吊詭地和自我矛盾地是一和同一了，而在這境地中的任何一點，都可有同樣的吊詭性格。

四、絶對無與最高眞實

我們現在必須要闡明以下五點：

第一，我起初說佛教的虛無觀念是中心的和根本的，我的意思是，倘若要體現最高眞實或妙有的話，焦點在絶對無，亦卽眞正的空，而不在相對無。沒有對于絶對無的存在的體會，卽沒有到最高眞實之路。

但這並不是說，對絶對無的會得，只是通到最高眞實殿堂的一個門路，這是第二點。絶對無自身實是最高眞實的殿堂，因爲，它作爲這樣的絶對無或眞正的空而被存在地體會得，是要透過克服了「無或空作爲第三者而居于相對的有與無之外」一點，和透過「重回歸到有無的界域中而如如地肯定它們」一點的。眞空與妙有絶不是二元性的。會得絶對無，對會得最高眞實來說，是不可或缺的；這兩者完全是同一的。

第三，在佛教，要顯現最高眞實，卽妙有，必須先會得絶對無。但佛教的妙有觀念卻和西方的「絶對存有」觀念有顯著的不同，後者亦被理解爲是最高眞實哩。就有關絶對虛無一面來說，西方的「絶對存有」並不是「非二元性」的；它亦不是透過空的會得而顯現。它並不被理解爲超越乎存有與非存有的背反之上，而却是在本體論地先在于非存有的意義下，被理解爲是究極的。

第四，西方的知性傳統與佛教在把絕對存有理解爲最高眞實方面的不同，決定于對絕對無的體會的看法；即是說，絕對無的體會，對于顯現最高眞實來說，是否是本質地必須的呢？同時，也要看相對的無（非存有）是否被理解爲與相對的有（存有）是完全相等與交相涉入。與西方的知性傳統對比着來說，佛教最能深刻地正視人生的負面。但它並不消極自卑，却是有其積極進取的一面。

第五，當肯定面（或存有）本體論地先在于否定面（或非存有）時，則自然應把「絕對存有」視爲究極者，視爲解脫的象徵了；這絕對存有，是這本體論的先在性的焦點。在這種理解下，否定面成了爲肯定面所尅的對象。相反地，當肯定面（或有）與否定面（或無）相等和交相涉入時，則這兩者之間形成一背反的、矛盾的對峙形勢，這對峙形勢是要克服的。在佛教，解脫卽在空之體會中獲得，空卽是從上述那個存在的背反中解放開來之意。同時，最重要的是，眞正的解脫，必須最後連空也「空掉」。這樣，解脫的表徵，並不是「絕對存有」，並不是存有在本體論方面先在于非存有的那個焦點，而却是「空」的能動性，它同時亦是充實飽滿的。

五、生與死、善與惡

在對人生的負面的理解方面，西方的知性傳統與佛教的分別，不單是本體論的，而且是存在的和涉及救贖方面的。我以爲，否定面特別是人生的負面，是否被理解爲在層次上低于或相等于肯定面，其關鍵並不在個體生命或宗教是樂觀的抑是悲觀的，而在它是理想主義的抑是現實主義的。西方把人生的負面理解爲在層次上低于其正面，實基于它對人性的一種看法；這不必是樂觀的，但却是理想主義的。佛教把人生的負面理解爲在層次上等同于其正面，則是基于這樣的一種看法，就有關人性方面，它不完全是悲觀的，但却是徹底現實主義的。

上面對有無的描述，實可同樣地適用到生與死、善與惡等問題上。佛教並不把生視爲在層次上較死爲高。生與死是兩個相對反的過程，它們互相否定，但亦緊密地連在一起。由于生與死的互相否定過程沒有開始，亦沒有終結，故佛教稱之爲 saṃsāra ，生死的流轉或輪迴。潛心于佛法的人，都深切地感到輪迴的無盡，而冀求解脫。當你能不經由概念而當下本着救贖的意義存在地會得輪迴的無窮時，你卽能體會到，它是生與死結合爲一的東西，但却是背反的、自我矛盾的。這種體會，特別是在禪中，稱爲「大死」的體會。因它是生死面的完全否定，是超越乎與生區別開來的死之上的。只有經由「大死」，才能得涅槃，那在佛教來說卽是解脫。在佛教看來，以生命的力量來克服死，而在將來獲得永生，是不重要的；重要的是要從生死的自我矛盾的性格中解脫開來，從生死流轉中解脫開來，證得自由。這完全是一種存在的體證，故人人都能于當下會得。在這個存在的體證中，涅槃並不離生死。如如生死當下卽是涅槃，如如涅槃當下卽是生死。

又，在佛教中，善並不比惡更有先在性。佛教徒由生命內部善惡的交相爭鬥的經驗得知，善不必足以克服惡。善惡是兩個完全相對反的原理，它們以相抵的力量交相爭峙；但它們却互相連繫着，包容于一個整體的存在的背反中。佛教以爲，我們相信能夠以善來克服惡，而達致最高善，那是虛妄的；縱使從倫理的觀點看來，這信仰是一强有力的定然律令。由于善與惡是力量相抵而互相否定的原理，故永不能在倫理方面以善來克服惡，且這會墮入一個嚴重的兩難。基督教了解到這個存在的兩難，內在于人的存在中，而稱之爲根源的罪惡（原罪）；他們以爲必須要信仰神，透過救贖，神能使人從罪惡中解脫開來。從基督教的觀點看來，神本身卽是絕對善，它是大寫的 God ；這從《聖經》的「唯神爲善」（no one is good , but God alone , Mark 10 : 18 , Luke 18 : 19 ）中可見。誡令卽表示神的意志，故對于誡令的遵從與違背，卽構成人的善或惡。復次，經上又强調：「不要爲惡所克服，而要以善來克服惡」（ II Thess 3 : 13 ）。

相反地，對於佛教式的解脫來說，重要的並不是以善來克服惡，而參向最高的絕對善；却是要從善與惡的存在的兩難中解放開來，而體證得空，那是超乎善惡對抗之上的。空的證得，不是概念的，而是救度的，是整個生命存在的事；如我在上面說過，眞正的空當下卽是充實飽滿。因此，在空之存在的體證中，人卽能作善惡的主人，而不爲其奴役。眞空的證得，在這個意義下，是吾人的自由、創發與倫理生活的基礎。

六、西方强調否定原理的傳統

總結來說，在西方，存有、生命、善等肯定原理，是在本體論方面先在于非存有、死、惡等否定原理的。在這個意義下，否定原理卽時常作爲第二義的東西而被把握。與此相反，在東方，特別是在道家與佛教，否定原理並不是第二義的，它與肯定原理是同一層次，甚至較之更爲根本，更爲內在。不過，那是基于這樣的意義而說的，卽是，要顯現最高眞實，關鍵在體證得否定原理；另外，那不可名狀的道或空，是作爲「相對意義的肯定與否定原理的根本」而被證得的。故對那超越乎肯定與否定的對抗性之上的最高眞實的證得，在東方，透過否定性；在西方，則透過肯定性。

不過，就西方傳統說，有兩個事實是不應被忽略的，此中，否定性被理解爲是具有積極意義的東西。其一是基督敎神秘主義，特別是被稱爲負面神學（Negative Theology）者；另一則是尼采和海德格的哲學。

首先，基督敎神學植根于一種經驗，在那種經驗中，神自身與靈魂的生命個體直接連結起來。神並不以一個超越的人格存有而威臨于靈魂之上，而稱爲「祢」（Thou）；它却是一種神格（Godhead），人格神即自其中轉出。作爲擬戴奧尼夏（Pseudo-Dionysius）的一個古希臘最高法院的法官（Areopagite），在其《神秘神學》（Mystical Theology）中寫道：「神格是不可定義的、不可名狀的，和不可知的；它超乎黑暗與光明、眞與不眞、肯定與否定之上。只有經由否定面，才能達到那不可言詮的神。」在德國神秘主義中，愛卡特（Meister Eckhart）說神格或Gottheit爲無有（Nichts），伯米（Jakob Böhme）則視之爲無基底者（Ungrund）。而神的本質，並不是最高的絕對善，而是超乎善與惡之上的。這與佛敎對于最高眞實的理解，極其相似。

第二件事是尼采和海德格。如衆所周知，尼采淩厲地抨擊柏拉圖主義與基督敎，視之爲一種兩個世界的理論，在這個實際的遷流的世界的背面，建立「眞正的永恒的世界」。他在嘗試對所有價値作重新的衡量（Umwertung aller Werte）中，宣告虛無主義的來臨；在這虛無主義中，所有傳統的肯定原理都被否定掉。他又鼓吹超人（Übermensch），作爲眞實的虛無主義者，在沒有神的情況下，這超人完全承担虛無，接受永恒的輪轉。

海德格受尼采影響，他且超過尼采。他恐怕是在西方歷史中最能深刻地正視「無」的問題的人。他把西方的形而上學史，視爲對于「絕對存有」的忘懷（Seinsvergessenheit）的歷史。他嘗試探索絕對存有自身（Sein selbst）的意義；他以爲這絕對存有，與自亞里斯多德以來的形而上學中的各個存有之絕對存有（Sein des Seienden），完全不同。要迎會無，即要越過對于絕對存有的忘懷。無自身可開出一絕對存有之路。這亦與佛教對空的理解極其相若。

不過，基督教神秘主義只是基督教中的一個片段；而尼采與海德格在西方亦常被疑爲是西方哲學傳統的叛徒。但我們必須要問，在西方的知性傳統中，其歷史與哲學的欠缺是甚麼呢？這亦是這些人所感到的和要塡補的問題。他們强調否定性或無，沒有一個積極義麼？我們應否把他們僅視爲非正統而忽視之呢？倘若以爲海德格、尼采和那些神秘主義者應被拒斥，被視爲非正統與不健全，則請讓我再問一下，西方以存有先于非存有，這就相關到物一般與特別就相關到人來說，如何在哲學上被認準呢？

京都學派方法(二)•

禪與西方思想

阿部正雄原著

「禪與西方思想」是在今日世界中必須要探究的一個課題，同時是一個極爲難以探究的課題。要跨越這樣廣濶的領域，而把握其核心，完全地處理這個困難的課題，自非現在筆者所能堪任。這裏我只對這個課題作一試論，希望得到學者的指正，俾日後得以修補。

一、三個根源的範疇：存在、當爲、虛無

所有的人，不管是現代的古代的，西方的東方的，都不會安于目前的現實、感覺所接的現象，和目下的這個世界，而感到滿足。即使對着散落的花草，亦會感覺到永恆的美。仰望夜空的星星時，會想到宇宙間的法則。見到自己與他人的惡失，會謀求人間的理想姿態；而對要逝去的生命，會祈求不滅世界的實在。這都是落根于人的本性的事。對于在可見的背後的不可見者，在現象的根底的法則，在事實背後的意義，和在現實的另一方的理念，我們是不會停止追求的。這實源于人的本質的要求，要尋求超越現實界的境界，因他正內在于這現實界哩；要尋求普遍的東西，因他正與個別的事象纏在一起哩；要尋求不變的永恆的東西，因他

正不斷經驗到生滅變化哩。哲學家以爲，人是形而上學的動物，這可以說是人類通于東西古今的定義。不過，便是由于人是形而上學的動物，因而亦出現一種立場，要否定超越乎現實的理念，與否定在事物背後的普遍永恆者，而以這個存在着個別事象的現實界，爲唯一的實在世界。順此，這個現實與理念，內在與超越，個別與普遍，時間與永恆之間的對峙，卽不斷地貫串于人的存在中，而使人生出現嚴重的問題。這裏我們簡單地以「事」與「理」之間的撐持，來表示這種對峙。（註：此中所用的「事」與「理」兩用語，源自佛教。佛教亦以「事」指現實的、個別的、時間的、差別的東西，以「理」指理念的、普遍的、永恆的且是平等的東西。但對有關理念的、普遍的東西的具體理解，則佛教與西方思想有很大的距離，如後面所述者。）不斷爲「事」與「理」的對峙所滲透的存在，因此而不能不作爲問題，而不斷地使自己自覺自己的存在——這是人的命運，人的本質。

有一些立場，專門以「事」爲基礎，來把握來理解這「事」與「理」的對峙的關係全體；這便是各種共通于東方的與西方的經驗論的立場。與此相反，亦有些立場，是以「理」作爲原理，來把握來理解同樣的「事」與「理」的對峙關係全體的；這便是各種共通于東方的與西方的觀念論的立場。但這樣的經驗論與觀念論，都未能超越「事」與「理」的對峙層面，而只是在這層面上，以對立的一方爲原理，來把握理解這兩者對立的全關係。故這些立場都不能說對這個問題提供了根本解決之道。能眞正解決事理的對峙問題的，必須是這樣的立場，它以某種形式超越了事理的對峙的層面。這可以說，它必須是超越意義的形而上學的立場。

現在我們卽這樣地着眼，一觀西方的哲學思想與東方的思想，特別是佛教思想。亞里斯多德哲學可以說是古代希臘思想的最高峰。在這個系統中，特別是在其《形而上學》中，那使存在者（譯者案：此當是 existent）成其爲存在者的「存在」（譯者案：此當是 Being），換句話說，那絕對的「存在」（Sein），被確立爲基本原理。亞里斯多德以後的西方形而上學史，實是建築在這「存在」的延長線上的。其後，康德以爲，那些自亞里斯多德以來的「存在」的形而上學，全是獨斷；因此他要撤消它，而發出「作爲學問的形而上學如何可能」一問題；他本着自己的批判方法，在全新的基礎上，顯示出形而上學的可能。這個新的基礎，卽是超越的純粹實踐理性法則，亦卽是那絕對的「當爲」（Sollen）。西方哲學思想，至康德卽面臨決定性的轉捩點。實體的「存在」的形而上學轉爲主體的「當爲」的形而上學。康德以後以迄于今日的西方哲學思想，其步伐，可以說是在徬徨與摸索的軌道上，周旋于亞里斯多德的「存在」與康德的「當爲」的兩種對峙中；或爲其中一方所牽引，或謀求這兩者的調和，或要以一種形式來超越這兩者。在這中間，尼采與海德格卽極爲重視那明顯地不是「存在」亦不是「當爲」的「虛無」問題。

不過，亞里斯多德與康德的「存在」與「當爲」，各各有其絕對的性格，而脫離相對性；都可被視爲形而上學可能的根本原理。而對「虛無」（Nichts）的把握，在縱貫二千數百年的西方哲學思想史中，却未出現過。這「虛無」却是與「存在」「當爲」有同等意義哩。在思想上明確地自覺到這種意義的「虛無」，而把它確立爲形而上學的基本原理的，是印度的龍樹。龍樹的空觀，是印度大乘佛教的頂點。它的底蘊，不盡于純然的哲學思想中；它植根于佛陀以來的宗教的自覺，在思想上確立了絕對的虛無的立場，斷絕了有與無的兩極，成爲後來大乘佛教的思想基點。

「存在」（Sein）、「當爲」（Sollen）、「虛無」（Nichts），或「有」、「理」、

「無」——這些東西，全被視為脫離相對性，而具有絕對的性格，我們不是可以說，它們在原理上，超越了先前所說的事理的對立的立場麼？在原理上超克事理的對立之道，不是要先使「有」、「無」、「理」三者中的任何一者絕對化，然後可能的麼？亞里斯多德、康德與龍樹，他們的時代與環境都互不相同，但不是可以說，都達到這樣的絕對的自覺麼？我想，我們可以稱這絕對意義的「存在」、「當為」與「虛無」，或「有」、「理」與「無」，為人思想中的（因而亦是人的存在本身的）三個根源的範疇。因為，這可以理解為是在原理上超越乎那「貫徹人的存在，而不斷困擾人生的」事理的對立的三個可能的範疇，這可以理解為是對于本質的問題的三個可能的本質的解答。由于這三個範疇都具有不能還原為其他二者或其他東西的超越性與絕對性，故最後還是這三個根源的範疇。在東西方人類思想史上，這三個根源的範疇，分別由亞里斯多德、康德和龍樹依思想的路數確立起來。要闡明這點，我們有進一步考察的必要。

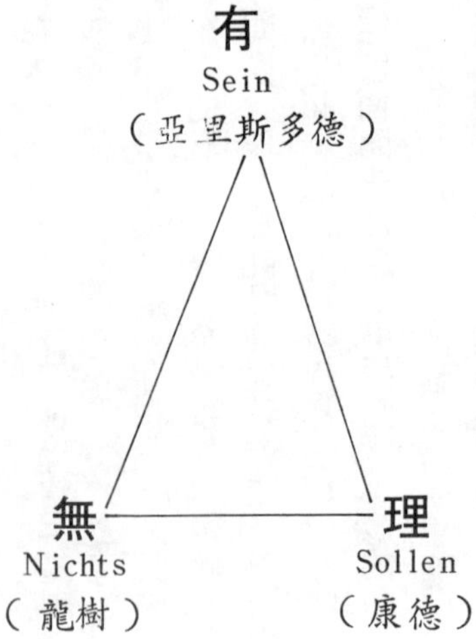

二、亞里斯多德的「有」與康德的「理」

柏拉圖較亞里斯多德為早出。如眾所周知，他以為，在感覺的現象和生滅變化的事物背後，有超感覺的理念，無生滅變化的普遍的理念存在。即是說，作為「事」的現象背後，有作為「理」的理念存在。而且，作為「事」的現象，以作為「理」的理念為原型；現象是分有這理念的原型的一種模仿物。不過，柏拉圖的理念，並不只具有理論性的存在論性格，作為自然的存在的法則；由于最高的理念是善的理念，故他的理念，實帶有極為濃厚的倫理性實踐性，要熱切地追求善的目標。換言之，對于柏拉圖來說，作為「理」的理念，實是使作為「事」的現象成其為現象的眞正實在；而在這理念中，自然的理法與人間的理法，或者說，理論與實踐，理性與意志，是未分裂的；它們是在未分化的狀態下被把握的。

柏拉圖的這種未分化的理念，與現象的關係，到了亞里斯多德，其倫理性實踐性漸被拂拭掉，而被置換為形相與質料的關係，具有明確的理論的存在論的性格。不僅此也，柏拉圖的理念，作為現象的原型，實超越乎現象而自存。與此相反，亞里斯多德的形相，則是個別物(現象)的原理，使潛存的質料變為實在物；它不離個別物，而內在于個別物自身。柏拉圖的理念，對于現象來說，是本質地先在的東西；亞里斯多德的形相，則一方面與個別物的質料區別開來，而又常與個別物俱，顯現于個別物中。柏拉圖所確立的理念的世界，是普遍原理；它超越乎現象界，而在其背後，使之可能。亞里斯多德依據和超越這理念的世界，而即在個別現象、個別物自身中，看出其相應的形相。正是由于超越了柏拉圖這樣的理念說，使亞里斯多德的存有，成其為存有的「有」，存在者的「存在」，亦即是 ousia。此中可以看到，事理的對立，被徹底地超越了。亞里斯多德所自覺到的「存在」或「有」，特別是作爲神的最高的「有」，實是脫離了這種意義的相對性，而爲本質的絕對的「有」；因此，如先前所述的那樣，這可以理解爲是我人思想中的一個根本的範疇。

倘若我們從事理的對峙的觀點來看希臘思想，則可以說，對于柏拉圖來說，在「事」的現象背後，有使現象可能的「理」的理念在；前者是假現的世界，後者則是實在的世界。換言之，只有使「事」成其爲「事」的「理」，才被看作是眞正存在的東西。亞里斯多德則越過柏拉圖的這個立場。可以說，他在某個意義下，把柏拉圖的「事」與「理」的關係顚倒過來了。在亞里斯多德看來，個別物卽是實體。個別的「事」自身，便是眞正的「有」。不過，並不是直接地便可以這樣說的。無寧是這樣：亞里斯多德否定了超越乎個別的「事」的普遍的「理」的理念，特別是否定了理念的超越性超離性，而以形相之名，再回歸到「事」中，卽在此「事」中自覺出「有」。依亞里斯多德，形相應稱爲「有」，而不應稱爲「理」。亞里斯多德所視爲是形而上學的基礎的「存在」——「有」，只有在這樣地否定了那超越乎「事」的普遍的「理」之後，才能作爲使「事」成其爲「事」的「有」，而被自覺出來。要注意的是，這形相的「有」不是靜的，而是動的。作爲最高的「有」的神，是全不留有質料痕跡的純粹的第一形相，亦是第一動者。究極的「有」，是純粹活動本身。

亞里斯多德以來多姿多彩的西方形而上學史，實是依亞里斯多德的「有」爲基調而奏出來的種種變奏曲的歷史。康德的批判哲學，則向這「有」的變奏曲的歷史打上終止符，而要來一種新的形而上學的序曲，演奏全新的基調哩。這新的基調音，不是Sein，而是Sollen，卽所謂純粹實踐理性法則的超越的「理」。

康德粉碎了亞里斯多德以來的古老的形而上學，以之全是獨斷。但人們對于形而上學所產生的興趣，却難以停止。這點康德是不能否定的。亦卽是說，人們要認識那些感覺所不能到達的超越的形而上的對象。康德甚至以爲，這種內在于人的本質的興趣，是必須要得到滿足的。他卽在這個立場下，提出「形而上學的認識如何可能」的批判的問題，而以對理性能力自身的批判，作爲自己的課題。如衆所周知，這批判哲學所要闡明的是：對于形而上學的對象的認識，靠理論理性是不可能的。這只有經由純粹實踐理性與基于這實踐理性而來的信仰而可能。在他的哲學中，自柏拉圖以來從未有明確區別開的理論理性（理性之理論的使用）與實踐理性（理性之實踐的使用），不僅在本質方面被區別開來了。而且，康德並不把這樣地兩用的理性，理解爲單純是人與生俱來的理性，而却理解爲是超越的純粹理性；它使這種自然理性在原理上可能，和在事實上確立起來。這裏有一種全新的「事」與「理」的對峙，是古代希臘以來未之見的。這是「事」與「理」——使「理」自體可能的「理」，亦卽是理之「理」——之間的極端的對峙。「事」必須要以這樣的「理」之「理」爲根據，才能正式地成其爲「事」。而康德所要闡明的是，這樣的純粹理性，當它限于只在理論方面使用時，則形而上學的理念雖可以被思想，但其有效性卻不可能被證實；只有當它在實踐方面使用時，形而上學的理念才能透過道德的信仰被證實。康德是依理性的實踐的使用，來建立形而上學認識的可能性的。這理性的實踐的使用，把理性深入地扭歸向內部，以主體的道德意義，來規定人自己的意志。他並不依理性的理論的使用，來建立形而上學認識的可能性；縱使它在外在的自然方面，與對象連繫在一起。康德這種把優越地位放置于實踐理性上的立場，可以說，實取代了亞里斯多德的理論的存在論的立場，而回復到柏拉圖理念說的立場上去；柏拉圖是把優越地位，置于倫理性實踐性上的。不過，不用的，這並不是單純是柏拉圖式的「理」的立場的回歸。亞里斯多德的存有論，超過了柏拉圖；康德毅然否定了亞里斯多德的超越乎柏拉圖之上的存在論的立場，亦卽否定了「有」的立場，而把它從根底方面轉換過來，給予純粹理性的立場一超越的基礎。這純粹理性，如前所述，正是「理」之「理」。另外，由于康德明晰地分開理性的理論的使用與實踐的使用，以爲形而上學的理念，能依後者透過道德的信仰而實踐地被認識，而不是依前者被認識。因此，他的形而上學可能的原理，雖說是「理」之「理」的立場，但並不是必然（Müssen）的原理，而是當爲（Sollen）的原理。必然的原理，在原則上把自然法則一般確立起來；而當爲的原理，則是道德法則一般的根據。

還有一點，亞里斯多德雖也正視善的問題，和當爲的問題，不過，在他看來，在價值上是善的東西，存在論地是中性，卽事物或狀態的「中」之意。他是以存在論的進路，來把握善與道德的。康德則不同，他把道德的問題，移到意志的場合方面去，而建立「當爲」，作爲純粹實踐理性的法則。在康德看來，理性在本質上是實踐的，亦因此之故，它是形而上的。他通過批判地考究「純粹理性如何替意志立法」一課題，卽在道德理性的基礎下，確立定言律令的可能性、理性自律的立場，和自由、靈魂不滅、神等形而上學理念的認識根據。這立場明顯地不同于柏拉圖式的「理」，與越過此「理」的亞里斯多德式的「有」者。這是一全新的「理」的立場，它自覺地超越實體性層面，而成爲眞正主體性的「當爲」的「理」。康德確立了這個主體性的「理」，作爲超越的道德法則。它可算是人的思想、人的存在的第二個根本的範疇，而不同于亞里斯多德形而上學的實體的「有」；後者被視爲亞里斯多德的形而上學的基礎。

三、龍樹的「空」、「無」

亞里斯多德與康德卽在這種絕對的意義下，確立「存在」與「當爲」，「有」與「理」。不過，在西方，畢竟沒有把「虛無」或「無」看成是形而上學的根本原理一事。

在古希臘，「無」被視爲「存在」的欠缺狀態，卽非存在，如同暗被視爲光的欠缺，惡被視爲善的欠缺狀態那樣。「無」並不被視爲是在其自己，而只被當作「存在」的消極狀態、欠缺狀態的第二義的問題來處理。所謂「無物能由無生起」(ex nihilo nihil fit)，正是古代希臘的思想，也包括亞里斯多德在內哩。

康德以爲亞里斯多德以來的形而上學，都是獨斷，而要把它撤消掉。他又撤消希臘以來的道德哲學，視之爲錯誤的道德哲學，缺乏道德原理的批判基礎。他由批判之路，確立純粹實踐理性的立場。在康德以前，道德理性與道德感情，被視爲是先天的，與生俱來的；康德却不直接地認爲，那包括道德理性與道德感情在內的人的本性，是道德原理。他嚴肅地自覺到，人生命中的道德理性與道德感情，不可能直接地便成爲普遍的道德原理。不過，康德並未由此自覺，而入于對人性的絕望與對罪惡的意識。他亦不由此而否定人間道德的可能性。康德都不走這些路子，却透過「純粹理性能否替意志立法」一問題，而確立純粹實踐理性的立場。這既不是以人間道德性爲「有」的立場，亦不是以之爲「無」的立場，而是隨處都是「當爲有」的立場。這是主體的實踐的「理」(更正確地說，應作「理」之「理」)的立場，是超越的道德的「當爲」的立場：在任何場合中，都無條件地作出「汝正當爲」的定言命令。故康德視爲形而上學可能的唯一原理的「當爲」，否定了亞里斯多德式的「有」；但它不是

「無」的原理。康德都不取這有無兩者，而以「爲義務而行義務」，爲眞正的自由。這是主體的、實踐的「理」之「理」的立場。在其宗教哲學中，康德視根本惡爲嚴重的問題，但他仍沒有放棄這主體的「理」之「理」的立場，他無寧以爲，若强化這立場，則雖根本惡的問題，亦可克服哩。

我先前說過，龍樹以極爲徹底的形式，確立「無」爲一切的根本原理；他實代表印度大乘佛教的頂峰發展。不過，龍樹的「無」——更確切地說當是「空」Śūnyatā——的思想，原本亦不是突如其來地出現的。佛陀的緣起說認爲，我們所經驗的東西，都依其他東西爲緣而生起；此中有一種否定實體的思想，否定一切東西的實體性；這實體性表示自體卽能獨立地存在。被視爲佛教根本命題之一的諸法無我（一切東西都不具有恆常的實體），卽明白表示這實體性的否定。此中可淸楚地看到，空的思想已在萌芽了。不過，在原始佛教中，緣起說與空思想仍素樸地結合在一起。自覺到這空思想，而將之置于教說的中心位置的，是阿毗達磨佛教。但這種自覺的方法，是把各現象分析爲多種要素，而排除實體的觀念，因而主張一切皆空。因此，阿毗達磨佛教的空思想，可以說是立足于分析的觀察中的空思想——因此之故，其後卽被稱爲析空觀（註見下）——此中，對于實體以至「有」的觀念的否定，仍未徹底化哩。無寧可以說，阿毗達磨佛教仍認可那被分析出來的諸要素的實在性哩。

但由《般若經》開始的大乘佛教思想家們，則越過這阿毗達磨佛教的析空觀，樹立後來所謂體空觀的立場。（註：天台宗以小乘佛教的空觀為析空觀，以大乘佛教的空觀為體空觀。）這並不是要把各種現象分析爲要素，而闡明現象之空，而是主張，一切現象在原理上其自體卽是空，主張存在本身的空性。《般若經》的「非有非非有」，不單否定有，且否定作爲有之否定的無。非非的立場，即闡明這二重否定。此中顯示出離有無二邊的「空」之自覺，亦即開示般若的智慧。

然而却是龍樹把《般若經》中的神秘的直觀性提高到自覺的階段，而徹底地使這《般若經》的空思想邏輯化。當時的實體論者以爲，對應于概念的事物，是實在的；龍樹批判他們，以爲墮入虛妄觀，錯誤地了解現象界的實相。他以爲，在脫離概念的虛妄性處，即有無相的眞正實在顯現。因此，龍樹不只揚棄常見：以現象爲即此即是實在；且亦極力撤消這常見的另一敵對見解的斷見：以空無爲眞實，他以爲這是虛妄的。他以爲，一切虛妄觀，都與肯定否定、有無連在一起；而從這虛妄觀解放開來的自主自在的立場，才是大乘的空的立場。他稱這立場爲中道。故在龍樹看來，「空」不是虛無，而是妙有。由于眞正的空（絕對無）連空都否定掉，故它是絕對的眞實，它使一切現象一切有眞正地成其爲有。就龍樹看來，那貫串在人的存在中而不斷使人生出現問題的現象（事）與理念（理）之間的對峙，即在「無」中，在超越乎有無的對立的「無」中，亦即在「空」中，找到其消解之道。龍樹即這樣地把「無」加以絕對化，作爲如實地開示實在的根本原理。我們這裏將他的「無」，肯認爲異乎亞里斯多德的「有」與康德的「理」的第三個根本範疇。

四、基督教思想的「神之義」

以上我們述過了亞里斯多德、康德和龍樹如何把「有」、「理」、「無」在分別脫離其相對性的絕對意義下，將之作爲超越乎事理對峙的形而上學原理，意識出來。這「有」「理」「無」亦可稱爲人的思想、人的存在的三個根本範疇。倘若這樣的看法可以被接受的話，則我們要考察下一課題，看看何以在西方思想中，「無」作爲超越乎事理對峙的原理，未有被意識出來，如龍樹所達到的徹底性那樣。首先我們必須要問，在東方思想，特別是在佛教思想中，「有」與「理」作爲超越乎事理對峙的原理，到底有否被作爲問題而提出來考究，一如亞里斯多德與康德的那種深度呢？這樣的發問，大概可以幫助我們對本文的主題「禪與西方思想」，作基礎性的考察吧。不過，在進入這個問題之前，我們必須先就上面有關的觀點，對希伯來思想，特別是基督教考察一下。希伯來思想是西方思想的一個源流，而基督教則二千年來深厚地培育着西方思想。

不用說，基督教並不是哲學。它亦不完全是思想。這不是依人的理性而得到的自覺，而是全心全意服從生命之神的啓示的一種信仰。這並不是依甚麼思惟而來的合理判斷的結論。這是新生的生活，屬靈的生活，它在一切思惟衝突之上與神相會，由神之愛得以死而復甦。不過，雖然這是對這樣的啓示而有的信仰，是屬靈的生活，但就它關連于人文方面來說，這是深深地——或者最深深地——扎根于人的存在，因而在本質上關連于人的思想的。我們在這個意義下，就關連于「有」「理」「無」的人的存在、人的思想的三個根本範疇來考究基督教，恐怕不會有問題吧。特別是在本文中，我們要把這基督教作爲「西方思想」的一個成員——它與希臘的哲學思想一同構成「西方思想」——來考究，這更應說得通吧。不過，我們必須時時刻刻記着，基督教本身是超越乎基督教思想的。

我們可以說，基督教思想與希臘思想共同成爲「西方思想」的兩大源流，但這兩者是極爲不同的。在希臘思想中，我們可以發現思想家對于人文與世界的單純而充量的肯定；但在希伯來思想中，則貫徹着對于人生的負面的深沉而敏銳的意識。此中最有一種對于人的知性與道德的絕望，及與那超越的存有相隔絕的意識；這絕望與這意識，實互爲表裏。伊甸園的故事，正顯示出神所知的眞理，是禁絕于人的。樂園中的蛇，使人希望一如神那樣知善知惡；它實是知性與自覺的精神。但樂園驅逐的故事，却顯示出，人基于自覺而來的獨立，是一種罪過；只有聽從神之言，才是人的道路。希伯來之神，是超越的生命之神；它不領受任何思辯體系的殿堂的香火。人們所追求的，不是觀想，而是信仰；不是形而上學，而是啓示；要斷知性。又，希臘人是沒有原罪意識的。但希伯來人則在神之正義面前恐懼與顫抖，不期然感到自己罪業深重，絲毫沒有正義。此中有一種極爲深刻尖銳的「事」與「理」的對峙。但這與在希臘思想中所見到的事理的對峙，方向完全不同。

柏拉圖式的理念，是現象（事）的原型；亞里斯多德的形相，則否定理念的超越性而使個別現象（事）成其爲現象（事）。這「理」與「有」，不管它們自身是如何地超越與形而上，比起基督敎式的神之正義，却仍然是較爲內在的。「理」「有」與神之正義的神聖的理比較，它們仍不過是內在于人間的「事」而已。爲甚麼呢？因柏拉圖的理念說與亞里斯多德的形而上學，在神的眼中，只是「這個世間的智慧」（I Cor., 1:20）而已，這畢竟是愚昧。而那隱藏在奧義中的「神之智慧」（同上 2:7），那經綸宇宙的「神之義」（詩篇 94:99），則超絕乎世間的一切智慧與人之正義——包含形而上學的理念在內——之上。希臘人對于事理的對峙所提供的消解之道，成立于善之理念、正義之德與「有」之形而上學中。但基督敎的神之義，却仍批判這消解之道，以之爲愚昧。這神之義實是作爲神的 logos 的「理」。

這作爲神的 logos 的「理」，並不是理論的存在論的性格，而是具有徹底實踐意義的人格意志的性格。它透過對世間的裁判、憤怒和救濟而顯現。不過，這作爲神之義、神的 logos

的「理」，並非純然是超越的。它在自己的歷史中，道成肉身，要挽救違背神之義的人類。目下，這神之義卽作爲一種恩典而授予那些悔改的罪人。這道成肉身的 logos，正是耶穌基督。人必須相信在其十字架上所示現的神之義的新的啓示，才能依于其信仰而被認可。logos 的道成肉身，實卽是由「理」而化成的「事」。作爲神的 logos 的「理」，超越乎宇宙之上；但在基督的十字架之下，它卽落實而化爲「事」。而且這是一個歷史事實，只出現一次。基督教的信仰，卽立基于這「理」之上，這「理」卽在這種只此一回的歷史的「事」發生時顯示出來。因此，這裏的「事」——基督的十字架的事，是建立于那超越而永恆的神的「理」的自我否定中的「事」。

五、西方有「有」、「理」，而無「無」

因此，我們必須說，基督教的立場，完全不同于柏拉圖的理念的「理」與亞里斯多德的「有」，而是一獨特的立場。不過，在西方思想史上，早期的基督教神學，在顯著的超越性方面，有與柏拉圖式的「理」的立場相近之處。發展至奧古斯丁，在柏拉圖式的「理」的決定性的影響下，他確立了一偉大的神學，來論證基督教信仰。因基督教不同于柏拉圖哲學的方向，它立足于道成肉身的聖子耶穌的歷史，這是「事」；它以作爲父位的神之義這一超越的「理」，作爲其根據。至湯瑪斯，則更超越奧古斯丁的立場，與亞里斯多德哲學相結合，而確立新的神學，主知的存在論的神學。在表面上，亞里斯多德哲學與基督教的信仰極不相同；它取代了柏拉圖哲學的地位，被用來證立信仰的事。此中一個重大的理由可以說是，神與事物世界關連起來的知識，在柏拉圖來說，仍未很明確；但亞里斯多德的主知主義的形而上學，則明確地予這些知識以理論的基礎。又，亞里斯多德哲學重視現實，能吸引基督教；後者並不單純是理念主義。對于亞里斯多德來說，神並不是無限地不可到達的彼岸的理念。它自身一方面作爲純粹的形相而超越乎運動之上；另一方面，它又是「不動之原動者」；這「不動之原動者」，能催動宇宙的一切，而宇宙的一切，亦恆常地以它爲目標而運動。此中有一種形而上學的原理，動態地把超越與內在這兩方面連結起來。湯瑪斯的神學卽引用了亞里斯多德的這種哲學。因此，這神學不是柏拉圖式的「理」的神學，而是亞里斯多德式的「有」的神學；它又不是靜的「有」（ens）的神學，而是動的「有」（esse）的神學。

註：關于以「有」來規定湯瑪斯神學的立場，或會有種種不同的見解。近來有少數西歐神學家與哲學家，精通日本哲學界的事情；他們對日本流行的見解——以佛教為「無」的宗教而以基督教為「有」的宗教，曾作出嚴厲的批判，認為欠缺妥當性。我們必須謙虛地對待他們的批判。我個人以為，最好盡可能避免用這種方式來規定佛教與基督教。不過，在這些批判中，他們並未有就本義一點來理解佛教的「無」，他們仍是以西方為標準，來討論以「有」來規定基督教的立場是否得當。但這樣的討論，在日本歷來都是以佛教式的「無」作為規準的。照我看來，在以西方為標準的範圍內不必能以「有」來規定的立場，在我們以佛教的「無」來作規準時，却仍有理由被規定為「有」。在這一論文中，我仍以這複雜的「有」的概念，用到湯瑪斯的立場上去，其理由亦在于此。

又，我想可以這樣理解，我們就基督教來說「理」說「有」，是以「理」來指述基督教的人格主義的性格，以「有」來指述其存在論的性格的。

不過，與希臘哲學相結合的基督教神學，不管是奧古斯丁的抑是湯瑪斯的，恐怕都不免掩沒了基督教本來的十字架的「事」一面，都有隱藏了神聖的「理」的危險；這「理」是在其底子裏發揮作用，而成爲神之義。路德的改革，推翻了湯瑪斯的「有」的神學，也越過了奧古斯丁式的「理」的神學，而再度回歸至基督教固有的、作爲神之義的神聖的「理」本身。這一運動，把十字架的「事」，帶回到信仰手中；這「事」原來是給希臘式的思惟所粉飾過的。在路德的神學中，作爲神之義的「理」，純粹地嚴刻地被自覺出來；這是前所未有的。我們上面敍述過的基督教的歷史，正顯示出基督教思想的緊張的單擺運動；這即是，它環繞着十字架的「事」，而由「理」擺至「有」，復由「有」回至「理」。在近世的新教主義的歷史中，這運動不斷以新的形式，在黑格爾哲學與齊克果之間，反復出現。前者致力於把希臘思想與基督教作一個新的綜合；後者則一方面批判黑格爾哲學，一方面要透過浸染在罪業與不安中的詭辯辯證法，來闡明神的超越性。

倘若這樣的粗枝大葉的看法，可以被接受的話，則我們可以說，基督教思想的發展，與西方哲學思想的歷史，這兩種思想互相深刻地纏繞着，此中實有一種由「理」至「有」，復由「有」至「理」……的「理」「有」之間的對立往復相峙的關係貫串着。其「理」「有」作爲形而上學的原理，意義皆不同。因此，在這種情況下，在西方哲學思想中，便不把「無」視爲形而上學的根本原理，而常將之視爲第二義的消極的原理。基督教思想在這點上，亦沒有根本的差異。

註：不過，在基督教中，並不是完全沒有討論「無」的問題。在一些地方，如說「空之空，一切皆空」（Eccles. 1;2），神的創造，被視為「由無中的創造」；基督被稱為「把自己掏空，而取僕人的姿態」（Phil., 2:7），都可以看到這點。但顯然都不是把「無」視為根本原理。

由此，我們卽可作下面的了解。在西方，那貫串于人的存在中而不斷使人生出現問題的事理的對峙，從思想的觀點看，從形而上學的層面看，其消解都在「有」中，或者在「理」中。其自覺的消解，在同等意義的「無」中，畢竟是沒有的。在這形而上學的層面，「無」是消極的原理；「有」與「理」則作爲積極的原理，而各自具備其自身的絕對性。全部的西方思想史，實環繞着這兩個根本原理之間的對峙而戲劇性地發展開來。在西方，古來的柏拉圖主義與亞里斯多德主義這兩個立場（在中世則由奧古斯丁與湯瑪斯代表），又近世以來的康德主義與黑格爾主義兩立場，往往被人拿來作對比。不過，我們都可以將之理解爲上述以「理」

與「有」作爲形而上學的原理的兩種立場的對立。通觀這歷史的全部，我們覺得，亞里斯多德的超越乎柏拉圖之上的形而上學中的「有」，與康德的推翻這亞里斯多德形而上學傳統的批判哲學中的「理」，是最純粹地、最根源地被建立起來的原理。不過，基督教並不窮盡于基督教思想中。作爲一種宗教，在思想上，不管是以「有」爲原理抑以「理」爲原理，其十字架的「事」都會被掩沒。若以「有」爲原理，則會傾于思辯化；若以「理」爲原理，則會傾于律法化。爲了重新彰顯十字架的「事」，基督教卽展開一種往復相峙的運動，由這兩原理的一方而轉移至另外的一方。

六、無之異于「有」、「理」之處

龍樹的空觀，亦不是只盡于思想中。如先前所述那樣，龍樹斥破當時實體論者的思想，與阿毗達磨佛教的分析的虛無的空思想。《般若經》顯示出大乘空的立場，棄絕有無兩者的對立；龍樹卽把着力點，置于對這立場的論證方面。不過，他的着力點由救度衆生的宗教實踐的動機出發；他批判阿毗達磨佛教家的涅槃：他們以虛無主義的灰身滅智，作爲解脫的理想境界。龍樹以爲，眞正的解脫之道，是超越乎兩極端的中道。這超越乎兩極端的中道，卽是不把移行的現象，作實有看，而執取之；不墮于空無之見，以一切爲虛妄。可以說，龍樹依邏輯進路，把《般若經》思想家的神秘的直觀，自覺化起來；他透過這個步驟，就當時的環境，刷新了佛陀的救世意志。同時，不可否認的是，此中有徹底的哲學思惟，有深邃的形而上學思想。

大乘佛教，包括龍樹在內，其思想的歷史，都是與實有論虛無論這兩方相鬬爭的歷史。

實有論的立場，以一切現象（事）都是實有，包括人自身與人的意識在內。虛無論的立場，則與此相反，以爲一切都是虛無。佛教的開祖釋迦牟尼佛陀，揚棄以梵爲唯一實在的正統婆羅門的奧義書哲學，亦不取當時的自由思想家的多元論，承認虛空的立場；却開示佛教式的無我（一切皆無固定實體）與緣起（一切皆由他緣生起）的思想。佛教的無我——緣起的思想，實踐地立足于自由的絕對無（解脫）的立場，這是由最初的有無的相對立中解放出來的。

龍樹的空觀，給予佛陀的這種無我緣起的立場尖銳的自覺基礎，而重新稱之爲中道。這我們已述過了。可以說，龍樹以後的三論宗的絕對中，唯識宗的圓成實性，天台宗的空假中三諦圓融，華嚴宗的事事無礙法界等等，其立場雖各各不同，但都嚴厲排斥以某種意義而執于有的常見，排斥執于無的斷見；而在主體方面，使佛教本來的空、無我的立場，更形徹底。

執着于某物，卽使該物實體化。因此，佛教要立于離有無的空、無我的立場，排斥使有無實體化。能夠這樣做，卽意味對實體的思惟的否定。龍樹確立起「空」的立場；他深刻地自覺到，倘若不排棄和脫離這樣的對實體的思惟的話，則不能達致眞正的主體自由。我們對實體起思惟，這種執着，本質地卽存在于人的思惟內部。人們所難以逃避的迷妄與煩惱，卽由此中生起。佛陀說一切都是緣起，教人要從迷妄與執着中脫却開來。龍樹則徹底否定對實體的思惟，而在邏輯與實踐方面，明確地肯認佛陀的路向。

要完全地從對實體的思惟中脫却開來，必須克服有與無這兩面的極端。要做到這點，則又必須要有絕對的否定的自覺：連否定亦要否定掉。由于對實體的思惟，本質地卽存在于人日常以自我爲中心的意識中，故這絕對否定的自覺，從實踐上言，卽意味着對自我中心的根本否定，亦卽自覺到無我。不過，這裏所謂無我，並不單是個別主體的無我。就通徹于對實體的思惟的否定這一意義來說，「無我」實是自覺到所有東西都無實體性，這所有東西，包括自我在內。「諸法無我」、「一切皆空」，卽指這個意思。因此，以龍樹爲代表的大乘佛敎，其無我的立場，並不單純是主體性的，同時亦是宇宙論的。實際上，大乘佛敎的立場，必須同時是宇宙論的，才能夠眞正地是主體的；必須同時是主體的，才能夠眞正地是宇宙論的。

當我們把本質的實體的思惟，由人的日常的自我生活純化到邏輯階段時，卽成立自己同一性的邏輯，而排斥矛盾。亞里斯多德所確立的邏輯，卽是這種徹底地純化對實體的思惟的邏輯；他的形而上學卽立足于作爲究極實體（ousia）的「有」之上。在古代印度，亦有基于對實體的思惟的邏輯；但是否把「有」肯認爲那種徹底的意義，如亞里斯多德的那樣，則是可疑的。但可以確定的是，龍樹曾激烈地與當時盤據在佛敎內外的有力的實體思想展開論爭，而確立在人類思想史上有其獨一無二性的空觀立場。在這個意義下，我們可以說，龍樹的「空」或「無」的觀點，是站在亞里斯多德的「有」的立場的相反面。

不過，龍樹的「空」的觀點，卽使說是站在亞里斯多德的「有」的立場的相反面，但這並不表示，這卽與康德的主體的「當爲」的立場是同一。實際上，在另一意義下，「空」觀對于康德式的「當爲」的「理」的立場來說，是位于其反面的。

「理」一詞在佛敎中亦常被使用。這是在與「事」相對的情況下，用以指述那些不生滅不變化的普遍永恆的東西；「事」則指生滅變化的個別現象。在這樣的規定下，這方面與上面所述有關西方思想之處，並沒有不同。不過，雙方雖同樣地稱「不生滅不變化的普遍永恆的東西」為理，在內容上，雙方實有顯著的不同。佛教的「理」指事物不變的性(本性)；即一切東西如其所如的眞如之意。倘若以一切皆是法，則這是法的本性，卽法性。這與上面所觸及的離一切限定的「空」、佛教意義的「無」，並無二致。「理性」一語，在佛教中亦表示法性或眞如之意，與西方的 nous，ratio，Vernunft，human reason 等意義不同。對應于西方思想史的 ratio，Vernunft，human reason 的東西，在佛教則為「識」、「思量」、「分別」。就究極言，它們都是迷妄，不能覺悟到眞實。它們常消極地否定地被理解成「為了獲得眞正智慧而必須被轉化或被捨離」的東西。在西方，nous 與 intellectus 被視為能直觀那超感性的神的眞理的能力。但卽使是這樣的東西，仍帶有一種對象性的色彩(仍是知性)。由于這一限制，我們可以說，它們仍會在龍樹的空觀中被否定的。龍樹的空觀，立足于主體性的無分別智上，嚴厲地排除對一切實體的對象的思惟；這思惟染有有無兩面的色彩。

排除一切對實體的思惟，而站在主體性的「空」的立場上，這表示對于以 nous 與 ratio 為代表的人類理性能力，與由此而達到的理念的實在，俱予以否定，不將之視為積極的原理。又，以龍樹空觀為代表的大乘佛教，站在如如法爾自然的立場，空却一切人為的做作。對于這種立場，我們可以這樣理解，它是站在康德的立場的反面的。康德的立場是「汝當如是如是作」的無上律令，這純粹是道德的當為——作為道德法則一般的根據的絕對的 Sollen。不用說，龍樹的空與大乘佛教的法爾自然的立場，與基督教的「神之義」的神聖的「理」，是極不相同的。

要之，以龍樹為代表的大乘佛教的「空」的立場，其中心課題，是就根源方面，超越有與無的對峙，確立自由的主體的立場。在佛教，上面所提出的事理的對峙，貫澈于人的存在中而使人生不斷出現問題的事理的對峙，其消解可見于視「有」爲究極的說法中（例如說一切有部），或可見于視「無」乃至「空」爲究極的說法中（《般若經》、龍樹中觀等等）。西方意義的理，即是說，人的理性，與由此而到達的理念的實在、自然理法、道德法則等等，畢竟不被視爲究極原理。它常作爲消極的第二義的東西被把握。

七、禪的教外別傳

在與西方思想對比下，我們漸臻于可以討論禪的階段了。禪亦不盡于思想中。雖說它是宗教，它與龍樹中觀、華嚴、天台等的意義亦不同。這些佛教都稱爲教，禪自己則站于「教外別傳」的立場。所謂「教外別傳」，其意即是，禪異于教內的佛教，它不依任何經典，亦不拘于一切教義、教相，而「直指人心」。這是由于，只有「人心」，才是一切經典所由來的根源，才是使所有的教成其爲教的眞理根據。「人心」——作爲佛陀的自內證而最初由佛陀自身所自覺到的「心」——是經典的根源，是教的根據；這點是佛教所有教派所同樣認許的，不限于禪。但教內的佛教以爲，透過所依的經典，透過佛陀所說的教法，自家便可以達到佛陀所自覺到的「心」。又以爲只有這樣做才能達到佛陀所自覺到的「心」。禪則以爲，我們不必通過經典與教法，即可達致與佛陀所自覺的相同的「心」。又以爲，只有這樣做才能自覺到眞正意義的「心」。（教內的佛教所視為依據的教法與經典，被認為是古來佛陀的直接的說法，但歷史事實則不必是如此。關于這點，本質上並不成問題。本質的問題是，不管其來源是怎樣，覺悟是否需要通過任何教法？）

所謂通過教法，即是通過「心」之言。爲了到達「心」的境界，或爲了把「心」傳達出來，「心」必須要化爲「言」。這一前提是要先肯認的。卽使自覺到這一點：心不能在以心傳心的方式之外被傳達，卽使有此自覺，這亦不必是直接的以心傳心方式，而是有「言」介于其中，是通過敎法的以心傳心。佛陀在成道後說種種敎法，但却說「我四十九年一字不說」。故佛敎中的說，時常是不說。在佛敎中，不管「言」具有怎樣根源性的意義，它總是本質地包含自己的否定在內的。關于這點，卽使是敎內的佛敎，本來亦不是不知的。問題無寧是這樣，敎內的佛敎自覺到說常是不說，但却依賴于說，依賴于敎法。禪則與此相反，自覺到說常是不說，因而卽站于不說方面，站于敎外方面。

但禪的立場並不止于此。敎內的佛敎，自覺到說常是不說，而依說依敎；卽使是這樣，但當它認爲須依敎法，通過敎法而達至「心」時，其「心」是佛陀的「心」，是佛陀所自覺的「心」。

註：在大乘佛教諸宗中，一如禪的場合那樣，不一定要藉着佛陀的「心」。無寧是這樣，佛陀所自覺到的「心」，在大乘佛教各宗中，作為種種式式的理佛而深刻地被體會；而大乘亦基于這些理佛，而立教開宗。但卽使是這樣；卽使以為被自覺出來的理佛的心，以「言」為媒介，通過教法而被傳導，我們仍然必須說，原則上它們與禪亦不相同。（但以事相為主的密教則是一個例外。）這便是何以禪稱這全部的東西都是「教」之故。

當然，由于這是佛陀的「心」，故對于覺悟的人來說，佛陀的「心」卽此卽是他自身的「心」，卽是「自心」。但此中對「自心」的自覺，仍被認爲是以佛陀的「心」爲媒介而得以成就的。

這亦不免有依于教法的意思。

禪與此相反。它自覺到說常是不說，而立于不說，亦卽立于教法之外。它的意義是，不以佛陀的「心」爲媒介，來自覺自心。它意味着，佛陀自身亦是自由。因而它立于這教這「言」之外，以各人的「自心」直接地自覺到「自心」自體爲本。不以佛陀的「心」爲媒介來自覺自心，各人的自心直接自覺自心自體；這樣，各人卽能知道，這「自心」與佛陀的心，完全是同一而不二。故「教外別傳」卽此卽是「直指人心，見性成佛」。又因此之故，對于禪來說，「心」稱爲「人心」，較稱爲「佛心」爲好。

自心直接自覺自心自體，這正是空之自覺。當自心直接自覺自心自體的同時，世界亦作爲世界自體而被自覺，世界所有事事物物亦在如其所如的姿態下——不被對象化——作爲其自體而顯現，作爲其自體而被自覺。眞「空」卽被視爲「妙有」，被視爲「眞如」，被視爲「事事無礙」。顯而易見，禪的思想背景，是「般若經」、龍樹空觀、華嚴事事無礙法界。不過，禪並不强調「眞空妙有」、「事事無礙」這些觀念或思想。它連這樣的觀念思想都要丟掉，而要直截了當地使「眞空妙有」、「事事無礙」之事顯現于前哩。它揚眉瞬目，搬柴運水，時而閒坐于孤峰頂上，時而勞作于十字街頭！因此，我們必須說，禪是超過「有」、「理」、「無」這三個根本範疇的。因此之故，禪提出「離四句絕百非，你說佛法爲何」。對于「何謂佛」一問題，則答以「乾屎橛」；或者，反過來，捉着問者說「你是慧超！」對于這樣的禪的作用，倘若要從思想上探究其根源的話，則必須說，在「有」、「理」、「無」三個根本範疇中，它是根于「無」一範疇的。

八、禪的立場

龍樹所確立的「無」乃至「空」的立場，是禪思想的背景，它超越實有論與虛無論。但在其克服實有論的歷史過程中，是難以與亞里斯多德在絕對的意義下自覺到的「有」的立場相對照的。後者超越了柏拉圖的理念說。亞里斯多德的「有」，特別是作爲純粹活動的「有」，恐怕是在龍樹空觀的視界之外哩。在這個意義下，亞里斯多德的「有」，實有超出龍樹空觀的意味。但另一面，以龍樹爲代表的大乘佛敎的「空」的立場，亦有超越亞里斯多德的「有」的意味。對于亞里斯多德來說，實體卽是在現實中存在的東西，亦卽是個體物。他以爲，只有個別的個體才是實在，普遍的理念並不是實在。這樣的亞里斯多德式的「有」，表面上似乎等同于大乘佛敎的「妙有」。但果眞是這樣麼？不會是這種情況麼：大乘佛敎的眞空妙有的立場，正成立于根本推翻亞里斯多德的有的立場之處哩。

在現實中存在的東西，並不是純然的有。純然的有，純粹的有，不過是一抽象的概念而已。爲甚麼呢？因有常是不離無的，有只能作爲無之否定而爲有。在現實中存在的東西，常面臨着滅去而成爲無的危機，因而亦就滅去的無而現存着。故在現實中存在的東西，是有同時亦是無；是無同時亦是有。有與無是互不可分的相對概念，在現實中存在着的東西，亦常是有無相卽的存在。

古代希臘，本來亦知道這現實存在所具有的根本性格。對于現實存在的有無相卽性，柏拉圖以現象分有理念的形式來把握。亞里斯多德則以運動來把握；在這運動中，作爲潛勢的質料與形相結合起來，而顯現爲現實。兩人都視無爲有的欠缺狀態，視無爲非存在。此中可以看出一種以有爲優位的二元論的立場。當然，在亞里斯多德看來，作爲這運動的極點的神，是脫離一切質料的純粹形相，是一切質料被現實化的那種實化（entelechy）；可以說，它是超越乎有無二元性之上的絕對有。這絕對有的達致，是窮究以有爲優位的二元論的立場而來；這二元論發軔自柏拉圖。我們可以說，這絕對有的立場，是以有爲優位的二元性的克服，同時亦具有一種完成的性格。所謂克服，其意義是，亞里斯多德的「有」，是由以有爲優位的二元性解放出來的。所謂完成，其意義是，這「有」是那具有優位的絕對者的實現。這正顯示出，亞里斯多德的絕對有的立場，是通過對無的徹底否定而達到的；而他對無的徹底否定，正來自徹底地視無爲非存在這一觀點。

柏拉圖哲學，是亞里斯多德的出發點。便是如此，問題便在柏拉圖哲學中。對于有無相卽性，卽現實存有常面臨着滅去而成爲無的危機一點，柏拉圖是透過分有理念的形式，在以有爲優位的二元性中把握的。但這有無相卽性，本來不卽是有無的相互矛盾式的相卽性麼？以龍樹爲代表的大乘佛教的立場，卽由這樣的認識出發。在龍樹看來，現實並不是肯定的東西，我們不能以此爲起點，求得超越與眞實性。現實是否定的東西，它不能成爲這種意義的起點。故龍樹首先强調「八不」。他通過有無的相互矛盾式的相卽性，來把握現實的有無相卽性，把現實本身否定掉；同時，他把由此而成立的虛無論也否定掉。在這二重否定中顯現的，正是「空」的立場。故「空」的立場實在是絕對的現實主義。在這絕對的現實主義中，現實存有透過二重否定，而如如地作爲現實存有被呈現出來。此中，超越並不在他方，却直下卽現存于當前。「空」的立場卽是「中」，卽是「妙有」，更是「事事無礙」。因「空」是經過這種二重否定而得的絕對的現實主義的立場。

倘若站在這「空」的立場來說，則我們必須說，在古代希臘，現實存有中的有無對立的絕對矛盾性，並未有被意識出來；亞里斯多德即使以個別的個體爲實體，但這亦不是通過二重否定而被意識出來的絕對現實。又，亞里斯多德的「有」，就有無的絕對矛盾未有被意識出來說，是一種自我投影。現實在以有爲優位的二元立場中被把握；這「有」即以這樣的現實作爲出發點而被投射出來。又，這亦可以說是一種妄見，爲了要得到眞正的眞實，爲了要達到「妙有」，它是要從其出發點本身轉換過來的。

當我們進一步考慮到亞里斯多德的「有」本質上是與目的論連結起來時，這點會變得更爲明顯。亞里斯多德以純粹形相的神，作爲最高目的，這目的論體系，把全宇宙看作是一種運動的過程來思考。在這運動過程中，作爲潛勢的質料，以形相爲目的而現實化。不過，這亦顯示出一點：這實體——「有」的立場，仍未達徹底的絕對現實主義，如「事事無礙」者。因個別物（事）雖是實體，包含形相在內；但它仍要在自己之外求取較多層次的形相，而由潛勢變爲現實。

對于這種目的論地追求實有的根據，禪是堅決拒斥的。《信心銘》中所謂「莫逐有緣，勿住空忍，一種平懷，泯然自盡」；大珠亦說「求大涅槃是生死業，捨垢取淨是生死業，有得有證是生死業，不脫對治門是生死業」（《景德傳燈錄》卷六）。因禪所站立的，是徹底的超越有無的立場；如《百論》所謂「有無一切無故，我實相中，種種法門，說有無皆空。何以故？若無有亦無無。是故有無一切無」（卷下）。但這超越有無的一切無，並不是純然的空無。像六祖惠能所說「無一法可得，方能建立萬法」那樣，只有對一切無之自覺，才是眞正自由的創造的活動主體的源泉。

「空」以至禪的立場，意識到有無的絕對矛盾，而立于離這絕對矛盾的絕對現實主義上。禪從根本處把亞里斯多德的「有」的立場轉換過來；這是禪的立場的成立處。亞里斯多德的「有」的立場，具有目的論色彩，由以有爲優位的二元性出發。禪則完全是無相的立場，連作爲純粹形相的相都要破除掉。此中有一種對「有」的徹底的拒斥。不過，對「有」的拒斥，實同時亦是對思惟的拒斥。因「有」常與思惟連在一起，而思惟亦只有限于在「有」的存續的情況下，才成其爲思惟。這使我們想起先前所述有關龍樹的事。龍樹排斥有無兩種見解，卽意味着排斥對實體的思惟，排斥把有無加以實體化。實體的立場，「有」的立場，本質地與實體的思惟，結合在一起；這實體的思惟，卽是把個物對象化實體化。禪否定「有」的立場，立足于非思量底。非思量是同時遠離相對的思量與不思量的立場。正因此之故，禪的非思量底，是沒有任何執取的絕對思量，而超越一般意義的思惟。禪的這種對一般意義的思惟的徹底排斥，並不是素樸地對思惟毫無理解；它實基于一種對思惟的本質的根本的批判而來。這思惟的本質，卽以思惟本來是實體的思惟。不過，當禪這樣地排斥思惟時，它是在不十分意識到人的思惟所具有的積極意義——在古希臘以至廣濶的西方世界中，在對自然的認識、數學、科學、法律、道德等分野中被發揮出來的積極意義——的情況下而將之捨棄的。

此中可以見到，何以西方意義的「理」，在佛敎與禪中，常是只作爲消極的原理而被把握。當然，應該可以這樣說，非思量的立場，本質上卽具有自己內部卽能生起積極意義的思惟的可能性，這在西方世界中曾充量發揮出來。不過，這可能性（在禪中）仍未現實化。使這可能性現實化存在化，必須成爲今後東方傳統的「空」的立場的課題。

九、無住之本

當我們考慮以康德的純粹實踐理性法則，來代表道德的「理」的立場時，則禪對思惟的排斥，將出現更重要的問題。

如先前所述那樣，康德對于亞里斯多德以來的「有」的形而上學傳統，以之皆爲獨斷而排斥之。這表示，他否定這種立場：通過以有爲優位的二元性來把握現實的有無相卽性。這立場正是亞里斯多德的「有」的形而上學的出發點。可以說，這立場自身是站立在一隱蔽的前提，一未經任何批判的獨斷的前提上的。康德的批判哲學，敏銳地意識到這潛藏在「有」的形而上學深處的獨斷的前提。可以說，康德哲學的一個課題，是要批判與「有」結合在一起的思惟——實體的思惟本身的根據。這卽是排斥這種立場：通過以有爲優位的二元性，來把握現實的有無相卽性，而轉移方向，透過有無的相互矛盾性，來把握現實的有無相卽性。此中康德展開他的批判的工作，由實體的立場，轉移到主體的立場上去。

不過，康德並未有依據龍樹的八不自覺的二重否定，來超克現實的有無相互矛盾性，而走向「無」的立場、「眞空妙有」的立場。他却歸于先前所謂「理」之「理」的立場——超越地確立「理」的權利根據者——純粹理性的立場。康德否定亞里斯多德的實體的立場而確立的這一主體的立場，並不是大乘佛教的無的主體的立場，而是道德的理的主體的立場。此中，純粹理性是能作意志決定的。因康德通過批判與「有」連在一起的實體的思惟的根據，而開拓出純粹理性的立場，這是完全超越「有」的連繫的。他又限制這純粹理性的理論的、對象的使用範圍，以爲只有其實踐的、主體的使用，才能使形而上學可能。這卽是康德的理性的自律的立場、實踐意義的自由的立場，以最高善作爲道德的要求。

我們上面說到，禪排斥「有」與思惟，立足于非思量底；在未意識到那在西方世界中被發揮出來的人的思惟的積極意義的情況下，將人的思惟捨棄掉。對于禪的這種非思量底的立場來說，康德的道德主體性的純粹思惟的立場，必須說，是更爲疏遠的。康德推翻了實體思惟的根據，而立于純粹理性的立場；以爲形而上學的認識的可能，只能在這實踐主體的使用方面。康德提出「爲義務而行義務」的命令，這一道德的「理」之「理」與亞里斯多德的實體的「有」與禪的主體的「無」都不相同，它是作爲第三方向而被開展出來的形而上學的立場。必須說，這對于禪來說，是完全陌生的。

但這並不表示禪對于善惡問題全不關心。七佛通誡「諸惡莫作，衆善奉行」這些偈語，卽是禪所經常尊重的。這兩句可歸根于接着的第三句「自淨其意」。

在禪中，如《頓悟要門論》所說，念善念惡名之曰邪念，不念善惡則爲正念；若分別善與惡，則起分別的思念自身，卽是妄念，卽是邪念；只有覺悟到那從善惡的分別中脫却開來而不起善惡之別的「心」——正念、淸淨心、直心、一心、無心，才是根本的。因此，所謂「諸惡莫作，衆善奉行」，並不是在善惡對立的道德層面，要人戒惡勸善，而是敎人要以直心或無心爲出發點來做。這直心或無心，是脫離一切分別的，包括這種道德層面的善惡的分別。第三句「自淨其意」，卽是這個意思。

在越過善惡對立的層面一點上，禪與康德的立場是相通的。康德亦決不會在相對的善惡對立的層面上討論道德法則的問題。但在超越善惡對立的層面的方向方面，禪與康德完全不同。康德把善惡問題當作意志規定的問題來把握；他追尋使意志成其爲善的意志的原理，而歸至超越乎一切經驗之上的純粹實踐理性的法則。這即是我們所說的康德的主體的「理」之「理」的立場。禪與此相反。它並不把善惡問題當作自由意志的問題來把握，而將之當作分別善惡二元的分別心的問題來把握；强調要自覺到那從一切分別脫却開來的無心。這即是禪的主體的「無」的立場，而不是「理」。

因此，在禪中，善惡問題固然是一問題，但它並不是作爲道德的意志及其法則的問題而被把握，而是作爲分別心的問題，要之，作爲確立二元性的對象的實體思惟的問題，而被把握。在脫離一切分別心的非思量底中，善惡問題與生死問題同被超越。這顯示出，在認眞處理道德法則的問題而闡明其超越根據這一意義上，康德式的「理」的立場，是超過禪的「無」的立場的。但另一方面，由于禪是非思量底的立場，故它亦有超過康德的「理」之處。但這是在甚麼意義之下是如此呢？

康德提出「理性本來是實踐的，且是形而上的」。他並不站于觀想的立場，把世界看成是以純粹形相爲目標的運動過程，一如亞里斯多德那樣。他是站在實踐的當爲的立場；在這立場中，「汝當如是作」這一定言命令，不斷地在主體的根底下響徹着；在這主體中，感性理性不停地鬬爭。這立場超越了亞里斯多德的「有」的立場的對象性與非主體性。不過，在康德的立場，主體的超越論的根據，雖作爲純粹的「當爲」而被顯示出來，但即使說主體的根據正是「當爲」一點，仍不能說，它已完全脫離有某物的意思。作爲純粹的「當爲」，其立場是最主體的，同時亦是非主體的。關于這點，當我們考慮到康德的批判哲學雖嚴斥亞里斯多德的目的論，但仍要建立另外一種目的論——不是宇宙論的目的論而是道德的目的論——一點時，便會更爲明顯了。

禪則排棄一切「當爲」，而立于「無爲」或「無事」之上。所謂「不求眞不斷妄，了知二法空無相」（《永嘉證道歌》），又說「無明實性卽佛性，幻化空身卽法身」（同上）；又說「卽凡心而見佛心」（澄觀《華嚴大疏》——《碧岩集》第六二則）。這推翻了在當爲」彼方尋求佛心的立場，越過尋求某些東西的立場——卽是外在地尋求某些東西的立場，而歸向自己最內在的絕對現實。只有「無爲」的端的，才是「本來面目」現前的「不思善、不思惡，正當與麼之時」。這是禪的立場，它從根本推翻一切實踐的目的論，而以「無住之本」爲實踐的根據；這無住之本，從一切道德法則與道德原理解放開來。這是洒洒落落，清風滿地的境界，同時也是「不存軌則」的「大用現前」。這是「衆生無邊誓願度」的心願不斷發露的根源。

這樣，禪的「無爲」，或「無事」，卽超越「當爲」的立場。但這不必經過一種道德倫理的「當爲」立場而來；這「當爲」立場，在西方思想傳統中被敏銳地自覺到。但有一種事實是不能忽視的：禪畢竟不免有失去其本來的自在心，而墮入無批判的隨順現實的危險，或陷于純然是無倫理、反倫理的危險。倘若禪感到一種眞正的「世界宗教」的使命，則必須說，它應與康德所意識到的道德的「理」之「理」的立場，與在此中所含的問題——自由意志、理性自律、超越的道德法則的自覺、根本惡等，作虛心的對照。這是不可避免的課題。

十、禪的絕對無相

現在，我們可以作如下的表示了。代表西方哲學思想的，不管是亞里斯多德的「有」的立場，抑是康德的「理」的立場，都存在着一種非普通意義的對象性，一種具有極其深刻意義的非主體性。這亦可以由目的論的性格見到：這兩立場雖有其不同的意義，但都具有目的論的性格。雖然不是通常的意義，但仍有一種對象性，且是目的論的對象性；這即表示，這立場仍具有某種形相，即不完全是無相。而具有形相，即表示不能離思惟，不管這是「有」的立場也好，「理」的立場也好。亞里斯多德的「有」與康德的「理」，雖有實體性與主體性的分別，但都與思惟本質地結合着。倘若要從一切的對象性脫却開，而眞正地站立于主體的立場，則必要遠離思惟本身。這意味着要把「有」與「理」的立場從根本處轉換過來。禪立足于非思量底的立場，它本來是有這種意義的。所謂非思量，從行爲上說，是無所住。這是建立一切法的無住之本。由于斷絕一切思惟，故這是主體的立場。這主體的立場遠離與「有」、「理」相連的對象性，能純粹地自由地役使思惟，能自在而行，不囿于任何對象。這種具有創造性的活動，絲毫不含目的論的思惟，而直就物就境而表現。故臨濟說「爾且隨處作主，立處皆眞。境來回換不得」。又說「或應物現形，或全體作用，或把機權喜怒，或現半身，或乘獅子，或乘象王」。

倘若我們停駐于思惟的立場，則無論怎樣去純淨化內在化這個立場，亦總不能免于從外面看自己，即不能避免某種對象性、非主體性。恰如眼一樣，它能見到一切其他的東西，但却不能見眼自體；思惟雖然能夠思惟其他的一切，但只要是停駐于思惟的立場的話，則總不能思惟現在的思惟自身。倘若一定要這樣做的話，則思惟必然陷于一種自縛。當思惟只停駐于思惟的立場時，思惟所難以避免的自縛性，往往不爲思惟本身所意識到。思惟所必然陷于其中的自縛，實際上只是一種盲點的顯現；這盲點是思惟所具有的，因思惟總是思惟的活動。

亞里斯多德確認與「存在物」關連在一起的實體的思惟，而達致「有」的境界，使「存在物」成其爲「存在物」。此中，他發現一作爲思惟之思惟（noēsis noēseōs）的神。這是一切「存在物」的究極的根據，但同時也被視爲應該昇華的最高目的。這表示，「思惟之思惟」自身，仍以某種形式被思惟；即是，它仍被視爲思惟的對象，即使不是通常意義的對象。

康德透過理性的自我批判，清晰地意識到這個盲點，這個表現于實體的思惟中的盲點。這實體的思惟，貫徹了整個亞里斯多德式的「有」的形而上學。康德的這種意識的結果，即是他提出「物自體不能爲理論理性所認識」的說法。而揭發那種自縛性的，那種形而上學的實體的思惟所不自覺地包含的自縛性，正是康德的所謂純粹理性的二律背反。這樣，康德即通過其「批判」，把形而上學成立的可能根據，由實體的（理論的）思惟，移到主體的（實踐的）思惟方面去。就有關形而上學方面來說，康德揚棄了與「有」相結附着的思惟，而採取與主體的「理」相結附着的思惟。由是，他確立了主體的立場，從對象性中脫却開來；這對象性是與「有」繫在一起的。康德正是這樣敏銳地意識到這實體的思惟所包含着的自縛性與盲點；這實體的思惟，與「有」相結附着；這「有」是自亞里斯多德以來的西方形而上學的立足處。但我們可以說，康德未必意識到思惟自身所具有的自縛性與盲點。不過，他可能想到，倘能把思惟向純粹理性立場（且是主體性的純粹理性立場）方面徹底純淨化的話，即能避免思惟自身所具有的自縛性與盲點。

在西方思想史中，首先清楚地意識到這點的，恐怕是尼采吧。這與尼采在西方思想史中首先以積極的意義——能動的虛無主義的形式——來把握「無」，不無關係。如衆所周知，尼采顚倒了西方傳統的價值體系，而揚言虛無主義的來臨。這西方傳統，以柏拉圖主義和基督教爲根本。就有關哲學思想方面言，尼采以爲，依自來的形而上學而樹立起來的「眞的世界」，全是虛構。他揚棄了與「理」「有」兩者相結附着的思惟，而以生命、力之意志作爲其立場。到海德格，則更徹底實行尼采的這一立場。尼采推翻了思惟自身的立場，特別是把攻擊焦點，放在與「理」相連的思惟上。他對柏拉圖主義和康德的倫理說的批判，卽因此而變得更顯明。海德格則重視與「有」連在一起的思惟，摧毀形而上學的根源，而要超越傳統的西方思惟一般。像尼采那樣，或者在某一意義下比尼采更爲極端地，海德格重視「無」的問題，開展出與禪極其接近的立場。這可能由于他有這樣的意圖，要追溯以亞里斯多德與康德爲代表的西方思想所隱藏的那個根基；這西方思想，具有目的論色彩，而總不能避免某種程度的非主體性。海德格把形而上學的歷史，看作是對「有」逐漸遺忘的歷史，他透過「無」之自覺，向亞里斯多德的「有」的根源趨越，而追求由此開示出來的「有」的意義。不過，他總不離思惟自身，總止于一種思惟——海德格自己的意義的對于存有的思惟（Denken des Seins）。因此，我們必須說，他仍與立足于非思惟底的禪不同。大抵海德格的意圖，仍不離思惟的立場，他要沿着西方形而上學的傳統，開展出一新的思惟的道路，使被忘却的「有」作爲「有」而顯現出來。

禪則不囿于思量與不思量，它却是立于「非思量」的立場，作這兩者的主人。不過，禪正由于是非思量的立場，因而對于思量（思惟）所具有的積極面、創造面——特別是在西方世界中發揮出來的——及它們的意義，未有足夠的認識。基于實體的對象的思惟而來的邏輯與科學知識，與及基于主體的實踐的思惟而來的道德原理與倫理自覺，在西方，都是極爲明顯的。與此相反，在禪的世界中，那是曖昧的，或者欠缺了其中某些東西。由于禪（最低限度是迄今為止的禪）並未對人類思惟所具有的積極面與創造面，有足夠的認識，故其非思量的立場，常不免有陷落到純然是不思量的立場的危險。事實上，禪往往陷落到這樣的立場裏去。今日的禪，欠缺一種能配合近代科學與個人的、社會的、國際的倫理問題的線索，其中的一個原因，恐怕是在這裏吧。倘若禪在將要來臨的「整一的世界」中，作爲一種新的「世界宗教」，要對人類世界表現其歷史的力量的話，則它必須把以下一點，作爲其歷史課題。即是，它必須把實體的思惟與主體的思惟，收入在其自身的非思量底的世界中，依無住之本，使它發揮應有的功能，而建立世界法。這實體的思惟與主體的思惟，是在西方世界中被磨鍊被確立起來的。要做到這點，一如西方的「有」與「理」的立場，必須要在現時禪與西方思想相對照下，進行根本的再檢討那樣，禪亦必須把西方的異質的「有」與「理」的立場，包攝在系統內。它必須重新把握其「無」的立場，俾能在現今的歷史時點中，眞正地使其非思量的立場具體化現實化。

符號邏輯研究法：

佛學研究中的符號邏輯研究法

一

在現代佛學研究中，就研究方法而言，除了文獻學方法與哲學方法這兩個主流外，還有符號邏輯研究法，獨樹一幟。這種研究法，就表面看，可以歸類到廣義的哲學研究法一邊；邏輯畢竟是一種哲學或哲學方法也。不過，由於邏輯只牽涉形式，而與內容無關，它的運用，也就只過問命題與命題間的形式關係，而不過問命題的內容，不管這內容是形而上的、道德的、宗教的、歷史的或其他方面的。因而它的運用便可以很普泛，沒有甚麼限制。這便與哲學方法如比較宗教法、認識論法一類不同，後者與命題的內容有一定的關連。故邏輯或符號邏輯研究法與一般的哲學研究法很有其不同之處，而獨樹一幟。

所謂符號邏輯（symbolic logic），即是以符號來表示命題及命題與命題間的關係。它專指現代邏輯，包括布爾-舒露德（Boole - Schröder）的邏輯代數（Algebra of logic）、羅素

(B. Russell)、懷德海（A.N. Whitehead）的真值函蘊（Material implication）和路易士（C. I. Lewis）的嚴密函蘊（Strict implication）三個系統。由於它仍以亞里斯多德（Aristotle）的傳統邏輯爲基礎，因而也可包含亞氏的傳統邏輯。

命題特別是命題的關係，最能關連到推理和論證方面去。在佛教來說，特別注重推理的，莫過於因明學；而特別注重論證的，莫過於龍樹的思想。因此，這兩種學問最能跟符號邏輯扯上關係。而在現代的佛學研究中，符號邏輯正是最多被運用來處理因明學推理與龍樹的論證的問題。符號邏輯的運用，幾乎都集中在這兩方面的探討上。就因明學來說，最喜歡用符號邏輯來研究這方面的問題的，要數日本的邏輯學者末木剛博。他寫有《東洋の合理思想》①一書，廣泛地運用符號邏輯來處理印度與中國的思想，特別是印度的因明學。三支作法、因三相與九句因都加以符號化。至於龍樹的思想，特別是他的空之論證，則有更多的西方與日本學者運用符號邏輯來處理。此中較受注意的，有美洲的魯濱遜（Richard H. Robinson）與日本的中村元。②中村元主要是運用邏輯代數來看，魯濱遜則多面地運用傳統邏輯、邏輯代數與真值函蘊系統來處理。後者甚至說，所有《中論》（Madhyamaka－kārikā）的偈頌，都可以符號代入來表示。③

二

下面我們從《中論》的偈頌中取一些實例，來展示一下佛教的推理和論證如何可以符號化，或以符號來代入表示。

首先看最根本的推理形式，這即是三段論（syllogism）。三段論可分定然三段論與假然三段論兩種。龍樹的推理，主要是假然三段論的形式，但有時也有定然三段論的形式。這種三段論通常有四格，即四個排列法。龍樹所喜歡運用的是第一格，這即是：

$$\begin{array}{l} M-P \\ \underline{S-M} \\ S-P \end{array}$$

的形式，這相當於真值函蘊系統的 $p\supset q.q\supset r.\supset.p\supset r$ 及 $q\supset r.p\supset q.\supset.p\supset r$。龍樹對這種定然三段論的適用的典型事例，可以從以下一偈頌中看到：

如佛經所說，虛誑妄取相；諸行妄取故，是名爲虛誑。④

這偈頌的相應的梵語原文爲：tanmṛṣā mosadharma yadbhagavānityabhāṣata, sarve ca mosadharmāṇaḥ saṃskārāstena te mṛṣā. ⑤其意是：

世尊說，虛妄性的東西是不眞實的。所有意識制約的東西，其本性都是虛妄性的，因此都是不眞實的。

由此可見，漢譯偈頌的第二句「虛誑妄取相」，應解作妄取相是虛誑。這樣，這偈頌可化成下式：

妄取是虛誑
<u>諸行是妄取</u>

諸行是虛誑

若以M表妄取，P表虛誑，S表諸行，正可得第一格的$\frac{\begin{array}{c}M-P\\S-M\end{array}}{S-P}$形式。由此我們可以說，龍樹在這一偈頌中的推理，是合乎符號邏輯的規則的。

另外，再看一偈頌的前半截：

衆因緣生法，我說即是空。⑥

和接著的另一偈頌：

未曾有一法，不從因緣生，是故一切法，無不是空者。⑦

前者說凡因緣生法是空，後者說凡法是因緣生法與凡法是空（一切法無不是空）。若以「凡因緣生法是空」爲大前提，「凡法是因緣生法」爲小前提，「凡法是空」爲結論，則可得下式：

凡因緣生法是空

凡法是因緣生法
凡法是空

這又是第一格推理式。

關於假然三段論，這有兩種形式：建立式與破斥式。以真值函蘊系統表示，則建立式為：$\begin{array}{l} p\supset q \\ \underline{p} \\ \therefore q \end{array}$，破斥式則為 $\begin{array}{l} p\supset q \\ \underline{\sim q} \\ \therefore \sim p \end{array}$。龍樹的論證較多涉及破斥式。先看下面一偈頌：

若無有本住，誰有眼等法？以是故當知，先已有本住。⑧

這雖是外道建立自己的主張的偈頌，但其論證形式是建立式的假然三段論。這偈頌的意思是，倘若沒有本住（常住的自我），則沒有眼等法；（今有眼等法，）故知有本住。若以p表眼等法，q表本住，則前半偈頌可寫成$\sim q\supset \sim p$，亦即$p\supset q$，後半偈頌則可寫成（p，）∴q。

再看另一偈頌：

若法從緣生，不即不異因，是故名實相，不斷亦不常。⑨

這則是以破斥式的假然三段論來表示。這偈頌先假定這個意思：若因與果有自性，則這兩者是絕對的同一，或是絕對的別異，不能再有其他的關係，因自性的意義是絕對的。然後這偈頌說，今因與果都不是絕對的同一與別異，故因與果不能有自性。這整個意思正好寫成 $p \supset q, \sim q, \therefore \sim p$。

三

以下我們看有名的四句思考如何可以符號來代入表示。按四句（catuṣkoṭi）及四句否定是龍樹哲學中的一種很重要的思考方法；它在《中論》中的出現也很普遍。它通常由四個命題構成，中間經過否定。它的典型例子，也是一般學者所喜歡提出的，是下面這則偈頌：

一切實非實，亦實亦非實，非實非非實，是名諸佛法。⑩

寫成四句，則如：

(1) 一切是實

(2) 一切不是實

(3) 一切是實亦不是實

(4) 一切不是實亦不是非實

以真值函蘊系統表示，則如：

(1) p

(2) $\sim p$

(3) $p \cdot \sim p$

(4) $\sim p \cdot \sim\sim p$

這樣，我們可以說，從邏輯來看，這四句充滿矛盾。首先，第一句 p 與第二句 $\sim p$ 是矛盾的。第三句 $p \cdot \sim p$ 是第一句與第二句的結合，故亦是矛盾的。若以邏輯代數來寫，第三句可寫成 $a \cdot \sim a$，這即等於0，是矛盾律的表示。又就邏輯代數來看，以a表「一切（法）」，以b表「實」，則「亦實亦非實」便可寫成 $a \subset b$ 而且 $a \subset \sim b$，這樣便得 $a=0$。就外延觀點看，$a=0$ 表示這類的分子並不存在，是空（不是佛教的自性空）的。若就內容觀點看，$a=0$ 表示自相矛盾，或邏輯地不可思議。不過，某個東西邏輯地不可思議與不存在仍不同。前者爲根本不可能，後者仍爲可能，但只是不存在。前者如「不是白的白筆」，後者如「龜毛」。

關於第四句 $\sim p \cdot \sim\sim p$，首先我們可以根據雙重否定原則，把其中的 $\sim\sim p$ 轉成 p，這樣，$\sim p \cdot \sim\sim p$ 即等於 $\sim p \cdot p$，也等於 $p \cdot \sim p$，這即是第三句。故第四句也是矛盾的。另外，$\sim p \cdot \sim\sim p$ 依摩根定理（Augustus de Morgan's Theorem）⑪，可化爲 $\sim(p \vee \sim p)$，這即表示排中律假，即違反排中律，否定 p 與 $\sim p$ 的對偶性。

四句經過符號邏輯的處理，顯示出多處矛盾。它的意義無寧是在辯證方面。$\sim p$ 表示否定，$\sim\sim p$ 表示否定的否定，或二重否定，這都是鮮明的辯證思考。我們可以這樣看，就表現真理而言，第一句 p 是肯定面，第二句 $\sim p$ 是否定面，第三句 $p \cdot \sim p$ 是肯定面與否定面的結合，亦即是綜合面。第四句 $\sim p \cdot \sim\sim p$ 則是第三句綜合面的否定，亦即是超越。第一句相當於辯證法的正（thesis），第二句相當於其反（antithesis）；第三、四句相當於其合（synthesis），而又較它多一超越的意義。真理畢竟要到超越的層面，才有完足的意義。我們可以順著上面所舉的偈頌，由此四句推想龍樹思考真理的升進歷程：第一句「一切實」是對一切法的存在性的肯定，這是有，是俗諦；第二句「一切非實」是對一切法自性的否定，這是空，是真諦；第三句「亦實亦非實」是真俗二諦的和合；第四句「非實非非實」是第三句的否定，表示要同時超越真俗二諦，不偏於真也不偏於俗，這便是中道，是龍樹的「中道義」。

四

龍樹還有不少其他論證方式，可以套在符號邏輯的論式中。此中最多見，莫如表示相互依存關係者。試看下一偈頌：

> 若離於去者，去法不可得。以無去法故，何得有去者？⑫

若以 p 表去者，q 表去法，則可寫成：

$$\sim p \supset \sim q, q \supset p$$（前半則）

$$\sim q \supset \sim p, p \supset q$$（後半則）

前半則表示沒有p即沒有q，故q依於p，即去法依於去者。後半則表示沒有q即沒有p，故p依於q，即去者依於去法。前半則可轉寫成$q \supset p$，或q函蘊p；後半則可轉寫成$p \supset q$或p函蘊q。據真值函蘊系統的基本定義，可得

$$p \equiv q .=. p \supset q . q \supset p$$

即得$p \equiv q$，或p等於q，即去者與去法相等。這並不表示兩者的內容相等，而表示兩者具有相等的成立機會：同時成立，或同時不成立。這即是相互依存關係。即是說，去者與去法有相互依存的關係，其中任何一者都不能獨自成立。

最後看下面一偈頌：

以有空義故，一切法得成。若無空義者，一切則不成。⑬

這表面上似是犯了前項謬誤：$p \supset q, \sim p, \therefore \sim q$。實這是強調空義是一切法得以成立的理論根據。前半則是說一切法之得成一切法，或緣起法，是依空義。這不是純然$p \supset q$的函蘊關

係，而有若無空義則一切法不成之意，這即是後半則的意思，即也有$\sim p \supset \sim q$之意。倘若以x表一切法，A表空，B表得成，則其符號式不是

$$Ax \supset Bx, \sim Ax, \therefore \sim Bx$$

而應該是

$$Ax \supset Bx \cdot \sim Ax \supset \sim Bx$$

即$Ax \supset Bx$與$\sim Ax \supset \sim Bx$同時成立。由$\sim Ax \supset \sim Bx$可得$Bx \supset Ax$。由是我們可得

$$Ax \supset Bx \cdot Bx \supset Ax \cdot \equiv \cdot Ax \equiv Bx$$

$Ax \equiv Bx$表示一切法空與一切法得成等同，或空義與一切法得成是相互依存的關係。一切法得成其實是得成其為緣起法。故空義與緣起是相互依存，相互函蘊：緣起是空的緣起，空是緣起的空。沒有離開空的緣起，也沒有離開緣起的空。這正是龍樹的空之哲學的基本格局。

五

以上我們敘述了龍樹的思想如何可以用符號邏輯來處理。至於因明學的符號邏輯的處理，限於篇幅，這裏不多贅了。這種符號邏輯的研究法，能清晰而簡潔地展示出佛教的推理

與論證，是否與現代邏輯相符，能否經得起現代邏輯的考驗。經得起現代邏輯的考驗的，便是有效的推理與論證，否則便是無效。大抵來說，大部份的佛教推理與論證，都能經得起現代邏輯的考驗，因而是有效的。因此我們可以說，佛教在邏輯思考方面，有一定的成就與價值。

不過，我們也不能忽略這種研究法的局限性。邏輯或符號邏輯只過問形式方面的問題，由前提推斷出結論是否有效的問題，而不理會內容方面。佛教作爲一種具有高度價值的解脱哲學，有其豐富的內容，它解釋世界的生成，煩惱的生起，煩惱的去除，心靈的開拓，精神狀態的提升，與及涅槃的境界，都是多采多姿的。關於這些，符號邏輯都不能過問。這也顯示出符號邏輯研究法的局限性。

附註

①末木剛博：《東洋の合理思想》，東京：講談社，一九七〇。

②Richard H. Robinson, "Some Logical Aspects of Nāgārjuna's System", *Philosophy East and West*, Jan. 1957, pp. 291–308. *Early Mādhyamika in India and China*, Delhi: Motilal Banarsidass, Reprint, 1976, pp. 50–58. 中村元：〈空觀の記號論理學的解明〉，《印度學佛教學研究》卷三，一號，1954, pp. 223–231.

③《中論》是龍樹的代表作，其中所談的，主要是空之論證的問題。

④《大正藏》三〇・一七a。

⑤Louis de la Vallée Poussin, ed., *Mūlamadhyamakakārikās de Nāgārjuna avec la Prasannapadā Commentaire de Candrakīrti*. Bibliotheca Buddhica, No. IV, St.Petersbourg. 1903－13, p.237.

⑥《大正藏》三〇・三三b。

⑦同上。

⑧《大正藏》三〇・一三b。

⑨《大正藏》三〇・二四a。

⑩同上。

⑪積的否定就是項的分別否定的和，和的否定就是項的分別否定的積。

⑫《大正藏》三〇・四a。

⑬《大正藏》三〇・三三a。

龍樹系統中的一些邏輯面相

魯濱遜 著
馮禮平、吳汝鈞合譯

前言

龍樹（Nāgārjuna，公元前二世紀）所開創的中觀學派（Mādhyamika）是由一個世紀以前的愛彌爾·畢爾奴夫（Emile Burnouf）介紹到現代學術界的。在過往六十年裏，印度、歐洲及日本的學者都曾研究過這個學派，並一致承認它在印度哲學史上，無論是佛家的或非佛家的哲學上，都是重要的。龍樹被廣譽爲偉大的辯證家。但是每次嘗試闡述中觀學者的心聲時，都留下大量的阻礙。由於各開風氣的研究者都必須掌握一些充滿訛誤的梵文、藏文及漢文資料；況且要比較中觀學者及其佛教的、正理學派的和數論派的敵論的學者，而這些學者的情況也同樣鮮爲人所知，他們還要運用西方哲學的術語，使得中觀學的資料成爲可理解的，因此難免不無阻礙。

研究中觀學最蓬勃的時期，始自一九二七年徹爾巴斯基（Th. Stcherbatsky）的《佛教的涅槃概念》（The Conception of Buddhist Nirvāna）的印行。中觀系統裏的存有論及有關絕對（Absolute）的問題，於是便成爲研究的重點。魏萊·蒲桑（Louis de La Valée Poussin）、舒坦尼斯羅·沙耶（Stanislaw Schayer）及其他學者都曾就這些論題與徹爾巴斯基展開凌厲的辯論。這次辯論後因蒲桑的逝世及第二次世界大戰而中斷。《淨明句論》（Prasannapadā）的翻譯工作由狄雍（J. W. De Jong）繼續下來，①狄雍也撰寫了一些有關中觀學的絕對概念的最清晰明確的論文。②穆諦（T. R. V. Murti）的《佛教的中心哲學》（The Central Philosophy of Buddhism）一書，於一九五五年出版，他繼續著徹爾巴斯基及其論難者的工作，給中觀學的「形而上學」方面的研究，帶來了最大的收穫。

中觀學的「形而上學」的辯論掀起了各種極端不同的看法，人們以虛無主義、否定主義、一元論、相對主義、非理性主義、批判主義及絕對主義等名目加於中觀學之上。那種以西方哲學家作比擬來試圖找出交匯的嘗試，並不太深入。最常見的比較對象是康德和黑格爾，但也不大適合，因爲二者的思想結構與印度的任何有關系統基本上都截然不同。

形而上學的研究路數是有幾種基本局限的，這現在已顯示出來了。這種做法是在沒有就某些更具約束性的問題取得答案前，便試圖找尋全面的答案，這些約束性的問題便是該哲學系統的知識論上的及邏輯上的結構。由於共時性的（synchronic）及歷時性的（diachronic）考察並未被分別處理，引致龍樹的系統沒有清楚地與月稱（Candrakīrti）的系統分別開來。有些學者把中觀學的一些語句從文義中抽離出來，放進一些現代的模式中，因而中觀學論證裏的內在結構不能清楚地被認取出來。這種形而上學的路數含有一種更爲嚴重的缺點：它試圖爲我們的問題找尋答案，而不是弄清楚龍樹所面對的問題。

目前我們要做的，便是把中觀學分開階段來研究，把共時性的研究置於歷時性的研究之前，並把各種問題分清類別，以作詳盡的考察。這種做法正近似於現代語言學的研究趨向，這個領域是被更積極的分析及更緊密的推理所籠罩。

在各種問題裏，其中一個特別需要分別開來作詳細研究的，是邏輯在中觀學所扮演的角色。徹爾巴斯基的觀點，是以月稱的《淨明句論》為基礎的，這《淨明句論》後出於龍樹數世紀之久，這時期的印度邏輯已較龍樹時有更高度的發展。穆諦曾經談論了很多「辯證法」的問題，但實際上沒有涉及形式邏輯。筆者謹引述一些具有代表性的學者的見解，看看他們怎樣看待邏輯在中觀學的位置：

一、我們姑且不要理會他（譯按：指龍樹）的略為單調的方法—他即本著這方法，以同樣的具有破壞性的辯證法，來對付小乘的一切想法—他永遠都是那樣感到興趣、勇猛，使人困惑，並有時好像傲慢似的……。不過，只有那些小乘佛教徒及所有一般的多元論者，才需要懼怕龍樹的辯證法。他並不攻擊佛陀的法身的想法，反而加以讚頌哩。他誇讚相對性的原理，並以之破斥一切多元論的說法，他這樣做是為著要正本清源，在這樣的基礎上建立那唯一不二的和「不可界說的」（a-nirvacanīya）存有的本質。根據那一貫被應用的一元論的原則，所有其他的事物都只有第二序的和偶然的實在性，它們都是假借的……。中觀學者否定了要建立一最高真實的邏輯的有效性，即是，否定了概念思惟。每當被詰難說在否定邏輯的有效性時，他也運用了一些邏輯，他答辯說：日常生活的邏輯足以顯示出所有系統都互相矛盾，而我們的基本想法是不能抵受詳細考察的。③

二、龍樹想證明的是存在的非理性（irrationality of existence），或建立在A等於A一類的邏輯原理上的推理的虛假性……。因爲很多時我們可以給一個問題提供兩個答案：斷定（assertion）和否定（denial）。他的論證包含了兩個否定，一個是否定有所證（probandum）的一面，另一個是否定沒有所證的一面。這樣的雙重否定稱爲中道。④

三、每一肯定命題（正）皆是自定的（self－convicted），無需由另一否定命題（反）來作出反平衡（counter balanced）。爲什麼一切見解都被否定呢？這是基於什麼原則呢？每當我們分析一經驗事象時，它的結構的內在漏洞便顯露出來。它並非事物自身（thing in itself），而是與別的事物關聯起來而存在，而這些事物又依存其它事物而存在。這個過程無休止地繼續下去，最後導致（無窮）追溯（regress）。⑤

徹爾巴斯基說龍樹通過其辯證法建立了一套超越的概念，穆諦則說所有的肯定命題皆被否定。徹爾巴斯基把邏輯及推論的概念思想等同起來。李華德（W. Liebenthal）提出了令人懷疑的概念，那是龍樹著述中沒有的。他說存在的理性建立在「A等於A的邏輯原則上」，他這樣說，抹煞了在邏輯原則及存有論真理之間的任何聯結的明顯的偶然性，他也抹煞了所提出的「邏輯原理」並非形式邏輯的基礎，而只是一推衍的定理這一事實。（要從這所謂「原理」中推衍出任何邏輯的演算是不可能的。）李華德並沒有考慮他的研究對象是一個詞項（term）抑或一個命題（proposition），他也沒有考究那些可以肯定或否定這研究對象的謂詞（predicate）。

「每當我們分析一經驗事象時，它的結構的內在漏洞便顯露出來。」穆諦的這種說法是有誤導性的。它會錯誤引導人們以爲龍樹會以經驗的立場去考察經驗事象。其實，龍樹所考察的不是經驗事象，而是詞項之間的外延關係（extensional relations），龍樹只是研究以定義的方式加諸這些經驗事象上的詞項（terms）、概念（concepts）及性質（properties）之間的外延關係。

穆諦的「每一肯定命題(正)皆是自定的」說法，除了重新提出謊者的悖論(paradox of the Liar)這古典的悖論外，也是含糊可疑的。我們不能確定「肯定命題」(thesis)一詞究竟是指一個命題還是指一組命題；是指一斷言(assertion)或是一推斷(inference)；是指一可能包含否定式的代函值(functor)的命題或是一沒有包含否定式的代函值的命題。在龍樹時代，部份論難者當然會像現代的研究者一樣感到迷惑，但如果我們能給一些好像上述的問題找出清楚的答案的話，我們便可能看出龍樹的說法是有意義的。

穆諦說「每一肯定命題(正)皆是自定的」可能是指「每一命題皆是自身矛盾」。不過，因爲這種說法在重言(tautologies)上是不真的，故「每一命題皆是自身矛盾」這一命題便是假的了。

無可懷疑，上述的問題需要一些更正確設定的問題及一精密的方法論，其中的詞項要有一致的定義，而研究的範圍亦要劃定。在這篇文章裏，筆者只打算就一些有限的問題範圍，提出有限的看法，也就是闡述一些在《中論》(Mūla-madhyamaka-kārikā)中觀察到的邏輯原理及結構。

波蘭的印度學家沙耶是第一位著手對龍樹作形式的分析的學者，那幾乎是二十五年前的事了。那時候，波蘭的邏輯家展開對古代(希臘及羅馬)的形式邏輯的科學的研究。沙耶在路卡斯維茨(Jan Lukasiewicz)及其學生們的影響下，研究了現代邏輯，並開始運用現代邏輯來研究古印度邏輯。雖然沙耶很不幸地在逝世前沒有留下給我們一些好像路卡斯維茨所著的《亞里斯多德之三段論》(Aristotle's Syllogistic)或者像波坎斯基(I. M. Bochenski)所著的

《古代的形式邏輯》(Ancient Formal Logic)那樣的著述，不過，他的論文中也包含了一些方法論的原則和一些雖然是零碎但卻珍貴的研究成果。在《關於正理探究的方法》(Ueber die Methode der Nyāya－Forschung)⑥一文中，他給《中論》其中的一個偈頌，提供了標記標示(notational transcription)。在《古印度的述語邏輯的預示》(Altindische Antizipationen der Aussagenlogik)⑦一文中，他提出了早期佛教辯證家所應用的推理法則的問題，考察了四句法(Tetralemma，梵 catuṣkoṭi)，認爲是命題邏輯的特徵。沙耶對於徹爾巴斯基的批評是尖銳及公正的。但穆諦並未參閱沙耶的邏輯文獻。

東京大學的中村元(Hajime Nakamura)教授，繼承了沙耶的方法論，在《從符號邏輯的立場對性空概念的一些清理》(Some Clarifications of the Concept of Voidness from the Standpoint of Symbolic Logic)⑧一文中，他對沙耶的方法加以維護和繼續應用。他以現代科學化的標記邏輯作工具來研究印度邏輯，他認爲這工具有其優越性。標記述詞(notational statement)可以避免語言述詞及修辭邏輯的陷阱和不自然的地方。這方法的應用，不一定要把印度的形式轉變爲傳統的西方邏輯的標準形式，但卻可以弄清楚傳統印度的結構而不須加以改革。除了中村元的見解外，筆者可以附加説現代邏輯提出了更廣泛的問題，使研究者的觀察更爲敏鋭。

中村元的論文的其它部份以標記的形式處理了中觀學的一些命題和推論，藉以顯示龍樹的論證的有效性，並提出空性等同於空類(null class)的説法。

本文包含了中村元大部份的資料，並隨引文附注。但筆者得出的結論則稍有不同，並會在下文提出一些新問題。

在考察龍樹的論證的形式結構時，筆者並未把知識論、心理學及存有論包括在內，這等邏輯以外的看法，會在本文結論部份提出。

一、基本定理及推論規律

龍樹的邏輯知識水平與柏拉圖不相伯仲，那是形式化以前的，並包含一些由他自己的直覺得出的一些公理和推論原則，其中自有其巧妙處，也偶有錯誤。⑨但是，有時在說明這些公理上，因使用太過一般性的術語，不免使之變成虛假的變項。

那三條傳統的「思想律」已不再被視為演繹系統（deductive system）的基本原則。不過，因為龍樹曾被批評為排斥理性，所以我們仍有興趣看看有否依從它們。

《中論》曾不斷地引用矛盾原理。論中有兩處地方曾一般性地涉及這原理：

1. 「不應於一法　而有有無相」（七·三〇）⑩
2. 「有無相違故　一處則無二」（八·七）

龍樹曾普遍地以比較狹窄的語值（values）加於這規律的應用上：

3. 「如世間生死　一時則不然」（二一·三）

4.「有無共合成　云何名涅槃
涅槃名無爲　有無是有爲」（二五·一三）
5.「是二不同處　如明闇不俱」（二五·一四）⑪
6.「常及於無常　是事則不然」（二七·一七）

排中律曾兩次明顯地被引用：

7.「離去不去者　無第三去者」（二·八）⑫
8.「離去不去者　何有第三住」（二·一五）

在另一偈頌中，排中律亦被暗中假定了，頌文說：

9.「若有所受法　即墮於斷常
當知所受法　若常若無常」（二一·一四）

因爲龍樹依靠大量二分法來作論證，所以在他的大部份推論中，矛盾原理是必要的。

在《中論》裏並未曾明顯地運用過同一律（以方程式的形式表達，而不是好像上文所引李華德的文字中所應用的涵蘊關係)，這是不用驚訝的，因爲如果一個人没有一套有關涵蘊關係的繁複概念的話，這規律對他來說，是毫無意義的；它對於那些無意組織一套邏輯的演繹系統的人來說，也是没有多大用處的。正如波坎斯基所言：「我們在亞里斯多德所留下的著述中，找不到同一律的説明，他的《形而上學Ⅲ》整本書都是用來闡明矛盾律的。」⑬

假言三段論（hypothetical syllogism）是龍樹的主要推論形式。它的完整形式包含了三個命題。不過，龍樹好像其他印度的辯證家一樣，在簡潔及形式的完整性之間寧取前者。所以，在讀者可以依文意來補上的情況，他便略去了推論中的一兩個命題。假言三段論的兩個有效方式是離斷律（modus ponendo ponens）及逆斷律（modus tollendo tollens），前者具有肯定的前項（affirmed antecedent），而後者則具有否定的後項（denied consequent）。這兩種方式都以含有子變化（sub－varieties）的情況出現於《中論》裏，其中，逆斷律較爲普遍。

A 離斷律（modus ponens）

11.「因物故有時　離物何有時
物尚無所有　何況當有時」（一九．六）

我們可以用下列的記號法來表示上述的頌文：

設P等於「時」，q等於「物」

$p \supset q . \supset . \sim q \supset \sim p ; \sim q ; \therefore \sim p$

上半頌說明了否定後項的原理，也顯示龍樹已經在某個程度上注意到換位原理（principles of conversion）。在下半頌，那已換了位的涵蘊關係「$\sim q \supset \sim p$」的前項是被肯定的，因此後項亦被肯定。

我們要留意龍樹所肯定的前項，是一些否定命題（negative propositions）。

B逆斷律（modus tollens）

逆斷論的命題形式是：

$p \supset q ; \sim q ; \therefore \sim p$

12.「若離色有因　則是無果因
若言無果因　則無有是處」（因此，因並不離色而存在。）（四·三）

13.「空相未有時　則無虛空法
若先有虛空　即爲是無相」（但無相的物項並不出現，因此空間並不出現。）（五·一）

14.「若因過去時　有未來現在
未來及現在　應在過去時」（但它們並不這樣；因此它們並不依過去時。）（一九·一）

15.「若涅槃是有　涅槃即有爲
終無有一法　而是無爲者」（但涅槃就定義來說便是無爲；因此，涅槃並不是有爲的物項。）（二五·五）

16. 若離身有我　是事則不然
　　無受而有我　而實不可得」(二七·五)

龍樹說出了這些與一九·六頌(上引之第十一例)一致的推論的換位律(law of conversion)。

C前項的謬誤(fallacy of the antecedent)

龍樹在很多場合都否定了前項，於是便違背了換位律。這種謬誤的命題形式是：

$p \supset q; \sim p \therefore \sim q$

自亞里斯多德以來，這種謬誤已被認爲包含所有其他的謬誤了。⑭

17.「若謂然可然　二俱相離者
　　如是然則能　至於彼可然」(但作爲然的火並不離可然的燃料而出現；因此，以外於燃料的火爲能至於燃料，是錯誤的。)(一〇·七)

18.「若有不空法　則應有空法
　　實無不空法　何得有空法」(一三·八)⑮

19.「若有未生法　說言有生者
　　此法先已有　更復何用生」(七·一八)⑯

中村元在其論文中說這些例子，如果站在傳統形式邏輯的立場來看，都是謬誤。不過，如果站在布爾—舒露德邏輯代數學（Boole-Schröder logical algebra）的立場來看，則是有效的。現在讓我們把上文最後三頌轉爲符號，以考究這個看法：

18.設 a ＝「法」 b ＝「空」

$a\bar{b}\neq 0\cdot\cup\cdot ab\neq 0; a\bar{b}=0; \therefore ab=0$

「$a\bar{b}=0$」是「$ab\neq 0$」的矛盾面而非「$a\bar{b}\neq 0$」的矛盾面。故這是前項在進行否定，因而出現了不確定性（indeterminacy）。無論在符號邏輯或修辭邏輯上，這些推論都是錯誤的。

19.設 a ＝「法」 b ＝「生」

$a\bar{b}\neq 0\cdot\cup\cdot ab\neq 0; a\bar{b}=0; \therefore ab=0$

上述的記號法表示出⒆與⒅在形式上是一致的，故同是因上述的理由爲謬誤的。

17.設 a ＝「然」 b ＝「可然」 p ＝「至於彼可然」

$a\bar{b}\neq 0.\cup.p, a\bar{b}=0; \therefore \sim p$

上述的記號法表示出：⒄的命題形式（雖然不是詞項結構 term-structure）與⒅及⒆是一致的，所以也是違反了換位律。

定言三段論（categorical syllogism）的例子比較有趣，不過卻是淺薄的。

20.「如佛經所說　虛誑妄取相
諸行妄取故　是名爲虛誑」（十三・一）

這並不是龍樹的論證，而是他的論難者的論證。這論證與第一格 AAA 三段論（barbara）的樣式（mood）一致：MaP·SaM·$\supset$·Sap。

21.「若諸世間業　從於煩惱出
是煩惱非實　業當何有實」（十七・二六）

這論證與第一格 EAE 三段論（celarent）的樣式一致：MeP·SaM·$\supset$·SeP。「是煩惱非實」一句中的前件（protasis）只是重複第二個前提，並說明試圖建立一推論，但對推論來說是不必要的。

二、定義及公理

龍樹系統的基礎是一組定義，在這組定義中，某些性質（properties，梵 lakṣaṇa）被配到一個詞項上。例如緣起（dependent co-arising，梵 pratītyasamutpāda）：

22.「不生亦不滅　不常亦不斷
不一亦不異　不來亦不出」(第一品禮敬偈頌)
23.「衆因緣生法　我說即是空」(二四·十八)
24.「若見因緣法　見苦集滅道」(二四·四〇)

實相(reality，梵 tattva)

25.「自知不隨他　寂滅無戲論
無異無分別　是則名實相」(一八·九)

涅槃(nirvāṇa)

26.「無得亦無至　不斷亦不常
不生亦不滅　是說名涅槃」(二五·三)
27.「受諸因緣故　輪轉生死中
不受諸因緣　是名爲涅槃」(二五·九)

自性（own being，梵 svabhāva）

28.「性名爲無作　不待異法成」（一五·二）

29.「性若有異相　是事終不然」（一五·八）

自性一詞，就其定義本身來說，是矛盾的可爭議的主題。如果自性是存在的話，它必須屬於一存在的物項。這樣說來，它就必定是被條件決定的，是依於其他物項的，是有原因的。但是自性其本義是不受條件決定的，不依於其他物項的，也不是有因而生的。故自性的存在是不可能的。

在《中論》裏，所有被否定的命題的主詞都屬於自性這一類。此中的基本論證是：如果一個命題的變項（variables）是空的（null），那命題便不是存在地真的。我們不能由此推出：倘若變項不是空的，則命題是存在地真。不過，我們可以推出，這些命題可以偶然地是存在地真。在第六十例中，涉及空和成立的句子，明白地說出了在某些條件下某些命題是真的。

三、否　定

在這裏，筆者必須再次説明，知識論的問題在此是不予處理的。我們要研究的不是如何認知「不存在」(absences)，而是研究否定式的邏輯的代函值 (logical functor)應如何理解。從很多地方都可以看到，龍樹持有一種初看似是不通的有關否定的概念。

30.「有若不成者　無云何可成
因有有法故　有壞名爲無」(一五·五)

31.「不因於淨相　則無有不淨
因淨有不淨　是故無不淨」(二三·一〇)

32.「若我常樂淨　而實無有者
無常苦不淨　是則亦應無」(二三·二一)

33.「有尚非涅槃　何況於無耶
涅槃無有有　何處當有無」(二五·七)

34.「有爲法無故　何得有無爲」(七·三三)

35.「若常及無常　是二俱成者
如是則應成　非常非無常」(二七·一八)

上述的例子好像是說，任何一個變項的否定的出現，都涵蘊那變項的存在。但龍樹似乎只是想及一種有窮的外延和它的餘補（complement），而把空及全稱詞項（null and universal term）從考慮中排除出來。物項（有，梵 bhāva）就定義上來說是緣起的，但不是普遍的（常，全常，梵 śāśvata）及處空的（斷，斷滅，梵 uccheda）。這物項有一種同樣是緣起而生的餘補，除了具有當那物項存在它便會不存在的性質。第33.例的意譯會更清楚地說明這點：

如果涅槃不是不組性質的有窮的外延（finite extension），則涅槃便不能成為沒有那一組性質的有窮的外延了；如果有窮的外延不存在，則那有窮的外延的餘補便亦不存在。

「性」（梵 prakṛti，相等於 svabhāva 自性）一詞並無餘補。

36.「若法實有性，後則不應無；
性若有異相（餘補），是事終不然」（一五·八）

這就是說，「性」是加諸一詞項類的性質類。因為這兩種的類是主詞或主詞類的範限（range）所必需的，故它們是不會不出現的。

如果「淨」的外延是空類（null class），或是全類（universal class），則全類便沒有任何部份會構成「淨」的事物的類，而且沒有任何部份會構成不淨的事物的類。

四、量化

龍樹所應用的很多詞項，都明顯地是受約束的，而因爲他的所有的命題，都好像是一般性的，如果這些命題是沒有量化詞（quantifiers）的話，則必須給它們加上量化詞。全稱量化（universal quantification）是受到代函值「全部」（sarvam）及對於一個存在的代函值（例如「某個」kaśćid；「某時」kadācana）的否定這兩者所影響。

37.「無常未曾有　不在諸法時」（二一·四）

38.「未曾有一法　不從因緣生　是故一切法　無不是空者」（二四·一九）

39.「若法性空者　誰當有成壞」（二一·八）

40.「終無有一法　而是無爲者」（二五·五）

41.「終無有有法　離於老死相」（二五·四）

龍樹是否定存在的量化（existential quantifications）的，因爲他所排斥的全部詞項都被被視爲本質（essences）。如果說一物的本質只關涉該物的其中一部份，那是荒謬的。

42.「若半天半人　則墮於二邊
常及於無常　是事則不然」（二七・一七）

43.「若世半有邊　世間半無邊
是則亦有邊　亦無邊不然」（二七・二六）

44.「彼受五陰者　云何一分破
一分而不破　是事則不然」（二七・二七）

如果我們假定骨頭是不會腐化的話，則「云何一分破，一分而不破」的說法並非荒謬。但龍樹的本懷並不是要否定一般認識上的斷定，而是要否定有（bhāva）及自性（svabhāva）的概念。這兩個概念常被加於一般的認識上。這裏的定理是：「互相矛盾的屬性作爲謂詞加上去的，不能是一個物項。」⑰

量是與兩種極端（永恆的存在及虛無）有關的。

45.「若法有定性　非無則是常
先有而今無　是則爲斷滅」（一五・一一）

常住主義斷言「所有A是B」，虛無主義則斷言「有些A是B而有些A不是B」。這兩種看法都被公理的立場破斥了。這裏的要點是在於那些詞項的量的分別。

五、四句

佛教的典型辯證工具是四句（catuṣkoṭi）。它包含了排斥的排取的關係（relation of exclusive disjunction）中的四個分子（a，b，c，d中有一個而不會多過一個是真的）。自喬答摩（Gautama）開始的佛教辯證家都把每一句（邊）都否定過來，最後把整個命題都加以否定。這些句或邊都被認爲是全面的，對它們的全面的否定亦稱爲「純否定」，而且也被視爲稱中觀學派爲否定主義的證據。因此，對四句的形式的分析引起了邏輯學以外的興趣。

46.「一切實非實　亦實亦非實
非實非非實　是名諸佛法」（一八·八）

47.「空則不可說　非空不可說
共不共叵說　但以假名說」（二二·一一）

48.「如來滅度後　不言有與無
亦不言有無　非有及非無」（二五·一七）

49.「若天即是人　則墮於常邊
天則爲無生　常法不生故
若天異於人　是即爲無常
若天異人者　是則無相續

若半天半人　則墮於二邊
常及於無常　是事則不然
若常及無常　是二俱成者
如是則應成　非常非無常」（二七·二五—二八）

那末經龍樹否定前的四句的形式，在第46.例中表示出來，其公式爲：

Axv～AxvAx·～Axv～(Ax)·～～(Ax)

明顯地，在首二句中，其x是要被全稱地量化的。第49.例把第三句的x存在地量化。「有些x是A而有些x不是A」。筆者建議把第四句解作：「沒有x是A及沒有x是非A」。當x是空時，這是真的。

沙耶⑱把第四句寫作「～P·～(～P)」(非P非非P)。這樣的寫法，是基於把這四句視爲命題函數（propositional functions）的假定。但明顯的，那基本命題的否定式及合取式(conjunctions)並不能寫作第49例，而且，如果其他例子中的詞項都同樣地被量化後也不能那樣寫。「非p」是「p」的矛盾面，但「有些x是A」則不是「有些x不是A」的矛盾面。

中村元⑲把四句用代數的方式解作「a」，「～a」，「a～a」及「～（a～a）」，因爲「a～a」等於「0」而「～a～a」等於「0」，故第三及第四句是冗餘和無意義的。如果主詞並不是完全分配在第三句的任何一合取項（conjunct）中，則這個形式便不須再被視爲冗餘了。⑳

龍樹把四句中的每一句都加以否定，因爲它們的詞項都正如那些論難者所界定那樣，都是空的。當第四句其中的一個詞項是空時，它則是真，但當另一詞項是非空時，這句則不是假的。龍樹可能因爲這個理由而否定第四句。

四句與亞里斯多德的四形式有些相似之處。兩者都包含有由兩個詞項及「一切」、「有時」及「非」等常項（constants)(代函值）所構成的命題。但四句中的第三及第四句卻不是簡單的命題，而是合取式(conjunctions)。用布爾—舒露德（Boole-Schröder)記號方式可以把兩者的比較表列如下：

亞里斯多德形式		四句	
A	$a\bar{b}=0$	1	$a\bar{b}=0$
E	$ab=0$	2	$ab=0$
I	$ab\neq0$	3	$ab\neq0.a\bar{b}\neq0$（I及O形式的合取式）
O	$a\bar{b}\neq0$	4	$ab=0.a\bar{b}=0$（E及A形式的合取式）

六、兩　難

在一位被譽爲「勇猛，善變及狀似自傲」的作者的著述中找到很多兩難式，是不會令人感到驚訝的。這種兩難式的普通形式是「簡單的建構性的兩難式」（simple constructive dilemma)：「$p\supset q.r\supset q:p\vee r:\supset q$」。「r」一般來說是「非p」，所以「p或r」變成「p或非p」。

下面是一些顯示兩難式的例子，但不夠全面：

50.「若諸法有性　云何而得異
若諸法無性　云何而有異」（一三·四）

51.「若法實有性　云何而可異
若法實無性　云何而可異」（一五·九）

52.「若衆緣和合　而有果生者
和合中已有　何須和合生
若衆緣和合　是中無果者
云何從衆緣　和合而生果」（二〇·一－二）

53.「若因空無果　因何能生果
若因不空果　因何能生果」（二〇·一六）

54.「若果定有性　因爲何所生
若果定無性　因爲何所生」（二〇·二一）

55.「若法性空者　誰當有成壞
若性不空者　亦無有成壞」（二一·九）

56.「若初有滅者　則無有後有
初有若不滅　亦無有後有」（二一·一八）

57.「若世間有邊　云何有後世

若世間無邊　云何有後世」（二七·二一）

我們要注意到這種「簡單的建構性的形式」包含了兩個涵蘊關係，其中的一個前項是要被肯定的。上述的例子顯示龍樹運用了離斷律。這些例子都遵守「肯定前項」這規律，因此形式上是正確的。對於其後項都是否定式的兩難來說，「簡單的建構性的」這個指謂可能是不合適的；不過，「建構性」一詞是指命題的結構，而不是詞項的樣式。龍樹雖然避免肯定任何詞項；但他卻是肯定了命題。

下面的例子，雖然其命題形式與上述例子相同，但這方面卻是例外：其首頌是論難者的詰難，而後一頌則是龍樹的答辯：

58.「若一切法空　無生無滅者
何斷何所滅　而稱爲涅槃
若諸法不空　則無生無滅
何斷何所滅　而稱爲涅槃」（二五·一—二）

論難者意欲否定「一切法空」這個前項，並提出自己的涵蘊關係，藉此希望龍樹會把後項否定。不過，龍樹卻提出一種反涵蘊關係（counter-implication），裏面有相對的前項（contrary antecedent），也有等同的後項（identical consequent）。

要避開這些兩難的後果，便要「把他們的角握住」，否定對方預設的各種定義。這樣做，可以把龍樹所謂「見」(dṛṣṭi)的整組命題否定掉，而得性空之義。

59.「大聖說空法　爲離諸見故
若復見有空　諸佛所不化」(一三·八)

七、空與無(Nullity)

大多數對空性的討論，都環繞著它是一「正面的」或「負面的」概念一問題，或者探究它是超越的或虛無的意義。蒲桑(Poussin)認爲中觀學的中心概念是「非存有基礎的絶對」(absolu a base d'inexistence)，這理論是沙耶所肯定的。㉑

鈴木大拙說：「……我們必須記著大乘佛學也有常常伴隨著它的空性論的積極面。這個積極面稱爲如性(tathatā)論。《楞伽經》每每小心地把空性(śūnyatā)與如性平衡起來，或者强調當我們把世間看作爲空時，我們正是把握它的如性。這種理論自然遠離了那個基於我們的辯解的邏輯探究的範圍，因爲這是屬於直觀的境界。」㉒

換句話說，這種消解方法是無意義的。我們即使承認有部分的荒謬(nonsense)是有意義，但仍會懷疑那種埋怨「辯解」不能解答那不可解答的問題的做法是片面的。除非一個問題的所有理性上的可能性都已被考慮過，我們不應隨便說這問題是理性上不可解決的。除了表示感情上的接受或否定外，我們懷疑「正面的」及「負面的」是否真與「空性」的意思有關。我們也不能確定空性是超越的，抑是虛無的，除非我們已知道那些性質(qualifications)

的輪廓，在這些性質中那些槪念具有其意義。

空性的形式的、非直覺的定義的可能性，值得我們去研究。中村元㉓提供了這樣的一個定義，他說空性等於空類（null class）。這位學者也說其他可能性亦值得我們去研究。

筆者從下述重要的偈頌中找到的解說，是中村元沒有列出來的：

60.「以有空義故　一切法得成

若無空義者　一切則不成」（二四·一四）

這裏的「一切法」是指「一切世間及出世間法」，也就是「在佛教的論議範圍中的所有真正的賓謂語」。這顯然不表示去指謂兔角龜毛。

設x＝「一切法」（一切世出世間法），A＝「空」和B＝「成」。那麼它的記號是：

(x).Ax⊃Bx.～Ax⊃～Bx

因此「x是空的」及「x是得成（的）」是相等的。㉔在主詞是「法」的情況，如果我們把「……是得成（的）」代替「……是空的」，結果便會是一系列的命題，這些命題都是佛教的基本教義，一點也不是「虛無的」。

另一首重要的偈頌是：

61.「衆因緣生法　我說即是空
亦爲是假名　亦是中道義」（二四・一八）

緣生是空，故此是可成的。空就其定義來說，是無自性。龍樹的整個論證是，有自性的個體的類是無的（null），故此空的現象的類，也就是緣生法，是自性或無的類（null class）的餘補。「空」類有其「假名」作爲其分子，而有些假名是可成的。故此，空類並不是無，而是與全類（universal class）共外延的（co-extensive）。

八、另外一些邏輯上的問題

這裏仍有大量問題及例子沒有談及，筆者所採用的例子，全取自龍樹的《中論》。他其餘的論著，尤其是《迴諍論》（Vigrahavyāvartanī）也很重要。同時，我們也應參考提婆（Āryadeva）的著作及疏解，來說明蒲桑所謂「有各種中觀學派及中觀論者」。㉕雖然，把龍樹所引證的形式和原理與印度的理論邏輯作比較是非常重要，但在這篇文章裏，我們除了偶爾涉及希臘邏輯外，並無顧及比較研究這方面。

有許多論題，雖然是屬於單一系統分析（monosystemic analysis）的範圍，在這裏也沒有論及。筆者只集中研究第一序列（primary rank）的推論，雖然在《中論》裏有很多有關基本推論的知識體系的結構的例證。雖然有部份字句可以用代函值的形式來理解，筆者也忽視了在龍樹理論中的模態邏輯（model logic）的可能性。筆者沒有研究一些與傳遞關係（transitive relation)及自反關繫（reflexive relation)有聯繫的論證。雖然我們可以從這些述詞中把形而上的關係從邏輯關係分開來，這樣做也許會使龍樹的同一概念（concept of identity)更加明朗化。本文較少運用現代邏輯的資料，但把《中論》全文逐品地改寫爲邏輯記號是可能的。這樣做，可以使那在上文引述的一些從頌文中抽取出來的例子的形式的特徵更爲明顯。總的來說，本文對龍樹哲學的邏輯分析是很不完全的。

九、哲學的追思

我們沒有證據說龍樹「以邏輯破壞邏輯」。他是犯了一些邏輯上的錯誤，但卻沒有否定任何邏輯原則。他肯定一些命題（佛教教義上的），在某個觀點下（比如性空），是真的；但在某個觀點下（如自性），則是假的。說「龍樹以否定邏輯的有效性……來建立最高真理（ultimate truth)」，是不正確的。他只是否定一切自性見。這種否定實際上建立了正確的理解。因爲它只是應用理性的方法去否定不明顯的非理性的觀念，故不能說它是「非理性主義」(irrationalism)。

如果因龍樹時常應用否定的代函值，我們便稱他爲「否定主義」，這是無意義的，除非我們願意稱柏拉圖或休謨的哲學爲「合取主義」（conjunctivism)，因爲他們常常應用「與」(and)這連接詞。

當我們最低限度把一些錯誤的問題除去後，哲學的研究便會有真正的成效了。沙耶說存在及物項在印度思想中無可避免地是空間的及外延的（extensional)，我們應加注意。㉖我們要記得早期的印度思想家從抽象中把具體分別出來時是充滿困難的，我們很容易忘記我們的「存在物」一詞包括種種抽象作用在內，我們也會忘記我們的前輩曾經經歷一番苦幹才找到對模糊的東西的概念，這種概念在一些印度學派裏都明顯地不曾被思考過。與龍樹同時的人物跟康德同期的人比較起來，他們沒有那樣地好弄詭辯。他們的問題是較爲簡單的，他們的概念亦較少，而他們處理概念的做法亦遠較爲粗略，這並不是說他們比現代學者差勁，他們只是較早期而已。我們應在這個背景下評價龍樹的推理。筆者相信，如果我們把這個背景加以分析及考慮的話，他的地位將會更高，而他的系統也會顯得不如我們所感到的那樣粗野和使人惑亂。

性空論（Śūnyavāda）實在是有關構想（fictions）的理論。假名（prajñapti）的概念提供抽象的東西一個解決的方法，不用把它們具體化，也不用給它們加上存有論的涵義。這種抽象化過程的了解也許是印度佛教哲學最偉大的成就。在印度，這理論受到頑固的抗拒，那是因爲實在論的學派相信，一個真的述詞的所有部份，一定是真的知識，與存在著的對象相應。

現代研究龍樹的人所提出的問題都太不著邊際及難解，他們都不夠突顯，不容許人作個別處理。當然，在這個「分析的時代」，我們應擺脫巴洛克（Baroque）哲學方法的羈絆。作康德和黑格爾及印度哲學家之間的比較不會是最成功的，最成功的是印度哲學家與亞里斯多德的前輩，比如伊利亞特（Eleatics）及柏拉圖之間的比較。我們當會從一些對前亞里斯多德學派（Pre-Aristotelians）的最好的現代研究中獲益良多。

印度思想家及經院哲學家之間的比較也是值得的。例如：龍樹可以很好地與威廉·歐坎（William of Ockham）作比較，因爲他的系統與唯名論（Nominalism）有些相似的地方，而且去詳細地研究印度有關共相（universals)的爭論也是很有價值的。

附註

①J.J.W.De Jong, *Cing chapitres de la Prasannapadā* (Paris:Paui Geuthner,1949) .

② J.J.W.De Jong, "Le probléme de l' Absolu dans l' école Mādhyamika" *Revue Philosophique*, 1950, pp.322-327.

③Th.Stcherbatsky, *The Conception of Buddhist Nirvāṇa* (Leningrad: Publishing Office of the Academy of Sciences of theU.S.S.R.,1927),pp.46-27,p.38,n.3.

④ Walter Liebenthal, *The Book of Chao* (Peking: Catholic University Press of Peking, 1948), p.30.

⑤T.R.V.Murti, *The Central Philosophy of Buddhism* (London:George Allen & Unwin Ltd., 1955),p.136.

⑥Stanislaw Schayer, "Ueber die Methode der Nyāya – Forschung." *Festschrift Winternitz* (Leipzig:Otto Harrassowitz, 1932),pp.247-257.

⑦Stanislaw Schayer, "Altindische Antizipationen der Aussagenlogik." *Bulletin international de l'Academie Polonaise des Sciences et des Lettres*, *classe de philologie*, 1933, pp.90-96.

⑧ Hajime Nakamura, "Kūkan no kigo-ronrigaku-teki ketsumei." *Indōgaku-bukkyōgaku Kenkyū*, No.5,Sept.,1954,pp.219 – 231.

⑨Cf.R.Robinson, "Plato's Consciousness of Fallacy." *Mind*, 51 (1942), 97-114.

⑩各偈頌的編號據蒲桑（Louis de La Vallée Poussin）所編之《中論》的各品及各偈頌次序。蒲桑之《中論》收錄在《佛教文庫》*Bibliotheca Buddhica*（St.Petersburg: Imperial Academy of Sciences, 1903－1913), Vol.IV.

⑪Nakamura, *op.cit.*, p.227 a.

⑫Nakamura, *op.cit.*, p.228 a.

⑬I.M.Bochenski: *Ancient Formal Logic*（Amsterdam: North－Holland publishing Company, 1951), p.38.

⑭Bochenski, *op.cit.*, pp.35, 100.

⑮Nakamura, *op. cit.*, p.228 b.

⑯Nakamura, *op. cit.*, p.229 a.

⑰《中論》中並無引述。

⑱*Aussagenlogik*, p.93.

⑲*Op. cit.*, p.229

⑳Stcherbatsky, *The Conception of Buddhist Nirvāṇa*, p.90. 徹爾巴斯基意外地把四句中第三句量化了，但他卻沒有作出備註。「他否定它們是（與它們的因）同一的，他否定它們是與（它們的因）相異的，或既同一且相異（部份同一和部份非同一）。」

㉑Stanislaw Schayer, "Das mahāyānistische Absolutum nach der Lehre der Mādhyamikas." *Orientalische Literaturezeitung*, 1935, p.413.

㉒ D.T.Suzuki: *Studies in the Lankavatara Sutra* (London: George Routledge & Sons.Ltd.1930), p.446.

㉓ *Op. cit.*, p.230.

㉔ 有關等值的證明，這裏並無作出，那是可以用「Bx∪Ax」來取代「～Ax∪～Bx」來證明。

㉕ *Havard Journal of Asiatic Studies*, 111, (1938), p. 150.

㉖ *Op. cit.*, OLZ, 1935, pp.405－406.

實踐修行法(一)：

如何閱讀禪籍

芳賀洞然原著

一、「標月之指」

禪是謀求「直指人心，見性成佛」的徹底實踐的宗教。這宗教强調，我們要修習作爲佛教眞髓和釋尊覺悟之母的禪定三昧；其目的是開啓與釋尊不異的覺悟，在覺行圓滿中成就人生。禪並不輕視智慧，但其立場却以禪定三昧爲第一義，而不取智慧與戒律。它並不如其他宗教那樣重視經論。如衆所周知，它標榜「敎外別傳，不立文字」，其基本立場，是以那些經論、祖錄爲覺悟的負累，而將之視爲第二義。如臨濟所斷言，黃卷赤軸，卽那些經論祖錄，亦不過是把不淨拭抹去了的廢紙而已。但卽使如此，禪門却遺留下較其他宗敎更多的祖錄典籍，像臨濟有《臨濟錄》，其師黃檗有《傳心法要》。對于這些祖錄典籍，禪的看法是怎樣的呢？在禪中，這些祖錄典籍，有怎樣的意義呢？

簡單地作一結論說，在禪中，這些祖錄典籍，不過是有「標月之指」的意義而已。我們以爲，正確地標示出圓滿覺悟的目的所在，僅是作爲人們的一種標指、手段而已。但人們却往往把目的與手段倒置了，他們只留意作爲標月之指的祖錄、典籍方面，而不見肝心之月，不把覺悟掌握在自己的手中。不過，在閱讀的時候，倘若能免除這種愚蠢，而緊記這不過是標月之指而已的話，則這標月之指的存在，即此即有其自身的意義；這與不立文字的基本立場，亦無絲毫的矛盾。明確地認識到祖錄、典籍的禪的這種意義，心中本着這是手段而不是目的一點而對待之，這是在閱讀禪籍時在心上所應持有的根本的第一心理。現在我們即本着這第一義的立場，向初學者率直地提出自己對有關禪籍的閱讀與玩味的方法。

二、修行逸話的禪籍

一言以蔽之，禪有多種，其性格也不一樣，且難易的程度亦有高低不同。因此，在禪籍來說，自然有其不同的閱讀與玩味方式，不能一概而論。對于這些個別的禪籍的閱讀與玩味方式，對于其各各項目，應有詳盡的徹底的解說。現在我們並不接觸它。這裏我們只大體上把禪籍分爲若干類型，而談談其一般的和基本的性質。

禪籍之中，譬如由明末袾宏所選述的《禪關策進》，而《禪門寶訓》，以至我國（按指日本）幕末天保年間所選述的《龍門夜話》等，這些典籍的主要內容，是古人矢志于禪的修行的逸話——有關那些猛烈不退轉的求道心與血滴滴的忍苦精進，與開悟的機緣，與其後像別人那樣活潑潑地的動作的逸話，與作爲修行上的激勵警索的垂誡及其實例等等。孤雲懷奘以平易的文章綴寫永平道元的體驗談與夜話的《正法眼藏隨聞記》，與釋宗演的《暫且坐下》那樣的法話集，亦可歸入這樣的類型。

禪的修行，並不是容易的事。要達致禪的修行，其不可欠缺的條件，是廣大的志願與扎根于其上的不退轉的求道心，特別是作爲其發露的不屈不撓的根氣絕强的精進。就實情來說，亦有不少人矢誓「終生繼續修行」而入門，結果連見性入理的第一關門都透不過，而致腰骨碎斷的。又有很多人好歹透過第一關門，但却不能繼續那悟後修行的意志，而中途受挫的。就我自己來說，我曾爲道途的艱險與自家的魯鈍而沮喪，曾試圖停止修行。我面臨這退轉的危機已不止一次了。當白隱慧鶴說佛法虛誕，參禪無實的話而想放棄修行時，偶然讀到手頭上的《禪關策進》的「慈明引錐自刺」一段，因而發憤，繼續修行。在我自己方面，令我振起「白隱亦人，我亦人」的大憤志的一個機緣的，是《禪關策進》，和《正法眼藏隨聞記》。這些第一類的禪籍，能不斷刷新求道的大志，這是使人始終堅持修行的原動力。這些禪籍又極能使那大志燃燒起來。禪的修行，在達到某一階段時，雖則可以不讀禪籍，但這裏所擧的禪籍却是例外。當人逢着難關而勇氣受挫時，在修行中生起迷惑時，能深刻切實地細味閱讀這些書籍，實在是好事。這對于自己必能起一種警覺，而刺激自己發憤努力。

三、說理的禪籍

第二類禪籍，是那些典籍，它從教理上說明禪的宗教本質，或者解答世人對禪所抱的疑問，指出其誤解處，體系地說明禪是甚麼東西。其代表作是唐代圭峰宗密的《禪源諸詮集都序》，它站在教禪融合的立場，比較禪宗與其他宗教，而說明禪的教理。另外是夢窗疎石的《夢中問答》，它答覆足利直義的要求，從各方面來說明禪宗。還有白隱的法嗣東嶺圓慈的《宗門無盡燈論》，它就修行的階段而闡述禪的本義。這些典籍，其著作意圖，本來是要說明禪的教理與思想，闡明修行的方法與目標的；其論述，在禪籍中是最有條理的。我們雖不能說，這一定是容易理解的，但就佛教義理來說，它是一般性的概要，在理論的思考方面，是比較容易理解的。特別是《夢中問答》，由于它具有啓蒙的意圖，故以假名交雜而書寫，對于初學者來說，亦是易懂的。《宗門無盡燈論》由于東嶺以自己的深刻的覺悟爲基礎，而運用其豐富的佛教學的涵養，故能說明禪的扼要問題。這對于修習禪的人來說，是最可信賴的優秀的入門書。不過，倘若沒有老師的指導而讀這書，對于初學者來說，要把得其眞意，恐怕會有困難吧。關于這點，我自己入門時，最初聽人提綱挈要，正是有關這書者，這實在是值得慶幸的事哩。

不過，當閱讀這些禪籍時，必須反覆思索，要在心中領會得。不用說，目前的禪，是以坐禪爲中心的徹底實踐的宗教，是以實參實證來達到生命的覺悟的宗教；單憑理論的思考與佛教學的知識，恐怕不可能把得其眞髓。因此，有關禪的入門書，使人得知禪的知識，這並不表示眞能了解禪。自古以來，修道的順序是聞→思→修。閱讀禪籍，或者聽聞其講釋，而深入其內部，正視其所說，復次再隨有智慧的老師實地修禪，這便是所謂順序。不過，話得說回來，現代人一般的傾向，多停于聞與思的階段。滿足于知識，而不實地去修行。像只讀了藥劑的功效說明書，而不服用該藥劑，而期待藥劑的功效；讀了有關某一山嶺的說明書，便以爲登山了，而起登山的錯覺，而隨意賣弄有關山嶺的知識。我們必須說，這不過是一種愚蠢而已。然而，這種愚行的表現，正是現代知識階層的通弊。當我們讀第二類的禪的古典與禪的入門書時，應在這點上反省一下。

四、正宗的禪籍

上面所說的第一、第二類型的禪籍，確是具有重要意義的東西。不過，作爲禪籍來說，還不是其正宗者。一般來說，被視爲正宗的禪籍的，是以下三種類。第一種是以韻文體寫出禪的根本宗旨與禪者的悟境，像三祖僧璨的《信心銘》、永嘉玄覺的《證道歌》、石頭希遷的《參同契》等。第二種是總結了某些特定的禪僧的行錄、示衆、問答商量等東西，像《臨濟錄》、《雲門錄》、《虛堂錄》一類。第三種是多個祖師的古則因緣的選集，而添加一些垂示、頌、評唱等，如《碧岩集》、《無門關》、《從容錄》等。這三種應被視爲正宗的禪籍，但都不能以普通意義的讀書方式而得入路的。到底我們應怎樣去閱讀去玩味這些書籍呢？

五、語言文字與禪的傳達方式

一般來說，以言語和文字來表示自己的思想與意志，而傳達至他人，這是人的正常表現。人類文化的發達，與此有莫大的關連，這是不用說的。又，像巴斯噶斯所說，「人是柔弱的葦草，但卻是能思考的葦草」那樣，思考、推理推論，亦是人間的最優秀的特性。不過，就標榜不立文字一點來看禪，它是嫌棄應用文字與言句的。它常說要「捨棄一切思慮分別」，而憎惡所謂思考、推理推論。就歷史上的發展來說，禪是在排棄煩瑣的教理、教相之學與教宗之隆盛之下成立的；但我們無寧應說，這是禪自身作爲一種宗教的本質的要求。關于這方面的詳細討論，這裏暫且止之，因仍非其時也。不過，我們可以直截了當地作以下的總結。

如衆所周知，禪是依據禪定三昧的力量而超越一切相對相，而打入絕對界，所謂父母未生以前的世界的。它要徹見本具的佛性，本來的面目；而更依覺悟後的修行而長養鍛鍊之，而要在一切言行云爲中自然流露出來。禪卽是以此爲目標的一種修行的宗教。所謂父母未生以前的世界的消息，顧名思義，那正是言語道斷、心行路滅的；這正是冷暖自知，自肯自得的。文殊曾詢及維摩「不二法門」，維摩答以這是「無言、無說、無示、無識」，而「離諸問答」；繼而維摩出之以良久的默然。然而這一默然更勝于百千萬言的說明註解，此中有一種雄辯，一種被讚歎爲「其聲若雷」的大說法。這表示絕對界的消息，是超乎一切說明註解的，爲思考與推理推論所不能及的。要之，文字言句，作爲傳送絕對界與禪覺悟境地的消息的手段，本來是不的當的。概念的、論理的思考與說明註解，只能止于對相對界的摸索，而不能通用到絕對界。便是因此之故，禪嫌棄這些東西，而只視其作用是第二義、第三義的。

大抵人類用來傳達自己的思想與意志的最普通的方式，是利用文字言句以說明之，以概念來思考，以之爲主而論理地敍述出來。現代學問的各種思想的傳達，便專以這種方式爲主。不過，如以上所略說，基于宗教的本質，禪視此爲不適當的方式，故在表示自己的覺悟與境界時，原則上並不採取這一路數。因此，正宗的禪籍的表現，與學術著作文學著作的表現，在形態上縱有相似處，但在性格上却是不同的。倘若不知道這種歧異，或忽視這種歧異，而以對學術著作文學著作的態度與思想準備來閱讀禪籍，不管怎樣讀法，仍將不能得其禪籍的眞意，那是理所當然的事。當我們在閱讀正宗的禪籍時，首先要留意戒備的，即是這點。

禪便是這樣嫌棄那些依文字言句與概念而來的說明的。不過，倘若無任何表現，則自亦不能將自家的意思，所謂禪之內涵，傳達至他人，而亦無問學與商量了。當然，禪並不是全面地拒斥表現的。禪家最喜用以傳達意志的方式，是以實物直截了當地如其所如而表示之，或出之以敏銳的機鋒、簡潔的行動，使對方透過體證而會得。例如，要使人明瞭火，並不說明它是紅的或是熱的東西，而以現成的火接觸之，使之受火傷，而使之徹底明白所謂火是甚麼東西。有一次，馬祖道一與懷海沙彌（後之百丈）一同在野外遊行。途中，他們以飛過的野鴨爲題材而展開問答，馬祖亟擰懷海的鼻頭，提醒他覺悟之機正在此中（《碧岩集》第五十三則）。年輕的臨濟問如何是佛法的大意，黃檗希運曾三度棒打他（《臨濟錄》行錄）。這都是直接顯示出言語道斷的覺悟的當體，所謂禪的這箇，是甚麼東西。又，臨濟在其晚年向大衆說在赤肉團上，有一無位的眞人。他常出入彼等諸人的面門。又叱呼未能體證者看看，隨卽由講台上抛露出其恐怖的面目。（譯者按：此句故事原文為：「時有僧出問：如何是無位眞人？師下禪床，把住云：道道！其僧擬議。師托開云：無位眞人，是什麼乾屎橛！便歸方丈。」）（《臨濟錄》語錄）又，肅宗（實是代宗）皇帝曾要求南陽慧忠弄一「無縫塔」的設計圖，後者却一默良久置之（《碧岩集》第十八則）。這些都是會得禪意的意志傳達方式的典型事例。又南泉普願曾把作爲東西兩堂爭鬥的種因的猫兒吊掛起來，隨而將之一刀兩斷。其後趙州從諗聞之，一言不發，把草鞋戴在頭上而出；這種做法，不需語言，而行以權道，卽圓滿地透出禪的宗旨（《碧岩集》第六十三、六十四則）。

又禪家常有棒喝方式，如所謂「臨濟之喝，德山之棒」。世間的人以此而批評禪的粗野，這是極大的誤解。實在說來，卽使同樣地聞喝聲，亦因時間與場合的不同，而有不同的動作哩。雖以同等的棒擊下來，亦有所謂罰棒、賞棒，或慈悲之棒之分哩。如臨濟謂「有時一喝如金剛王寶劍，有時一喝如踞地金毛獅子，有時一喝如探竿影草，有時一喝不作一喝用」。故當我們閱讀這樣的正宗的禪籍時，不要囿于文字言句與形式，而應細細咀嚼這些表現，眞確地求取其內涵。

六、象徵的與偈頌的禪

禪家所愛好用來傳達意志的第二種方式，是象徵的、暗示的表現。禪的覺悟與境界，如先前所說及的，只是自肯自得而已，它是言語道斷，玄妙不可說的。它是不可說的，亦是不可知的。倘若强要表示的話，則可假他物來作比喻的暗示的表現，或者借特殊的「箇」來表現普遍的「全」，這是象徵的表現。不過，禪是以硬朗的敎育爲歸趨的，這完全依于徹底的自力的法門。原則上，只擧一隅，其他的三隅便要靠本人的自得了。從這方面看來，禪的表現，愈趨于象徵的、暗示的意志傳達方式。

有名的金華俱胝，當別人有發問時，恆豎一指而已（《碧岩集》第十九則）。資福如寶則常劃一圓相（同上，第三十三則）。另外，當傅大士替梁武帝講《金剛經》時，默然對着閱書台，一聲打去，說一聲「講經竟」，便下座而去（同上，第六十九則）。這些都是禪在這方面的表現方式的典型。

以雲門文偃爲宗祖的雲門宗，重視象徵的、暗示的表現。就這點看，古人曾評其宗風爲「紅旗閃爍」。人問雲門「如何是清淨法身」，他答以「花藥欄」（《碧岩集》第三十九則）。人問「如何是佛」，他答以「乾屎橛」（《無門關》第二十一則）。又，人問「如何是超佛越祖之談」，他答以「乾餅」（《碧岩集》第七十七則）。又，雲門的法嗣洞山守初，當人問「如何是佛」時，他答以「麻三斤」（同上，第十二則）。這些都是很好的例子。不過，喜歡用這種方式的，並不限于雲門宗。被尊爲臨濟宗中興之祖的五祖法演，被評爲具有「暗合密令」的家風；觀《無門關》第三十八則「牛過窗櫺」，可見有很多暗示的、比喻的表現。

很多人讀了這些問答對談，以爲「禪是信口開河，胡說八道」。或以爲「禪的問答，運用頓智與奇智，可算是奇詭超拔」。實際上，像雲門那些大禪者的信口開河，是不能隨意說無意義的。這些應答，觸及甚深微妙的宗旨，它們都透露出崇高的境界與深沉的內蘊。它們被視爲好像是滑稽故事的問答，那是由于讀者只在文字言句上推敲，而不能明白其境界，不能看破其內涵之故。「盲者不能見太陽的光明，此非太陽之過，乃盲者之過哩」。

在禪家中，例如，一僧問大龍智洪如何是堅固法身，他應以「山花開似錦，澗水湛如藍」。又耽源應眞對于其師南陽慧忠所示的無縫塔之意旨如何的勅問，他並無說明註釋，而只答以「湘之南，潭之北，中有黃金充一國，無影樹下合同船，瑠璃殿上無知識」。這充分表現出，禪是避開對于問者作直接的說明註解的，而好借詩的體裁來答覆。這是屢屢用到的一種方式。內藏有宗教眞理的詩，或總的來說韻文，稱爲偈、頌，或偈頌；以這些偈頌來表現自己的覺悟與境界，帶來了禪文學的開花。唐宋以降，當時的知識階層的士大夫們，是禪宗教的有力的支持者，禪卽在這發展的關係上愈趨流行。以開悟時的對機的偈語與臨終的遺偈爲始，在玩味古人的古則公案後，加上自己的見解，而以韻文體表現出來，這是一種方式；所謂頌古、拈古，卽屬于這種表現方式，如《碧岩集》中雪竇重顯的頌那樣。在《大燈錄》中所見到的宗峰妙超的偈頌，是正宗的，而且格調很高。《寒山詩》亦可歸入這個部類。

現在的問題是，對于這些偈頌，應該怎樣去閱讀和玩味呢？最要緊的是，那些雖好像只是吟詠花鳥風月的詩、敍景詩或抒情詩，實際上却是作者的禪的世界觀、人生觀的象徵的表現。我們不要忘記，它是以文學來透露其悟境的；我們要看破那隱藏在表現的內部的內蘊。

例如，《寒山詩》中有「流水寒山路，深雲古寺鐘」句；亦有「泣露千般草，吟風一樣松」句。這都是詠山中的風物；但前者却寄有斷絕一切有無、生死等的相對相而歌頌那寂然不動的世界之意；後者則含有這樣的意思：這個差別歷然的世界，卽此卽是平等的世界。倘若忘記了這些偈頌實卽是象徵的宗敎詩，而只從文字上面來解釋來了解，而以詩的觀點來批評其措辭的巧拙，那是不的當的。要緊的是離開文字，而發掘其內蘊。

七、學禪切在修行

對于正宗的禪籍，倘若離開文字言句，而不能把握得禪者的內蘊，那不能算是明白了。依文解義，而不見其蘊，那不過是沒有方法的盲撞而已。又，對于禪者的內涵與境界，倘若未有最低限度的實地的修禪而通過見性入理這第一關門，仍是不能明白的。未經實際的修行而閱讀禪籍，更而對之起思慮分別，這樣解釋也不安，那樣解釋也不妥，那是最危險不過的事。

已故的哲學家紀平正美博士，活躍于戰前日本思想界，他是我的大恩師。要論列這恩師的事，在人情方面，是難堪的。不過我還是要率直地說。紀平博士有東方哲學的興趣，曾依哲學的路數來解釋《無門關》的古則因緣，而著有《無門關解釋》。但這與《無門關》的本來的主旨却完全不同。我這樣說，並非過份之談。紀平博士並沒有進行實地的禪的修行，那自然不能見性了。我現在之所以敢于這樣地批評已故的恩師，那是由于有不少現代學者，以與他所持的相同的態度來處理禪籍，不明白其內蘊，而恣意解釋，犯上種種錯誤。亦有不少讀者實際上接受其解釋的。爲此，我是感到担憂的。總之，倘若要理解禪，而修習之，則最好暫時把正宗的禪籍擱置開，而隨有智慧的禪師如法地修行，最低限度，要全力透過見性入理的第一關門。

不過，即使透過見性入理的第一關門，並不表示便可以理解禪的大師們的崇高的境界與深遠的內蘊了。就《碧岩集》與《無門關》來說，透過第一關門之後，再聽聞老師的提綱挈領，好容易才理解到一些古則。但在這方面還要長年地繼續覺悟後的修行。倘若未有經歷過那磨鍊道眼的境涯，即使聽聞了老師的提綱挈領，還是不能把握其玄旨的。在修行未圓熟的階段而讀禪籍，左讀一些右讀一些，而隨便顯示自己的一知半解的見識，那眞是危險的事，我們對此應特別愼重。大師圜悟克勤嘔心瀝血成就出來的《碧岩集》，是集大成的著作，但其法嗣大慧宗杲竟敢拿來燒掉，這是有名的故事。何以大慧會出此擧呢？他是恐懼會招來這樣的危機哩：倘若《碧岩集》面世了，則當時的禪僧便會爭先恐後地向這本書趨附過來，表現其一知半解的見識，而怠于作實地的修行，結果弄至「禪學盛而禪道滅」的危機。而現代日本所出現的禪的氣氛，正有類似這樣的弊風，那是我所深切憂慮的。無論如何，在禪的修行中，是禁絕空理空論的。「欲速則不達」。最重要的是勤奮地厲行覺悟後的修行，積取實參實證的功德。其結果，如能打開道眼，表現道力，逐漸提高境界的話，則即如鐵饅頭般難消化的古則因緣，其玄奧的意旨，與祖師們的內涵，便都明白了。你亦必定會體會到那甚深微妙的法味。

正宗禪籍的閱讀與玩味方式，倘若從第一義的立場言，那是極爲簡陷的。一言以蔽之，讀書不如打坐。不過，讀者也許對此不會感到滿足，我們便降到第二義來，對閱讀禪籍時心頭上所應注意的事項，條列如下。

八、禪籍的具體閱讀法

第一點，應循序閱讀《碧岩集》與《無門關》。普通的書籍，大抵是依序論、本論，與結論而展開的；順着由淺入深，由低而高這樣的次序而組成的。但《碧岩集》與《無門關》却不是這樣構成的。因此，編號在先的那些則錄，並不一定是爲初學者而設的。如《碧岩集》第八的「翠岩夏末」一則，事實上，它是境界最高的末後向上的一則。是故，對于普通的讀者與初學者來說，到底那些則錄是便于初學的，那些則錄是較高深的，那是不易把握的。倘若各位一定要閱讀的話，則可參考立田英山的《新編碧岩集講話》與《新編無門關提唱》；那是依《碧岩》百則、《無門關》四十八則由淺入深，由低而高的順序而編排的。

第二點，要留意的是，在禪的講習中，對于同一問題，不必只有一個答案。要充分理解得其中的道理，才可讀下去。在數學與自然科學的場合來說，對于同一的問題，只限于有一個眞正的答案；但在禪的場合，却不是這樣。在禪家中提出最頻的問題，是所謂「如何是佛」；但對于這問題的答案，則有趙州的「殿裏底」、青峰的「丙丁童子來求火」、洞山的「麻三斤」、雲門的「乾屎橛」等等不同的說法。「如何是祖師西來意」，是要聽取禪宗的根本意向的問題。對此，趙州應以「庭前柏樹子」，香林澄遠則應以「坐久成勞」，另外還有很多其他不同答案哩。因此，有人以爲禪是可隨意加減的東西。但這見解是淺薄的。大抵功行深的禪者，有如大撞鐘，對于撞過來的東西，那些問題，對于其力的大小，境界的高低深淺，皆有相應的反響。大者有大反響，小者有小反響；它能囘應調子高的，亦能囘應調子低的。因此之故，對于同一問題，可有種種不同的答覆。它不固定于一個答案中，它却是具有活的具體的敎理的禪。不過，對于其答案的高低、深淺，若只經由閱讀禪籍一路，那是不能把握的。那要聽聞高明的禪師的提綱挈領，有待他的敎誨的。「識法者懼」，對于那些外行的判斷，我們應分外審愼留意。

第三，我們應常留意，在禪的表現中，常有吊詭出現，包含着表裏兩重意義；因此，人們常常犯有這樣的危險，以爲只要環繞着文字的表面來解釋，便能見到其眞正的內涵了。試取「瞎」字爲例。所謂瞎，卽指盲目，覺悟之眼或道眼未開。由文字的表面看來，這是一種貶抑的意思。事實上，以無眼子這樣的貶抑的意思來使用，亦是有的。但在《碧岩集》第十則睦州說「掠虛頭漢」的頌中，有所謂「瞎漢」，却是指那些體會到作爲自利的頂峰的「盲聾瘖啞」的境界的人物而言，是無上的讚詞哩。又，臨濟臨遷化之時，接過三聖慧然之一喝，說「誰知吾正法眼藏向這瞎驢邊滅却」。其意卽是，「我的大法，亦將朝向這盲目的遲鈍的驢馬亦卽三聖方面滅去了」。這其實是與文字表面的意思完全相反，全面肯定這三聖之一喝之意。又，睦州對問話之僧，謂爲「掠虛頭漢」，口上貶抑，實際上却是稱讚之詞。而這箇老賊」這種說法，又是在讚歎老練圓熟的禪師的場合中時常使用的一語。至于與此相反的，口上稱讚而實貶抑的情況，亦是有的。例如「怜悧漢」、「好箇師僧」等，卽屬這類，倘若不留意這點，則對于《碧岩集》第六十五則「外道問佛」中世尊對外道的評語「如世良馬見鞭影而行」的實際意思，便可能完全弄錯了。事實上，很有人就字面方面而將之作稱讚之語來理解的，但這卻是無可挽救的誤解。圜悟在《碧岩集》之本則與偈頌上所加上去的下語與拈弄，這樣的吊詭的表現特別多，應特加留意。

第四，對于能夠閱讀《碧岩集》的人來說，有些地方是特別要親切地注意的。這卽是，要正確地把握本則的宗旨，則要深入地體會圜悟的垂示與雪竇的偈頌，看準本則的主眼所在。有名的禪學者曾說過，「所謂垂示，是陳述一般的原則，並不特別固定于某一則，而是適合于任何一則的。」這種說法好像最能流通，其實却是大大的謬見。實際上，各則的垂示是緊盯着本則的宗旨與工夫的着眼點的，它與本則有緊密不可分的關係，具有不能爲他者所代替的特性。又，偈頌是雪竇苦心之作，多數是在第一句至第二三句間提示出本則的主題，雖然間中亦有例外。因此，倘若依垂示與偈頌的開頭數句先把握本則的主題，則在讀本則時，便比較容易了解，而亦少差錯處。

九、結　語

以上，我們下落到第二義，就有意閱讀禪籍的人的所需，而略陳一二。就我個人的體驗而言，我心底裏的話，仍是：「若眞要把握到禪，則需要跟從正確的嗣法的禪師，作實地的禪的修行。未達到禪者境界的相當階段，不要閱讀禪籍。關于要從認知一面來學習禪，這且不說；但倘若要修習禪道，把握禪的眞髓，即此而充實有限之人生而無悔，則還是把禪籍一類東西暫時擱置開爲佳。」爲甚麼呢？這是由于，禪籍，特別是正宗的禪籍，是寫自己在修行中如何精進，如何轉迷開悟之實，進而闡明在悟後的修行中如何刻苦地使道眼明朗化。倘若境界未足修行未熟而去讀它，則甚麼也不會明白，反而會成爲修行的魔障，有百害而無一利而已。「循門而入非家珍，一一自胸襟流出，蓋天蓋地。」那是禪修行的大道。徒然潛玩閱讀禪籍，那不過是嚐佛祖的涎唾，吸古人覺悟的廢料，而自慰于黃檗的所謂噇酒糟漢的境界而已。無論如何，初學者在閱讀禪籍之暇，總要亟亟學習打坐。

實踐修行法㈡・

雲門禪

柴山全慶原著

一、有關雲門的略傳

所謂雲門，作爲今日禪內的常識，指雲門宗的始祖，亦卽「韶州雲門山光奉院之文偃禪師」。（按浙江省紹興府會稽縣亦有雲門山。）

韶州卽廣東省的韶州，那裏有曹溪山寶林寺，是六祖慧能發揚禪風的處所。雲門卽在距離這裏不遠處，開創雲門山光奉院，以這裏爲法窟，接引四衆；因稱「雲門禪師」。

雲門文偃的出生地，大抵是嘉興，卽今日之上海市稍南處。姓張，那是中國的一個流行的姓。他幾歲出家，已無法清楚了；不過，他少年時代卽進入這個地方的空王寺，隨志澄律師出家。在數年間，他似乎在專門研究有關戒律的問題。

据史傳所記，文偃的爲人，是「敏質生知，慧辯天縱」。關於「敏質生知」，對於拔乎衆生之上的祖師來說，幾乎是普通的事實；文偃在這方面亦不例外，生而俊秀。不過，除此之外，他還具有「慧辯天縱」的特性。他後來以一方之禪將的身份而弘化，而摶得別人對他有言句精明的謳歌。倘若把這點合起來看，則可見他在發揚禪風方面，其生來的天性實是他的一大特色。

不管怎樣，我們可以這樣理解，生來便「敏質生知」的年輕的文偃，在當時禪風盛行的佛教界，不能在純然的戒律的研究方面得到滿足，那是當然的。他的內心，深爲己事未明而感到苦惱。及後，他卽決心修習禪道。

在追求眞理的途程中，他由律而入禪。這個轉變，可以這樣理解：他的內心爲生命中的某些東西所動搖，他很被這樣的感情所驅使，倘若不作一些抉擇，那是不能得入的。卽是說，他的內心的欲求促使他有堅强的決意，在這種決意下，他致力于禪的參究。結果他投身到距離不太遠的睦州陳尊宿（陳是其姓）處。

睦州陳尊宿，卽睦州道蹤。他曾在黃檗希運的會下習過禪，後來又在修行方面扶掖過禪宗大器臨濟義玄；他是當時最傑出的禪匠中的一人。他曾有一個時期，自甘于半僧半俗的生涯，編織蒲鞋，奉養老母。他足不出山，是一個誠實孤高的人，故人特稱之爲陳尊宿。其後他到睦州的觀音寺棲隱，故人普通稱他爲「睦州」，他解行相應，宣揚宗旨，用語極其險峻，根器寡淺之徒，親近不得，是惡辣無比的禪匠。文偃卽選擇這個禪匠，而參入禪道。

有一天，睦州在走廊見一雲水僧人上來，他卽走出來，突然把門關上。倘若那僧人是一個對禪法具有眼力的人，則在這裏恐怕會與睦州一問一答，而展開一場法戰哩。悲哉，文偃不過還是一個未具法眼的求道者而已。他卽扣門請入。內裏有人問道：「是誰？」「嘉興文偃。」「何爲來此？」「我由於自己心底于禪法尙未理解，因來參求，希望得到你的一些指示。」這樣，睦州卽把門開了；但一見他，又突然把門關上。

這恐怕是睦州的直截了當的指示吧。不過，當時的文偃，仍未有足夠的應付能力。他只得悄悄地退下。

但睦州的這種意料之外的做法，恐怕在內心方面也助成了文偃的參求的意願。翌日，他再訪睦州。但與昨日一樣，睦州一見他，卽把門關上，不跟他接近。這樣使文偃更爲心焦。第三日，他又訪睦州，但當他逢到與前日相同的對待時，他卽在睦州要把門關上之前，攝進門內。他是抱着必死的決心而來的。他進來了，睦州卽一把抓住他的胸口，銳利地迫逼着他：「你快說，快說！」對問者而反說「你快說，快說」，那是主客倒置。自然，他應以「你這樣問，我不得不躊躇哩。」睦州卽把他强牽出門外，怒斥一聲：「你這個無賴的！」把門關上。文偃的一邊脚還未踏出門外，却爲大門所挾住。

「好痛啊！」但卽在這叫聲的一瞬間，他的運氣來了，他突然幸運地突破心中的疑惑，而大悟起來。他已不再是從前的文偃了。這樣他便在睦州處留下來。

不久，睦州着他去見當時禪界的一方之雄的雪峯義存。

他到了雪峯的山莊附近，在要登上象骨山時，恰巧碰見另一個要見雪峯的雲水僧人。文偃教了這個雲水僧人一個方法，去試試雪峯的功力。他說：「你到達山上，若雪峯上堂召集大衆說法，你便握着手腕，出來站立着，問這老漢爲何不拋開頭上的鐵枷，看他怎反應。但却不要說是我敎你的哩。」

這個僧人應諾了。翌日，他到了山上。雪峯上堂說法。他卽照着文偃所教他的話去做。雪峯竟卽從禪床下來，一把抓住這個僧人，反逼着他：「你說，你說！」這個僧人却一句話也答不上來。

雪峯猛地把他放下，說：「這不是你自己想出來的問話吧！」他勉强地說：「非也，這是我自己想出來的。」雪峯竟大聲招呼侍者：「快拿繩子與大棒來，把他捆起，痛打一頓！」這個僧人只得說明原委。雪峯聽後，卽向大衆說：「一個比山下村莊的五百人都要優秀的善知識要來了，趕快準備迎接吧！」

次日，文偃來到山上。雪峯問他：「你爲甚麼要到這裏來呢？」文偃聽後，默然不語，只低下頭來。（另一些資料記載，他擦擦眼睛退下。）不過，雪峯答應了，把他安揷在自己門下的弟子中。

其後，文偃更長期地硏究禪旨的玄奧，由雪峯手上接過宗印，而成爲其法嗣。及後，他辭了雪峯，遍遊諸方，參謁多個宗師，使其禪境更爲精練。其鋒辯極其險絕，這名聲亦不知不覺地傳到江湖上去。

有一天，韶州靈樹寺的知聖突然把鐘打响起來，命令大家到山門外去迎接首座。四衆都錯愕地到外面去迎接看看，果然是文偃來了。他卽被請入首座宿舍裏。不久，廣州領主劉王命他主持靈樹寺。但過不多時，他一再推辭了劉王的任命，而離開靈樹寺，遷到雲門山去。他便在這裏做起雲門山的主人來了。

他首先復興廢址，大規模興建整備堂宇。他在這裏渡過其以後的生涯，傳播雲門一流的禪風。

他的道譽高揚一世，師事他的人，常在一千以上。劉王對他備極尊崇，時常迎請他到宮中開示法要。

這樣，雲門卽在韶州的靈樹寺與雲門山光奉院停留了約三十年之久。他于乾和七年（九四九）四月十日去世，還未及見到五代風雲的統一。

其後，他被諡爲大慈雲匡眞弘明禪師。

二、雲門的宗風

當我們列舉五家的宗風時，雲門文偃是以雲門宗的始祖出現的；他的特異的宗風很受到稱許。不用說，他是中國禪宗史上出色的禪匠。

所謂「禪風」，應理解爲宗旨的風儀或宗旨的風格。當我們說雲門的宗風時，要先把宗風的概念明確地弄清楚。（當我們說宗風時，有關禪經驗的正面內容與宗風，都是應該說及的，但這裏我們暫且按住。）

……

唐代佛敎巨匠圭峯宗密著《禪門師資承襲圖》，把禪風的類型大要地歸爲四種：北宗、洪州宗、牛頭宗、荷澤宗。即是，第一的北宗，是神秀一派的禪，其禪風爲定先慧後。第二的洪州宗，是馬祖一派的禪，其禪風爲定慧等等，全體即用。第三的牛頭宗，是牛頭法融一派的禪，其禪風爲諸法如夢，優遊無爲。第四的荷澤宗，是荷澤神會一派的禪，其禪風爲眞心無念，靈知不昧。

這是從思想方面來把握禪風的內容，而論其差異。

……

宗風的差異，則是直從禪匠其人在性格上的特異處而把握其禪的風格的差異，其特徵顯示於一般就其人自身而論其妙用的性格的差異處。

關於這點，白隱慧鶴曾有「臨濟將軍，曹洞土民，潙仰公卿，雲門天子，法眼商人」的直截了當的評語。宗風實亦可說是巧妙地顯示出其人的言語施爲在不同性格上的差異之點吧。由是，我們要對禪的宗風的差異與禪的思想的差異明確地區別開來，不能不經意地把這兩者混同起來。

雲門的宗風，其主要的特點，被評爲出言精妙孤高，迥出常流，這與史傳的作者說他的天性是「敏質生知，慧辯天縱」正相符合。他的禪的經驗，當然是要透過他的天性的表現而見出的。

中峯明本在其《山房夜話》中論及宗風，表示：佛祖授受之旨，認可了，便成傳燈。倘若知道傳燈之義，則對（禪宗）分而爲五派之事，便不會感到疑惑了。他並引燈的比喻：燈雖都能照破長夜的昏暗，其照明性雖都是一樣，但它却因所依附的器皿的不同，而有瑠璃燈、盞燈，紙撚燈等不同的燈相。這對於我們說宗風可就人的天性而見出其宗旨的風格特性等點，實在是妥當的比喻。

雲門的天性，被稱爲「鋒辯險絕」或「慧辯天縱」，那是謳歌其言句的孤高精妙，這是可以肯定的。

白隱慧鶴的弟子東嶺圓慈，在其《五家參詳要路門》中，論及雲門的宗風，而以雲門的宗旨在選言擇句而論親疏一意思爲標題，這亦是妥當的着眼。

在禪的宗風方面，初次列舉其差異而予以評論的祖師，就文獻一面來說，是法眼文益。他稍後于雲門，差不多活躍於同一個時代；他是五代的禪將。他的《宗門十規論》第四有這樣的評論：「曹洞則敲唱爲用，臨濟則互換爲機，韶陽（即雲門）則函蓋截流，潙仰則方圓默契。如谷應韻，似關合符。」這把雲門宗的中心，說為是「函蓋截流」。法眼提出的這一評語，恐怕是從通常被稱許為一句語須備三句語的雲門的三句中採來的吧。這三句是：函蓋乾坤，衆流截斷，隨波逐浪。

在禪界，雲門的三句廣泛地與臨濟的三句相照應，是代表雲門宗而宣揚其精妙的一個法材，是從體驗上提示出一卽三，三卽一的妙理的精妙的言句。它有哲學的味道，但作為直截了當的禪表現，無寧難以說為是孤高精妙吧。

晦巖智昭在其編著的《人天眼目》（一一八八）中，評論雲門宗風如下：

雲門宗風，孤危聳峻，人難湊泊。非上上根，孰能窺其彷彿哉？詳雲門語句，雖有截流之機，且無隨波之意。法門雖殊，理歸一致。

這依然不出法眼的評語範圍。

五祖法演（？—一一〇四）是南宋的優秀禪匠，他對五家宗風的評語，簡明而能盡其要旨。就這點言，在對五家的宗風所作的多數的評語中，他的評語可以說是最為出色。他說臨濟的宗風是五逆聞雷，雲門的宗風是紅旗閃爍，曹洞的宗風是馳書不到家，潙仰的宗風是斷碑橫古路，法眼的宗風是巡人犯夜。

把雲門的宗風評為「紅旗閃爍」，實顯示出這樣的風格：雲門言句精妙，機鋒峭峻，等閒人親近不得。宛如乘勝歸來而得意地自報姓名的武將，高高地擧起勝利的紅旗，迎風飄揚，人們遠遠望見，而起欽羨之心。

倘若就常人只能遠遠地仰其風儀而却近傍不得這一表現來說，則白隱評雲門的宗風為「雲門天子」，可說是對雲門宗風的最簡潔最適宜的評語吧。

……

我們討論雲門的宗風，還有一點要談的是，雲門所表現的言句精妙，機鋒峭峻，在使人想到他與其他宗風相異的孤高峻絕，難以近傍之餘，實藏有一種超越乎棒喝之上的禪的徹底的大悲在內。

例如，在《無門關》中卽有這樣有名的答話：「雲門因僧問：如何是佛？門云：乾屎橛。」在《碧岩錄》中又有：「僧問雲門：如何是清淨法身？門云：花藥欄。」對於這些答話，倘若只見到純然是言語應酬上的禪機，而不見到那徹底地滲透入問者內裏的飽滿的血滴滴的大悲心，則不能算是完全領會到雲門的宗風。在《碧岩錄》第十五則的評語中有記載：雲門接引一般的人，多是用睦州的手法，只是難以湊泊。在抽釘拔楔的內裏，有其鉗鎚。雪竇云：我愛韶陽（雲門）新定之機，他一生為人抽釘拔楔。圜悟卽這樣引述雲門法孫雪竇的意思，而不忘強調雲門的一生為人抽釘拔楔的大悲心。雲門實是這樣一個禪匠，他的態度激烈，不易親近，同時又深藏着溫厚的大悲。

三、雲門的答話

雲門的言句精妙，機鋒孤危，人難湊泊。對於這種禪風，最能透過其答話而直接體會得。這裏我們謹舉幾個代表的例子來看看。（譯者案：以下引文，是照作者原文直譯者。）

雲門垂語說：有關十五日以前，我不問你們；有關十五日以後，你們說一句來吧。

他自己卽代為說道：日日是好日。

在這個公案中，關于「日日是好日」的語脈，有不同的說法。不過，在這一表現平實的倫理的語句中，隱藏着言鋒的險絕與境地的孤高；這對在這個四苦八苦而難成好日的現實生活來說，是很可玩味的。

雲門一日上堂，說道：世尊初生下時，一手指天，一手指地，周行七步，目顧四方而說：天上天下，唯我獨尊。我當時若見他，一棒打殺，與狗子吃却，貴圖天下太平。

這亦是雲門有名的垂語。「一棒打殺與狗子吃」一語，是雲門的常套。……

僧問：如何是雲門一曲？雲門答：臘月二十五。

僧問：如何是正法眼？答：破沙盆。

一日，寺內修理寺塔，在搬運柴木之餘，雲門拈起其中一根在手，說：整個大藏教所說，不過這個而已。

僧問：如何是超佛越祖之談？答：餬餅。

僧問：樹凋葉落時？答：體露金風。

僧問：生死到來，如何排遣？答：還我生死來。

這些答話，直截簡明，眞是言鋒孤危。然而話裏却含有抽釘拔楔的大悲。這是足以使人彷彿見到雲門的眞面目的答話。

又雲門又有通常稱爲「一字關」的特異的答話。

僧問：如殺父母，可在佛前懺悔；但如殺佛殺祖，却往何處懺悔？雲門謂：露。

僧問：如何是正法眼？雲門謂：普。

僧問：如何是吹毛之劍？雲門謂：骼。

僧問：如何是啐啄之機？雲門謂：響。

這些一字關的答話，盡言句精妙之極而超越言句，盡機鋒之極而超越機鋒，由此實可見到雲門自家的禪風。

白描法：南宗禪

H. Dumoulin 原著

譯者按語

一：本文題為〈南宗禪〉，譯自杜默林（Heinrich Dumoulin）所寫之"Die Entwicklung des chinesischen Ch'an nach Hui-neng im Lichte des Wu-Men-Kuan"。按此題當譯為「就無門關看中國禪在慧能之後之發展」；其內容雖于慧能及神會諸人有省略（此是由于資料重點的《無門關》所限），但大體來說，實是有關南宗禪發展之事情者，故改用今名。三表則為原文所附。

二：原文以德語寫成，載于Monumenta Serica（華裔學志），Journal of Oriental Studies of the Catholic University of Peking, Vol. VI, 1941, Henri Vetch-Peking, Reprinted by Johnson Reprint Corporation, New York . London , 1970。

三：譯文中有〔〕內之部份，為原文所無，而由譯者所附加，用意在不影響原意下使意思更為清楚。

四：原文有美國的佐佐木夫人（Ruth Fuller Sasaki）之英譯，題為〈中國禪之發展〉（The Development of Chinese Zen），由美國第一禪堂（The First Zen Institute of America）于一九五三年于紐約出版。該翻譯除在附註方面對原文加以增補外，又附有充足之有關禪研究文獻的資料，包括書目、日文字彙、中文字彙、漢字字彙、梵語字彙及索引等等，極便學者。此翻譯出版後，由于是英譯，又附有許多方便，故在西方比原文更為流行。佐佐木夫人的翻譯，大體上可說相當忠實于原文。文字也流暢，一如原作者杜默林在其附言中所謂「精確與流暢」（precise and smooth）。不過，譯者亦發現其中有些遺漏及錯誤，但這總是小事，不大影響原意。故譯者在翻譯原文時，于此英譯中參考極多（包括附註在內），謹此附明。

五：最後要就方法論一點對本文作一附述，並略論其得失。按禪學研究，一直還是以日本為中心；歐美雖亦不斷有發展，但與日本是不能比較的，主要是缺乏那種文化氣息與生活背景。故杜默林亦長居于東京也。就譯者淺見所及，目前的禪學研究，就方法論言（方法論實與方向、目的連在一起），可有多路：一是修行式的研究，一是純粹哲學的研究，一是歷史考據的研究，還有白描的研究。

修行式的研究，其重點在于修習禪的種種功課，研究是不重要的，重要的却是要透過在寺院中實際的修行經驗，而獲得眞正的覺悟。這是禪的正宗，禪的本色，或者說，是禪的「眞正的研究」。不用說，目前在日本從事這種活動的人多得很，亦有些被認為是傑出的禪師，或老師，如柴山全慶、關牧翁、林惠鏡等等。在傳承的系譜上，他們多可直溯至中國的臨濟宗或曹洞宗。他們的禪的研究（倘若能說是研究的話），不强調理論，而强調實踐。不過禪的修行生活（所謂參禪），是無法談禪的。在上面所說的四路數中，這一路最具有神秘性。

純粹哲學的研究，是以哲學概念為主；透過概念的分析與比較，而表示禪境的哲學涵義。阿部正雄的〈禪與西方思想〉，上田閑照的〈禪與神秘主義〉（兩文皆載于講座禪第一卷《禪之立場》一書中），便是以這種方法寫成。西谷啓治在介紹海德格的兩個演講的前言（Preliminary Remark）中，以殺活自在的絕對自由的觀念，來消解禪界中著名的趙州無（參見《無門關》公案第一，趙州言狗子有佛性，又言無佛性）一公案的矛盾，亦是運用這種方法的表現。（見Two Addresses by Martin Heidegger（Preliminary Remark by Keiji Nishitani），The Eastern Buddhist，new series，Vol.I, No.2，pp.55-56）但亦有介乎這一方法與上一方法之間的研究的，例如鈴木大拙與久松眞一者。

歷史考據的研究則是偏重于史實方面。這又分兩支：其一是對禪宗某些史料問題予以文獻學的處理的。這些問題可以是有關人物的，亦可以是有關典籍的，也可以是有關學派的發展的，其研究重點皆在于考據。例如宇井伯壽的《禪宗史研究》。中國胡適氏的工作亦可屬于這一類。另一分支則是思想發展史的敍述的。這不必沒有哲學，也不能不重文獻，但其重心是對禪宗思想的發展，其來龍去脈，予以一全面的歷史的描述。《無之探求》（中國禪）一書中柳田聖山氏的〈禪思想的成立〉一長文，卽是這種方法的典型。目前杜默林的這一作品，也有思想史的味道。

白描的研究，則是另一種方式。前三種研究都自成格局，白描的研究則不成格局。不管是有關禪的歷史故事，抑是義理公案，它只是如如地輕描淡寫地敍述。這種做法，彈性很大；可以做得很好，但也很易淪于乏味，或竟一無是處。就禪的本質言，恐怕還是以白描的方式，最能道出它的眞面目吧。

六：關于杜默林的這篇〈南宗禪〉，作者本來的意向，大抵是以思想史的方式來寫的；他對禪學的理解，就思想史的廣面來說，有相當造詣。他能透過禪在印度的起源，在中國的成宗與開花，及在日本的延續這一連串的過程，思想史地予以一全面的展開。這可見于他的另一巨著《禪之歷史與面貌》（請參考譯者另文〈德國之佛學研究〉）中。不過，就實際效果言，這一作品〈南宗禪〉，却在「史」的方面，做得不足，因為作者對新近發現的對研究禪宗史有重要關係的敦煌資料，並未有充份注意到。這篇作品的價值，無寧是在全面地描述南宗禪的故事與祖師的風格方面；在描述中，也能表現趣味。西方學者研究東方學問，特別是充滿神秘氣氛的禪，能有這樣的成績，算是很難得的了。我們認為，這基本上是一篇白描的作品，它的特色是全面性。

七：不過，就深度來說，杜默林對禪的理解，恐怕還未很足夠。禪的境界，不可直線而至，而必須經一轉折，一辯證的發展而後達致的。相對的生死有無世界一層面必須被否定掉，被超越。能越過一切有相相待的限制，才能透顯那絕對無相的自由。這自由是經過滲透生死的緣起無自性，而「大死一番」，而顯露的。這大死一番是必須的歷程，必須先死去，然後才能復甦，故死而不死。必須經過這一翻騰，才能得大自在，而隨意殺活擒縱。故趙州可以奪狗子佛性，而說為無；亦可以予狗子佛性，而說為有。這是一辯證歷程，亦是禪的辯證智慧的表現。作者未能把握得這一焦點來理解禪的理境，故恐怕亦未能眞得禪的深髓。如他在解「雲門三句」處便露出破綻。以眞空來解「函蓋乾坤」，已有問題；眞空不是頑空，它可下降而為妙有。以眞正的實在與現象相隔離來解「截斷衆流」是的當的。但作者在解第三句亦即第三階的「隨波逐浪」時，意思便曖昧得很。這其實是殺活自在的妙有境界，是大死的截斷衆流的辯證的結果。作者未能于此有恰當的解釋，是可理解的。

八：本文雖然有些不足點，我們仍認為很有其可取處。它能就《無門關》的四十八個公案為參照，扼要地敍述出慧能以後南宗禪的面貌，使人對這一思想流派的發展，有一目瞭然之感。外國學者而能做到這點，並不多見。故譯者以為，本文對我們了解禪宗的一般面相方面，及了解西方的禪學研究方面，都有一定的價值。

〔緒　論〕

《無門關》（註一）是《碧岩錄》（註二）之外的一本最重要的中國禪公案集。這部作爲中國禪在十三世紀的最後盛大開花的產物，在關係到整個中國禪宗史方面，具有重大的意義。公案屬於禪的傳統；它們在禪院中被應用着，而代代相傳。此書之得名，是無門慧開禪師（一一八四－一二六〇（註三），號佛眼禪師）評論過四十八個最重要的公案，把它們集合起來，而名以「無門」。他的一個弟子宗紹在編集中曾協助過他。這些公案故事，主要是有關唐代禪師的；這些具有活力的宗師，在當時的中國禪界，都有獨特的地位。無門禪師本人代表着禪在宋代的第二次開花，這又一次表現出血脈傳承的充實飽滿。自此以後，中國禪卽日與其他的佛敎混融，而走向衰落了。爲了清楚闡明《無門關》公案結集的歷史背景，不得不追源一下中國禪在唐宋兩代的發展。這樣我們才能弄清楚那些在《無門關》中佔一席位的主要傳統派系的來龍去脈。

第一章　禪在唐代的黃金時期

在《無門關》的公案中，只有一小部份涉及早期的中國禪；大部份的公案故事都是有關唐代的大禪者的。在那個時候，傳承的一體制（倘若能說有禪的一體的祖師制的話）（註四）已經消失了，但一些卓越的祖師們却代表着禪的獨一無二的黃金時代；後來的世紀的人，當

他們要重新把握和解釋眞正的禪時，便要追溯回這個時代。（註五）

慧能的多數弟子中，青原行思、南嶽懷讓、荷澤神會、南陽慧忠和永嘉玄覺，被稱爲「五大禪匠」。後三者的派系，如同北宗禪一樣，約在唐代中葉便衰落了。在這些派系中，最有意思的是荷澤禪一系，它以慧能的弟子荷澤神會而得名。但根據《景德傳燈錄》（註六）所說，神會的弟子意見紛歧。到第五代，這派的領袖是博學的圭峰宗密；他是中國佛教的重要人物，他同時又是華嚴宗的五祖。但不屬於「五家」的荷澤禪一系却隨他而逝。南陽慧忠的信徒，亦不能延續至五世代以上。有名的禪詩《證道歌》（註七），被認爲是慧能的弟子永嘉玄覺所作；他在進入禪界之前，曾研究過天台的哲學。他的簡短作品，被收集起來，題爲禪宗《永嘉集》（註八）。

中國禪的系譜顯示出，最重要的分支和流派，由慧能的兩個弟子青原行思和南嶽懷讓所開出。雲門、法眼和曹洞這幾派根于青原行思一線；南嶽懷讓則成爲溈仰派和臨濟派的祖師。在今日的日本，仍存在着兩個最大的禪宗運動的分歧發展：臨濟禪與曹洞禪。他們都通過傳承的線索，直追溯至慧能的下一個世代。

發展到較後期，義理上的歧異亦出現了。在慧能的弟子和他們的第一代接班人中，基本上，仍未能看出其禪概念的不同。禪門弟子的多個派系，甚至有混融的趨勢。事實上，有些學子在多個禪師門下就學，這使傳承的線索也模糊了。而這在較後期，更在派系之間引起有關這些線索的爭論。

在六祖的弟子中，青原行思居于首位。慧能曾把佛衣鉢交付給他，但並沒有指定他爲祖師制的接班人。他也沒有允許青原把那寶貴的精神傳統的信物，傳承下去。六祖曾訓諭，要

把這些東西安放在韶州曹溪的佛教寺院的門上。（註九）

根據《景德傳燈錄》的記載，慧能與南嶽懷讓第一次相會時，有這樣的對話：

祖問：「什麼處來？」曰：「嵩山來。」祖曰：「什麼物恁麼來？」曰：「說似一物，卽不中。」（註一〇）

如在禪文學中所表示，南嶽懷讓的禪派，「向河西」發展；靑原行思的則「向河南」流布。這個區域，江西與湖南，是唐代古典禪的活動場所；在《無門關》中亦常提及到它。慧能以後的第三世代，在這裏活動的禪派，發展到了高峰。《景德傳燈錄》這樣地記載着：

劉軻云：「江西主大寂，湖南主石頭；往來憧憧。不見二大士，為無知矣。」（註一一）

石頭希遷繼續着靑原行思的傳承血脈。他在一個佛教寺院的旁邊建造了一個茅寮，而居于其間。被認爲是出于他手的作品，有《草庵歌》（註一二）和《參同契》。在後一作品中，石頭稱佛陀爲「大仙」；而稱萬物的意義及其根據爲「靈源」。而他在其《參同契》中所開出的對于事與理、明與暗的二元對待的辯證的消解，而將之提升至一較高的統一中，可視爲後來曹洞宗的「五位」思想的基礎或起點。（註一三）

靑原派在石頭希遷之後便分裂了。來自藥山惟儼的那一支，繼續傳承下去，而成爲曹洞宗。至于其他的支派，卽雲門與法眼二宗所由以開出的兩大派，意見便相互不同。依據《宋高僧傳》、〈天皇道悟碑〉、《雪峰語錄》、龍潭崇信的自傳和其他有關係的古老的作品，在青原一系中，天皇——龍潭的傳承可如後面表一所示。但南嶽一系的人却强調龍潭崇信爲屬于自家一系，以之爲天王道悟（另外一個天王道悟則不同）的弟子；這天王道悟是馬祖的一個門徒。這第二個道悟的假說，似乎第一次由宋代的達觀曇潁提出，石門慧洪的《林間錄》亦有說及。關于這一問題，日本學術界曾對雙方的說法作過深刻的硏究，他們目前（譯者按：這是指一九三九年本文作成以前者）都一致拒絕接受第二個道悟的說法。（註一四）

在這個傳承時期，最重要的人物是德山宣鑑；他是唐代禪中有獨特性格的一個人物。關于他如何獲得覺悟的事蹟，在公案的故事中有提及（《無門關》第二八）；《聯燈會要》（註一五）亦有記載。德山來自北中國，他很熟習佛教的學問，特別是《金剛經》與般若波羅蜜多的義理。當時，有關禪佛教在南方流布的傳聞，使他起了很大的疑心。在他看來，不需要學習經典，而能直見本性，而顯現佛性，是一種應受譴責的狂傲；卽使有聖典的協助，要把握得眞理，仍是需要最大努力的。因此，他懷着激憤的心情到南方去，要扭轉這些革新〔的趨向〕。在公案（《無門關》第二八）中提到他在路上如何遇到一個老婦人，她第一次使他對經典知識的信任動搖。在龍潭崇信之下，當龍潭禪師吹熄燭火而成漆黑一片的那一瞬間，他獲得了頓然的覺悟。翌日，爲了表示內心的完全轉化，他把經典都燒掉哩。

其後，有衆多的學生聚集到德山的周圍。在武宗滅法期間（八四五）（註一六），他逃入山間，如同其他多數的僧人那樣。滅法的風暴平息後，他在一間再興建的古德禪院中，恢復弘法的活動。在那個期間，他最出色的門徒是岩頭全豁和雪峰義存，這在公案（《無門關》

第一三）中有述及。在教誨他的弟子中，棒子（註一七）佔有重要的位置。在禪堂中，德山從未試過不拿那根短拂子在手而由其上座走下來講演的。他常在空中揮舞它，說：「道得也三十棒；道不得也三十棒。」（註一八）

德山在他的教誨中，强調絕對空，强調要超越任何主客二元的影響：

示衆云：「於己無事，則勿妄求；妄求而得，亦非得也。汝但無事于心，無心于事，則虛而靈，空而妙。」（註一九）

他描述理想的覺悟的人如下：「更無生死可怖，亦無涅槃可得，無菩提可證；只是尋常一個無事人。」（註二〇）由此可以得出這樣的意念：覺悟是在日常生活的具體事物中找的。

南宗禪的第二個主流，可反溯至慧能的弟子南嶽懷讓；這一系在第三世代出了傑出的禪師馬祖道一。《景德傳燈錄》描述他的卓越的和生動的形象如下：「容貌奇異，牛行虎視，引舌過鼻，足下有二輪文。」（註二一）馬祖道一的吊詭常混雜着粗野。他是第一個運用「喝」的，其後臨濟義玄更使之爲人知悉。在一次吊詭的對話中，最後，馬祖竟然突地抓住他的學生百丈懷海的鼻子，他用力捏它，後者痛極呼叫——而亦因此獲得覺悟哩。（註二二）

馬祖曾亟力一再强調禪不容作純粹的被動的靜坐。〔禪的實踐，〕重要的並不是坐下作瞑想，而是在行住坐臥中卽有覺悟的可能。當他自己還是一個學生時，他的老師南嶽懷讓曾提醒他：

（馬祖道一）住傳法院，常日坐禪。師知是法器。往問曰：「大德坐禪，圖什麼？」一曰：「圖作佛。」師乃取一塼，於彼庵前石上磨。一曰：「師作什麼？」師曰：「磨作鏡。」一曰：「磨塼豈得成鏡耶？」「坐禪豈得成佛耶？」（註二三）

馬祖在推動「奇言畸行」方面，有很大的影響力。在南中國的禪中，很多世代都可以看到他的這種獨特的痕跡。

在《無門關》的公案集中，載有兩次馬祖的著名的答話，那是有關佛與心（註二四）的。有一次他宣稱：「卽心卽佛」（第三〇）。另外一次他說：「非心非佛」（第三三）（註二五）。這兩個公案都首要地强調一切肯定語的相對性。在馬祖的教理中，以下的警語流傳了下來：

心外無別佛，佛外無別心。不取善，不捨惡。淨穢兩邊，俱不依怙，達罪性空；念念不可得，無自性故。故三界唯心，森羅萬象，一法之所印。（註二六）

因此，「自心是佛」（註二七）這個有關佛與心爲一的深刻的說法，實是慧能具有深刻意義的「見性成佛」一話語的另一種表示（註二八）。

馬祖道一的弟子南泉，他所教的和馬祖相反：「不是心，不是佛，不是物」（註二九）。這樣，他排開了把人的精神視爲一種質體的看法。由于並無人的精神存在，故它與佛之間的同一性亦不能肯認。這樣，對一切對反的超越，遂得而確立。但在下面南泉的話語中，以上所引的公案中的話，却被寫爲出自馬祖本人之口。這裏有道家的色彩，是值得留意的。

（南泉）示衆云：「空刼之時，無一切名字。佛才出世來，便有名字，所以取相。……大道一切，實無凡聖。若有名字，皆屬限量。所以江西老宿云：不是心，不是佛，不是物。」（註三〇）

在下面，南泉以一種道家的姿態談及「大道」（參考《無門關》第一九）——這使人想起了《信心銘》（註三一）。

大道無形，真理無對；等空不動，非生死流；三界不攝，非古來今。（註三二）

南泉居留在他的南泉院中，超過三十年；這南泉院在安徽省。在衆多的禪的故事中，最著名的是有關殺貓的（《無門關》第四）。在這個故事內，南泉的最具有創發性的門徒趙州從諗，在一幕中同時出現。關于趙州的吊詭話語與獨特行徑的報導多得很，〔在這方面，〕大概沒有其他禪師能及得上他了。其中有些話語是有意義的，例如他在答覆一個有關覺悟的問題時，說：「洗鉢盂去！」（註三三）〔這表示〕覺悟可以在日常生活中找。但他的很多話語，其無關係性與荒謬性，却走到了極端。這裏舉一兩個例子看看：

問：「百骸俱潰散，一物鎮長靈時，如何？」師云：「今朝又風起。」（註三四）

又：

問：「萬法歸一，一歸何所？」師云：「我在青州作一領布衫，重七斤。」（註三五）

一些不相干的話語便使全部都變成沒有意義。但趙州的話語，並不全是如此。其中有一些具有極其深奧的意義：

問：「貧子來，將什麼物與他？」師云：「不缺少。」（註三六）

趙州的完整的話語集，被保存下來，裏面充滿着他的機巧、弔詭與矛盾。他的引人注目的想像是無窮無盡的。他繼續運用新奇的答辭，直到一百二十歲的高壽。

趙州的敎理，超越一切分化：「不二大道」。所有的對反，如佛與煩惱、覺悟的靜寂與情緒的擾動，都是一。佛同時是情，情同時是佛。《無門關》有五個公案（一、七、一一、一九、三一），都是有關趙州的。由于其聲譽與普及性，「趙州無」應居於首位，這是集中的第一個公案。（註三七）

百丈懷海及南泉都從其師馬祖手中接過心印。（註三八）百丈是第一個確立禪僧規條的禪師，他使禪得以獨立于其他佛敎宗派之外。在百丈之前，禪僧通常都住於中國大乘律宗的寺院中。很多時是這樣，倘若僧人是一大群，則會撥寺院的一個部份來安置他們；但他們的生活方式，却要與律宗的規條相一致。百丈却從大小乘律宗特別爲禪門確立了一套新的規條，而注以一種往日佛院僧伽的簡嚴的精神，使之充滿着生氣。這套新規制在百丈所建的大智奉聖禪寺實施。這個依於嚴格的禪規的寺院很快便發展起來。無數傑出的禪門弟子，都聚集到百丈的周圍；他實開創了一種完全符合於禪的生活方式。卽使是儒家人士，對這個寺院團體所表現的高潔的倫理與整然的秩序，亦大加讚許。

在這些規條中，關于體力工作方面，百丈簡潔地定下這樣的誡令：「一日不作，一日不食」。在百丈心目中，最要緊的是，和尙必須工作。他自己卽以身作則，提供最佳例子。當〔弟子們〕把他的園具收藏起來，俾能逼使年老的他多保留一些衰弱的體力時，他竟堅持原則，拒絕進食，直至〔弟子們〕讓他再工作而止。僧院的成文法規，使院內房宇有一定的排列，固定了僧院行政的秩序，確立了年中一些特別刻苦的修行，和使干犯別人安寧和院規的人接受應得的懲罰。另外，僧人早晚都安排了日常的任務。坐禪修行、禮拜儀式和體力勞動，交互替代。在刻苦修行期間，僧人都睡在禪堂，在固定的位置坐禪，和在一定的儀式下進食。大多數的寺院僧人都在晨早持鉢出外乞食。卽使在今日，到過日本的禪院的人，都會對那種秩序、整潔和宗教戒條留下深刻的印象哩。很多世紀以來，那些規條已屢次改易過了，而且，中國的那些規條，並未有全部地引入日本。不過，百丈禪師的淸規，仍是戒律的基礎，而使人欽羨的。因此，百丈實不愧是「叢林開闢之祖」。又，歷史方面的資料，對他的人格有很動人的描述：他的言談簡要直率，他的擧止溫文和善，他的本性勤勞而富活力。

約在中唐期間，百丈草擬了他那套規條。但到五代，原文似乎已失去了。今日所存留的「百丈淸規」，是在元代第一次由太祖（一二六五）敕令編修的。（註三九）其中有一些念頌條文，源於眞言佛敎。由於存留的清規條文很遲才出版，故對于在百丈時期是否已有這種自外而入的影響一問題，已不能考證了。在它的寫本中，有大量的禪的詞語，都是第一次出現的；那是關於宗教廟宇、儀具和僧侶官階方面的。

《無門關》的百丈公案的主題（《無門關》第二），卽覺悟的人從一切束縛中解放開來的內在的自由，這是百丈在堂上所喜歡談及的話題。「不着不求」——這是他提醒生徒留意的基本義理。在覺悟中，分別與選擇都是不存在的。「善與不善、世出世間、一切諸法，莫記憶，莫緣念，放捨身心，令其自在。心如木石，無所辯別。」（註四〇）百丈把曾經在嚴刻的派系中敎育過他的馬祖的精神，和禪的淸規，都傳託到後來的世代——特別是臨濟宗，它的系譜直接追溯至百丈。他的傳承其後在一有組織力量方式中，發揮其效力，這力量使這一派系和其他判別開。

「一指頭禪」（《無門關》第三）淵源自馬祖的一個學識廣博的弟子大梅法常。（譯者按：原文作大海法常，誤。）俱胝則是唐末最有趣的人物之一；他從他的老師杭州天龍——大梅法常的弟子——手中，接受了這種到覺悟之路的獨特的方式。他在進入禪門之前，曾修習過天台的瞑想。

在馬祖的過百的信徒中，我們要再多敍述其中兩位：大珠慧海和佛光如滿。大珠慧海是一個精通《金剛經》和般若波羅蜜義理的學者，他是重要的《頓悟入道要門論》的作者；這部作品强調頓悟作爲入眞理之門的必要性。要在覺悟中體證到自己的純一眞性，必須頓然突破一切錯誤的想法。佛光如滿則在與順宗的一次聚會中（八〇五），把佛陀的眞正本性解釋爲：「清淨眞如海，湛然體常住」（註四一）。

第二章 五家

公元八四五年的大滅法運動，是中國佛教所遇到的最沉重的打擊；自此之後，其他佛教派系逐漸衰落，禪宗則仍能在唐末繼續發展下去。那個時候和五代，南宗禪有五個傳承的派系或「家派」興起，所謂「五家」。「五家」之名，何時開始應用，已難以徹底清楚了。法眼（八八五——九五八）的《宗門十規論》（註四二）已提過溈仰、臨濟、雲門和曹洞各宗；若加上法眼宗，則成五宗。「五家」這一說法，不可能在法眼很後的時期才出現。（註四三）晦岩智昭在〔他的〕《人天眼目》（一一八八）中，曾詳論五家的事。（註四四）

歷史地說，五家中以溈仰宗爲最早，但它却很快便衰落了。溈山靈祐以後的第四代以下，其傳承線索已很模糊。這個宗派的名字，依兩山而來：溈山（在湖南省）與仰山（在江西省）；它的開宗祖師都把寺院建造于其上。溈山靈祐在百丈之下獲得覺悟，百丈亦選定他作爲僞山禪院的祖師（《無門關》第四〇）。在溈山的學徒中，以仰山慧寂（《無門關》第二五）和香嚴智閑（《無門關》第五）爲傑出。仰山由于他的父母拒絕允許他出家，竟把自己的兩隻手指砍掉，以表示其意志的精誠。結果，他得到允許了；且潛心于禪的修行中。他曾跟過多個老師，最後從溈山手中接過心印。

關於香嚴獲得覺悟的故事，很有獨特性。（註四五）溈山禪師曾詢及他有關自己未生前的存在，香嚴却不能對答。他搜羅經典筆墨，亦於事無助。最後，他竟把所有的書籍與筆記都燒掉，而退居孤獨；內心却不停地縈繞着溈山的問題。但有一次，他如常工作；當他聽到碎瓦擊打的聲音時，竟然覺悟起來。他趕到老師身邊，說：「一擊忘所知，更不假修持。」

（註四六）

據靈隱大川的《五燈會元》，仰山在與香嚴的談話中，第一次把如來禪與祖師禪分別開來；這個分別通行於宋代。仰山對香嚴說：「如來禪許師弟會，祖師禪未夢見在。」（註四七）在宋代，遠離開一切經典的悟禪，被稱爲祖師禪；而基於《楞伽經》的坐禪講義的如來禪，則有被輕視的趨向。

溈山的訓誨，並無不同於其先輩之處。下面的話語，是有趣的，因在覺悟方面，它與老子的「無爲無事」的理想很相似：「譬如秋水澄渟，淸淨無爲，澹泞無礙；喚他作道人，亦名無事人」（註四八）。

在誘使其弟子們趨向悟境方面，溈山與仰山喜歡運用能透露覺悟之機的動作。我們可以在溈山的語錄中，選取一個有關這方面的例子：

師因見仰山來，遂以五指搭地，畫一畫。仰山以手於項下畫一畫，復拈自己耳，抖擻三五下。師休去。（註四九）

溈仰宗在禪修行的方法上更有特色的，是具體的「圓相」；這第一次由南嶽懷讓使用。他們向空中劃出不同的圓相，來象徵覺悟後的自心的相狀，或「未生前之本來面目」。《景德傳燈錄》敍述南嶽懷讓如下：

有小師行脚，迴於師前，畫箇圓相，就上禮拜了，立。師云：「汝莫欲作佛否？」云

「某甲不解揑目。」師云：「吾不如汝。」小師不對。（註五〇）

根據「人天眼目」所說，這種方法是慧忠派透過耽源應眞而傳至仰山手上的：

耽源謂仰山曰：「國師傳六代祖師圓相九十七箇，授與老僧，……」（註五一）

仰山自己曾經通過這些圓相而獲得頓悟，他使這種修習在溈仰宗中通俗化。溈山亦曾用過這些東西，而且很重視它。《景德傳燈錄》這樣地說及仰山：

師閉目坐次，有僧潛來，身邊立。師開目，於地上作一圓相，相中書水字，顧視其僧，僧無語。（註五二）

在《禪宗正脈》（註五三）中，有一大段談及仰山如何進一步發展和應用這些圓相。圓相的應用，不止是溈仰宗的主要實踐，而且廣泛地混融至此宗之外。不過，在其他禪的宗派中，亦不乏反對這種方法的。他們以爲，縱使它只是一種初步的方便——通常不會超過這個限度——，亦必須予以排拒，因爲它遮蔽了實在的眞性，所謂「眞空無相」。（註五四）

中國禪發展到臨濟宗，臻於最燦爛的開花。這個宗派在禪修方面，具有極爲敏銳的創發性。不用說，有關臨濟義玄獲得覺悟的著名的故事，是典型的。（註五五）

年青的臨濟在老師黃檗希運的門下修習了很多年，但却總無法進向覺悟之域。三年之後，他第一次單獨地找老師去，詢問有關佛教的根本眞理的問題。但他所得到的，却不是一個答案，而是二十大棒。同樣的事情竟再兩度發生：他提出問題，但老師却還以棒打。在失望之餘，他打算離開寺院，放棄習禪。他把失敗歸諸自己的惡業，這惡業在他的生命中作用着。當他離去時，黃檗介紹他到另一個老師大愚那邊去。臨濟便向大愚訴說他的不幸。但大愚却告訴他，黃檗對他却是特別仁慈和友善的了。當時，臨濟卽把握到黃檗對待他的那種意義，而當下覺悟起來。爲了要證實〔臨濟的〕經驗的眞實性，大愚對他抛出粗野的言句，同時抓着他的咽喉部份。但臨濟却向他的肋骨打了三下！之後，臨濟轉回黃檗處，具報他的經驗。黃檗却表示，〔若見到大愚那傢伙，〕要打他二十棒。不意臨濟竟搶先打了黃檗一記耳光！黃檗大笑。臨濟却如雷地「喝」了一聲！

在這個故事中，我們見到那根棒子與叱喝的應用，所謂「棒喝」是也！這在臨濟宗，有極重要的意義。棒打並不表示懲罰。棒喝其實是一種具體的方式，所謂方便；那是用來幫助把握眞實的。說棒喝的運用只在表現暴烈，那是不對的。雖然如此，在老禪師方面，有某種程度的粗野，却也是不可否認的。在臨濟的生活中，這種特點相當明顯；但他對于弟子們的善心與愛護，也是有名的。無論如何，他的活生生的人格的影響力，是無可比擬地巨大的。

臨濟把喝區分爲四類形式：「有時一喝如金剛王寶劍，有時一喝如踞地金毛師子，有時一喝如探竿影草（註五六），有時一喝不作一喝用」（註五七）。在這一對喝的解釋中，我們或可窺測到覺悟的特性，這在其他典籍中有更清楚的描劃。寶劍可指覺悟的敏銳性；獅子則蹲伏在地上，暫時按制住自己的威力；柱竿與水草則指日常生活中家常細事的奧秘；而第四種喝則可指經驗的矛盾性。

臨濟的語錄中還有一段文章是很有名的，他談及有關主體與客體的問題：「有時奪人不奪境；有時奪境不奪人；有時人境俱奪；有時人境俱不奪。」（註五八）。這一「對于主體客體的四種安排」（四料簡），顯示出對眞實的把握或覺悟的上升進程。就程式來說，這種說法依於印度佛教邏輯的著名的辨明圖式而來；（註五九）就內容來說，它相應於華嚴教義中的實在的四種面相（Dharmadhātu，法界）。在第一與第二兩個階段，主體與客體依次遠離迷妄，因而克除了對主觀的知性覺知與客觀的世界的趣附。第三階段對主體與客體都否定掉，但它們的區別却仍然存在。最後，在第四階段，主客的矛盾被超越被確認，主客間的對抗性得以完全止息。〔最高〕眞實最後作爲一整一而被把握。

類比的程式，有「賓與主的四面關係」（四賓主）和「照明與運用的四面因果」（四照用）。對于這些程式，我們必須把專有名詞當作符號來了解。就有關主體與客體、相對與絕對、現象與眞實的關係來說，我們碰到一種邏輯的或形而上學的辯證問題。關於這點，我們會在後面談到曹洞宗的「五位」的例子時詳細討論。

臨濟的另一個說法，有關「三玄三要」的，亦同樣在《臨濟錄》中出現。原文如下：「一句語須具三玄門，一玄門須具三要」（註六〇）。我們並不知道臨濟對這一段文字的確解；但在宋代有不少對於這段文字的評釋，這些評釋以《大乘起信論》（註六一）的有關部份爲根據，這是關於體、相和用的。根據其中一種解釋，所謂三玄是：

體中玄，這是「三世諸佛與歷代祖師在覺悟中所獲得的」——故這是覺悟的內容——相應于體。

句中玄，這是「歷代祖師所顯現爲覺悟的」——覺悟的獨特相狀——相應于相。

玄中玄，這是「三世諸佛與歷代祖師如何傳授（覺悟）」——覺悟的運作——相應于用。

體、相、用三者不可分離地融合爲一。

每一玄都具三要；據《華嚴經》（Avatamsaka-sūtra）的義理，就分化而有統一一點來說，這三要是不異於一玄的。（註六二）

不過，倘若我們在臨濟禪中太過强調那些多樣的義理要素的話，便會導致一個錯誤的印象。其實，只在後來的評論中，這些要素才變得重要。臨濟自己是憎惡一切理性化與系統化的。他是禪覺悟中的一個典型人物，最重視禪經驗的直接頓悟。這實亦是臨濟宗的基本觀點。

潙仰宗與臨濟宗源於慧能的弟子南嶽懷讓；中國禪的其他三「家」，則根源於青原行思。曹洞宗的開宗者，是洞山良價（八〇七——八六九），他是和臨濟同時代的人。關於這一宗派名字的起源，有兩個不同的說法；這起源在法眼文益（十世紀）〔譯者按：著者此處作法言，當為法眼〕的《十規論》中已有述及。第二個字（洞）自是取于洞山良價之名——他的寺院即名洞山；但第一個字〔曹〕是來自六祖慧能的寺院名稱，即曹溪，抑是指良價的後繼者曹山本寂的寺院〔名〕呢？那便難確定了。擁護曹洞宗的人，支持第一種說法；他們希望藉此證實自己是六祖的眞正承繼者。但另外那一說法，似乎比較可信；它能證實這個事實：完成洞山禪師的五位的獨特義理並使之系統化的，正是曹山本寂。但曹山本寂的傳承系譜不久便停頓了。洞山良價的另外一個弟子叫雲居道膺（？——九〇二）的，却在中國繼續發展這一學派。

在宋代，這一學派被移植至日本；它在日本表現更大的重要性。

洞山良價最初在南泉與溈山之下修禪，而最後從雲岩曇晟禪師方面接過法印。他說法和誘導學生的方式很溫和，不用棒喝。他們在靜默的內省中追尋覺悟，而這亦必顯現于日常生活的作業中。這一帶有倫理性的宗派，特別使日本人有親切的感覺。

洞山良價的「五位」的義理，在禪辯證中有其獨特性。（註六三）在佛教哲學的《俱舍論》或唯識的義理中，有對「五位」的存有論心理論的分析；但曹洞宗的「五位」與此不同，它們不是純粹的思辯，而却直接指向覺悟和具體的眞實。它們不大具有印度的味道，而却是中國式的。曹山本寂的評釋表示，它們與《易經》有可相通處。我們可以說，這是中國哲學的表現。和五家所分類的其他程式的情況一樣，這五位是提供給禪弟子們，俾能幫助獲得覺悟。

五位的義理，基于洞山良價；他是以石頭希遷和其他早期的禪師的辯證法爲基礎而將之確立起來的。他把他的觀念，顯示于多種作品中。其中最著名的是《寶鏡三昧歌》；不過，在這一作品中，五位說仍未形成。要到曹山本寂，才依據他的老師的精神和教說，以傳流的方式，把五位安排出來，且從多方面來解釋它們。下面的了解，即依據他的評論而來。不過，那些基本原理，還是來自洞山良價；故洞山應被視爲五位的創始者。

五位的兩個主要觀念是「正」和「偏」。從正的意義上言，良價的解釋是：「有一物，上拄天，下拄地；黑似漆。常在動用中」（註六四）。正也是一，是絕對，是天地萬物的根本。但這絕對却是動態的，它恆在運轉。心識是不能置定和把住它的。在石頭希遷的想法中，這個絕對相當於理，或暗。它象徵地被以一個黑實的圓相●來表示。以佛家哲學的概念來說，這實是眞空。

絕對透過偏而進入現象。它完全滲透入現象的世界，而成爲那完全者，和一切事物。石頭希遷以此爲事或明。它的相應的符號是白色的圓相○。不過，絕對者與相對的現象界這兩者並不是分開的，並不是二；而是一。絕對是對于相對而言的絕對；相對則是對于絕對而言的相對。因此，在佛教哲學的概念中，相對的現象界是妙有，它不離眞空。故是眞空妙有。

絕對和相對現象的整一性是良價五位的基本觀念。其中的相互關聯，即由有連合意義的「中」表示出。現在我們可述五位的發展如下：

一、正中偏：在相對中的絕對。由於絕對的全部與相對合併在一起，故若完全回轉到相對的現象界，便可把握到眞理。在這一位中，能知把它自己從絕對者（正）、從理方面分開來，而完全落到現象的事的層面（背理就事）。此中的動向是由絕對到相對。其象徵符號則是圓相的上半截是黑，下半截是白◓。

二、偏中正：在絕對中的相對。這第二位表示由相對移向絕對。由于相對的現象只在絕對的基礎下而成其相對的現象，故我們必須要在相對中與絕對遇合。在一切有關現象層的肯認中，肯認者必須超出那純粹的現象之上。因此，對于這第二位的解明，便應用事與理這些專門的概念：舍事入理。這一位的象徵符號，恰是上一位的倒轉◒。

第一、二兩位描示出絕對與相對，實在與表象（或又，客體與主體）的互相滲透。第三位似乎應該是這樣，對反消融，而回向整一。但在這五位的圖式中，還再加插入兩位：首先是絕對，純粹的絕對；然後是相對，純粹的相對。「上位」〔此當是指第三位正中來〕與「獨位」〔當是指第四位偏中至〕這兩位，被安排到與開頭的兩位，所謂「互相滲透」（中）之位的相對反的位置上去，俾能在第五位中完成一最後的消融。因此，第三位是：

三、正中來：在這一程式中，由于並無其他的一面，並無相對的現象，故中已失掉其互相滲透的意義；它只能預指一種潛勢，而在這一位，潛勢亦是在絕對中的。絕對是赤裸裸的絕對，並不指涉到或傾向於相對的現象方面。這第三位顯示在展開和外在化之前的絕對，它孕藏着一切發展的可能性，如初芽開發前的種子。這絕對同時亦是演化的向後逆返過程的終點；一切發展，一切言說，都沉到靜寂狀態。這象徵的符號應該是一個黑實的圓相，外面圍繞着一個白色的圓圈，表示潛勢◉。

四、偏中至：第四位因此顯示在純然相對性中的相對的現象界。作爲條件性的組合和作用的現象，顯現爲相關的個別形式。因此，如如相對的絕對性〔按此當指純粹性〕，便變得明顯。洞山良價將此與兩個劍客作比較；這兩個劍客都以無鞘的劍矛來比武，任何一方都不能把對方擊敗。他又將之比作在烈火中而竟不焦萎的荷花。在象徵的表示中，我們可以見到，相對在絕對中間○。

五、兼中到：第五位無可置疑地表示最高的一位。這是沒有分化的整一。在五位的構造中，或者我們可以將這一位理解爲是對開頭兩位的「互相滲透」的對反與跟着的「上位」與「獨位」的對反的超越。這一對所有對反的最後超越與否定，即成爲最高的絕對肯定。這是祖師們視爲覺悟的最後的自由。這象徵的表示是一黑實的圓相●。

在對于五位所作的多數評論中，比較的方式，佔有重要的地位。其中最著名的，是曹山本寂的「君臣」的類比，故五位有時也指它而言，稱君臣五位。上面所述各位的辯證法的意義，最能在這個比較中顯示出來：

一、君視臣

二、臣向君

三、君（單獨地）

四、臣（單獨地）

五、君臣道合

在以後的世紀中，一切邏輯上的詭謀，都以五位的方式表示出來；結果，五位變得不受重視了。日本曹洞宗的創始者道元希玄，在其著作中，亦有很多辯證的成素，但却無五位者，便是因此之故。

雲門文偃是唐末五代最著名的禪師之一。在《無門關》中，有五個例子是關於他的（《無門關》一五、一六、二一、三九、四八），有兩個則是關於他的生徒洞山守初的（《無門關》一五、一八）。雲門禪的方法，與臨濟的相似。不過，雲門不用叱喝，而用「關！」一呼喊。他亦喜愛用棍棒，作爲誘導〔學生們〕覺悟〔的一種方便〕。他在黃檗的一個弟子睦州道蹤之下獲得覺悟。（註六五）他曾先後三次要求他的老師闡說眞理，但都不能如願。在到第三次，後者竟把他攆出門外，突然把門關上；他這種用力，把雲門的腿子也夾傷了。在極度的痛楚下，雲門竟獲得了覺悟。其後，他在雪峰義存的禪院中停留了四年，而在傳承的脈絡上，繼承了雪峰。及後，在由他而得名的雲門禪院中，他聚合了很多弟子，把他們領引向覺悟之途。

有關雲門的很多說法和奇特的行爲，都記錄於他的語錄中。他的一種獨特的做法，是對于有關眞理的問話或要求，只答以一個單獨的字。在《人天眼目》中，錄引了不少這些「一字關」的例子：

如何是正法眼？普。

殺父殺母，佛前懺悔；殺佛殺祖，甚處懺悔？露。

如何是祖師西來意？師。（註六六）

又雲門的一個最卓越的學生德山圓密，基於他的老師的精神和義理，首次確立出所謂「雲門三句」。每一句由四字組成，其意義最初相當隱晦。根據在《人天眼目》（卷二）所引的圜悟克勤的評釋——其他的禪師亦有相似的了解法，則其意義大抵如下：

一、〔函蓋乾坤〕，對於任何覺知來說，眞實、眞空（ Śūnyatā ）都是奇妙的存在，它完全是明顯的和直接的。

二、〔截斷衆流〕，眞正的實在與言說上的理解或表示相決絕。當所有現象突然趨於靜止時，情欲便被突破。

三、〔隨波逐浪〕，透過外在對象而得的對實在的知識，被認爲是像透過種子來了解地土和透過人的言說來了解其人那樣。（卽是說，所有現象都是完全地相對的；這一句卽透過「隨波逐浪」的類比來描繪這點。）

法眼文益是五大禪派中最後一派的領袖，他比較接觸多些經典佛教。他是一個極有學問的禪師，對儒家與佛教文學同樣熟悉。他吸引了無數的學生；他們都爲他的溫和而可靠的誘導所傾倒。法眼具有特別的心理睿智，而有巧妙的適應性。眞正的禪的方法，在他的學術性的態度之前，到底有多少被逼褪色了？關于這點，禪佛教學者頗有不同的意見。但無論如何，他喜歡重覆說着某些字眼或語句，而不加以解釋，這證明他還是禪的精神。另外，一些關於他的充滿禪髓的迭事流傳了下來（參考《無門關》第二六）。他的作品，最重要的是上面已提到過的《十規論》；在這裏面，收集有不少早期禪史的資料。法眼十分熟悉華嚴的義理，特別是那些發揮六相義或六相圓融的。（註六七）六相（總、別、同、異、成、壞）在一個圓相中作爲實在的各個面相而被表示出來，這些面相都是非同非異的。《人天眼目》（卷四）引有法眼的下面的評論：

華嚴六相義，同中還有異；異若異於同，全非諸佛意。諸佛意總別，何曾有同異？男子身中入定時，女子身中不留意。不留意，絕名字；萬象明明無理事。（註六八）

禪宗至中唐爲止的那些具有原創力量的大人物，代表着中國禪的黃金時期。五家形成後，出現了一種廣泛的分化和組織化。宗派的意識，造成分裂與多方面的限制。到了宋代，臨濟宗取得了無可爭辯的領導地位。

第三章 宋代公案禪的發展

歷史學家認爲，宋代佛教的發展，一般來說是衰落了。唐末（八四五）的武宗〔滅法〕的沈重打擊，使佛教不能恢復過來。雖然在以後的世紀，佛教未有遭遇到新的重大的壓力。實際上，宋代的帝王對佛教有相當的好感，但宋代的不安狀態，政治上的混亂和外敵的不斷侵擾，都不利於寺院式的宗教活動的發展。不過，佛教衰落的主因，還是由於其內部精神上和戒律上的鬆弛。

但禪宗却能單獨撐持下去。武宗滅法的風暴，對禪宗似乎極少傷害。相反地，在這後不久，它反而有相當的擴展。在宋代，中國禪在外在的發展方面，達致高度的盛放與影響。倘若我們說唐代的那種宗教力量和獨創性已經不能再恢復的話，則我們亦可以說，宋代禪在文化方面的影響，在相當程度下，是超越所有前代的。宋代在政治上雖然危機重重，但在文化方面，却是中國歷史上的新紀元。那個時候，在儒家的文藝復興中，中國精神透過其自身的創造力量，表現一種獨特的形式，和這形式的最純粹的表示。禪宗對於宋代這個精神的和藝術的發展，實在作了不少的貢獻。一些禪僧是那個時候重要的畫家。同時，在另一方面，禪的精神，滲透入那個時候的藝術理解與一般風格中；而在另一方面，宋代的藝術，在禪宗看來，正是相應〔于禪〕的一種藝術的表示。在藝術家與禪院之間，有很頻繁的交往。佛教的僧人們和有關人士，把宋代的藝術，連同朱熹的學說和禪，都帶到日本去。這三者被認爲是關係在一起而一齊培養出來的，和在禪院中繼續發展的。（註六九）

另外，宋代的那種新的和龐大的哲學上的創新，與佛教特別是禪的影響，有不可分割的關係。在這一運動中，重要的哲學家有時也會到禪院中作短期的勾留，俾能潛心修行。在那個時期，亦有一種新的思想注入儒家之中。（註七十）雖然宋代哲學排斥佛教，但即使在朱熹的哲學體系中，亦可發現有佛教義理的成素。朱熹是那時最偉大的哲學家，他是佛教的堅强反對者。（註七一）但在義理的各點中，較具影響力的，還是從知性的進路而趨向系統化和趨向形而上學〔的興趣〕方面。

不過，對於禪來說，經驗的深度與眞實性並不常與廣度上的擴張相應。外表上的迅速進展，帶來內部的衰退；最後甚至導致禪的衰亡的危機。在這個機緣中，公案禪組織起來，和固定地確立起來。但各種條件却湊合起來，危害到禪的精神和禪的義理。菩提達摩與唐代的大禪者謹愼地避免在京師走動，和拒絕皇室的豐盛的供奉；但宋代的禪院却與朝廷保持着良好的關係，而多方面干預政事。全國多數規模宏大的禪院——臨濟宗的所謂「五山」「十刹」是其中卓著的，日本鎌倉時代在京都與鎌倉的著名的五山十刹，即仿照中國的模式而建成（註七二）——成爲社會與文化生活的中心。禪的信徒數目增加了，但他們必須具備的質素却減弱。人數衆多，反而使危機更爲加重；因爲直到那個時候，禪宗還是不重教理與系統實踐的，它只傳導「心」與經驗。

另一個危機在重知主義。禪自早期以來，與佛教的其他宗派，不斷保持着密切的相互關係。唐代很多大禪師都熟悉經論，但却喜愛禪，在禪的覺悟中追尋他們的解脫。到了宋代，經典學習的風氣更向前推進，而導致教禪一致的現象。

從內部特別關係于禪的，是華嚴的義理。在荷澤禪的宗密——華嚴宗五祖和荷澤禪的最後祖師——之下，華嚴與禪連結起來。法眼宗亦特別重視《華嚴經》和關于它的解釋。同樣地，臨濟宗的汾陽善昭透過演說和他的作品，闡揚這部經的教理。至是，華嚴的一元教理，完全消化入禪中。即使是在今日的日本，華嚴的作品，仍特別流行於禪宗人士中。

天台佛教與禪之間，亦很早已有聯繫了。在十世紀，天台德昭與法眼宗的永明延壽想把天台的教理與禪結合起來。但在另一方面，這一宗派又特別就經典佛教一點而挑起禪的抗拒。在宋代，爭論激烈的作品，來往於天台與禪之間。達觀曇穎在與天台佛教的爭論中，曾否認菩提達摩與《楞伽經》的關係。（註七三）〔在禪方面，〕對經典的極端的排拒，似乎要到宋代才開始；這是與天台派系爭辯的結果，同時也是自身一派中反抗文字的趨勢的一種反應。

這些抗爭亦與我們在上面曾提及的如來禪與祖師禪的相對抗有關。這一種分別源於仰山（九世紀）；但直至宋代，它才在看話禪中普遍地流行。如來禪的義理，是把覺悟看成是依據《楞伽經》而直覺地把握眞實（pratyātmagocara），這是被視爲較下等的。悟禪則與此相反，它是祖師們的頓悟。

同樣，禪與阿彌陀佛教的關係，亦存在了一段很長的時期。念佛是對阿彌陀佛號的虔誠的禱告，亦爲很多重要的禪中人士所修習；例如牛頭禪一派的四祖法持、慧能的弟子南嶽懷讓，及其他。我們在上面提到的法眼宗的永明延壽，是中國禪最偉大的綜合者之一；他曾堅强地表示支持念佛與禪的融和，所謂禪淨一致。人倘若把自己限于禪的修行中，他是難以達到目的的；但若把禪與念佛結合起來，則他必能獲得覺悟。依永明延壽，禪、經典修習和阿彌陀念佛的結合，實是一個理想。到了元明時期，佛教中實在亦發生過不同因素的相當完滿的結合。從表面看來，禪與對于阿彌陀的虔誠禱告的結合，可能令人感到驚異；但在念佛與禪的公案實踐之間，實存在着一種在心理結構方面的顯著的類似性。（註七四）這點對于正確了解元明時代禪的後期發展，是重要的。

在宋代，傳統的五家中的三家，漸趨完全滅跡。雲門宗與法眼宗，在宋代中葉的一次短期開花之後，便趨於消亡。潙仰則更在較早時期止息了。只有曹洞宗能和臨濟宗並肩地維持下去。在唐代中葉，曹洞宗經過一次快速的發展之後，曾經有一段時期走向下坡。至宋初，它的持續發展，是可懷疑的。但在這個朝代中，它慢慢地凝聚回自己的力量；但它在中國却從來未有達致如臨濟宗那樣重要的地位。後者〔的發展〕在唐代已超過其他派系——根據一種說法，風穴延沼祖師（「無門關」第二四）只有一個弟子首山省念（「無門關」第四三），風穴在年老時，把佛印傳遞給他——，在宋代則有飛躍的發展，它的寺院與建築物遍佈全國。

這宗派至臨濟之後第七代石霜楚圓的弟子，分成兩個派系：黃龍與楊岐。那是因於石霜的兩個弟子黃龍慧南與楊岐方會而得名的。黃龍是一個重要的禪師，他在其周圍，聚合了一個龐大的弟子「林」，引領他們到覺悟之途。他的吊詭表現於下面的三「問答」中，這在禪史中稱爲「黃龍三關」。

人人有箇生緣，……生緣在甚麼處？……早晨吃白粥。
我手何似佛手？……月下弄琵琶。
我脚何似驢脚？……鷺鷥立雪非同色。（註七五）

黃龍一系的臨濟禪經榮西明庵而移植至日本。這一派在中國的發展，不久便停滯不前了；至第四或第五代便消亡。

另一支臨濟禪卽楊岐系，它使臨濟宗在中國發展至最高峰。楊岐方會是一個溫和而優秀的禪師。他用棒子來威懾弟子們，但却不使用它。亦有不少有關他的吊詭的禪的故事流傳下來。這一系出了一個傑出的禪師，便是五祖法演。他通過與感性上的知覺作比較，透澈地描劃出經驗的直接性，這卽是所謂嚐水。他對無門慧開有很深的影響；後者屬于同一個傳承系譜，但較他遲了一百年。在《無門關》中，有四個公案故事是關於法演禪師的（《無門關》第三五、三六、三八、四五）。

公案禪的誕生，與〔法演的〕兩個繼承人的名字有關，那便是圜悟克勤和大慧宗杲。實際上，禪的內部發展，由唐末經五代，已經有這種趨向了。人們懷着極其尊敬的心情，仰看古代禪師們的崇高形象，把他們自己埋藏到那些從前傳下來的有關覺悟的故事和公案中去。他們希望在衰落的時代，能夠藉着有關古人的故事的助力，把握眞正的禪的精神。雲門派的一個禪師雪竇（九八〇——一〇五二），以詩句的方式，描繪出一百個公案；圜悟則對這些公案作了敍論和評論。圜悟的弟子們把這些公案收集起來，而卽在他們的老師還在生之日，這本公案集，稱爲《碧岩集》或《碧岩錄》，被印制出來了（一一二五）。（註七六）

大慧宗杲繼續致力於他的老師〔圜悟〕在公案方面的事務。在他的努力下，臨濟宗的系統性的公案實踐得到廣泛的流傳。他的這種運動，所謂看話禪，與禪中的重知的與默照的趨勢極相對反。在與重知的經典佛教的抗爭中，如上面所曾提及到的，祖師禪站於與如來禪相對反的位置。默照禪運動，在曹洞宗中，有其重要的支持者。在這一宗派中，活躍的再生力量，亦已在十二世紀中表現出來了。宏智正覺把這些力量聚合起來，而形成默照禪的運動。如其名稱所示，這個禪派强調「默坐默究」；他們以爲在這默坐默究中，可以得到覺悟和虛靈寂照」。《從容錄》（註七七）是公案的故事的集合，它亦是導源於宏智正覺的。這個宏智祖師的實踐的評論，在曹洞宗中享有崇高的地位；但那些故事却未有被用來作公案哩。

看話禪反對任何形式的靜寂主義。人們實習它，便要在內在方面不斷地活動着，要「看話頭」（話頭卽公案）（註七八），直至在一次頓然的經驗中獲得覺悟而後止。大慧自己心目中的公案實踐，可以在下面他的一個作品中看到：「在你的生命中的每一時刻，都要步步踏實地從事你的公案。……不管是行抑是坐，都要把你的注意力置諸其上，而不受干擾。當你開始感覺到它完全空却味道時，卽表示那最後的時刻正在來臨；千萬不要讓它從你手中溜丟啊！當有這樣一個突如其來的時刻，有些東西在你的心靈中閃爍而過時，它的光芒會照遍整個宇宙，而你亦可以看到那一切覺者的精神領土，周遍地顯露在一根毫髮的尖端上，和看到那法輪在一顆微塵中運轉。」（註七九）

看話禪與默照禪的一連串的作品，加深了兩者之間的對抗性。（註八〇）這個爭論持續了多個世代。卽使是今日，日本的歷史學家仍依據其個人的觀點，對這兩學派作出不同的評價。實際上，在發展的途程中，臨濟宗與曹洞宗已分別在看話禪與默照禪中確立其特定的形式。可能在較早期，明顯的趨勢已經確定了。但要從宋代開始，這兩個禪的形式才能充實飽滿地確立起來。在此以前，問題是偏向於不同的傳承路線一點上。如衆所周知，這兩個禪的形式在宋代都傳到日本；曹洞禪先由道元（一二〇〇——一二五三）傳入，臨濟禪則先由榮西（一一四一——一二一五）傳入。中國臨濟禪的楊岐系與日本之間，存在着很多的連繫。因在宋代後期，日本佛敎與中國禪之間，有十分頻繁的交往。

在公案的實踐中，禪始終維持着一套能系統地導致覺悟的方法。老師們透過他們自己的內在智慧與力量，個別地和自發地摸索那到覺悟之路。但到了後期，自發的力量變得衰弱了，公案卽爲那些追尋覺悟的人提供一種實踐方法。倘若方法與系統化是沒落時期的象徵的話，則它們亦常常有一種保存的作用。對於這一發展，鈴木大拙曾提出如下的判斷：「貴族化的禪現在已轉變爲一種平民化的、系統化的，或一定程度的機械化的禪了。這無疑表示在這一程度下的萎靡。但倘若沒有了這種改革，禪可能老早已消亡掉了。我以爲，正是公案習作的那套裝備，把作爲遠東文化獨特的遺產的禪挽救過來。」（註八一）

〔作者按〕這篇文章于一九三九年十月作成。其後（一九三九年十二月）有宇井伯壽的《禪宗史研究》（岩波書店，東京）出，對于早期的禪，特別是有關菩提達摩和前期的祖師，對于牛頭與荷澤派和神會的北方分派，有詳細的研究。對于唐代禪的主要的傳統派系，〔該書〕作者則在有關馬祖道一與石頭希遷的一章中加以討論（頁三七七—四一八）。

附註

註一：《大正大藏經》二〇〇五號。我曾與東京的S.古田先生合作，對于這部書作了翻譯和解釋，將在這未來的一期刊〔Monumenta Serica〕發表。我感謝S.古田先生在這個工作中給我的幫助。

註二：《大正大藏經》二〇〇三號。

註三：這個生卒年代，參自《自雲鈔》（國文東方佛教叢書，一輯，二卷，頁二七七及其後），這是日本的幻門自雲對《無門關》所作的評論。評論中謂慧開卒于一二六〇年，年七十七。

註四：伯希和（Pelliot）在他對菩提達摩的批判的研究（*T'oung Pao*, Vol. XXII, 1923, p.253 ff.）中，曾表示出，早期禪宗歷史的那些傳統的話語，是完全不可靠的。而有關弘忍與慧能的歷史，有一大部份亦必須修改。又讀者請參照胡適所造的兩個批判式的中文索引（*Bibliographie Bouddhique* VII - VIII, Nos. 502, 503）。胡適的研究成果有日譯，題為《支那禪學之變遷》（東京，一九三六）。

註五：在禪文學中，這個時代特別被稱為禪機時代——機卽是能力、天賦之意。有關禪宗的歷史記載書，特別是《景德傳燈錄》（《南條》一五二四號；《大正大藏經》二〇七六號），提供了關于這個時期的豐富的資料，那是一些輯合而成的禪師們的話語。在這方面，總的來說，讀者請參閱日本學者忽滑谷快天的《禪學思想史》，册一（東京，一九二三）。而在鈴木大拙的《禪佛教論文集》（Essays in Zen Buddhism, first & second Series, London, 1927 & 1933）的舉例中，亦可散落地找到很多資料。

註　六：卷五。

註　七：「大正大藏經」二〇一四號。這書有O. 浮士德（Ōhasama-Faust）的德譯本，載于其《禪—日本的生活的佛教》（Zen, der lebendige Buddhismus in Japan, Gotha-Stuttgart, 1925, pp.71-91）一書中；鈴木大拙亦有英譯本，載于其《禪佛教備忘》（A Manual of Zen Buddhism, Kyoto, 1935, pp. 106-121）一書中。又〔此原文〕載于《景德傳燈錄》卷三〇。

註　八：《大正大藏經》二〇一三號。

註　九：《景德傳燈錄》卷五如是說。但有關這部禪宗史書對早期禪宗史、慧能及他的第一代弟子的記載，並不完全可靠。參閱上面註四。

註一〇：《景德傳燈錄》卷五；《大正大藏經》二〇七六號，卷五一，頁二四〇。

註一一：《景德傳燈錄》卷六；《大正大藏經》二〇七六號，卷五一，頁二四五。

註一二：《景德傳燈錄》，卷三〇。

註一三：參考若山超關：〈曹洞五位説について〉〔關于曹洞五位說〕，《佛教研究》，第二册，東京，一九三八，一號，頁一〇九。

註一四：例如，可參考上面提到的忽滑谷快天一書的詳盡的討論，冊一，頁四八八——五一六。

註一五：卷二〇；原文見《大日本續藏經》，二編乙，九套，頁三七八。

註一六：參考法蘭克之《中華帝國史》（Otto Franke：Geschichte des chinesischen Reiches，II，Berlin-Leipzig，1936，p.497 ff.）。

註一七：禪有兩種特別重要的棒子或拂子：禪師用來支持自己和作棒打用的竹篦和拂子；這是一種宗教儀具。因在禪院中，亦有舉行經典讀誦和其他儀式。

註一八：《五燈會元》，卷七；《大日本續藏經》，二編乙，一一套，頁一一六。又英譯見鈴木大拙之《論文集》（Essays，I，p.261）。

註一九：《聯燈會要》，卷二〇；〔《大日本續藏經》，二編乙，九套，〕頁三七八。

註二〇：同上，頁三七九。

註二一：《景德傳燈錄》，卷六，頁二四五。

註二二：參考鈴木大拙之《論文集》（Essays，I，p.225）。

註二三：《景德傳燈錄》，卷五，頁二四〇。

註二四：在佛教哲學中，心通常指「意識」（Bewusstsein）。在那些不用專門詞語的禪的哲學典籍中，它亦可譯為「心靈」（Geist）。其意思即是人的主體性；它與佛的同一性，有時被認可，有時被否認。

註二五：皆出于《無門關》。

註二六：《景德傳燈錄》，卷六，頁二四六。

註二七：同上。

註二八：《六祖大師法寶壇經》，《南條》一五二五號；《大正大藏經》二〇〇八號。前六章有盧式爾（E. Rousselle）之德譯，"Sinica" V（1930），VI（1931），XI（1936），Chinesisch-Deutscher Almanach〔中德年鑑〕，1931. 胡適（在其《支那禪學之變遷》中）曾推測這一部重要的工作由荷澤神會所造，或出于其學派之手。

註二九：《無門關》，公案二七。

註三〇：《池州南泉普願禪師語錄》，《大日本續藏經》，二編，二三套，《古尊宿語錄》，卷一二，頁一四八。又英譯見鈴木大拙之《論文集》（Essays，I，p. 30（372）.

註三一：《信心銘》被視為三祖僧璨所作。英譯有鈴木大拙：《禪佛教備忘》（A Manual of Zen Buddhism，pp. 91-97）；德譯（意譯）有O. 浮士德之《禪——日本的生活的佛教》（Ōhasama-Faust：Zen, der lebendige Buddhismus in Japan，pp. 64-71）。原文見《大正大藏經》二〇一〇號。

註三二：同註三〇，頁一四九。

註三三：《無門關》，公案七。

註三四：《趙州眞際禪師語錄》，《大日本續藏經》，二編，二三套，《古尊宿語錄》，卷一三，頁一五九。英譯有鈴木大拙之《論文集》（Essays，I. p. 269）。

註三五：同上。英譯有鈴木大拙之《論文集》（Essays，I. p. 268）。

註三六：《趙州眞際禪師語錄》，《大日本續藏經》，二編，二三套，《古尊宿語錄》，卷一四，頁一六三。

註三七：著名的日本禪師白隱慧鶴（一六八三——一七六八）曾詳細論及這個公案。鈴木大拙在其《論文集》中曾指出這點。(*Essays*, II. p.111, ff.)

註三八：關于百丈的作品，參閱鈴木大拙之《論文集》("The Meditation Hall and the Ideals of Zen Life", *Essays*, I. p. 269 ff.)又請參考伊利奧特之《日本佛教》(Sir Charles Eliot, *Japanese Buddhism*, London, 1935, p.168, p.405)。

註三九：鈴木大拙，《論文集》(*Essays*, II, p.283)。

註四〇：《景德傳燈錄》，卷六，頁二五〇。

註四一：同上，頁二四九。

註四二：《大日本續藏經》，二編，一五套。

註四三：參考宇井伯壽，《支那佛教史》(東京，一九三六)，頁二三三—二三四。

註四四：《大正大藏經》二〇〇六號。

註四五：詳敘于鈴木大拙之《論文集》(*Essays*, I, p.277 ff.)。

註四六：《五燈會元》，卷九，頁一六四。

註四七：《潭州溈山靈祐禪師語錄》，《大正大藏經》，一九八九號，卷四七，頁五八〇。

註四八：同上，頁五七七。

註四九：同上，頁五八〇。

註五〇：《景德傳燈錄》，卷六，頁二四六。

註五一：《人天眼目》卷四，《大正大藏經》二〇〇六號，卷四八，頁三二一。在哈克曼(H.Hackmann)出版的MSOS中的"'Kurzen Bericht über die zehn Schulen' des Yang Wen-hui"(Yang Wen-hui的「有關十學派簡報」)中，曾說到溈仰之九十六箇圓相。(*Mittei-*

lungen des Seminars für orientalische Sprachen〔東方語言學系通訊〕. Vol. XIV, p.250）

註五二：《景德傳燈錄》，卷一一，頁二八三。

註五三：明代（十五世紀）作品，卷九。

註五四：參閱望月信亨：「圓相」條，《佛教大辭典》，頁三〇六—三〇七。在華嚴教義的影響下，這種實踐發展開來。其後，它為密教所廣泛應用。

註五五：這故事詳細記載于《鎮州臨濟慧照禪師語錄》中；這語錄通常簡稱為《臨濟錄》（《大正大藏經》一九八五號，卷四七）。又有關這個故事，請參閱鈴木大拙之《論文集》（Essays, II, p.33 ff.）及上述O. 浮士德之書（Ōhasama-Faust, op. cit., p.25ff.）。

註五六：探竿影草，《人天眼目》卷一中有解釋。又請參閱《辭海》（二冊本，上海，一九三八），第一冊，頁一三一，丁」。

註五七：《臨濟錄》（參閱註五五），頁五〇四。

註五八：同上，頁四九七。

註五九：四句分別（catuṣkoṭi）：有、無、非有非無、亦有亦無。

註六〇：《臨濟錄》，頁四九七。

註六一：《南條》一二四九、一二五〇號。

註六二：有關這些程式，請參閱對本愛道的論文：〈三玄三要について〉〔有關三玄三要〕，《禪學研究》，一九三九年三月，頁三七—五〇。

註六三：下面的解釋，我們特別參考上面提到的若山超關的〈曹洞五位說について〉（《佛教研究》，第二冊，頁一〇一—一二四）的說法。

註六四：《洞山良價禪師語錄》，《大日本續藏經》，二編，二四套，頁四五三。

註六五：鈴木大拙曾編集了好些有關雲門的故事。有關他的覺悟的事，請參閱其《論文集》（Essays, I, p. 10）。

註六六：《人天眼目》，卷二，頁三一二。「正法」時期是佛陀教理之後的三時年限的第一期，這是正確佛法的時期；跟着的兩期則依次漸向衰落：像法與末法。

註六七：參考望月信亨「六相圓融」條，《佛教大辭典》，頁五〇六七—六八。

註六八：《人天眼目》，卷四，頁三二四。

註六九：有關禪與儒家，參閱鈴木大拙之《禪佛教及它對日本文化之影響》（Zen Buddhism and Its Influence on Japanese Culture, Kyōto, 1938, p. 101 ff.）。在這一作品中，亦可找到不少有關禪與中國藝術的關係的個別例子。

註七〇：周敦頤與禪佛教有密切的關係，故被稱為「窮禪客」。禪對他的思想的影響也是深遠的。在他那時，儒家第一次出現所謂靜坐的瞑想法；這是由坐禪所導出的，朱熹亦修習它。參閱威咸姆之《中國哲學》（R. Wilhelm, Chinesische Philosophie, Breslau, 1929, p. 107）。根據像T. 井上先生對儒家與東方哲學的卓越的理解（在與作者的一次談話中），無可置疑，靜坐溯源于禪的修習，與之有關係。在二程特別是程明道的思想中，亦可見出佛教的影響。參閱忽滑谷快天之書，第二冊，頁二九二及其下各頁。

註七一：參考哈克曼之《中國哲學》（H. Hackmann, Chinesische Philosophie, München, 1927, pp. 346-7）。

註七二：據望月信亨的《佛教大辭典》(頁一一八二——一八三)，五山十剎可示如下：

五山是：

興聖萬壽禪寺（浙江省杭州府臨安縣徑山）

景福靈隱寺（同杭州府錢塘縣靈隱山）

淨慈寺（同杭州府錢塘縣南屏山）

景德寺（同寧波府鄞縣天童山）

廣利寺（同寧波府鄞縣阿育王山）

十剎是：

中天竺山天寧萬壽永祚寺（浙江省杭州府錢塘縣）

道場山護聖萬壽寺（同湖州府烏程縣）

蔣山太平興國寺（一名靈谷寺，江蘇省江寧府上元縣）

萬壽山報恩光孝寺（同蘇州府吳縣）

雪竇山資聖寺（浙江省寧波府奉化縣）

江心山龍翔寺（一名江心寺，同溫州府永嘉縣）

雪峰山崇聖寺（福建省福州府侯官縣）

雲黃山寶林寺（浙江省金華府蘭谿縣）

虎丘山雲岩寺（江蘇省蘇州府吳縣）

天台山國清忠寺（浙江省台州府天台縣）

經典佛教似乎有另外的五山十剎，存在于中國（？）。日本有兩系五山十剎，一在京都，一在鎌倉。有關其名字，請參閱同上書。

註七三：參考鈴木大拙之《楞伽經研究》（*Studies in the Laṅkāvatāra-sūtra*, London, 1930, p.48 ff.）。又參考宇井伯壽，《支那佛教史》，頁二一〇。

註七四：有關這兩者之間的心理學的關係，詳細的討論，具載于鈴木大拙之《論文集》（*Essays*, II, pp.115-165）中。

註七五：《人天眼目》，卷二，頁三一〇。

註七六：有關《碧岩錄》，參閱鈴木大拙之《論文集》（*Essays*, II, p.217 ff.）。

註七七：這書收集了宏智正覺的一百個公案故事，其全名為《萬松老人評唱天童覺和尚頌古從容庵錄》（《大正大藏經》二〇〇四號）。

註七八：公案的其他表示是：話頭、機緣、問答。

註七九：引自鈴木大拙之《論文集》（*Essays*, II, p.78）。

註八〇：兩方面都不客氣地指責對方。大慧卽輕蔑地稱默照禪的運動為默照邪禪。

註八一：引自鈴木大拙之《論文集》（*Essays*, II, p.66）。

表一：唐代之禪師*

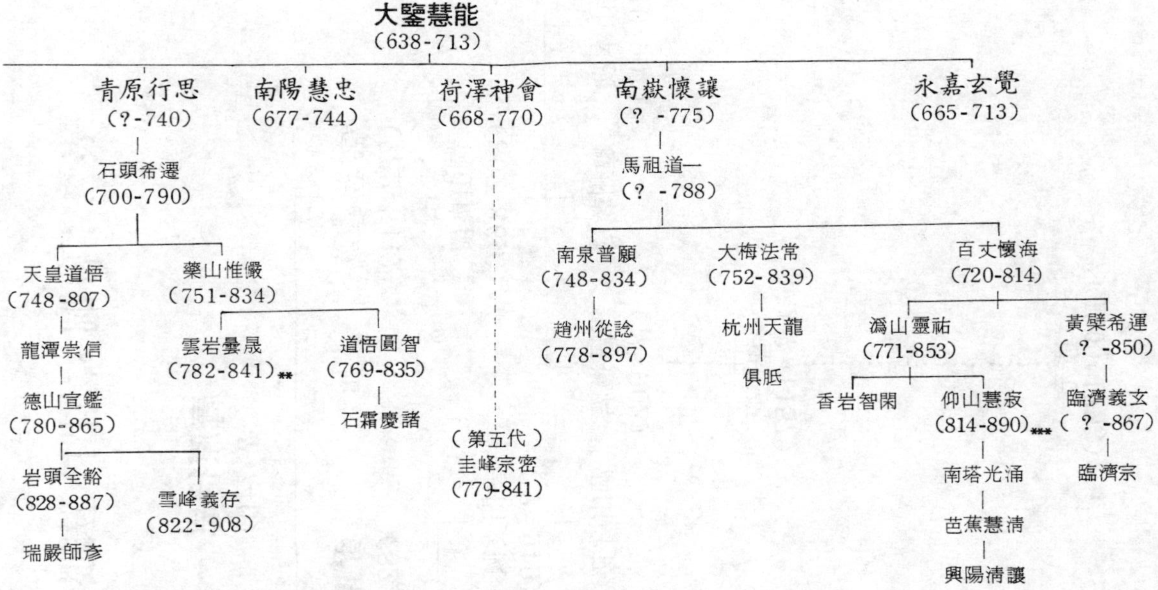

*）除確定可考的外，表中的年代大抵都依日本方面的有關文獻。它們大抵都與歷史的發展相一致。

**）這個年代（782-841）依《景德傳燈錄》（卷十四），又依《宋高僧傳》（卷十一），頁770-829.

***）依《景德傳燈錄》（卷十一），又依《宋高僧傳》頁840-916。

表二：曹洞、雲門、法眼宗之起源

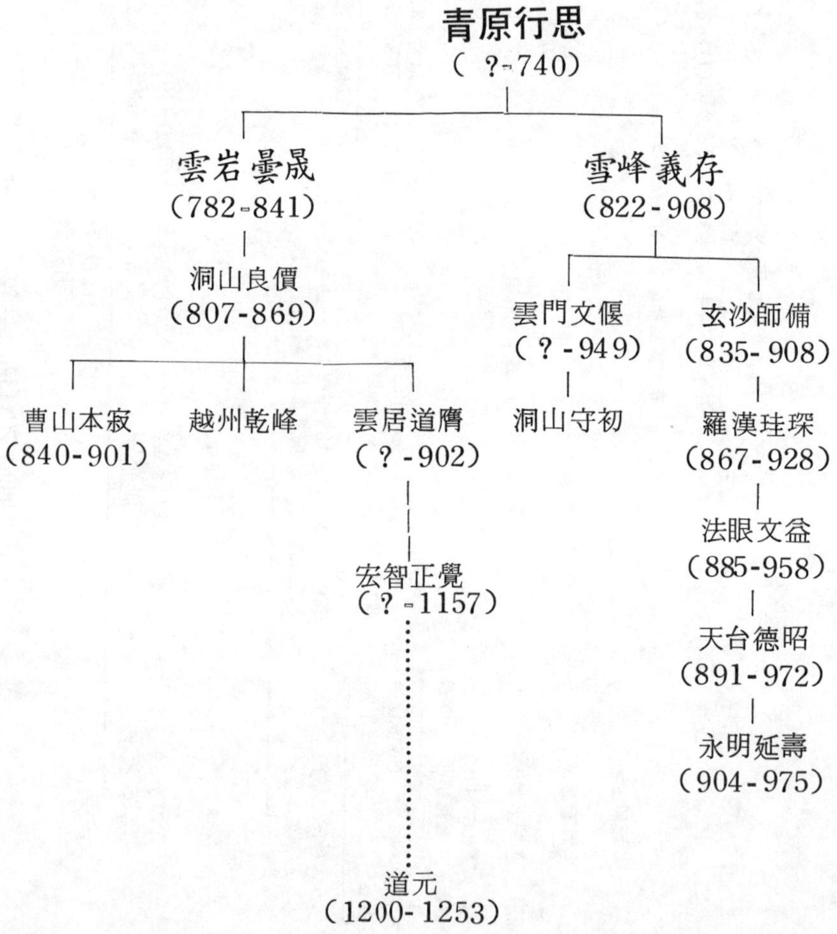
青原行思
（？-740）
雲岩曇晟
（782-841）
洞山良價
（807-869）
曹山本寂
（840-901）
越州乾峰
雲居道膺
（？-902）
宏智正覺
（？-1157）
道元
（1200-1253）
雪峰義存
（822-908）
雲門文偃
（？-949）
洞山守初
玄沙師備
（835-908）
羅漢桂琛
（867-928）
法眼文益
（885-958）
天台德昭
（891-972）
永明延壽
（904-975）

表三：至于宋代之臨濟宗

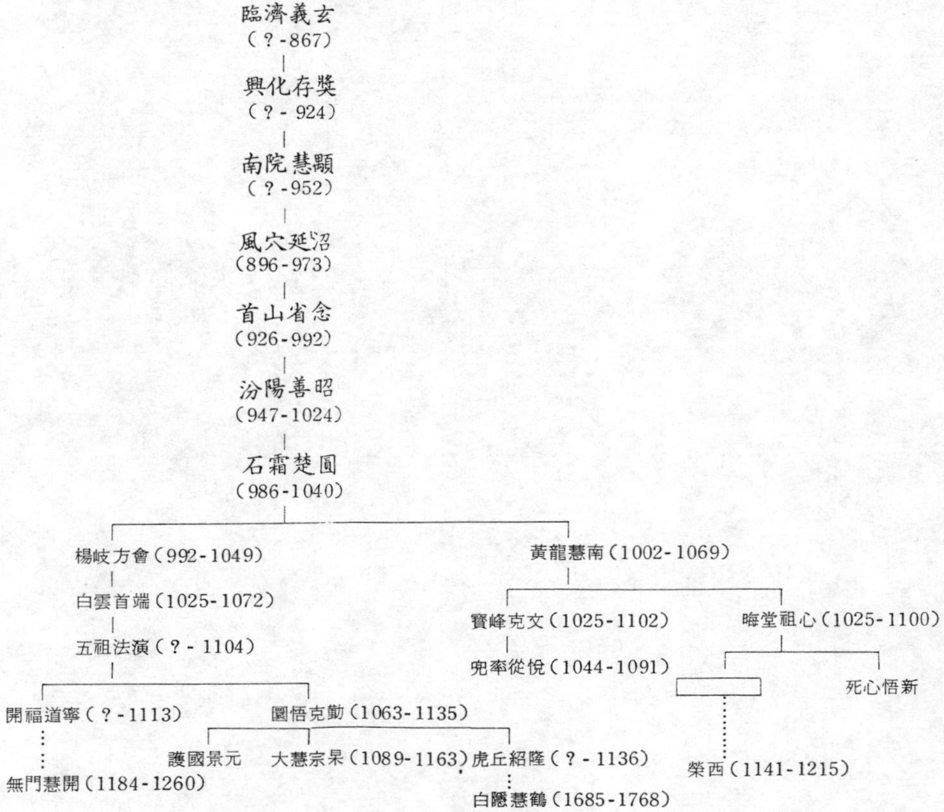
臨濟義玄
（？-867）
興化存獎
（？- 924）
南院慧顒
（？-952）
風穴延沼
（896-973）
首山省念
（926-992）
汾陽善昭
（947-1024）
石霜楚圓
（986-1040）
楊岐方會（992-1049）
黃龍慧南（1002-1069）
白雲首端（1025-1072）
寶峰克文（1025-1102）
晦堂祖心（1025-1100）
五祖法演（？- 1104）
兜率從悅（1044-1091）
死心悟新
開福道寧（？-1113）
圜悟克勤（1063-1135）
護國景元
大慧宗杲（1089-1163）
虎丘紹隆（？- 1136）
榮西（1141-1215）
無門慧開（1184-1260）
白隱慧鶴（1685-1768）

附錄

論我國佛學研究的現代化問題

關於佛學研究一點，筆者過去曾寫過三篇文章：〈日本及歐美之佛學研究點滴〉、〈德國之佛學研究〉、〈佛學研究與方法論〉。主要的意思，是通過方法論的角度，來介紹和評論在日本和歐美所流行的現代佛學研究的表現與成果。此中並未有詳細談及我國的佛學研究，特別是有關我國佛教界如何開出自己的學術天地的問題。本文的用意，主要是在這方面，補充上述幾篇文章的不足處；故本文可看作是上面幾篇文章的繼續。

有關題目的「現代化」一點，需要交代一下。現代化的意思，一般來說，廣泛得很，我們在這裏並無深入探討的必要。從學術的現代化方面言，則我們大抵可以這樣了解：它是相應於客觀的科學精神的一種表現。它的方法是科學的分析方法，目的是要追尋事物的客觀眞相。佛學研究的現代化，它的對象是就佛學研究言，意思也相當確定，即是說，要在佛學研究中，運用科學的分析方法來整理資料，以探尋佛法的正理。這科學的分析方法，具體地說，實是自來在日本與歐美流行的文獻學的方法；這方法以語言學與目錄學爲其支柱。

關於文獻學方法的概略，其成就與限制，筆者曾在〈佛學研究與方法論〉一文中，有相當詳盡的闡釋，這裏不擬多作重覆。這裏要着力的，是對我國佛教界的研究成果，作一較全面的檢討，進而討論如何具體地吸收日本及歐美的佛學研究的方法與成果，如何配合我們自身特有的條件，以開出自己的佛學研究的天地，使之臻於現代化。

此中的現代化，雖然以文獻學及其方法爲主要內容，但亦不必只局限於這方面，因文獻學自身亦有很多不足處；我們的理想，是要超過文獻學。關於這點，筆者在上述的文章中曾數數說及；在這篇文章中，我們不打算多作討論了。

下面我們先對我國的佛學研究的表現，作一總的省察。

一、我國的佛學研究的衰微

有關我國的佛學研究，筆者曾在〈日本及歐美之佛學研究點滴〉中大略地論到。在該文中，筆者提到我國的佛學研究還未開始，主要的原因是缺乏文獻學的那一套裝備。這些話說來似乎有點駭人聽聞，實際上也是不能不承認的事實，倘若我們以日本和歐美的現代佛學研究的標準來衡量的話。此中實在很有些沈痛的寓意，而使我國關心佛教前途的人士，不得不深切反省的。這裏我們願意再不厭其煩地主要就文獻學的角度，較有系統地總結一下我國佛學研究的貧乏。

一、由於我國一向缺乏梵文、巴利文等的原典語文及西藏文的重要翻譯語文的人才，故了解佛敎義理，只限於漢譯的資料。但漢譯的資料相當有限；儘管有鳩摩羅什、眞諦、玄奘、義淨等人的努力，使我們有很多漢文的佛敎經論可讀，但他們所未能譯出的資料也實在不少；這些我們便無法理解了。佛敎敎理是不斷發展的；釋迦牟尼佛陀只開拓了佛敎的精神方向，只訂下一些基本的敎理；他以後還不斷有補充，不斷增加新的血液。要了解佛敎的全部，還得從全面的資料來考慮。資料不足，自然難談全面的了解。

佛敎在中國曾經燦爛地開花，結出豐碩的果實；但它的根源，總在印度。要全面地徹底地了解佛教，還得追溯到它在印度發展的源頭。在這方面，就資料與記載的文字的關係來說，前期的資料，多存於巴利文藏經中；中期的資料，多存於漢文藏經中；後期的資料，則多存於西藏文藏經中。梵文的原典資料則多殘缺不全。我們現有的資料，能使我們對中期印度佛教有充量的了解；藉着四部《阿含》與有部的資料，我們也可大體得到前期印度佛教的輪廓。但後期方面則幾乎全付闕如。實際上，後期的印度佛教，在義理方面，有飛躍的發展；在中觀學一面，後期中觀學吸收了有部、經量部和唯識的要義，消融了它們與中觀學的矛盾，而成一瑜伽行中觀派的綜合哲學。這一綜合哲學與龍樹的系統相比較，內容是豐富了，體系也壯大了。這恐怕不是龍樹的空之哲學所能籠罩的。唯識學一面，後期唯識學幾乎全是因明學亦即是邏輯與知識論的道路，表現出印度民族驚人的思辯才華。世人一般以爲印度人善直觀與瞑想，而不善理論與思辯；他們顯然要因這一新的篇章而改正自己的觀感。

這些資料主要只存于西藏文藏經中，但我國的學者中，太少人懂藏文，故對這些思想上的重要發展，也極其陌生。

二、資料的缺乏，或者說，不能運用漢文以外的資料，對佛學研究自然有沉重的打擊。此中最顯明的例子，莫如因明學的研究。按因明自陳那、法稱以後，在印度成爲顯學；唯識與中觀的思想家，幾乎全都與它有一定的關係。對於這樣重要的學問，我們有甚麼研究的心得呢？幾乎全交了白卷。我們的研究，一直都只限於玄奘所譯的陳那著的幾本小論中，和根據窺基寫的疏解；但現代佛學研究發現，陳那的因明思想，主要並不表示於玄奘所譯的那幾本作品中，而在他的晚年巨著《集量論》（或《知識論集成》）中。後者只有西藏譯本現存。故研究陳那的學說，非通過這本巨著不可，其他的只能作爲輔助的參考而已。另一點是，現代佛學研究也發現，窺基對陳那因明的理解，有不少誤解；那是經過把他的作品與原來的資料作一對比而發現的。故透過窺基的資料來理解印度因明學，問題多得很。關於前一點，我們是無話可說的，似乎也不得不埋怨古人，爲甚麼玄奘大師只留給我們有限的資料呢？但若想深一層，恐怕還是自己應該向內追咎一下。玄奘爲甚麼要負這個責任呢？他那時在印度可能根本找不到《集量論》。（按《集量論》梵文原文早已失佚，而西藏譯文的發現，也只是後來的事。）我們只能埋怨自己沒有閱讀藏文的能力而已。關於後一點，則似乎更爲可哀。窺基是我們的大師，人家不客氣地批評他誤解因明，我們竟不能爲他辯一辯，或查明眞相。我們根本沒有發言的資格。這主要是一個資料的運用問題。他們精通梵藏文，能從那些原典或完整的翻譯中直接理解因明學，且發現窺基的錯誤。我們能像他們那樣，把原典與藏譯拿來對照，來確定他們的批評是否合理麼？這種工作，對我們來說，還是非常遙遠的事。我們目前似乎還不可能作出任何反應，只能領受他們的說法而已。這在我國佛學界，自然是很丟臉的事，令人感到痛心。

陳那的因明學是如此；法稱及他以後的因明學，更不必說了。法稱以後的因明學，以至整個印度佛學，對於我們來說，還是一個謎。

令人感覺困惑的是，自民國以來，我國學界對因明學研究的風氣，顯得相當蓬勃，有凌駕其他各佛教宗派的研究之勢，但迄今却未出現過一種研究因明學的好作品來。沒有好的翻譯，沒有好的論文，更沒有好的著書。呂澂曾翻譯過陳那的《集量論》，但他顯然是失敗了；他所用的詞彙，與現代人的思想接不上頭，他也缺乏現代邏輯與知識論的基本訓練。呂澂在這方面的工作，在我國學界中，目前還未有人超過他；起碼迄今仍未出現過同時具有他那樣的梵文程度與佛學修養的學者。陳大齊的《印度理則學》，文字流暢，說理似乎也能深入淺出，但它所根據的，全是窺基的資料。透過窺基來理解因明，其問題如上所述。此外，虞愚也有一本《因明學》，此是依據間接的資料而寫成，作者又好用一些西方的傳統邏輯的名相來比附，但不夠嚴謹。此書的價值恐怕還不如陳大齊氏者。年來又聽聞有人擬根據俄國佛學大師汯爾巴特斯基（Stcherbatsky）的《佛家邏輯》（Buddhist Logic）的英譯，把法稱的《正理一滴》翻譯過來。但汯氏的英譯，近來正大受日本及歐美學者的批評，謂為自己措意太多，不大忠實於原著。此中問題的解決的關鍵，自然又是要把原文拿來對照了。但若不懂梵文，此事如何入手作呢？這實是十分惋惜的事。

因明學是一門大學問；它是佛教的哲學方法，也能使我們的思想嚴格化，故地位與價值不可謂不高。但我們對它的研究，迄今仍未能走上軌道。此中困難的焦點，當在語文，邏輯與知識論的訓練還在其次。梵藏的語文這一關闖不過，我們對因明學的研究，斷無突破的可能。

三、佛教的根源在印度，它的流佈的天地非常廣泛。它向南流入錫蘭，而中南半島、南洋群島一帶；它向北流入中國、西藏，而西域諸地、西夏、蒙古、滿洲、朝鮮、日本。關於這些發展的佛教，除了自己中國的外，我們所知道的，是那樣駭人的貧乏！更談不上學術的研究。除了呂澂、法尊、大勇等人對西藏佛學作了些譯述，和陳寅恪、馮承鈞諸人對西域等少數民族的文獻作了些考據的工作外，在這方面的學術研究，也幾乎全交了白卷。近幾十年來，日本的西域學的研究（以佛學為主），已臻於蓬勃的階段，他們連《絲綢之路事典》那樣的專門的工具書也製作出來了，而我們對這方面的事卻似乎茫無所知。吐魯番和敦煌資料的發掘，已是七八十年前的事了，那裏面實含有很豐富的佛教思想文物研究的資料，但在我國佛教界中，迄今仍少人問津。只有胡適等人在這方面的研究，表現些具體的成果。但他們也只是整理一下中國禪宗史的資料而已，那在語文方面自然不會有甚麼問題；研究用漢文來記述的殘卷，有甚麼嚴重的困難呢？倘若資料是用其他文字來記述的話，則他們的研究，勢必沒有那麼順利，這仍然是一個文獻學上的語言問題。

日本是目前大乘佛教繼續興旺的唯一國家。事實上，佛教自中國經朝鮮東傳至日本，即在那裏立了根基，其發展從未中斷過。日本佛學雖不如中國佛學那樣，具有綿密的理論與龐大的體系，但亦很有它自己的特色，與日本人的虛無主義的生命情調分不開。從思想史上來說，最澄、空海、親鸞等人都是一代宗師，他們的慧識與宏願，實不可輕視。在觀念上，日本佛學也很有突破之處；特別是日本禪的道元、盤珪、白隱諸人，他們都能創造新觀念和表現新風格，而非中國禪所能牽囿。但對於這些，我們能有甚麼了解呢？在日本學者中，研究中國佛學的專家，不下百十；但在我國學界中，似乎並未出現過一兩個有水準的研究日本佛學的學者。

我國佛教界對自身以外的佛教教理漠不關心，事實上也無關心的條件。這樣下去，要吸取別人的優點，作爲營養，以壯大自己的生命，斷無可能。

四、我國佛教界中缺乏研究外國佛教的專家，此似猶可勉强說得過去，因研究外國的東西，總有多種的不便。但我國佛教界以至學術界對中國佛教的研究，似乎同樣貧乏；即使好些，差別恐怕也不大。關於此點，實在無話可說；這是極堪嘆息的事。

按我國學界研究中國佛教，大抵可綜合爲兩種途徑；一爲純粹以哲學觀念和理論爲出發點的，如唐君毅、牟宗三、方東美諸先生的研究；另一則是思想史式的，其根基在於文獻學、歷史學和考據學，如湯用彤、胡適諸人的研究。前者的重點在觀念，作者自身大體已成就一套哲學體系，他卽本着這一體系，對中國佛敎予以判敎式的研究。這種研究，與學術不大拉得上關係，作者自身也不大要求學術。實際上，這種研究的價值，也不能就學術的角度來衡量。關於這些方面，由於與本文的重點不大相涉，這裏也就暫且擱下。

思想史式的研究，雖說是較爲普遍，但實際的成果却是非常有限，夠水準的，似乎只有湯用彤對漢魏兩晉南北朝佛敎史的研究，和胡適、印順對前期禪宗史的研究而已。其他的研究，都在文獻學、歷史學和考據學上，顯得相當脆弱，不能與日本的水平相提並論。例如，黃懺華和蔣維喬都先後寫有《中國佛敎史》，綜述中國佛敎思想的發展。但這些書都缺乏獨立的學術性，因它們都是基本上以日本人的著作爲藍本而編寫成的。

目前我們仍未有一本像樣的中國佛敎通史。佛敎斷代史方面，除了湯用彤的著作，概括了南北朝及以前的佛敎史外，有關南北朝以後，特別是隋唐的輝煌時代的佛敎史，仍付闕如。我們在這方面，除了前期的禪宗史外，似乎又交了白卷。

倘若我們詳細地羅列日本人在研究我們自身的佛敎史方面的成果，我們勢必感到惶恐無地。我們不能總是舉出湯用彤的《佛敎史》吧，這未免太單調了。何況這書是幾十年前寫成的。這幾十年，我們有甚麼其他的成果呢？

結果，一件表面看來是有趣而不近情理的事，便不難理解了；外國學者研究中國佛敎史，遇到困難，只有請敎日本學者來解決；他們去找塚本善隆、橫超慧日、柳田聖山，和鎌田茂雄等人。在這方面，我國學界完全無能爲力。另外一件荒謬而可恥的事，也極其自然了；我們研究自己的佛教史，也要請教日本人！

歐美的文獻學的佛學研究，由法國的布奴夫（Burnouf）於上世紀二十年代開出，迄今一百五十多年；日本的文獻學的佛學研究，由南條文雄與高楠順次郎於上世紀七十年代開出，迄今一百多年。兩方面都有輝煌的成果。（此中詳情請參閱筆者另文：〈佛學研究與方法論〉。）我國的佛學研究，却如是衰微。若以日本與歐美的標準說還未開始，恐怕不會太過分吧。

下面我們進入本文的主題。

二、佛學研究的現代化與實施的具體步驟

我國的佛學研究所以一蹶不振，基本原因是缺乏現代學術的觀念，和佛教文獻學的知識。缺乏現代學術觀念，則不能理解客觀的學術研究的價值，也不能有效地運用方法與資料，來幫助理解佛教的義理。缺乏佛教文獻學的知識，特別是不懂佛教的原典語文，卽不能直接透過原典，來把握佛教的義理。這兩點在知解上都會構成重大的障礙。雖說學佛不能止於知解，知解之上還要有實踐修行，才能培養出通透的智慧，才能登覺悟境地。但知解這一步，究竟還是必要的，我們不應輕於忽視。知解本質上是一種方便，它可以推動通透智慧的顯發，以完成覺悟。知解不礙於覺悟，但重要的是要超越知解。只有懶人才排斥知解。多了解一些世間的事，多研究一下佛教各派的義理，以至佛教以外的宗教與哲學的義理，打開知識之門，這有甚麼害處呢？釋迦牟尼佛陀當機而說各種教理，大小乘就不同方分，予這些教理以系統的展開。此中的理論與思想，都有極崇高的價值，都有助於分別邪正，而去邪顯正。不好好把它們弄通，如何能弘揚佛法正教呢？而學術研究，實在這一方面表示一方便法門。

一般强調修行的出家人士，多討厭知解，輕視學術研究，視之爲形式化，爲累贅；這種心理實在並不可取。知解而不滯於知解，而超越知解，這才是正路。

我們卽在這個意義下，談佛敎的學術研究和現代化問題。我國佛學研究需要現代化，其具體意思，是肯定學術研究的價値，建立學術研究觀念，吸收日本及歐美的文獻學的方法與成果，從根本方面培養自身的文獻學的佛學研究的風氣，以確立我們的佛學研究的學術道路。

觀念問題是極重要的。我們必須首先從宗敎信仰的氣氛中冒升出來，正視那强調理性與客觀性的現代學術的價値。佛敎是一偉大的宗敎，要拓展宗敎事務，需要信仰的力量，但要客觀地對它作一個還其本來面目的理解，那便要靠理性了。佛陀是一個偉大的人格，但不是超人。初期的佛敎徒把他渲染成有點不食人間烟火的味道，把他從人間世界中推了開去。這不是正確而健康的理解佛陀的方式。德國的奧登拔（H. Oldenberg）所寫的佛陀傳記之所以不朽，是因爲他把佛陀從神話中分解開來，還他一個理性的客觀的描述。人們才開始明白，佛陀還是來自人間，他的人格是可學而致的。這才是正確和健康的理解佛陀的方式。理解佛陀需要客觀理性，理解佛敎的一切敎理，亦莫不皆然。

文獻學的思想背景，是一種要求客觀的眞知的科學精神。它的具體內容，是掌握有效的方法，去達致客觀的眞知。這方法便是語言學與目錄學，而旁及於史學、社會學、風俗學等訓練。語言學與目錄學中，尤以前者爲重。它的內容有二面，其一是具體語言知識的掌握，另一則是對語言的科學分析，以增長內容上的理解。

故構成文獻學的中心內容，是語言文字問題；語言可化爲文字，故亦可歸一爲文字問題。在佛學研究來說，這便是梵文、巴利文、藏文、以至佛敎漢文的問題。佛敎經論所用以記載的文字，都是這些。佛學研究現代化，自亦以這方面的文字問題爲中心，而旁及其他，如新資料、工具書、辭彙對照、索引，等等。

觀念這一關通過了，即是說，肯定了學術研究的價值了，我們便可具體地討論應採取何種步驟，俾能從根本方面使我國的佛學研究現代化。

筆者在這裏以切實可行爲原則，大胆地提出一些建議，以供有志於實現佛學研究現代化的構想的人士參引。希望這不止是紙上談兵，而是能化成事實。

甲、要掌握基本語文知識

「人能弘道，非道弘人」。要建功立業，首重培養人才；學問亦不例外。這裏所謂人才，主要是就梵文、巴利文和藏文而言。這幾種語文的知識，對開拓佛學研究的天地言，至爲重要，而我國佛教界在這方面的人才，又是極度缺乏。我們可以說，目前我們仍未能找到一個精通佛教義理而又熟諳這方面的語文的人才。培養這種人才的最切實的做法是，由有經濟能力的佛教團體，選拔一些年青而有志向學的佛教徒，或出家僧衆，到日本或英美各地專習這些語文，每人只負責一種便可。倘若學子的經濟問題能解決，又只專心學習一種語文，不用分心兼顧其他雜事的話，則三五年後，當有所成，對該語文有基本的理解；再經三數年的練習，便可施展其所學，初步嘗試翻譯新的資料了。

此中要注意的是，學子本身必需年青，年紀大了，便不易學了。聰明不一定是必要，只要有志向學便成。語文不是天才人的學問，只要假以時日，循序而進，則效果必可期待。假以時日是重要的，要眞能弄通其中一種語文，特別是較繁雜的梵文，恐怕起碼要五七年的專心學習。三兩年是沒多大用的；這頂多只能翻翻原典，找漢譯本對照一下而已，而這還得依靠別人的研究作爲參考，才能進行。

另外一點是，這種工作的主力，最好來自教團內部，工作應有計劃地進行。依靠教外的人來做，不是健全的辦法。教外的人，要具備學習原典語文的自覺，和建立足夠的經濟基礎，恐怕已在三十上下；那時腦袋大抵已塞滿了不少東西，不易再學新的東西，何況又是那繁難的原典語文！即使幸而得成，恐怕已屆中年，餘下來專心工作的日子便不多了。另外，出路也是問題。學好梵文，到什麼地方找工作呢？

這種種問題，若由教團有計劃地來辦，都可避免。趁學子年輕時選派他出去學習，則他不但學得快，而且學成回來，還是來日方長。在教團內替他安排翻譯的工作，則職業當亦不成問題了。

把握原典語文的基本知識的另外的便捷方法是，直接從海外請一些梵藏巴利等語言學家過來，幫助訓練這方面的人才。目前在西方流行一種新的語文教授方式，即是運用科學的語言學方法，把教授的重點放在分析字彙與語句的結構方面。用這種方法來學習佛教的原典語文，特別是梵文，倍覺有效。因這些語文已是死的語文，發音方面不大成問題，其繁難處幾乎盡在文法結構，用分析來對付它，最好不過。這方面的代表學者，有英美系的蘭曼（C. R. Lanman）與麥當奴爾（A.A Macdonell），特別是前者，他的《梵語讀本》（Sanskrit Reader），更是這方面的代表作。

筆者特別强調，學習這種語文，必需有好的方法，才能收事半功倍之效。

以上所提出的兩點做法，雖然很具體，但範圍都只及於少數的個人。要普遍地建立一種學習原典語文的風氣，還得有客觀的工具書才成；即是說，要用中文編纂一些學習這些語文的文法書和字典，俾學子可按步就班自學。目前，用日、英、法、德等現代語文來編纂的原典語文的工具書多得很，但用中文來編纂的，却是絕無僅有。故我們要學習這些原典語文，要通過其他的語文，不能用自己的母語；這種學法，費力得很，效果恐怕也欠理想。此中道理淺易得很，不多贅。

乙、要有好的工具書——佛敎大辭典

作爲一種工具書，中文的佛敎大辭典的編纂，是急不容緩的事。佛敎是宗敎與哲學的結合，這兩者在佛學中，都有豐富的名相與深奧的義理。研習佛法，沒有好的入門書固然不成，同時也不能沒有好的工具書。這兩者特別是對初學者來說，都同樣重要。

現代的佛學研究，都强調工具書的重要性，特別是日本方面。目前日本學者所編纂的佛學辭典一類工具書，不下十數種，包括規模最大的望月《佛敎大辭典》在內。這些辭典，大抵各應不同的需要而編成，故亦各有其特點與價值。太舊的自然不好，那主要是由於方法不對和與現代社會隔離太遠之故。

目前的中文資料中，這方面的工具書極爲缺乏。較具規模的，恐怕只有丁福保的《佛學大辭典》，但那顯然不是一部理想的工具書，它基本上依據日人織田得能的辭典編譯而成。織田的這部佛敎辭典，缺點很多，主要是內裏的解釋述語太古舊，接不上現代思潮。後來日本人所編的佛敎辭典，在這方面都超過它了。丁福保所編譯的，自然也免不了這些缺點。

筆者心目中的理想的中文佛敎大辭典是以文獻學與哲學的雙軌訓練而來的製作，而重點還是放在義理的闡釋方面。文獻學方面，主要是文字上的根據，例如梵文巴利文的原名，及其本來意思，哲學一面則强調該名相的思想內涵。重要的是，對於這兩者的敍述，都應與現代人的思想與用語配合起來；即是說，要用流暢的現代語文來描述，而所用來幫助解釋的述語，也需要具有現代意義的。

在日本學者的製作中，最近出版的由中村元主編的《佛教語大辭典》，可說是在這個意義下的較優秀的表現。這是我們所應致力的目標，雖然不是最高的目標。

丙、要利用現代佛學研究的成果

以上兩點是就基本工夫言，是要自己親身去作的。另外一種工作是借助他人的研究成果，來開拓並擴展自己的知識界域。具體地說，我們可以對日本及歐美到目前爲止所有的佛學研究的成績，作全面的理解，擇其重要的，迻譯成中文。這樣一方面可以補充自己在了解佛學的不足處，同時也可知道別人研究佛學，指向甚麼方向，採取甚麼方法，和在質與量方面達到甚麼程度。

這種工作雖然不是第一線的，但却具有極其重要的意義，與現代化連在一起。這項工作不進行，卽不能有系統地了解別人的努力，無異關閉門戶，把自己封鎖在室內。人家已對後期印度大乘佛敎大師脫作護（Mokṣākaragupta）的論理學作尖端性的研究了，我們還是老是拿着《正理門論》，《入正理論》一類舊資料和窺基的註解來談印度因明學；人家已把唯識的安慧系統與護法系統的分別詳盡地研究出來了，我們還籠籠統統地據《成唯識論》來談唯識；人家正理性地根據客觀可靠的史料來理會達摩的公案，我們還是滯留在他對梁武帝所說的廓然無聖」階段；人家已根據新的資料把西藏和西域的佛學理會出頭緒來，我們還是茫無所知；人家已深入到敦煌和吐魯番所找到的資料中，去發掘裏面的思想和文學的寶藏了，我們在這方面似乎還未開始；人家在根據西藏文翻譯、幾種漢文翻譯和幾種現代語譯來翻譯《維摩經》了；我們的人却只根據鳩摩羅什的漢譯來翻譯，製造出無數可笑的錯誤；人家藉着現代文獻學和思想的訓練和豐富的佛學知識，成功地把《成唯識論》翻譯爲法文，而在我們這邊，不懂佛學不通梵文的人卻也做這個翻譯工作，結果被人輕視，……凡此種種，都顯示我國佛學界的無知。

要打破這一局面，除了在語文方面作扎根的工夫外，多參考別人的研究，廣開眼界，自然也有一定的作用。

這個工作，可以透過佛敎刋物，有系統地來做，定期登載介紹或翻譯日本及歐美的佛學研究的文章。當然最好的辦法，是把人才集中起來，有系統地做這個介紹或翻譯的工作，編成叢書。分類方面，可以問題爲單位，亦可以研究的語文爲單位。前者如，研究禪宗，有那些方面的成果，和誰人作過這些成果；後者如，法語系在佛學研究中，在那幾方面有特殊的表現，等等。在後者來說，通常每一語系，都有它的研究的重點和特殊成果；例如德語系長於禪宗、比較宗敎和佛家邏輯方面的研究，法語系長於大乘經論的研究，英語系則似相當廣泛，而欠缺特色，日語系則如衆流歸海，無所不包，而又有其成就。這些成果，都足以作爲我們的營養，以壯大自己的研究的行列。

丁、要辦佛敎大學和研究院

以上所舉三點，雖都有意義，但都不免只涉及一個面相。要全面推動和進行佛學研究的現代化運動，莫如籌辦佛教大學與研究院。實在說來，上面所舉三點工作，也正要在佛教大學(和研究院)中進行，或配合它們的發展而施行，才較有效果。

佛教大學具有一般大學的條件，它的一個特色是要從學術與思想方面弘揚佛法。它應有哲學系，特別是佛學系，作爲大學各系的骨幹。佛學研究，當在這一系中進行。這裏我們暫不談大學一般的情形，而只把焦點放在佛學系方面，討論如何透過這佛學系，來促進佛學研究的現代化。

關於日本及歐美各大學的佛學研究及佛學系的情形，請參閱拙文〈日本及歐美之佛學研究點滴〉，此處不多重覆。有一點堪注意的是，這些大學發展佛學研究，幾乎都表現一個共同點，都强調文獻學特別是語文的基本訓練的重要性。這個方向，筆者認爲是正確的，但對我們心目中的佛教大學來說，却是不夠。文獻學的重要性，明顯不過，此中不必多論，但我們的理想，却是要站在中國佛教的立場，倚靠文獻學，而超越文獻學，直探佛教思想的奧蘊；我們要繼承智者、法藏、慧能的懷抱，而又不離佛陀創教的悲願本懷，以光大佛教義理的門戶。這些雖然都不是目前多數日本及歐美的佛教學者所措意的，但我們的處境却是不同。在精神上，我們固可直承佛陀的悲願本懷，但就歷史來說，我們却要上接中國佛學的光輝傳統。

在這個意義下，筆者卽强調，站在中國人的立場來弘揚佛法，應走文獻學與哲學並重的雙軌路向，而這雙軌的統一處接頭處，應是佛陀創教的悲願本懷。

透過文獻學的文字訓練，可解決印度及其他方面的佛教資料問題，透過哲學的思想訓練，可掌握這些佛教的義理，作爲營養，以充實中國佛教的體系，進而在思想上推動中國佛教，使之前進。這二者又統一於原始佛教的悲願本懷，以保住佛陀的基本精神。只有這條路才是邁向弘揚佛法的坦途。

我們心目中理想的佛教大學，應循此途走；佛學系中課程的安排，基本上也應就此點來考慮。在這些課程中，梵文、藏文、巴利文等原典語文是一定要有的，英文、日文、德文、法文等現代研究的語文也不能忽視，具備了這些語文的基本訓練，我們才能直接閱讀原典，和運用別人的研究成果。這大抵是順着日本及歐美的先進大學走的。它的不足處，是在方法和哲學方面，我們要在這方面加强，同時要强調中國佛學的重要性。

關於强調中國佛學一點，實有其特殊的意義。一方面是它在義理上有極其崇高的價值，而發揚中國佛教，也是我們的責任。另外一點是，倘若我們要致力於我國佛學研究的現代化的話，在各方面的佛教中，最切近而又最易於建立學術水平的，恐怕還是中國佛教方面。這實是我們初步應努力的重點。

研究院的設立，基本上是培養能獨自進行佛學研究的人才。它是學術與思想應經的正途，也是大學的繼續。筆者以爲，倘若學子在大學中能習得足夠的訓練，則他們在研究院時，除了繼續自身的研究工作外，一方面也可初步嘗試進行上面所提出的三點工作，特別是介紹和翻譯現代佛學研究的成果，和幫助編纂佛學大辭典。

以上所論的，是佛教大學和研究院的總的方向問題。我們並未有具體地討論教學和研究等細節問題，例如師資、圖書館設備等等，這些都應以這方向爲前題來考慮來辦理。傳統的讀解經典的方式應該革新，舊的資料也應該好好整理一番。讀解經典雖然重要，而要培養能通貫中文經典的人才也着實不易；但這種工作應該與現代思想學術觀念配合起來，以客觀的有效的分析方法來進行，資料的眞僞要審辨清楚，把握義理也應循理性之路。只有這樣，才能推動我國的佛學研究，使之向前躍進一步。

以上我們就純學術的角度，特別是就文獻學的角度，來討論我國的佛學研究的現代化問題，這是現代化的第一步。光是這一步是不夠的，下一步便是思想的現代化。即是說，如何從思想一面來弘揚佛敎，接上上一代的棒子；同時要致力於東西思想的會通，本着佛教的立場，以共同解決現代人類在思想上文化上的種種困惑。這些工作，自然不是文獻學以至於學術研究所能措心的。關於這些問題，我們且留待以後有機會來討論，本文暫止於此。

華嚴宗法界緣起理論之研究

——一篇博士論文的綱要

一、基本問題

佛教的基本命題，爲緣起性空。緣起以解釋與安立經驗現象，性空以說超越的真實。在緣起方面，有四種說法。這即是：原始佛教的業感緣起、大乘的阿賴耶緣起、如來藏緣起與法界緣起。在大乘的三種緣起說中，第一種是法相唯識的說法，第二種是真常心系的說法；法界緣起則是華嚴宗的說法，也是最後出的。

法界緣起說由華嚴宗的實際開宗者法藏所提出。他是沿以《大乘起信論》爲代表的真常心的思路，以《華嚴經》爲經典的根據而提出此一說法。其主旨是要本實相的立場，展示經驗現象的圓滿無盡與圓融無礙，所謂事事無礙法界。而華嚴宗意義的圓教境界，亦基本上在這種緣起中顯示出來，而有別於天台宗意義的圓教。此中即有數重要問題堪研究：

一、法界緣起與其前的三種緣起有何不同？
二、法界緣起的「緣起」義應如何理解？
三、此種緣起的義理根據爲何？
四、法界緣起如何顯示華嚴宗的圓義？吾人應如何看此緣起理論與圓義？

論文之撰寫，即要回答此數問題。其中尤以對第二、第三兩問題之討論爲主。

二、基本認識

對於解答以上的問題，吾人有如下認識。關於第一問題，吾人以爲，四種緣起雖都對空寂而言，都有活動、生起的意義；但法界緣起與其前的三種緣起有本質的差異。即是，後者是在實然層立說，前者則純是價值義、理想義。業感緣起以惑、業、苦三者展轉表現因果相續立說；以煩惱（惑）爲緣，而造身體上的惡業（業），以這惡業爲因，召感生死的苦果（苦）。現象世界即附在生死苦果中說。阿賴耶緣起以微細不可知的阿賴耶識爲有情的根本依；此識藏有無量數的精神性的染淨和合的種子，這些種子待緣現行，由潛存狀態變爲實現狀態，即變現這個現象世界。如來藏緣起則以超越的真常心與經驗的生滅心和合，隨緣而起現一切法，而成現象世界。業感緣起與阿賴耶緣起很明顯地是說生死流轉邊事，因而是實然層。如來藏緣起雖强調真常心的清淨性，但它所隨的緣，卻是經驗的偶然的緣，因而所現起的世界亦是實然的世界。法界緣起則殊不同。它是佛的圓明性德的呈現，是佛在其海印三昧中隨順衆生的願欲而示現的種種無礙的事象。此中所起的，不是生死流轉的現象，而是還滅義的法界。其中的每一法，都具價值義。嚴格來說，這不應視爲一般意義的緣起，而應爲「性起」；這是佛具足的純淨無染的性德的起現。

關於第二問題，吾人以爲，在法界緣起中的事象的依緣而起，不是有對礙的有定相的生起，而是無對礙的無定相的生起。此中的關鍵點在，此種緣起說所牽涉的一切概念，包括經驗的、邏輯的、數學的，與先驗綜合的，都應視爲無獨立性。即是說，此等概念都不指涉任何決定的意義，任何定相，因而都是「非獨立的概念」。由於不指涉決定的意義，因而這些概念都在相依相待的關係中成立，其意義都是相對待的。舉例來說，法界緣起最明顯的例子，是六相圓融。此中所涉及的概念，若以世間的思解來說，六相（總別、同異、成壞）應是先驗綜合概念，一一切應是邏輯字，椽、舍、瓦應是經驗概念。總之都應具有決定的意義和定相，有獨立性。但實際不應這樣理解。又在這種緣起中具體顯示緣起事象的關係的表示式，如相即、相入、相攝，其中的即、入、攝，都不應視爲獨立的概念。「即」不能作數學上的決定的等同意看，「入」、「攝」都無決定的時、空相。再進一步，這些即、入、攝的關係概念，又是通過有力、無力的力用概念來說，而這些力用又不是決定的物理意義的力用，不具時空相，而純粹是虛說。凡此都應視爲非獨立的概念。否則圓融無礙的義理便不能成立。

又由於此等概念無決定性，因而不在主客的對偶關係中。故此種緣起不是知識的對象，它無寧是實相，是佛智之所證見。每一緣起法自身都應視爲一實在，是一整全，而無部份之分。就六相圓融的例子來說，每一緣必「全力」作舍，而非「少力」作舍。全力表示整全，少力則表示部份也。

關於第三問題，吾人以爲，此種緣起的義理根據，仍在空一基本觀念。空是自性空，是自性的否定。這是《般若經》與中觀學的說法，用以說作爲現象的緣生法的本質。法藏吸收此一說法，而特別用來說概念的無獨立性與相對性。即是，一切概念，都在本質上是空，都無自性，因而不能有決定意義和定相，因而是非獨立的，其意義只能相互依待地成立。法藏且以一般來說是先驗的數學概念的「一」爲例，以之非「自性一」，而是「緣成無性一」，由此而說「一即十」。自性一即是具有由自性而來的決定意義的數目的一，緣成無性一則是作爲無自性的緣起法的一，它無獨立性。

故此種緣起說的理路爲，由空義以說概念的無獨立性，由概念的無獨立性以說緣起事象的生起及相互關聯，以遍於整個法界。這種法界緣起可說是實相在動態中呈現，而不是在空寂中呈現。

關於第四問題，華嚴宗人曾稱其教義爲稱法本教，而非逐機末教，此明顯地是就與他教的分隔，以說其教的圓義。吾人以爲，就法界緣起來看華嚴宗的分隔義的圓義，可有兩點可說。一、在此種緣起中頓現的萬象，實是佛在海印三昧中所修得的性德向外投射的結果，故此種緣起純是佛境界之緣起，而不與九界衆生共。九界皆有所偏，唯佛境界爲圓。二、此種緣起既是佛境界的向外投射，則所頓現的萬象自可依佛在因地久遠修行而得的智慧而作圓融無礙的安排，而不染現實世界的有礙性，因此而得圓義。

吾人以爲，此種緣起與九界衆生有一隔離，其圓無周遍義，實是高而非圓。又此種緣起是由佛境界方面說下來，如《華嚴經》之先說佛境界，故不免停留於主觀狀態；它從空寂的佛境而起，很能顯主體的活動義，但所起者能否與客觀的存在相應，便成問題。此中並無必然的保證。此種限制，勢必影響華嚴宗作爲一哲學與宗教理論的效用。關於如何消解此一限制，吾人將在此作一試探性的討論。吾人以爲，此種緣起，實不必由佛境界說下來，而可順現實存在的層面說上來。現實存在非實相，但吾人未必不能即在現實存在中轉出緣起實相。此只是一主觀的精神狀態的升進問題。如是，緣起實相即是現實存在之緣起實相，它必然與現實存在相應。

三、研究方法

在吾人的研究過程中，對於法藏的某些重要概念與思考方式，將通過與其他哲學系統作爲對比，以顯示出來。由上可見，吾人研究的主旨，是要闡明法界緣起理論成立於概念特別是先驗綜合概念的無獨立性處。關於此點，吾人將通過與康德之範疇理論對照，以顯示出來。案康德論現象，以爲，當表象是依照範疇的統合作用而被思爲對象時，即是現象。故現象有客觀性，與現實存在相應。此種客觀性成立於先驗綜合概念或範疇的決定。範疇之能作此決定，是由於它們自身有獨立性，能顯示客觀存在的普遍相，如因果相、常住相。吾人於此，將特別注意法藏的與先驗綜合概念相當的六相，即總別、同異、成壞，與康德的範疇的不同，以顯出前者的無獨立性，是非獨立的概念，因而不能成就客觀的現象世界。當然康德與法藏的立場殊不同。康德是要建立現象世界，成就經驗知識。法藏則要顯示實相，成就觀照。就法藏言，概念的獨立性必須打破，才能達於實相。

就法藏來說，概念的獨立性指涉現實存在，概念的非獨立性指涉實相。前者是實然義，後者是價值義。這個對比，就某一意義言，很類似柏格森言社會的封閉性與開放性的對比。柏格森以爲，社會的封閉性基於私欲、集團傾向，與强制的道德、宗教相連。社會的開放性則基於公心，與自覺的道德、宗教相連。封閉的社會是吾人的現實；開放的社會則是吾人努力的目標，是價值所在。吾人以爲，以社會的這兩種性格作參照，對了解上述概念的獨立性與非獨立性，很有啓發性。吾人將在論文中作一比觀。

又關於論緣起實相方面，吾人將通過與龍樹的説法作比觀，以顯示法藏的説法的特點。案龍樹與法藏都通過先驗綜合概念説緣起。但龍樹的先驗綜合概念，如一異、生滅、常斷、來去，都是獨立的概念，都從自性的立場説，故龍樹都否定之，以成「八不」，而成就其無「自性的生起」。法藏的六相，則都是非獨立的先驗綜合概念，都不從自性説，因而法藏可以從正面説六相，以成就其「無自性的」生起。龍樹取否定方式，法藏則取肯定方式，兩者實殊途同歸，都基於空義來説緣起，歸於無相的實相。

對於法界緣起的看法，吾人於上曾言，此種緣起可不必由佛境界説下來，而當從現實存在説上來，以成就現實存在之緣起實相。關於此點，吾人將參照康德論現象與物自體之關係來解説。康德以爲，現象與物自體都是對同一對象的表象而説，兩者的分別是主觀而非客觀。故吾人不能離現象而立物自體。在某一限度，吾人固可視現象與物自體分別相當於現實存在與緣起實相。因而吾人不能離現實存在而立緣起實相。此二者的分別應是主觀的，而非客觀的。即是，此分別只在吾人之觀照工夫而已。無觀照，則所對是現實存在，有觀照，則所對是緣起實相。

四、研究範圍

在本論文中，吾人不擬對法藏之華嚴體系作全面之討論，而只集中研究其法界緣起理論。吾人所留意之點，皆與解答上列之基本問題有直接關聯者。此中包括法藏論空義及其以下諸種說法：六相圓融、十玄緣起、金獅子喻、相即相入、十錢喻、緣起因門六義；又包括法藏之宗師杜順及其宗徒宗密之四法界特別是事事無礙法界之說。吾人又將看法藏如何融攝般若之二諦與唯識之三性之說。吾人以爲，通過此等研究，可以展示法藏法界緣起說之本質。另外，在論述此種緣起說之圓義方面，吾人將以法藏之判教理論爲基礎，又將參考天台宗人如湛然、知禮等對華嚴宗之批評。

由是本論文目錄，可示如下：

緒論：法界緣起說之價值義

本文：一、獨立的概念與非獨立的概念

二、六相與十玄的義理模式

三、相即相入的邏輯的解析

四、虛說義的力用

五、法藏的空義

六、作爲「無自性的」生起的緣起

結論：一、法界緣起的圓義

二、從佛境說與從現實說的緣起

此中，吾人將於緒論部份解答第一問題，本文部份第一至第四節解答第二問題，第五與第六節解答第三問題，結論部份解答第四問題。

五、研究資料

吾人之研究資料，自以法藏之著述爲主。法藏之著述可分四種：自抒己見者、《華嚴》註釋、經疏、論疏。就吾人之研究而言，其自抒己見之著作，最爲重要，其中包括：《華嚴五教章》（大四五）、《五教止觀》（大四五，此書古來皆以爲杜順作，現代學界則視爲法藏作，今從後者）、《遊心法界記》（大四五）、《妄盡還源觀》（大四五）、《發菩提心章》（大四五）、《金獅子章》（大四五）。凡此諸種，吾人將詳細研讀之。關於《華嚴》註釋方面，吾人將參考以下諸種：《探玄記》（大三五）、《華嚴經文義綱目》（大三五）、《華嚴經旨歸》（大四五）、《義海百門》（大四五）、《華嚴經策林》（大四五）、《華嚴經問答》（大四五）、《華嚴經內明法品內立三寶章》（大四五）。關於經疏方面，吾人將參考《般若心經略疏》（大三三）。關於論疏方面，吾人將參考：《大乘起信論義記》（大四四）、《大乘起信論別記》（大四四）、《十二門論宗致義記》（大四二）。

以上所述，皆是吾人研究法藏之法界緣起理論之文獻根據。其判教理論亦在其中。吾人亦將參考杜順之《法界觀門》及宗密之《注華嚴法界觀門》（大四五，前者即載於後者中）

所論四法界特別是事事無礙法界，以爲補充。另外，在以康德、柏格森、龍樹諸體系與法藏作比較方面，吾人將參考以下諸書：I. Kant, *Critique of Pure Reason*; H. Bergson, *The Two Sources of Morality and Religion*; 龍樹，《中論》（大三〇）、《迴諍論》（大三二）。（以上之大 皆指《大正新修大藏經》，四五、三五等依次指其中第四五、三五册）

對於現代學者之有關研究，吾人亦將盡量參考。此中包括日本學者龜谷聖馨、坂本幸男、鎌田茂雄，及美洲學者 F.H. Cook 之著作。其詳細書目，將具列於論文中。

補遺

安慧對識轉變的文獻學的詮釋

吳汝鈞著

略語表

《成論》　護法等著、玄奘譯《成唯識論》，大三一．一a—五九a。

《三十頌》　世親著、玄奘譯《唯識三十頌》，大三一．六〇a—六一b。

Triṃśikā　Sylvain Lévi, *Vijñaptimātratāsiddhi*, deux traités de Vasubandhu, Viṃśatikā accompagnée d'une explication en prose et Triṃśikā avec la commentaire de Sthiramati, Paris, 1925, pp.13-14. (*Triṃśikāvijñaptimātratāsiddhi*)

Bhāṣya　Ibid, pp.15-45. (*Triṃśikāvijñaptibhāṣya*)

《論釋》　安慧著《唯識三十論釋》（無漢譯）。

寺本　寺本婉雅著《梵藏漢和四譯對照安慧造唯識三十論疏》，西藏傳聖典譯註佛教研究第三輯，一九三三。

荒牧　荒牧典俊譯《唯識三十論釋》，長尾雅人、梶山雄一監修《大乘佛典15：世親論集》，東京：中央公論社，一九七六，頁三一—一九○。
大　《大正新修大藏經》
長尾　長尾雅人著《中觀と唯識》，東京：岩波書店，一九七八。
橫山　橫山紘一著〈世親の識轉變〉，平川彰、梶山雄一、高崎直道編集《講座大乘佛教8：唯識思想》，東京：春秋社，一九八二，頁一一三—一四四。
上田　上田義文著〈Vijñānapariṇāma の意味〉，《鈴木學術財團研究年報》，一九六五，頁一—一四。
武內　武內紹晃著《瑜伽行唯識學の研究》，京都：百華苑，一九七九。

如所周知，對於世親（Vasubandhu）的唯識學，一向存在著兩個詮釋傳統。護法（Dharmapāla）的傳統流入中土，安慧（Sthiramati）的傳統流入西藏。本文是對安慧的詮釋作文獻學式的探究，並聚焦在識轉變一觀念上。世親的原著是《唯識三十頌》（*Triṃśikāvijñaptikārikā*，此下分別簡作《三十頌》*Triṃśikā*）。安慧的詮釋則可在他的《唯識三十論釋》（*Triṃśikāvijñaptibhāṣya*，此下分別簡作《論釋》*Bhāṣya*）中見到。這部文獻的梵文本由法國學者李維（S. Lévi）在尼泊爾發現。以下我先列出世親《三十頌》的第一偈頌，其中有識轉變的觀念。然後是我的翻譯，再後是玄奘的翻譯：

【梵文本】ātmadharmopacāro hi vividho yaḥ pravartate/
vijñānapariṇāme 'sau pariṇāmaḥ sa ca tridhā//

【梵本語譯】不管實行哪些種種的我、法的假說，實際上，這只是在識轉變中。同時，這轉變有三種。

【玄奘譯本】由假說我法，有種種相轉，
彼依識所變，此能變唯三。（大三一．六〇a）

這首偈頌的主要問題是「識轉變」或「識所變」（vijñāna-pariṇāma）。在這一點上，安慧與護法的詮釋有嚴重分歧，而對安慧的詮釋，例如甚麼東西在轉變、轉變的因果是同時抑異時，甚至轉變（pariṇāma）這一概念的意義，現代學者特別是日本方面的也有不同意見。而識轉變在世親原偈中是甚麼意思，都是需要仔細探討的。對於這些問題，我們以下分多點來作文獻學上的討論。

一、世親論識轉變的原意

在《三十頌》中，識轉變一說法在第一首與第十八首中都有出現。世親的意思，表面看來，是識在轉變，不會停留不動。在第十八頌中，世親更就第八阿賴耶識來說，所謂「一切種子識」（sarvabījaka-vijñāna）。（註一）第一頌中的識轉變的意思很簡單，它是說作為能變的識，包括阿賴耶識、末那識、意識和其他感識，都依識的轉變而得成立。第十八頌的識轉變的意思則比較複雜，它指作為一切種子識的阿賴耶識的轉變。具體地說，是阿賴耶識中的種子在轉變，由潛存狀態（potentiality）而起現行，變成實現狀態（actualization），即變為識，而生起種種分別活動。種子是業或行為（karma）的結果，藏於阿賴耶識中，刻刻不停地生長，發展成具體的心識活動，開出心靈、精神（心）和具體的事物（境），亦即心靈現象與事物現象。

就文獻學特別是文法一點言，第一頌的前半部有 pravartate（生起）字眼，這是指我與法的假說的生起，跟著後半部即提出 vijñānapariṇāma（識轉變）字眼。其關係是，我與法的假說的生起是以識轉變為歸依的。pravartate 的語根為 pravṛt，是開始、實施之意。這個意思正與 pariṇāma 相應，後者是轉變、變化的意思。即是說，要有識的轉化、變化，才有我、法等東西的生起。（註二）世親的意思顯然是，我、法等現象性格的東西，要依識的轉變才能成立。而我、法只是假說、只是現象，世親未有說它們具有實在性（reality）。

這裏有一點值得注意，依世親，我、法的假說的成立，不是籠統地依於識，而是確定地、具體地依於識的轉變，這便顯出識的轉變（pariṇāma）的重要性，它可以說是我、法的存有論的根源。而識的轉變是識的活動，這便有攝我、法等存有歸於活動之意。不過，這是在世俗諦的層面上進行的，不是在勝義諦層面上進行，故沒有理想義、價值義，而這活動亦只是識的、虛妄的東西的活動，不是超越主體性的活動。

另外一點也是文法上的問題。第一頌中相應於識轉變的梵文作 vijñānapariṇāme，那是 vijñānapariṇāma 的處格（locative），表示在識轉變的場合的意思，即是把我、法的施設或假說，視為發生於識轉變這種場合中之意。這樣，識轉變便有處所、場域的意涵。這意涵使人想起京都哲學的西田幾多郎的場所觀念。不過，西田的場所是最高主體活動的處所，是意識空間，是具有終極實在意味的絕對無的理境。在這場所中，每一存在的事物都能以在其自體或物自身（Dinge an sich）的方式自由自在地遊息於其中，而互不相礙，而構成一種圓融無礙的關係。最主要的是，在場所中的事物，不是現象，而是物自身。（註三）但在識轉變中施設的我、法，都只能是現象，呈現於我們的感官和知性面前，不能作物自身看。特別是依護法的《成論》

（《成唯識論》）的思路下來，識轉變表示識轉化成見分與相分，而見分了別相分，執取之，以為有自性可得。這見分與相分相當於我、法，它們都是現象，不是物自身。

日本學者橫山紘一對世親的識轉變思想做過仔細的研究，他總括這思想為以下三點：

1. 轉變即是分別。
2. 轉變即是阿賴耶識中的種子變化成長。
3. 轉變即是由作為因的種子生起諸識，而諸識又以分別作用形成諸法。

橫山特別指出，對於識的一切活動是以「轉變」一詞來作總稱的。他似是表示「識轉變」（vijñāna-pariṇāma）一複合詞便是這樣形成之意。（註四）他的幾點意思，可綜合為：世親識轉變表示阿賴耶的種子變化成長而成為轉識，諸識又以分別作用而形成諸法。這諸法合起來即是現象世界。這個意思與筆者上面提出來的很相近。

後來護法、窺基他們即依據世親的這個意思繼續發揮，他們把世親的意思概括為種子生諸法或現行，又按義理脈絡提出現行熏習種子，因而以種子形式藏於阿賴耶識中，又提出在阿賴耶識中的種子依種子六義特別是剎那滅與恆隨轉二義而轉生另外的種子，這即是種子生種子。（註五）

二、安慧對識轉變的詮釋

上面我們處理了世親對識轉變的理解的問題。由於世親的理解過於省略，因此留下很大的詮釋空間，讓人對世親言識轉變生起種種思維和解釋。其中最為人所留意的，也是差異很明顯的，便是護法和安慧的詮釋。關於護法的詳細的詮釋，和安慧的簡短說法，我們在《唯識現象學一：世親與護法》（臺北：臺灣學生書局，二〇〇二）中已作過了。在這裏，我們要對安慧的詮釋作詳細的探討，以顯出它與護法的不同，這也可以看到兩個重要論師的唯識思想的不同取向。

首先，關於識轉變中的「轉變」（pariṇāma）的意思，長尾雅人在他的《中觀と唯識》一書中的〈安慧の識轉變說について〉有周詳的說明。他從印度哲學的數論（Sāṃkhya）說下來，經佛教世親的《俱舍論》（*Abhidharmakośabhāṣya*）、《唯識二十論》（*Viṃśatikāvijñaptimātratāsiddhi*）以迄護法的《成論》和安慧的《唯識三十論釋》，歷述種種不同的說法。現在我們集中於安慧的《唯識三十論釋》方面。

安慧解識轉變的原文是這樣：

kāraṇakṣaṇa-nirodhasamakālaḥ kāraṇakṣaṇavilakṣaṇaḥ kāryasyātmalābhaḥ pariṇāmaḥ /

（*Bhāṣya*, p.16, ll. 1-2）

我的翻譯是：

轉變即是在因的剎那（kāraṇa-kṣaṇa）滅去的同時，有與它相異的果（kārya）得到自體（ātman）生起。

其意思是，在這種（識的）轉變中，作為因的我、法分別的習氣不斷增長它的勢力，在阿賴耶識中形成關於作為果的我、法的假構或構想，但它們有儼如是與構想不同的另外的東西（按這應是指就對純然是構想的東西的執取說，這便是「相異」）。這樣的假構的存在，是無始時來便有的。（註六）安慧繼續特別指明，這些構想的東西，決不是別有實在的自體的存在。（*Bhāṣya*, p.16；荒牧，頁三七）這裏所說的構想是現代的詞彙，傳統的說法是分別，是虛妄分別。

在解釋《三十頌》第一頌的「此能變唯三」句的意思時，安慧再提到識轉變中的「轉變」的意思。他以為所謂轉變，可就作為原因的力動與作為結果的力動來說。（*Bhāṣya*, p.18；荒牧，頁四八）這作為原因的力動，即是因相，或因能變（hetupariṇāma）；而作為結果的力動，即是果相，或果能變（phalapariṇāma）。這兩者應是不同。關於作為原因的力動或因能變，安慧說：

tatra hetupariṇāmo yālayavijñāne vipākaniṣyandavāsanāparipuṣṭiḥ/（*Bhāṣya*, p.18, ll. 6-7）

關於作為結果的力動或果能變，安慧說：

phalapariṇāmaḥ punar vipākavāsanāvṛttilabhād ālayavijñānasya pūrvakarmākṣepaparisa=māpta yā nikāyasabhāgāntareṣv abhinirvṛttiḥ / niṣyandavāsanāvṛttilabhāc ca yā pravṛttiv=

ijñānānāṃ kliṣṭasya ca manasa ālayavijñānād abhinirvṛttiḥ /（*Bhāṣya*, p.18, ll. 7-10。太長的梵文表述，我作了適度的分拆）

對於這兩段文字，我們略述其大意如下。安慧以為，這作為原因的轉變的力動與作為結果的轉變的力動，可關連著阿賴耶識（alaya-vijñāna）來說。在阿賴耶識中，有兩種潛勢力不斷增長（paripuṣṭi），這即是異熟習氣與等流習氣，或異熟與等流兩種種子。這作為原因的轉變的力動，可就這兩種種子說。至於作為結果的轉變的力動，則比較複雜。當過去世的善、惡業的牽引終了時（亦即是眾生死亡時），阿賴耶識的異熟習氣或種子開始現勢化或現起，阿賴耶識即依此而在另外的眾生類型中生起（abhinirvṛtti）。在這當中，由於種子不斷現起，因而也生起染污的末那識和六轉識。（*Bhāṣya*, p.18；寺本，頁二七－二八；荒牧，頁四八－四九）故這原因是種子，結果則是現行識。

按安慧在這裏把識轉變的因果關係，移到阿賴耶識中的習氣或種子的變化方面來說，即以種子為因（hetu），通過它的現行，使阿賴耶識持續下來，而以果（phala）的形式轉生到下一個世代或眾生的下一期生命中。即是說，識轉變表示以種子為因，轉變成現行的識，而歸結到阿賴耶識的轉生到下一期生命體。這點反映出安慧對第八阿賴耶識有特殊興趣。本來種子與現行的關係，可以只是一般的說法，不必要特別指涉阿賴耶識。安慧多涉阿賴耶識，顯示他的唯識思想的宏觀性格，企圖以識轉變貫串到生命的延續的脈絡中。

在這點上，日本學者武內紹晃採取比較保守的說法，他認為在安慧的《論釋》中，轉變分因、果兩面。因轉變或因能變指轉變的因或種子，這即是現行熏種子。果轉變或果能變指轉變的果或現行識，這即是種子生現行。（註七）武內的這種說法，是要把安慧與護法的距離拉近。護法論識轉變，未有特別重視阿賴耶識，卻熱衷於對因、果轉變作細微的探討，重視種子或習氣的等流與異熟的內容和相互間的區別。

這種以現行熏種子、種子生現行來解釋因能變與果能變在《成論》中，確有文獻上的根據。《成論》說：

能變有二種。一、因能變，謂第八識中等流、異熟二因習氣。等流習氣由七識中善、惡、無記熏令生長，異熟習氣由六識中有漏善、惡熏令生長。二、果能變，謂前二種習氣力故，有八識生，現種種相。（大三一．七b—c）

《成論》的意思是，因能變是現行識熏生種子，果能變是種子生現行識。上田義文也指出，護法在解釋因能變的文字中，並沒有說到種子生現行，卻說到現行熏種子。而種子生現行的說法則在解釋果能變的文字中出現。他引述鈴木宗忠（《唯識哲學研究》頁二二八—二二九）的說法謂，據《成論》，因能變即現行熏種子，果能變即種子生現行。（註八）按在《成論》，因能變指作為因的種子而言，它有能變的作用。果能變則指作為果的現行識而言，它也有能變的作用。一般人易了解因能變為種子轉變為現行，果能變為現行熏成種子。《成論》以現行熏種子說因能變，以種子生現行說果能變，實是從作為因的種子與作為果的現行的成立的角度說。即是，種子的成立，在於現行識的熏習，而現行識的成立，則在於種子的生長。

從上面闡釋安慧與護法對識轉變的理解，我們可以看到，護法的說法比較緊密而確定，安慧的說法比較遊移開放。兩人都有因轉變與果轉變，或因能變與果能變的分法。護法用能變字眼，安慧則用轉變字眼。護法的確定說法是，因能變是現行識熏生種子，果能變則是種子生現行。安慧則以因轉變為種子不斷生長、發展，果轉變則是種子成為現行識，最後助長阿賴耶識的轉生至下一生命世代。

關於安慧的識轉變思想，我們可以依文獻學作進一步的闡發，以展示安慧思想的彈性與靈活性。他所說的因轉變，指異熟種子與等流種子的生長。種子即是習氣（玄奘喜譯 bīja 為習氣），而習氣與熏習在梵文來說，都是 vāsanā。故習氣或種子必是就熏習而言，即是說，熏染種子，使它不斷發展、生長（paripuṣṭi）。這亦是等流因與異熟因的生長。但他對因轉變有彈性的說法，表示在七識現行時，在阿賴耶識中生起作為結果的等流種子與異熟種子，這便是因轉變。因此，在安慧來說，因與果同時可說種子：就種子是生起將來的七識現行而言，是因；就種子是七識現行熏習阿賴耶識而得成言，是果。

至於果轉變，則可分兩面來說。第一面集中於異熟習氣方面，生起阿賴耶識，故這是異熟轉變。所謂異熟（vipāka），是依善、惡因而生無記果。果與因在性質上不同，故為異熟。異類而熟也。異熟習氣的結果，是阿賴耶識的生起（abhinirvṛtti）。這阿賴耶識即是異熟果。而阿賴耶識反過來，又是一切雜染法種子的住處（sthāna），是一切法透過其果性（種子作為果的果性）而被執藏起來的依處（āśraya）。

果轉變的第二面則主要涉及等流習氣的活動方面。即是，恆常地有思量作用的末那識與六種了別境識，作為等流果，依止阿賴耶識而生起。其中尤應注意的是末那識，它一方面依於阿賴耶識而生起，又以阿賴耶識為執持的對象，與遍行、大煩惱心所相應，但保持有覆無

記的性質。（註九）

在識轉變思想方面，安慧與護法最大的不同處自然是護法以識變現相分與見分來說識轉變，安慧則未有這兩分的分法。他只環繞著識與種子滅去的同時有相異的果生起來說識轉變。（註一〇）關於護法的說法，我在拙著《唯識現象學一：世親與護法》（臺北：臺灣學生書局，二〇〇二）中詳細交代過了。安慧的說法，則在下面還會繼續討論。

三、關於安慧言識轉變的進一步的探討

在唯識學來說，心（citta）、識（vijñāna, vijñapti）、分別（vikalpa）、轉變（pariṇāma）、識轉變（vijñāna-pariṇāma）常是交互運用的，它們在這唯識的脈絡下，可以說是同義語（paryāya）。識發自心，故識即是心，現代人喜歡心、識連用，而稱「心識」。識的作用是分別，通常是虛妄分別，故識即是分別。虛妄分別依於構想，而識是經過轉變而生分別作用的，故識是識轉變，又是分別。因而唯識（vijñapti-mātra）又是唯識轉變（vijñāna-pariṇāma-mātra）。長尾雅人即認為，唯識性（vijñapti-mātratā）其實即是唯識轉變性（vijñāna-pariṇāma-mātratā）。（註一一）這顯示出識轉變在了解唯識這一義理或哲學立場上的重要性。

即使是基於這樣的理解，我們還是以為，到目前為止，安慧對識轉變的詮釋，透明度還是不夠，還是不夠清晰精確。此中的問題在，就安慧關於識轉變特別是轉變的定義「在因的剎那滅去的同時，有與它相異的果得到自體生起」而言，關於因、果何所指，安慧並未交代清楚，但肯定的是，他強調因果關係，而因與果是相異的。即就此而言，我們的理解的空間

還是很寬廣的。在這裏，因果關係最少有四個可能的解釋：

1. 因果是現行（識）與現行（識）的關係
2. 因果是種子與種子的關係
3. 因果是種子與現行的關係
4. 因果是現行與種子的關係

就「識轉變」強調「識」這一字眼來說，第二種解釋的可能性較小，第一種解釋的可能性較大。第二種解釋沒有識的直接介入，第一種解釋則因果都以識來說。「識轉變」的直接意思是識的轉變，這最易令人想到識由一狀態轉變成另一狀態，而成因果關係。而轉變後的果仍然是識，只是性質變了。這無論就文字學、義理學的角度來看，都是很自然的、暢順的。若介入種子，問題便變得複雜了。但種子與識的關係如此密切，識可熏習阿賴耶識而成種子，種子亦可現行而成識，也非與識轉變完全無關。說識轉變成種子，也不是沒有道理。這是安慧言識轉變難解的關鍵所在。

另外，識轉變也涉及因與果是同時發生與異時發生的問題。安慧的說法「在因的剎那滅去的同時（samakala），有與它相異的果得到自體生起」，對於因與果兩端在存在上是同時抑是異時，還未完全清楚（表面上是同時，但這是就生起說，是否便是成立，還未確定）。這益增加問題的複雜性。

以下我們看看日本學者的說法，再加以評論，表示我自己的意見。首先討論異時同時問題。武內紹晃就這個問題，指出我們應注意兩個重點。一、轉變是由能作之因轉變為所作之果。二、能作因之滅與所作果得自體是同時的。但這「同時」不表示能作因與所作果是同時的，只表示能作因之滅與所作果之生是同時。因此，能作與所作不是同時，二者是無間的次剎那。(註一二)按說能作因之滅與所作果之生是同時，又不表示能作因與所作果是同時，這是否表示能作因滅去同時即有所作果生起，而所作果生起到所作果成立需要時間呢？而說能作與所作二者是無間的次剎那，又是否表示二者存在於相續的不同剎那呢？武內似有這樣的意思。倘若是這樣，則一個事物的生起與它的成立便不能是同時，而需經過一個歷程(process)，這歷程是時間性的。

武內繼續發揮，指根據安慧的定義，在能作因滅去的同時，即有所作果生起。所謂因滅，指因在轉變，現行法變成種子的位態。所謂果生，指果在轉變，法由種子現行起來。由是，法滅去而成為種子的位態與法由種子生起之間是不容有時間的流向(筆者按即是間隙)的。倘若以為有時間的流向，則剎那滅的法的因果相續便常可有一剎那之微的間斷了，這樣便不能說同時。(註一三)按說因滅是現行法變成種子，果生是種子變成現行法，這其實是上面引的護法《成論》的意思。只是法滅果生是同時進行的，中間沒有間斷。但上面又說這不表示因果同時，這只能解釋為果的生起到成立需要一時間歷程。若說某一事物由生起到成立需要一時間歷程，若此事物作現象看，自是可通的。

現在我們還是把識轉變的問題，集中在同時、異時一點上來討論，即在識轉變中，轉變的因與轉變的果是同時出現抑是異時出現的問題。在這點上，武內紹晃表示了上述的意見，但仍有未確定的地方，我們已提了出來。實際上，對於這個問題，日本學者有持相反意見的，

雙方各有理據。上田義文傾向因果異時說，長尾雅人、平川彰則持因果同時說。（註一四）

　上田義文認為：「轉變（是因果）在不同剎那間的相異。」（註一五）又說：「所謂相異，是前後的不同剎那間因與果的相異。」（註一六）又表示因的剎那的無（滅）與果的剎那的有（生），是同時的。在這剎那中只有果在，而因已無。一方滅去，在這滅時，他方便生起。這明顯地是橫亙二剎那的關係。（註一七）橫山紘一因此認為，上田義文是主張因果異時說的。按上田其實亦似容許同時的因果關係，只是說得不夠清楚而已。（註一八）

　橫山則對上田的異時說法質疑。他提出安慧是以緣起來說識轉變的，並提到安慧曾表示識的緣起性可由轉變一語而知。（*Bhāṣya*, p.16, ll. 16-17. 橫山以 *Triṃśikā* 來表安慧的《論釋》。）橫山以為，由緣起可說因果相續。這二者（按指緣起和因果相續）不必只是因果異時的，亦可是因果同時。但他又以為，安慧自身在這問題上，持因果是異時抑持因果是同時，並未有清楚的意識。他認為就安慧對識轉變的定義來說，因果異時與因果同時都是可說得通的。（註一九）不過，他自己則傾向於因果同時說。長尾雅人與平川彰亦是因果同時說的論者。例如，長尾以為，就安慧解識轉變為變異性（anyathātva）來說，因與果不是次第地變異，而是同時變化，因此應是因果同時。（註二〇）

　為了在文獻學上支持他的因果在識轉變中可異時也可同時的說法，橫山引了安慧的一段話為證：

tatrātmādivikalpavāsanāparipoṣād rūpādivikalpavāsanāparipoṣāccālayavijñānād ātmādini=rbhāso vikalpo rūpādinirbhāsaścotpadyate/（*Bhāṣya*, p.16, ll. 2-4）

橫山未有譯出這段文字。我在這裏譯出如下：

在（這轉變）中，使執著自我的「分別」得以出現的習氣（vāsanā）勢力成長起來（pariposa），使執著物質等的「分別」得以出現的習氣成長起來，基於這種情況，顯現自我等的分別（vikalpa）與顯現物質的分別便由（在）阿賴耶識方面生成（utpadyate）了。

橫山以為，這段論轉變的文字包涵兩個過程：

1. 習氣成長起來，
2. 分別（vikalpa）由阿賴耶識生起。

橫山認為，「習氣成長起來」是因果異時的過程；「分別由阿賴耶識生起」是因果同時的過程。他的結論是，轉變可有因果異時、因果同時的意思。（註二一）

現在我們看識轉變中因與果何所指的問題。橫山指出上田以轉變為「前後二剎那間識的相異」。他引上田的一段話謂：

依安慧，諸識在現行（在現在剎那中生起）時，這現在剎那的識，與前剎那的識在特質上是相異的（例如前剎那的識是似色的識，現在剎那的識是似聲的識）。這識與前位的識相異，這便是轉變。（註二二）

針對上田這一說法，橫山特別提出較少人注意的一點：倘若以前剎那的識為因，現剎那的識為果，則前剎那的識並不能說是因緣，而應是等無間緣。筆者按前剎那的識滅去，讓現剎那的識生起，則前識對現識來說，是等無間緣。橫山提的這種說法，即前剎那識不是因緣而是等無間緣，與緣起學說以因緣為因而生果的原則不符。而安慧自身正是以緣起來說轉變的。橫山的意思顯然是，上田以轉變為前後二剎那間識的相異的說法有問題。

不過，上田也曾導入種子的概念來解釋，這與我在本節註二二舉上田提到習氣問題有相通處。橫山引述上田的話如下：

> 現在的識以種子為媒介而成為過去的識的果。現在由過去被因果地規定下來。識的前後的變異，是過去與現在的相異，這是在因果關係中成立的相異。（註二三）

這種說法，似乎在以因為習氣或種子，以果為識一提議之外，亦可以因為識，以果為種子。因說「以種子為媒介而成為過去識的果」，可表示因是過去的識，果則是種子，過去的識以種子方式、以種子為媒介而成為果。故上田的意思是不確定的。而引文後半又提到「識的前後的變異」，則又表示因、果皆以識說了。但對於這引文，橫山有異議。他以為，由過去的識熏習而得的種子，必有潛伏的階段，這則與安慧的定義「在因的剎那滅去的同時，有與它相異的果得到自體生起」（註二四）相矛盾。他顯然不同意上田的說法。（註二五）

另外，就識轉變中因與果的相異一點而言，橫山很強調安慧定義中的「特質的相異」或「相相異」（vilakṣaṇa）的字眼。其實，說到相異，通常都是就特質或相（lakṣaṇa）而言的，不必特別強調。（註二六）橫山則另有見解。他認為因與果的「特質的相異」不必是識在內容上的相異，而可以是種子與現行的特質的相異。上田是就識的行相的狀況的相異來了解，如「前剎那的識是似色的識，現在剎那的識是似聲的識」（參看上面註二二交代的引文）。橫山認為，倘若由種子變為現行的角度看轉變，則亦可解釋為種子與現行之間的特質的相異。他引述《成論》卷二（大三一．九b）言種子六義中的「果俱有」的「現種異類，互不相違」一說法，以種子為無礙，色法這種現行為有礙為例，表示兩者為異類，兩者相互對反，連合不起來，但卻能同時存在。以此為例，橫山認為，對於安慧的「特質的相異」的說法，是可以種子與現行在特質上相異這樣的意思來解釋的。（註二七）

四、安慧言識轉變的可能涵義與它的現象學的詮釋

在上面，我們就安慧《論釋》的原文對識轉變的意思作了初步的理解，也參考了日本學者在這方面的各種意見。在這裏，我們要對安慧言識轉變在對比著護法的相應說法的脈絡下作一總的省察，並探討它與現象學的關連，特別是它在現象學的思想背景下可以有些甚麼涵義或啟示。對於這種做法，我們要分以下幾點來進行。

1. 從文獻學的角度來說，識轉變（vijñāna-pariṇāma）表示關於識本身的轉變，故轉變的前後內涵，即轉變的因與轉變的果，都應與識有直接的關連。故識轉變的所指，最可能是識從一種狀態轉變為另外一種狀態。而這種轉變是在時間中進行的，因此，它

的直接意思應是在某一剎那的識在狀態上轉變為另一剎那的識。在這點來說，上田義文的解釋比較接近。不過，識轉變作為唯識學的重要觀念或思想，似乎意思不會這樣簡單。而安慧在進一步的解釋中，便提到種子或習氣。即是說，在阿賴耶識中的種子，不管是異熟的抑是等流的，都是活動的，會生長發展的，最後現起而成為識，這包括末那識和六轉識。故識轉變應指在時間流中，作為原因的種子轉變成現行識。這是這個觀念的最可能的意思，起碼在表面上說是如此。

2. 順著上面的意思說下來，識轉變的結果是現行識的生起。現行識是心，故是主觀的心或心識的生起。至於與心識相對的對象或境，安慧沒有涉及。對象或境概括客觀的世界，對於這客觀的世界的生起和成立，安慧的識轉變沒有直接交代，這是他與護法最不同的地方。護法是以識變似見分與相分來說識轉變的。見分概括主觀的心識，相分概括客觀的世界。在這點來說，護法的說法是較周延的，它交代了客觀世界的來源。但安慧強調種子的生長與發展，這與胡塞爾現象學言意識流聚合而成束，由此說自我，而這些意識流憑藉意向性作用，指向對象，或生成對象，以意義規定對象、鎖定對象，有一定的關連。不過，安慧說到識而止，這便只能相應於現象學的意向作用或能意（Noesis），而不涉意向對象或所意（Noema）。從存有論的立場來說，是不足的。

3. 安慧把識轉變的因果關係，移到阿賴耶識中的種子的變化來說，種子現行，使阿賴耶識持續下去，致能轉生到下一世代。這種說法，能強化自我的成立，阿賴耶識即為一自我主體，為第七識所執持。這相應於現象學的多個意識流結而成束，由這種意識流來建立自我。在這一點上，雙方都有很強的觀念論傾向。

4.在安慧的識轉變的理解中，「力動」一觀念很受到重視。不管是作為原因的因能變（hetuparīṇāma），或是作為結果的果能變（phalaparīṇāma），都有很強的動感。這對現象學可以有積極的啟發作用。意識的可以成「流」，而有所謂「意識流」，或「流動的意識」（strömendes Bewußtsein），端在意識自身的動感。這動感便相應於安慧識轉變的力動觀念。胡塞爾便曾直言絕對意識是一種活動（Akt, Aktivität），正表示它的力動性格。這力動或動感是從哪裏說呢？安慧的識轉變是從種子的生長、發展、增長（paripuṣti）說，現象學則從意識的「流」（Strömung）說。有動便成流，不動則不成流。

5.在識轉變中作為因與作為果的東西何所指一點上，日本學者有多種說法。如上面提到，上田義文以因、果皆就識言。武內紹晃以為因指現行熏種子，果指種子生現行。即是說，因為種子，果為現行。這種說法也是護法《成論》所首肯的。實際上，在這個問題上，安慧的意思是敞開的，它可以指不同的說法，那是順應不同的理解方位或重點而然。因和果都可以就識言，也都可以就種子言，也可以以因為種子，以果為識，也可以以因為識，以果為種子。此中的關鍵點在於，種子與識可以互轉。而種子自身亦可在前後剎那中轉變，識自身亦可在前後剎那中轉變。在這個問題上爭持不休，並沒有多大意義。重要的是安慧在識轉變中不立相分，這表示他是徹底的唯識態度、唯心主義，不予存在世界一個較為獨立的位置。在外界實在問題上，更採取不客氣的態度。在這一點上，他可以說是非常接近胡塞爾，特別是在提出「生活世界」（Lebenswelt）之前的胡塞爾，後者把意識放在極高的位置上。他甚至較胡塞爾更為唯心，更有觀念論色彩。

6.在識轉變中因與果為異時抑為同時的問題上，日本學者也提出不同意見。上田義文基本上持因果異時說，不過，他也暗示因果同時亦可說得通。長尾雅人、平川彰則持因果同時說。橫山紘一亦基本持因果同時說，但也不排斥因果異時的可能性。就安慧本人的意思來說，他似是同時容許異時說與同時說的，其關鍵點還是在你是就種子抑是就識來說因與果。不過，有一點需要注意的是，識轉變所關涉的東西：種子與識，都是剎那生滅的，兩者都是生滅法，都是現象。既是現象，便需在時間中作用；而轉變本身，亦是現象，亦只能在時間中進行。說異時、同時，都不能影響轉變活動的本質，就與胡塞爾現象學對比來說，識轉變相當於經驗意識的意向作用，都不能超越時間。只有絕對意識的意向作用，才能超越時間。在唯識學，在轉識成智之後，如有所謂「智轉變」，便可不受時間規限了。

五、關於外界實在性問題

在知識論與形而上學來說，外界實在性一直都是一個辣手問題，很難有圓滿的解決。我們的感官只能接觸作為現象而呈現於我們面前的東西，在感官不能接觸的現象背後的地方，是否還有些甚麼東西呢？倘若沒有，則作為現象的事物的來源是甚麼呢？倘若有，則這些外界東西的實在性（reality）如何能證立呢？當然，我們可以提出物自身（Dinge an sich）。但物自身的實在性，一直都是哲學上爭議的問題。唯識學把現象歸源於心識，認為由心識所變現，視之為親所緣緣。現象背後的東西，稱為疏所緣緣的，則存而不論，或視之為心識的假構，特別是意識的執著。這假構或執著，都沒有理據可言。在胡塞爾的現象學，則把這些東西懸置（Epoché），中止一切有關它們的存在的判斷。

現在我們要就唯識學特別是安慧的識轉變思想對這個外界實在性問題作一些深入的探討。如所周知，我們在前面也提到，世親把 vijñāna（識）與 pariṇāma（轉變）連在一起，而成 vijñānapariṇāma（vijñāna-pariṇāma）一複合概念，所謂「識轉變」。這有甚麼用意呢？根據上田義文的解釋，現在剎那的能緣或識緣（認識）一個或若干個所緣或境，如只緣色，或同時緣色與觸，我們便可說，現在剎那的識似於某一一定的我或法的相狀而生起。或者，倘若有橫亙多剎那的識，則這些識似於種種以至一切的我或法的相狀而生起。因此便有種種我與法的假說依識而成立了。為了適切地表白這個意思，世親便把 vijñāna 與 pariṇāma 連起來，而說這些假說依 vijñānapariṇāma（識轉變）而成立。（註二八）

按上田說識似於我、法一類對象而生起，在這種活動中，不但識生起，我、法也生起。但這種說法是有問題的。因這需要假定外界實在的東西，供識所擬似，但這種外界實在是唯識學一貫所不能容許的。若就認識論一面來說 pariṇāma，亦有同樣的問題。若以 pariṇāma 為存有論特別是宇宙論意義的變現，則可暫時避過這一難題。關於這點，我們暫不作進一步的討論。

就安慧來說，他提出假象在識轉變中成立，比較能說得過去。在對《三十頌》第一偈頌「彼依識所變」的解說中，關於識轉變，安慧強調那些人、法的假構存在，只是言說表現的對象而已，只是一種假象。（*Bhāṣya*, p.15；荒牧，頁三六）即是說，它們是由識的作用而生起，沒有獨立的存在性。安慧的意思是，這人、法的假構存在，都是在識的變化與生成（即識轉變）中成立的。（*Bhāṣya*, p.15；荒牧，頁三六）

當然，這作為果的人、法的假構存在，是離不開緣起這一基本義理的。整個假構過程都是在識的內部進行。安慧在文獻上便明說：

pratītyasamutpannatvaṃ punar vijñānasya pariṇāmaśabdena jñāpitam /（*Bhāṣya*, p.16; ll. 16-17）

即是說，識的緣生性（pratītyasamutpannatva）可以在「轉變」（pariṇāma）一詞中得知。

這裏有一個論證的問題需要處理。識轉變被視為含有識擬似或挾持對象相而生之意。即是，識透過自身的轉變作用，挾持著對象的形相而顯現，而生成。這如何證成呢？這裏隱涵一個疑惑：在識轉變中，識挾持對象的形相而生起，這預認在識之外有獨立的存在。這個意思類似胡塞爾現象學中意識指向已存在的對象的說法。但這在唯識學來說是不能提的，在識之外不能有獨立的存在。否則便不是「唯識」（vijñaptimātra）了。然則說識挾持對象的形象而生起如何成立呢？安慧的回應是，外界的對象（artha）能發起擬似自己而顯現出來的識，那擬似性的形相便成為識的所緣緣。（*Bhāṣya*, p.16；寺本，頁一〇；荒牧，頁三九）這即是說，識通過擬似作用而顯現，而這外界的對象有促發的作用，使顯現的識生發起來。在這個意義下，外界的對象可以說是識的所緣（ālambana）這種條件（pratyaya），所謂「所緣緣」。而所緣即是對象。

安慧這種解說，仍未能回應上面提到的疑惑。所謂「擬似」，是需要一個被擬似的對象的。我們可說畫家替自己畫肖像，他畫出擬似自己的肖像；他自己的相貌便是他畫肖像時擬似的對象。但識沒有相貌，它如何「擬似自己而顯現」呢？在這種情況下，勢必要設定一種外在於識的對象，作為識擬似的對象，才能說得通。經量部（Sautrāntika）索性承認外在於識的對象的實在性，來解決這個問題。但唯識學是不能提這種說法的。安慧以外界的對象為識的所緣緣，但又不許它作為識所擬似的對象，而只允許它有所緣的作用，使識發起。但又說識擬似自己而顯現，識自己有甚麼形貌可以被自己擬似呢？這個問題仍未能解決。

安慧所說的能發起擬似自己而顯現出來的識的外界的對象，相當於護法的疏所緣緣，那是引發起所緣的相分的那個質體。而安慧所說的識所挾持的形相，或擬似自己而顯現的那個自己，則相當於護法的親所緣緣，那是為見分認識而又不離於見分的對象，亦即是相分。不過，安慧是一分說，沒有相分與見分的二分思想。

對於剛才提出的那個論證的問題，亦即與證立外界實在有關的問題，安慧又較具體地以五識身的認識為例來說明。五識身即是眼、耳、鼻、舌、身五種感識。安慧以為，五識身是以具有某種大小程度的物體作為對象的條件。它們挾持具有大小程度的物體的形相而顯現出來。安慧強調，這種物體只是諸部分的集合而已，所謂「和合」，除此之外，甚麼也沒有。即使外面的對象不存在，識仍能挾持物體的形相而顯現，而生成。（*Bhāṣya*, p.16；荒牧，頁三九―四〇）

按在這裏，在關連到外界對象的實在性的問題上，安慧的說法有些矛盾，起碼他的論點有些含糊。安慧一方面說物體是識的對象的條件，並說識挾持物體的形相而顯現。這頗有以對象是外界實在的傾向，糾正了我們先前提出的識擬似自己而顯現的說法的困難。因為安慧不再說識擬似自己而顯現了，卻說識挾持物體的形相顯現。但他又說，即使外面的對象不存在，識仍能挾持物體的形相而顯現。這似乎又在否定外界對象的實在性，並表示這種否定不影響識挾持物體的形相而顯現。

這裏我們要進一步看物體的意思。上面提到，安慧以為，物體只是諸部分的集合，亦即是和合。這物體有沒有自性（svabhāva）呢？應該是沒有的，它只是一種和合。但安慧又以物體為識的對象的條件，識是挾持物體的形相而顯現的。這是甚麼意思呢？關於這點，我們可集中在物體即是和合一點來考慮。安慧說：

> 倘若停止設想這諸部分，則挾持物體的形相而顯現的識便不存在。（*Bhāṣya*, p.16；荒牧，頁四〇）

此中的意思是，識要挾持物體的形相才能顯現，而這物體是諸部分的和合。故諸部分的設想，對於識的顯現來說，是必需的。就理論而言，這諸部分可以不斷還原，還原到不可分不可見的原子，或極微（aṇu）。這不可分不可見的極微能否和合而成可分可見的物體呢？這是一個很富諍議性的問題。安慧認為，即使極微能集合在一起而形成物體，這些極微仍不能是識的對象的條件。理由是，一個一個的極微並不能具有物體的形相而存在。即使它們集合起來，亦不能具有任何附加的屬性。（*Bhāṣya*, p.16；荒牧，頁四〇）這即是說，單一的極微不具有物體的形相，它們集合起來，也不能具有物體的形相。故安慧的結論是，這些極微不能作為識的對象的條件。（*Bhāṣya*, p.16；荒牧，頁四〇）

故安慧的識轉變說，在理論上有困難。他一方面說識擬似自己而呈現，但識自己是甚麼？它有甚麼形相？這是不清楚的。另一方面，安慧又說識挾持物體的形相而顯現，這物體是諸部分的和合。這諸部分理論上可還原到極微，極微不管怎樣和合，都不能成就物體的形相。對這物體或和合，必須有一合理的解釋，才能說識挾持某種形相而顯現。在知識論來說，一般都以這物體或和合來自外界。但安慧是唯識的立場，不能有外界實在的說法。他又不能妥善地把形相歸源於識本身，像護法那樣以識能分化成見分與相分，以開出主觀自我的形相與客觀世界的形相。因而這物體或和合的來源，便成了他的識轉變說中的一個難題。（註二九）

安慧自己似乎也意識到這個困難，特別是有關物體或和合的來源問題。因此他提出，識挾持對象的形相而顯現而生成，正像我們做夢那樣。（*Bhāṣya*, p.17；荒牧，頁四二）即是說，在夢中，我們看到一切事物，它們是沒有真實來源的，只是我們的識（意識）的構想。我們的現實經驗也是如此，所經驗的事物都是識的擬構，沒有實在的來源。不過，這種說法並不具有很強的說服力，夢中所見的東西，並不必完全是虛構，很多時是現實事物的反照，故在某程度來說是有來源的。而唯識的對象，說物體也好，和合也好，是被視為在外界完全沒有來源，沒有實在性的。這則與夢不同。

對於外界對象的實在性問題，安慧始終不肯確認，始終堅守唯識的立場。他最後只能提出熏習（vāsanā）一概念，把這個問題推開了，只表示我、法等對象或事物是通過熏習而被分別或被構想出來的。他說：

tatrātmādivikalpavāsanāparipoṣād rūpādivikalpavāsanāparipoṣāccālayavijñānādātmādinir=

bhāso vikalpo rūpādinirbhāsaścotpadyate /（*Bhāṣya*, p.16; ll. 2-4）

其意是：在這裏面，對於「我等事物的構想的熏習」（ātmādivikalpavāsanā）增長起來，又對於「色等事物的構想的熏習」（rūpādivikalpavāsanā）增長起來。依於這種增長，對於我等事物似現的構想和對於色等事物似現的構想便由阿賴耶識方面生出來了。按似我、法的構想可視為識的現行的結果，或更適切地說，似現出來的我、法，是識的現行的結果。安慧並不說這些似現出來的我、法是源於在識以外的對象，卻說它們是熏習的結果。即是說，現今一剎那的似現的我、法，是由前一剎那的似現的我、法的熏習而來。這樣，這個程序可推至無窮，沒有一個起始，更不確認這起始是源於在識以外的對象。這樣便把外界對象的實在性的問題推開了。但推開只是迴避，問題還是在那裏。

六、論認識問題

在詮釋這《三十頌》的第一頌中，安慧表示他在知識論方面的思想。那主要是就言說與認識問題而言。在解「彼依識所變」一義中，他提到言說與第一義的對象問題。他認為相應於言說的第一義的對象是不存在的。第一義的對象自體（prakṛti, svabhāva）是超越我們的知識和言說表現的。我們的知識和言說所能表現的（筆者按：我們應作知識是通過言說來表現這種區別），只是具有屬性的個體物，亦即是作為這些屬性的基體的存在而已（按主要應就屬性而言）。對於這個體物或存在的自體，我們是不能直接經驗的。安慧提出的理由是，除了知識與言說之外，

我們再沒有認識手段去概念地把握對象自體。（*Bhāṣya*, p.17；荒牧，頁四五—四六）

按安慧在這裏亟亟強調知識與言說的限制性，它們只能表述對象方面的種種屬性，這些屬性是現象的性格。它們是不能直接經驗對象自體亦即物自身方面的。在這裏，安慧未有提到認識對象的物自身面相的方式，這在康德（I. Kant）哲學來說，即是睿智的直覺（intellektuelle Anschauung）。又最後安慧提到除了知識與言說之外，我們再沒有認識手段去概念地把握對象自體，這裏有些語病，致令含意不大通暢。安慧的意思應該是，我們把握對象，只有通過知識與言說，這是我們所具有的認識手段（pramāṇa），而且它們是概念性的。除此之外，我們並沒有其他方式去認識對象自體，亦即是它的物自身。

在這裏，安慧特別把言說提出來說，他把泛說的事物分成兩種：第一義的東西與第二義的東西。後者指類、屬性、作用等東西，是基於言說表現被假構出來的。關於這第二義的東西的所指，安慧舉了一個例子：倘若某一東西是基於某個物體而存在，而自己並無實在性，則這東西對於那個物體來說，便是第二義的東西。至於言說本身，安慧以為，一切言說都是本於個體物或基體存在而成立的，它們是個體物的屬性，並不是實在的東西。言說決不是第一義的東西。（*Bhāṣya*, pp.17-18；荒牧，頁四七）至於第一義的東西又是甚麼呢？安慧在這裏沒有明說。不過，由上面安慧的說法，以沒有實在性的東西（包括言說在內）不是第一義的東西，我們可以推斷，第一義的東西是有實在性的東西。至於所謂實在性應如何理解，則安慧並未有明說。

安慧的認識論或知識論，就上面的文獻簡單表示來說，仍是很粗疏的。他以我們的認識手段為知識與言說，又視之為概念性，都很浮泛，近乎常識，不似是一個有嚴密思想體系的哲學家的說法。知識是認識活動的成果，不能說是認識手段。言說的範圍又太寬，難以令人領會具體的所指。以認識手段為概念性又嫌狹窄。除了概念性的認識手段，我們不能有其他認識手段麼？若以陳那（Dignāga）的知識論作比較，安慧的問題便很清楚了。陳那以我們的認識對象只有兩種：個別相與普遍相。我們的認識手段便有兩種，分別與這兩種對象對應。認識個別相的是現量（pratyakṣa），認識普遍相的是比量（anumāna）。這是嚴格的知識論的綱領。

七、關於識與我、法的存在性

在解「彼依識所變」一句，就關連到識與識所變現的我、法的實在性來說，安慧有很細密和屈曲的說法。一方面，他認為我、法不管是在識的作用或識轉變之中，或在其外，都是不存在的，都只是構想、分別而已。就最殊勝的真理看，它們決不存在。（*Bhāṣya*, p.16；荒牧，頁三八）

關於這點，我們引安慧的原文來仔細研究一下：

ayaṃ dviprakāro 'pyupacāro vijñānapariṇāma eva na mukhye ātmani dharmeṣu ceti kuta etat / dharmāṇāmātmanaśca vijñānapariṇāmād bahirabhāvāt /（*Bhāṣya*, p.15, l. 24-p.16, l. 1）

其意是：這兩種（我、法）的施設正是依於識轉變的，不依於真正的我、法等東西。這是為甚麼呢？因為我、法等東西在識轉變以外是不存在的。即是說，我、法的施設不以真實的、實在的我、法為依據，而是以識轉變為依據。真實的、實在的我、法並不存在。安慧又說：

upacārasya ca nirādhārasyāsabhavād avaśyaṃ vijñānapariṇāmo vastuto 'styupagantayo yatrātmadharmopacāraḥ pravartate /（*Bhāṣya*, p.16, ll. 10-12）

其意是：沒有依據的施設是不可得的。因此，作為生起我、法的施設的所依（yatra）的識轉變，必須被視為是具有實在性了。按這裏提出的「依據」（ādhāra），正表示識轉變是一切施設的根基，它的某種程度的實在性是不能否認的。安慧在處理我們在上面提出的問題上相當審慎，也有些模糊。他說到外界的對象時顯得非常勉強，不以正面語調加以確認，只說到識轉變便止住了。他頂多只有識透過轉變作用挾持對象的形相而生起的意思，但對這對象是否來自外界（識以外的世界），則持遲疑態度，總是不肯確認。當然這種確認是唯識的立場所不允許的。

在這個問題上，與唯識學的識的哲學相應的胡塞爾的現象學的情況又如何呢？胡塞爾自己有兩種說法。他在論意識時，認為意識可建構對象；但在論意識的意向性時，則說意向性只能指向對象或客體事物，連繫到對象所及的範圍，但不能建構對象。即是說，就對象或客體事物是否具有獨立性，是否為意識所建構一問題而言，胡塞爾的態度不是很確定。我們不能說，他完全沒有外界實在的思想。即是說，在說意向性時，他有客體事物是預先存在而不是被建構的意味。這有點實在論的傾向。因此在外界實在的問題上，他不如安慧般含糊，卻在某種程度認許外界實在。不過，這是他較早期的想法。到了較後期，特別是在寫《笛卡兒式沈思錄》（*Cartesianische Meditationen*）時期，他則持客體事物為意識所建構的說法。他畢竟少說客體事物是預設的，是獨立於意向性之外的。故他的觀念論色彩還是很濃厚，近於唯識學以至佛學的不容許外界實在的立場。

讓我們回到安慧方面來。他基於上面所說的理由，不承認「被認識的對象（即法）和去認識的識（即我）同樣是實在」這種極端的論調。在另一方面，他則認為假構出來的、沒有存在根據的東西是不存在的，但我們必須承認識轉變或轉變中的識是實在的。而以這轉變中的識為依據的假構的東西，亦是存在的。因此，他以為「去認識的識與被認識的對象同樣都只是世俗的存在而已，就最殊勝的真理看，是不存在的」這種說法，理論上是不能成立的。為甚麼呢？因為倘若是這樣，便會導致被認識的對象作為世俗的東西亦不存在這種錯誤的結論。此中的理由是，如古師所說，即使是世俗的東西，也不是沒有存在根據的東西。（*Bhāṣya*, p.16；荒牧，頁三八）最後，安慧引述古師的教訓：我們應該放棄這兩種極端的說法。（*Bhāṣya*, p.16；荒牧，頁三八）

對於安慧的分疏，必須小心分析，才能得出恰當的理解，他在這裏提出兩種極端的因而是不適切的看法。其一是以為對象和識同樣是實在的。安慧顯然認為，就實在性（reality）而言，對象與識應分屬不同層次，不能同樣看待。即是，識較對象有更強的實在性。因對象由識變似，而依於識，識則不必依於對象。另一極端的看法是，識與對象同樣是世俗的存在，都沒有真理性。這會使人以為對象作為世俗的東西亦不存在的不當看法。在這點上，安慧是站在存有論的角度來評估對象和識的實在性。由於對象是識所變現的，因而不是沒有根據、沒有來源的，它的來源便是識。而關於識，依他所說，「識轉變或轉變中的識是實在的。」識既是實在的，則以它為根據而有的對象，亦應有一定的實在性，這實在性是依識的實在性而來，我們不能只就世俗的東西來看對象而視之為沒有存在性。

安慧在這裏的意思，顯然是要建立識轉變或轉變的識的實在性。故他跟著即確定地表示：所有被認識的對象都不能作為自體而存在。它們都是被構想的存在。但相反地，去認識的識是實在的。（*Bhāṣya*, p.16；荒牧，頁三九）至於識能實在到甚麼程度，在何種意義下能與最殊勝的真理連繫起來，他則提出緣起一點，以交代識的實在性。（*Bhāṣya*, p.16；荒牧，頁三九）即是說，識是依緣起的法則而生的。緣起有真理性，依此而成立的識亦相應地有真理性。但是否是殊勝，或殊勝到甚麼程度，安慧便沒有進一步的發揮。

安慧的這種關於識與我、法的存在性的說法，倘若與護法的相應說法比較，可以說是大同小異。顯著不同的是護法在解識轉變時提出相分，安慧則沒有此種提法。讓我們重溫一下護法對識與我、法的實在性、存在性問題的看法。《成論》說：

> 愚夫所計實我、實法，都無所有，但隨妄情而施設故，說之為假。內識所變似我、似法雖有，而非實我、法性，然似彼故，說為假。外境隨情而施設故，非有如識。內識必依因緣生故，非無如境。由此便遮增、減二執。境依內識而假立故，唯世俗有。識是假境所依事故，亦勝義有。（大三一・一b）

對於我、法，護法的分法較為詳盡。這分愚夫所執取的和內識所變似的。前者可說完全是虛妄，可以不論。後者即由識變似的，這亦可說是外境，那是隨順俗情施設，不如識般具有那程度的實在性。這就語態上來說，護法所給予境或對象的實在性、存在性，似不如安慧所給予的重。因安慧強調對象是由識變現而來，其來源是識，故雖不能有像識那種程度的實在性，但在識的庇蔭下，仍可說一些實在性。至於識，護法亦如安慧那樣，以緣起或因緣生來交代，故亦有一定的實在性、真理性。最後，護法索性以世俗有與勝義有來說對象與識的實在性：對象是世俗有，識是勝義有。他對識的實有程度的認可，顯然是超過安慧的，因後者並未就勝義的層面來說識的實在性。但護法說識是勝義有，是否便無問題呢？我想也不是。因識畢竟是虛妄的，最後要被轉的。倘若識中有勝義，或終極的意義，則又何需說轉識呢？說識是勝義有與說要轉識是不一致的、有矛盾的。

就胡塞爾的現象學來看，亦有類似於唯識學的說法。唯識學（不管是安慧的，抑是護法的）視現實事物為心識的變現，沒有實在性，沒有理性上的真實性（以現象學的詞彙來說）。胡塞爾則以為它們有可能具有真實義，問題是我們是否能在它們之中確認出明證性（Evidenz）。根據胡塞爾的意識哲學來說，意識有兩層：經驗意識與超越意識，前者構架世俗諦的對象，後者構架勝義諦的對象。胡塞爾的做法，是要把世俗諦的對象的存在性、真實性擱置起來，以還原的方式，終止有關這方面的判斷，而改以意向性與自我（皆是超越義）作為根源來解釋和交代存在的事物。在此之前的經驗意識，相當於唯識學的識，這經驗意識和它構架出來的事物都不具有明證性，故不能說真實的存在性。一如唯識的識和它所變現出的對象不能說真實的存在性。但還原後改以超越意向性與自我而構架出來的對象，則能說真實的存在性，它們是具有本質的現象。這種情況，在唯識學要到轉依階段才能說。

八、對於識轉變的進一步闡述與發揮

上面我們已經論述過護法是以識變現見分與相分來說識轉變。安慧則以「在因的剎那滅去的同時有與它相異的果得到自體生起」來說轉變。這裏我們想補充一下所謂「得到自體」(ātmalābhah)的意思。這「自體」(ātman)不應解作流行的我或常我，甚至是不滅的我的本體。它應指確定的模式。這模式可以指識本身，也可以指種子。倘若指識，則識轉變便是識在前後兩剎那間的轉變，進而表示識是在不斷流變的狀態中，每一剎那都不同。這個意思，與胡塞爾說意識流很有相通處。倘若自體指種子，則識轉變便表示識從現行的狀況變成潛存的狀況，以種子的形式存於第八識之中。我想前一個解釋比較正確，因它與「彼依識所變」的「彼」很能相應。這「彼」是指我、法等種種相。安慧的意思應是識在不斷流變之中，變現出我、法等存在。而這種活動，應是在識在現行的狀況下進行的，不可能在識的潛存或種子狀態中進行。護法提出見分、相分，那是對我、法作進一步的推展，以見分、相分來分別規定我、法。這不必是世親言識轉變的原意。我們無寧應說，這是護法的創造性的詮釋，把識轉變宇宙論化，或從宇宙論的角度來確定我、法的生成與變化。

關於安慧對識轉變的這種定義，荒牧典俊有很好的、細密的補充。他認為對於這轉變的意思，有三方面可說。首先，識是每一瞬間都在生滅相續中的，此中有一種因果關係：以前一瞬間的識為原因，而生起後一瞬間的識作為結果。而即在前一瞬間滅去的同時，有後一瞬間生起，這樣不斷連續下去。(註三〇) 按這樣說只有象徵意義。識在每一剎那或瞬間都在變化延續。瞬間是我們擬設出來的短得不能再短的時間單位，而時間不是客觀存在，只是我們用來描述事物變化而擬設出來的主觀的模式，是無所謂生滅的，生滅的是在時間的模式下存在、活動的心識。

其次，在識的這樣的變化中，種種存在如何表現為現象呢？荒牧認為，我們在過去不斷重複著對種種存在事物的構想，這些構想被經驗下來。這些經驗作為一種潛勢力，積聚於阿賴耶識中，它們能生起以後的同類的經驗。即是說，這些潛勢力可以作為根本條件，計執種種存在，而生起構想。（註三一）按荒牧所謂的潛勢力是指種子而言。他的意思是好的，但表達得不夠善巧。應該這樣說，我們在過往有種種構想事物的經驗，這些經驗不會消失，它們會以種子形式，作為潛藏的勢用，存於阿賴耶識中。若日後條件充足，這些種子或潛勢用會現行，復現出來，成為現實的構想經驗，而所構想的事物也復現。這些事物也可與新的經驗結合，又成為種子，藏於阿賴耶識中，以後又會復現。

第三，在這樣的場合中以過去經驗的積聚為基礎而計執種種存在的構想，便宛似以外在的存在為基礎而生起的那種情況了。必須有過去經驗的積聚，才能說外在的種種存在。（註三二）按所謂外在的存在，並不是真有的，它們不過是一些假象而已。這些假象又源於過去經驗的積聚。荒牧認為，人有一種傾向，以為當前的事物有外在的存在作為基礎，其實這所謂外在的存在是假的，它們只是過往積聚下來的種種經驗而已。實際上，這些過去經驗可以不斷追溯下去，以至於無止境。

按以過往的經驗的累積來交代事物的在外邊的存在基礎，有其高明之處，這也符合唯識學種子學說的基本義理，種子實際上便是過往的經驗的累積的結果，以潛勢用的方式留存下來。胡塞爾現象學也說到回憶、回想（Erinnerung），視這是意識的一種機能，可以把過往的經驗累積、儲存下來。不過，他並未把它關連到事物在外界的存在基礎方面去。

附註

註一：關於第十八頌的梵文本、梵本語譯和玄奘譯本，參看拙著《唯識現象學二：安慧》，臺北：臺灣學生書局，二〇〇二，頁一一一—一一五。

註二：長尾雅人也有類似的分析。參看他的《中觀と唯識》，東京：岩波書店，一九七八，頁三四三。長尾雅人此書以下省作「長尾」。

註三：關於西田哲學的場所觀念，參看拙著《絕對無的哲學：京都學派哲學導論》，臺北：臺灣商務印書館，一九九八，頁一九—二一。又日本學者橫山紘一直以「場」來說識轉變，視之為實施我與法的假說的場所。這亦與我們提到的文法問題有關。參看橫山紘一著〈世親の識轉變〉，平川彰、梶山雄一、高崎直道編集《講座大乘佛教8：唯識思想》，東京：春秋社，一九八二，頁一二六。橫山紘一此文以下省作「橫山」。

註四：橫山，頁一三四。

註五：平心而論，識轉變的重要性，在表面上可先從護法的詮釋系統中表現出來。他以識變現見分和相分來說，由此成立我與法，或主體與對象，而構成整個現象世界。由是萬法由識而來或萬法唯識的哲學立場得以奠立。這種詮釋亦很能與胡塞爾的意識現象學相應。後者依意識的意向性（Intentionalität）而開出能意（Noesis）與所意（Noema），而成立主體世界與對象世界。

這裏還有一個問題堪注意。這需先從翻譯一點說起。玄奘譯的唯識典籍，包括《三十頌》在內，都是譯識為「能變」，而真諦（Paramārtha）譯的典籍，則以識為能緣。能變與能緣的偏重不同：能變主要是存有論甚至宇宙論意味，能緣則主要是認識論意味。上田義文也提到，世親以前的唯識說表示能緣的識與所緣的境的關係的概念，不是 pariṇāma（變現），而是 pratibhāsa（似現）。在《大乘莊嚴經論》（*Mahāyānasūtrālaṃkāra*）、《中邊分別論》（*Madhyāntavibhāga-śāstra*）、《攝大乘論》（*Mahāyānasaṃgraha*）

中，說到一切法只是識這一意思時，都是用 pratibhāsa 字眼，而不是用 vijñānapariṇāma 字眼。他以為由此可以推知，這些書說識，是能緣的意思，不是能變的意思。最低限度，就玄奘譯以外的書來說，識不是能變的意思。（上田義文著〈Vijñānapariṇāma の意味〉《鈴木學術財團研究年報》，一九六五，頁一。此文以下省作「上田」）

上田所說，甚值得注意。就世親《三十頌》（*Triṃśikā*）的第一頌原文看，其中的「pariṇāmaḥ saḥ」，玄奘即譯為「此能變」（此能變唯三）。（大三一・六〇a）真諦《轉識論》（這是真諦對 *Triṃśikā* 的漢譯）則作「能緣」。（大三一・六一c）

就我自己的看法來說，pariṇāma（轉變）與 pratibhāsa（似現）都有存有論以至宇宙論的意味。pariṇāma 是轉變出諸法，pratibhāsa 是似現諸法。認識論的意味是比較淡的。唯識的典籍，如上面提到的，不管是用 pratibhāsa 也好，用 pariṇāma 也好，都有濃厚的存有論、宇宙論意味，真諦譯 pratibhāsa 為能緣，並不算恰當，不能充分顯出識的存有論、宇宙論意味，卻偏向認識論意味。但識的認識論意味並不濃厚。上田說他舉的書說識，是能緣意思，不是能變意思，這說法也不算恰當。

關於這點的分別，也可幫助我們理解世親言識轉變的意味。

註六：*Bhāṣya*, p.16；荒牧，頁三七。我的解釋，參考了荒牧典俊的意見。

註七：武內紹晃著《瑜伽行唯識學の研究》，京都：百華苑，一九七九，頁一九三。此書以下省作「武內」。

註八：上田，頁九。

註九：有關安慧的因、果轉變說的詳細討論，可參考長尾雅人〈安慧の識轉變について〉，《中觀と唯識》，頁三五一—三五四。我們在這裏也部份參考了長尾的說法。

註一〇：就這一點，長尾雅人便提出我們應分兩層來解讀安慧的識轉變思想。第一層是抽象的綜括。綜括識轉變為變異性，表示在能作之因的那一剎那滅去的同時，即有與在能作之因的那一剎那狀態相異的所作之果得到自體（按即成立之意）。第二層則涉及具體的世界觀的內容，這即是指異熟識、思量識與了別境識。（長尾，頁三四八）

註一一：長尾，頁三四二。

註一二：武內，頁二〇三。

註一三：武內，頁二〇四。

註一四：上田義文的見解，見於他的《佛教思想史研究》（京都：永田文昌堂，一九六七）一書及上提的〈Vijñānapariṇāma の意味〉一文中。長尾的見解，見於他的論文〈安慧の識轉變について〉（《宗教研究》新九卷五號，後收入於其《中觀と唯識》一書中）。平川的見解，則見於他的《インド佛教史》下卷一書中。筆者手頭並無上田的《佛教思想史研究》及平川的《インド佛教史》下卷二書，他們在這兩書的意見，只能依橫山紘一的《唯識の哲學》一書轉述，請讀者諒察。

註一五：《佛教思想史研究》，頁三八九。轉引自橫山頁一四一，註三一。

註一六：上田，頁四。

註一七：上田義文著《唯識思想入門》，頁一四八。轉參考自橫山，頁一四一，註三一。

註一八：上田，頁四ff。

註一九：橫山，頁一四一—一四二。

註二〇：長尾，頁三四七。

註二一：橫山，頁一四一—一四二，註三一。

註二二：上田這段話，出於上田，頁一一。按上田在同文的另處，在「（作為果的）這現在剎那的識與前剎那的識在特質上是相異的」（註：「作為果的」字眼是筆者所加）這一句（上田，頁一一）之外又謂：「果生起」（kārysaya ātmalābhaḥ）即是「妄分別（識）生起」，較詳細說即是，隨著我等等的妄分別的習氣的成熟，和色等等的妄分別的習氣的成熟，似我等等的妄分別和似色等等的妄分別便由阿賴耶識方面生起。（上田，頁四）

上田又舉了些例子。如六識了別境，即是六識在現在剎那中生起，而現在生起的了別，與因的剎那的了別在特質上是相異的。在思量（第七識）和果報（第八識）方面亦是一樣，這些了別，都各各與因的剎那在性質上是相異的。上田因此便說，果在現在剎那中生起即是轉變（pariṇāma，相異之意）。而果生起即是了別境，思量境（筆者按：此「了別」、「思量」應作動詞看），和業的果在現行（筆者按：這指第八識）。

上田因此說，這便是識（vijānāti，認識）。（上田，頁四）

按上田這裏似在解釋安慧對轉變（pariṇāma）的定義「在因的剎那滅去的同時有與它相異的果得到自體生起」中的因與果，都是就識而言，而不涉及種子。這在橫山引上田的那段話中明顯地看到。但他在另處（上田，頁一一）又提到我和色等的妄分別的習氣的成熟而由阿賴耶識方面生起似我、似色等妄分別，這又有以因為種子（他用「習氣」字眼），以果為分別即識的意味。但跟著他所舉的例子，又提到現在生起的了別與因的剎那的了別的相異，這又有以因與果都是就了別或識而言之意。這便顯出他在識轉變的問題上，對前後剎那的因與果何所指一點上的說法不一致。

不過，肯定的是，在果方面，上田認為是指識而言的。他說果生起即是了別境、思量境和業的果的現行，都是識方面的。這與上面他說果生起即是「妄分別（識）生起」的說法相呼應。但在因方面，他的說法便有參差，有時就識言，有時則就習氣或種子言。

總的來說，我想在安慧的識轉變這問題上，上田是傾向以因與果都是就識而言的。他最後也強調安慧所說的識轉變的識，是能緣之意。（上田，頁四）能緣只能是識，不能是習氣或種子。

註二三：上田義文著《佛教思想史研究》，頁三九〇。轉參照自橫山，頁一四一，註三一。

註二四：橫山譯作「在因（=過去的識）的剎那滅去的同時，有與因的剎那在特質上相異的果（=現在的識）生起」。

註二五：橫山，頁一四二—一四三，註三一。

註二六：在我的翻譯中，我便沒有特別標明果的「特質」或「相」這一字眼，反而強調果的自體的獲得（ātmalābhaḥ）或得到自體這一意思。此中的理由，後面會有交代。

註二七：橫山，頁一四三，註三一。

註二八：上田，頁四。

註二九：以識變現見分和相分，由後者開出認識的對象或形相，似乎是唯識學在知識論上的唯一出路。這樣，對象或形相皆源於識，識對於這對象或形相的認識，其實是自己認識自己（「自己認識」svasaṃvitti, svasaṃvedana），這便是後來法稱（Dharmakīrti）發展出來的路向，而有形相知識論（sākārajñānavāda）的理論，亦由這裏開出。安慧不立相分作為被認識的形相，因而識或知識中沒有形相，則被歸入無形相知識論（anākārajñānavāda）的系統中。這涉及唯識學在知識論方面的發展，這裏不擬多作討論。

註三〇：荒牧，頁三六七—三六八，註四。
註三一：Idem.
註三二：Idem.

胡塞爾的現象學方法

吳汝鈞著

略語表

Ideen I E. Husserl, *Ideen zu einer reinen Phänomenologie und phänomenologischen Philosophie*, Erstes Buch: *Allgemeine Einführung in die reine Phänomenologie*. Neu herausgegeben von karl Schuhmann, Den Haag: Martinus Nijhoff, 1976.

Idee E. Husserl, *Die Idee der Phänomenologie*. Den Haag: Martinus Nijhoff, 1973.

Meditationen E. Husserl, *Cartesianische Meditationen und Pariser Vorträge*. Den Haag: Martinus Nijhoff, 1973.

Ideas II E. Husserl, *Ideas pertaining to a Pure Phenomenology and to a Phenomenological Philosophy*. Second Book: *Studies in the Phenomenology of Constitution*. Tr. Richard Rojcewicz and André Schuwer, Dordrecht, Boston, London: Kluwer Academic Publishers, 1989.

一、現象的意義

粗略地說，我們可以說現象學（Phänomenologie）是一種觀念論、意識哲學，或形而上學，它是要探尋現象的真實性格與本源，統合現象（Phänomen）與物自身（Ding an sich），建構一套具有理想義、勝義諦（paramārtha-satya）義（真理義）的哲學體系，以解決宇宙與人生的種種問題。要建構這樣一套龐大的、深厚的哲學體系，必須要有正確的、有效的方法，才能竟其功。故方法論或方法學（Methodik, Methodenlehre, methodology）是必須要認真講求的。方法是工具，有好的方法、完善的方法理論，才能把事情做好。胡塞爾的現象學自然不能例外，他有自己的一套獨特的方法，這便是現象學方法。

顧名思義，現象學是處理現象的問題的。胡塞爾對現象的理解與一般的很是不同。我們首先要對現象學的這個重要的概念審慎地檢視一下，看看它是何所指。

令人驚異的是，胡塞爾稱自己的哲學體系為「現象學」，而且為了建立這一體系寫了大量著作。但他對這體系的重要內涵「現象」，卻從來沒有界定清楚。更有甚者，他畢生不停地寫有關現象學的書，也不停地修改有關這個概念的意義。故他的哲學的挺難明白的一點，便是「現象」一詞的何所指。故我們在這裏探討現象的意義（Sinn, Bedeutung），是就他的重要著作對這個概念所施放的訊息，作一總體性的亦較為寬鬆的概括。

儘管胡塞爾從未對「現象」作過清晰而確定的界定，關於它的意思，有兩點是不能忽略的。第一是它的本質的性格，或非經驗的性格；第二是它與意識或意向性的關連。特別是後一點，現象是必須關連到意識或意向性的問題，才能較清楚地、確定地被理解。

首先看第一點。在哲學上，現象（Phänomen）與表象（Vorstellung, Erscheinung）常常是互通地運用的。不過，現象在認識論的意義方面較顯著。康德（I. Kant）便把現象與物自身對說，表示現象是我們的知識可到達的，物自身則是我們的知識所不能到達的。表象則較具存有論意味，通常與實在性（Realität）相對說，表示事物顯現的那一面，實在性則指它的實際的內涵，是不顯現的。康德曾在其鉅著《純粹理性批判》（*Kritik der reinen Vernunft*）中解釋表象說：

> 一個經驗的直覺中的未決定的對象，稱為「表象」。（註一）

故表象是經驗性格的（empirisch）。又甚麼是經驗性格呢？康德關連著直覺的問題說：

> 透過感覺而關連於對象的直覺是經驗的。（註二）

故經驗性格即是感官性的。非經驗性格即是超越感官性的。胡塞爾視非經驗性的東西為具有本質（Wesen）的東西。至於本質，我們留待下一節才作詳細的解釋。我們這裏可以先把本質關連到柏拉圖（Plato）的理型（Ideas）來看，它不是以抽象、概括的方式來整理個別的東西而得，卻是依靠直覺（Anschauung）對事物進行細察而得的。甚麼機能能這樣做呢？胡塞爾提出意識（Bewußtsein）以為意識可以透過直覺來把握本質，他索性把這種直覺稱為本質直覺（Wesensschau）。

現象所表示的，不是一個個一件件的經驗的物事，而是這些物事所展現的本質。這本質不是個別經驗，而是經驗一般（experience in general）。這樣的本質有真實義。一般的現象是沒有真實義可言的，但在胡塞爾意義下的現象，由於內涵本質，與本質不分離的關係，因而可說具有真實義，是勝義諦的所涵。

關於現象的第二點意思，我們可以說，現象是存在於意識之中，但它又不純然是主觀的，卻是關涉著外在的事物甚至是指向事物本身的。不過，現象的重點，還是在它能擺脫既定的理論和概念的制約而直接在意識中呈現，在心中呈現。這樣，我們便可以說，現象不是材質義、經驗義的事物（Sachen），而是密切關連到意識和心方面的觀念性的質體。（註三）

一般對現象的了解，通常分主觀與客觀兩方面。在主觀方面，現象是種種心理經驗，所謂心理現象。在客觀方面，現象是外界事物的表象，呈顯於我們的感官面前的表象，所謂物理現象。胡塞爾的現象，都不是這兩者。它是隸屬於意識的一種存在，是本質的意味。它不是個別的、具體的心理經驗，而是這些心理經驗的共通性格、共通的本質。胡塞爾的口號「回到事物自身去」（Zurück zu den Sachen Selbst）應該是指涉事物的這種本質，而不是指涉感性義、經驗義的事物。他是要人穿越理論與概念的迷霧，直接面對和把握事物。他這樣說的現象，是真實義的、勝義諦義的；以佛教的詞彙來說，是無執的，不是有執的。一般所說的現象可以說是對象（Objekt）的前身，要被置於主客對立的關係網絡（context of relationship, relational context）之下，是有執的。現象學的現象的這種真實性、勝義性、無執性，表示它是一個理想的、價值的世界，是我們從事哲學思考的體驗要努力的目標，甚至是人生要努力達致的目標。

這樣說，有把現象與實在或本質結合起來的傾向，更有把現象說成是本質，以表示兩者有相即不離的關係。這樣說本質，仍有物自身的意味，不過那是積極意味的物自身，不是康德的消極意義的、限制意義的（限制知識的範圍）物自身。康德曾說物自身是一限制概念（Grenzbegriff），便是這個意思。

在這裏，我們要進一步細看現象學中的「現象」的所指。我們不能忘記現象的意識的性格，或與意識的密切連繫。若從作為認識模式的直覺來說，現象學的直覺是本質直覺（Wesensanschauung），而描述性的自然科學的直覺是感性直覺（sinnliche Anschauung）。後者觀察經驗的對象，現象學探究的是純粹的、沒有經驗內容的意識的對象。更精確地說，現象學研究的是內在的意識現象，有本質在其中的現象。現象是意識的現象，它是不斷流變的，意識有現象於其中，因而可稱為意識之流。現象學特別要留意的，是把研究的範圍集中在內在於意識之流中的事物，能在意識之流中直接地、自明地顯現出來的事物，這即是現象。

我們亦可以說，現象學研究的對象，是存在性是明證而不可疑的意識之流，特別是對象以怎樣的方式在意識之流中的被構架而呈現出來，這便是所謂現象，或意識現象。在這種情況下，所有外在於意識之流的事物，由於其存在性不能被確認，故被懸擱起來，被摒棄開來。這便是胡氏有名的中止判斷、懸擱（Epoché）的說法。

二、本質的意義

本質（Wesen）是胡塞爾現象學中另外一個重要觀念，意思也很深奧，不易了解。胡塞爾曾對前此的各種哲學加以批判，都不認同為最理想的哲學，他認為自己的現象學才是唯一正確的哲學方向。在這種說法中，他特別提到本質觀念，認為現象便是立根於純粹直覺（reine

Anschauung）中的一種研究本質問題的哲學。可見他對本質的重視。

在這裏，筆者擬先就閱讀了胡塞爾的重要著作和參考了中、西、日方面現代學者對他的現象學的研究所得，概括地闡述一下他的本質觀念的意義，再引證他自己的說法，作進一步的探討。這本質有點像西方傳統哲學的共相（universal），是一種具有普遍性（Universalität）的存在。但它不同於英國經驗論（British empiricism）所說的那種同類事物的通性，後者是以抽象（abstraction）的方式，把這同類事物的通性建立為一個抽象概念。胡塞爾的本質傾向於指事物在結構上的原理（principle），它是先驗的（a priori），是經驗事物能夠成立的條件。它有規範（norm）、典範（paradigm）的意味，甚至有柏拉圖的理型（Ideas）的意味。這是事物得以構成的形式條件。最重要的是本質是超越性格的，事物是經驗性格的，兩者屬於不同的範域。在這點上，本質類似康德義的範疇（Kategorie）。但要了解事物的本質，還是要經由事物本身。因為本質是存在於事物之中，而不是存在於事物之外。這便與柏拉圖的理型不同，後者不存在於具體的感覺世界中，而存在於抽象的理型世界中。要了解事物的本質，需以還原（Reduktion）的方式，把研究的範圍限制在意識之流所可到的事物中，再以自由想像方式，透過直覺，爬梳事物的多種變動狀況，把握得事物的不變的、自我同一的特質，這便是本質。要注意的是，我們所研究的範圍，必須限於意識所可能及的處所，意識之外的範域的可能性，例如潛意識、下意識方面的東西，胡塞爾是不管的、不過問的。

上面說到以還原的方式，透過直覺來理解本質。這稱為本質還原（Wesensreduktion），或本質直覺（Wesensanschauung）。胡塞爾認為，本質屬於現象，存在於現象中，可以被直覺到，它不是躲藏在現象背後或內裏而不出現的。我們一方面不應混同本質與現象，同時也需覺察到本質與現象在存有論上的不可分離性。他並認為本質具有自在性、客觀性，能提供一種必然的準則（Normen）來規定事物，使之成為事物。倘若事物從本質脫離開來，它便離開了由準則而來的規定性，便不能維持該事物的狀況了。這又使人想到康德義的範疇了。故本質與事物在意義上可以分開，但在存在上，是不能分開的，一分開了，事物便解體。（註四）

本質的這種具有準則義的規定性，很值得注意，它撐持著事物本身，使它成為一個存在。胡塞爾這樣說：

> 倘若我們留意現象學還原為我們定出來的準則，倘若我們如它們（準則）所要求般恰好排拒了一切超離的存在，又倘若我們因此而純粹地依據那些體驗（Erlebnisse）本來有的本質來處理那些體驗，則……一個本質的認知場域便開放給我們了。（註五）

這裏說的「超離的存在」（Transzendenze）應是指那些意識或意向性所不能及的東西、應該被懸擱的東西。而「本質的認知場域」（Feld eidetischer Erkenntnisse）應是指真理的、勝義諦境界的範域，是物自身層面的東西。胡塞爾的意思應是，在現象學還原中，如果我們能依本質的準則把意識或意向性所管不到的超離的東西擱開，不讓它們混淆我們的認知，一切依本質的準則的規定來處理我們的體驗，我們便會面對著一個真實的、有本質內涵的境界。這便是現象學所要建立的真理世界，或更確切地說的「生活世界」（Lebenswelt）。

這本質的準則義，倘若進一步來說，則可以說，它是具有同一的內涵的，是不變的，是具有普遍性的。它有存有論的理型義，同時也有認識論的純粹概念即範疇義。關於這點，胡塞爾在其《經驗與判斷》（*Erfahrung und Urteil*）一書中，有很詳盡的描劃：

一個物作這種自由變更時，必定有一個不變項（Invariante）作為必然的普遍形式仍在維持著，沒有它，一個原始形象，如這個事物，作為它這一類型的範例將是根本不可設想的。這種形式在進行任意變更時，當各個變體的差異點對我們來說無關緊要時，就把自己呈現為一個絕對同一的內涵，一個不可變更的、所有的變體都與之相吻合的「甚麼」：一個普遍的本質。我們可以把目光投向它，投向這個必然性的不變項，這個不變項為所有以「隨意」的模態進行的，並且無論如何都在繼續進行的變更預先規定了其界限。它表明自己是這樣一種東西，沒有它，這一類型的對象就不能被設想，……不能直觀地被作為這樣一類對象來想象。這個普遍本質就是艾多斯（Eidos），是柏拉圖意義上的理念。（註六）

這是說明本質是一種不變的普遍形式，它作為一切事物的可能基礎，為一切變動不居的東西提供界限，也可以說，為一般所謂的現象提供界限。過了這個界限，現象便不成其為現象了。即是說，本質是限制了現象的界限的，過了這個界限，便是康德所謂的物自身（Dinge an sich）的世界。本質的這個意思，有很濃厚的康德義的範疇的意味，只是它是偏於存有論方面的意味，不如範疇的偏於認識論的意味。不過，我們也不應在這裏抓得太緊，認為康德的範疇只有認識論的作用，與存有論無涉。實際上，在康德來說，範疇憑著它的規約的、限制的作用，而撐著整個世界，讓它能作為我們的現象、對象在我們的認識機能面前呈現。

上面我們提過現象中有本質，有本質存在於現象中之意。但胡塞爾說現象，並不是指一般的物理性的現象，而是特別指純粹意識（reines Bewußtsein）現象。所謂純粹意識現象，並不指涉其意識現象所代表的東西在客觀實在的世界中有否相應的存在，而只是把意識現象當作意識現象來處理和考察。胡塞爾認為，在純粹的意識現象中有本質存在，我們亦可以通過直覺把握和認識這本質。他並認為，通過現象學還原，我們可以直達純粹意識的範域。很自然地，現象學還原的方法可以使我們滲透到本質的世界的內裏。（註七）

三、「回向事物本身」與物自身問題

對於胡塞爾現象學的方法的闡釋，除了要理解他的「現象」、「本質」兩個重要概念外，還有一點不可忽略的，是他要朝向或回向事物本身的注重現實世界的態度。他說：

> 理性地或科學地判斷事物，意指對準事物本身，或從言說和意見方面回返到事物本身，在它的自身的給予性中探尋事物並脫離與事物不相符的一切偏見。（註八）

這樣說回向事物本身（sich nach den Sachen selbst richten），有要超越一切言說和主觀意見、憶想而回歸向事物本身之意，有如佛教教人遠離一切戲論（prapañca）或語言文字遊戲而以實際的情況為依歸的意味。不過，這事物本身（Sachen selbst）並不表示客觀世界，故回向事物本身並不是指要人從主觀主義中解放開來，而歸於客觀的世界。因為這事物本身，無論是就現象抑是就本質來說，都是在意識的意向性下說的，都離不開意識的作用。而對於這現象或本質的把握，都是要在直覺中進行的，而這種直覺，是純粹的與直接的，其中並沒有抽象的理論，也沒有經驗的意欲。（註九）

進一步說，這作為現象的事物本身，由於有濃厚的意識作用成分和意向性意義，故對它們對我們的呈現方式，或它們的被給予的方式的探索，是非常重要的。即是說，我們要努力地使這些事物本身能如其所是地在我們面前呈現出來。對於事物在我們面前呈現一點，海德格（M. Heidegger）說得不少，這呈現有真理的意味；即是，事物自身直接對我們開顯，不必通過言說、辯析。日本京都哲學家西田幾多郎也常提及「表現的世界」，都是環繞著世間事物的真實相狀或真理說的。這種探索有實踐意味。要做到這點，我們便要盡量遠離日常的世俗的假設和自然態度（例如以事物本身具有客觀的實在性）擱置起來，避免以二元的思考方式、種種概念與思辯路數來接觸它們，而只以純粹直覺來看它們如何呈現。故當胡塞爾倡導要回向事物本身，他提出我們應該正視的，不是感覺材料或它們所牽涉的客觀事實那一方面，而是源自意識的真實存在，或意識對向著外界所投射的結果。這點對我們熟悉唯識學的義理的人來說，並不陌生。阿賴耶識（ālayavijñāna）作為根本的心識，它把內藏的種子向外投射而成就存在世界，正與胡塞爾在這裏說的意識投射而成現象世界相應。而這存在世界呈現在我們的心識面前，也自有它們一定的規律與條件，這對胡塞爾的事物本身對我們所採取的呈現方式，也有參考與啟發價值。不過，有一點我們必須清楚指出，阿賴耶識把種子投射出去而展示外在世界，這外在世界是作為現象而存在的，展現在我們的認識機能面前的。海德格與西田所說的事物的開顯、表現，則是真理的層次。海德格與西田的說法，與胡塞爾的說法相近。

現在我們集中在事物本身（Sachen selbst）這一概念上作較深入的考察。這事物本身是否康德所說的物自身（Dinge an sich）呢？或進一步說，它能否與唯識學以至佛教一般所說的真如（tathatā）作類似的對比呢？胡塞爾常常說及事物本身，比較少說及物自身，但並不是完全沒有說。他曾提到人的認識問題，認為這種認識是困縛於人的智力形式（intellektuele Formen），不能達於事物的自己的性格（Natur der Dinge selbst），不能達致物自身（Dinge an sich）。（註一〇）這種說法，似乎與康德是同調；後者以為，物自身需要以睿智的直覺（intellektuelle Anschauung）來把握，人沒有這種機能，只有上帝才有。故人的認識，不能到達物自身。不過，胡塞爾的這種說法，是在他的《現象學的觀念》（*Die Idee der Phänomenologie*）一小書中提出的，那是他早年（一九〇七）的作品。至一九一三年，他寫完重要著作《純粹現象學通論》（*Ideen I*），期間思想已有改變。在這部巨著中，他反對人不能認識物自身的說法，（註一一）暗中表示人是可把握物自身的。但到了再後期，當他寫《笛卡兒式沉思錄》（*Meditationen*）時，他又發出警告，表示現象學要棄除一切荒謬地胡亂討論物自身的不成熟的形而上學，但他並不拒斥形而上學本身。（註一二）但我們應注意到，他所反對的，是透過以思辯方式進行的、抽象地求取物自身的那種思想，他並不否定物自身的存在，亦不否定我們人類可以本質直覺的方式來接觸物自身。在對於認識物自身的問題上，胡氏顯然把關得不夠緊，未如康德那樣決絕。康德否認人有認識物自身的能力。這能力是睿智的直覺；人沒有這種直覺，只上帝有之。胡氏則較為婉轉，他認為思辯不能認識物自身，但本質直覺則可以。人亦可培養出這種直覺，因此，人是可認識物自身的。

關於事物本身與物自身的關係，胡塞爾雖未明說前者即是後者，但他說及事物本身的性格，常是可與物自身相通的。因此，我們有理由相信，他說的事物本身即是物自身。首先，胡塞爾表示事物或現象就其本質來說，基本上是不可分割的（unabtrennbar）。（註一三）一般來說的事物，作為現象，是經驗性格，是可分割成部分，它自身不是一個整一。但胡塞爾的事物本身，作為現象，有本質貫注於其中，故非經驗性格，因而是不可分割的。

另外，事物本身是單一的、同一的和無區別的（überall ein und dasselbe und in sich unterschiedslos）。（註一四）胡塞爾在這裏是說具有明證性（Evidenz）的直覺所覺得的事物本身不具單一性、同一性與區別性。他雖然提到這種直覺的觀察明證性是沒有本質的（wesenlos），其實不是真的說沒有本質，而只表示沒有特定的內涵而已。

胡塞爾又表示，在明證性中被給予的東西或一般的事物本身（Allgemeine selbst）不具有個別性（kein Singuläres），而恰巧是一般的東西，因此在實質上的涵義是超離的。（註一五）按一般說的經驗性的現象是個別的，各各與其他現象分開的，但現象學中的一般的事物本身則不可言個別性。這應該有物自身的意味，它們是超離於經驗的。

以上提到的事物本身的不可分割性、單一性、同一性、無區別性和不具個別性，都是本體界的性格，而不是現象界或經驗界的性格。物自身是本體界的東西，故這些事物本身，應是與物自身相通的，或竟便是物自身。

另外，胡塞爾所常說的本質，與物自身又有甚麼關係呢？本質能否說為是物自身呢？或者說，物自身是否便是本質的性格呢？關於這個問題，我們可以提出兩點來討論。首先，胡塞爾多次強調現象學是一種描述性科學（deskriptive Wissenschaft），這「描述」是否有要如實地、如其所如地描劃世界的真相的意味呢？他以「本質」（Wesen, Eidos）來說現象學，表示現象學是一種實質性的本質科學（materiale eidetische Wissenschaft）。（註一六）這實質是與形式對說的，後者如數學、邏輯的學問。胡塞爾又說現象學是具體的本質學科（konkret-eidetische Disziplin），它的範圍由「體驗本質」（Erlebniswesen）構成。他特別強調，本質不是抽象物（Abstrakta），而是具體物（Konkreta）。（註一七）這點非常重要。所謂體驗本質，應是指以體驗為方法的基礎的本質，不是以抽象的思維來了解的本質。這樣便可說本質是具體的東西，不是抽象的東西。故本質不是形式的概念，而是實有所指的概念，它是指向具體物的。這亦可與物自身相連起來。物自身是各物的物自身，各物都有其自家的體性，它能在睿智的直覺中直顯出來，或者說，具體地直顯出來，故具體的意思，還是可以說的。不過，說本質是具體物，便與直前說本質的準則義的理解不協調，甚至互相矛盾。準則是一種規範、一種理法，其普遍性是很明顯的。胡塞爾在這裏說本質是具體物，可能是疏忽、大意引來的過失。不過，我們也不能完全排除胡氏的說法的確有一種洞見（Einsicht）在。即是說，本質與具體物各有其意義，但在存有論上是分不開的。本質即此即是具體物的本質；具體物即此即是內含著本質的具體物。倘若我們以本質概括超越的世界的種種形式義的事物，以具體物概括經驗的世界的個別的事物，則說本質是具體物有打通、貫通超越與經驗兩界的意涵，克服了自柏拉圖以來西方形而上學上的本體（如理型）與現象（如理型的倣製品）的分離的理論困難。

其次，胡塞爾認為，對於本質的把握，自身具有其明晰度（Evidenz）。在任何事物的本質中，都有一種所與性，這是一種絕對的純粹是自身的所與性（reine Selbstgegebenheit），事物不只是一般地作為其自身而被意識為所與的，它正是「純粹的所與者自身，完全地自己存在」（rein gegebenes Selbst, ganz und gar, wie es in sich selbst ist）。（註一八）大體來說，這本質即是物自身，它具有明晰度，具有絕對的所與性。這所與性不應是對象意義，它不是現象，而是「完全地自己存在」的物自身意義。不過，有一點還是不同。本質具有自身的所與性，其所與性或存在性不是由外面得來，而是自身本來具有的。但康德說物自身，它的存在性不是自己給與的，而是由睿智的直覺（intellektuelle Anschauung）所給與的、提供的。在這一點上，與其說胡氏的本質近於康德的物自身，不如說近於魏晉玄學家郭象的在逍遙狀態中的事物，來得恰切。郭氏認為這些事物各自置身於自得的場域（自得之場），它們所達致的逍遙境界，是相同的，沒有高低之別。

四、現象學的方法：還原

處理了「現象」、「本質」這兩個挺重要的觀念，和確認了回向事物本身的哲學態度後，我們可以正式探討胡塞爾的現象學的方法了，這即是「還原」（Reduktion）。在這一點上，我們要從我們平常的認識方式說起。在我們日常的認識中，面對著外面世界的種種事象或存在，我們總是認為它們是存在的，而且存在於時間與空間中。胡塞爾自己也提過，我們與周圍的鄰居朋友在相互溝通、相互理解時，總是假定外面存在著一個客觀的時空性的現實世界，它們的存在是一個事實，而我們自己的生命存在，也是其中一個分子。（註一九）對於這種看法或態度，胡塞爾稱之為自然的態度。這種態度有一種傾向，要把我們的主體或自我和它的體驗外在化、現實化以至物化。由於這種態度把主體、自我和它的體驗看成是外在世界中事物的一部分，因而主體或自我的重要性便凸顯不起來，它的問題得不到應有的和足夠的重視，更不要談它的超越方面的性格了。

這種態度明顯地表現在自然科學之中。胡塞爾以為，自然科學的最大的問題，是預設了外在世界有其實在性，又認為人是具有認識這外在世界的能力的。這其實是一種認知上的傲慢，以為人的知性（Verstand）無所不能。這種態度是需要糾正的，其方法便是還原（Reduktion）。

在這種脈絡下，胡塞爾提出著名的「現象學還原」（phänomenologische Reduktion）的方法。關於這種方法，胡塞爾在他的早期著作《現象學的觀念》（*Die Idee der Phänomenologie*）中說：

> 現象學還原即是：必須對所有超離的東西予以無效的標示。即是說，它們的存在和有效性不能視為存在和有效性自身，充其量只能作為有效性現象而已。我所能操控的一切科學，……都只能作為現象，而不能視為有效應的，對我來說是一種出發點運用的真理體系。……使認識變成明證的自身被給予性，直覺到認識的效能的本質。（註二〇）

胡塞爾的意思是，一切超離的東西（Transzendente）沒有明證性，不在真理體系或範圍中；它們不是自身被給予，沒有認識的功效的本質。這種東西完全與現實脫節，不能指涉與真理有密切關連的現象。我們可以說，通常我們視為實在的外間的東西，都沒有明證性，都是超離性格的。我們要把它們標記出來，不將之視為有本質內藏於其中的現象。很明顯，我們日常見到外面的種種物體，如山河大地、花草樹木、魚蟲鳥獸，活生生地映現在眼前，我們會毫不猜疑它們的存在性，並且想到它們的背景，亦即是它們所依以確定其自己、憑藉它而得以呈現的整個現實的世界是實在的。進一步，我們要把它們轉化，使之能在具有明證性的超越的現象世界及超越主體面前展現開來，這便是還原（Reduktion），或現象學還原（phänomenologische Reduktion）。還原的最終點，是到達一個終極功能中心的絕對的自我。我們會把一切的存在，聚焦在這個自我的周圍。我們很少懷疑這自我的實在性，也很少懷疑環繞著它的周圍的事物的存在性。

初步看來，現象學還原可以被視為一種認識層次的提升，甚至是認識質素的提升，由自然的、機械式的臆測進於反省的、要求明證性的確認，去理解事物。海德格（M. Heidegger）在他的《現象學的根本問題》（*Die Grundprobleme der Phänomenologie*）一書中便提到，胡塞爾的現象學還原有這樣的用意，將人本來有的所謂「自然做法」（natürliche Einstellung），或物理性、物質性的傾向轉至一種有思想性的「超越的意識生活」（transzendentale Bewußtseinsleben）。（註二一）這超越的意識生活，用胡塞爾自己的詞彙來說，便是涉及或以它為基礎的「純粹意識」（reines Bewußtsein）或「超越意識」（transzendentales Bewußtsein）的活動。而達致這種意識狀態的方法，則是「超越懸置」（transzendentale Epoché），這在方法上，可區分為「排除」（Ausschaltung）和「加括號」（Einklammerung）。（註二二）不過，這些問題比較專門，我們在這裏暫不作進一步的闡釋。（註二三）

現在我們還是環繞著還原問題來討論。李幼蒸提出胡塞爾的現象學還原法分幾個步驟。第一步是現象還原，即把各種具體的經驗還原為現象學的「現象」，而這現象就是在意識中直接顯現的。第二步是本質還原，把對象從常識經驗層面提至本質層面。這是透過直覺或洞察來進行的。他強調，我們把握本質，不是經歸納而進行抽象，而是通過一種直覺性的洞察。（註二四）第三步是超越還原。按李幼蒸以為，早在本質還原階段，胡塞爾已提出了加括號法，又提出意向性觀念。加括號的用意，是要把外界存在的問題放在括號中凍結起來，存而不論。意向性的提出，是要以人心的一種主動的機能使外界對象的不同外觀可以合成一個整體，也使客體觀念及有聯繫的內外因素納入一個相關結構之中。而超越還原則探索決定和指導一切心理經驗的自我。（註二五）故現象學還原表示一個完整的認識歷程，要人從對外物的常識的、自然的認識進而認識它們的根源在意識的意向性，最後一歸於超越的意識或超越的自我。按李幼蒸的這種說法，讓我們聯想到康德的「超越的統覺」（transzendentale Apperzeption）的觀念。但後者有很濃厚的認識論意義，胡塞爾在這裏則以存有論意義為主。

在這裏，我們可以對現象學還原的意義和作用，作一個初步的總結。胡塞爾認為，我們慣常地對外部世界的存在不斷地執著，以為它們具有實在性，這是一種意識作用，也可說是非純粹的意識現象。我們應把這些執著去除掉，捨棄非純粹的意識現象，而轉向純粹的意識現象，把一切存在都納入意識的意向性之中。這便是現象學還原的意義與目的。

現象學還原的導向，很明顯地是要攝存在歸於意識，最後逼顯一超越的主體性。而現象學又是挺重視所謂明證性的。因此胡塞爾提出一個問題：現象學還原能否使超越的主體性的存在成為確然的明證性呢？他自己回答說，只有當我自己經驗著我的超越主體性（transzendentale Subjektivität）是確切的時候，這種經驗才能成為確切判斷的依據。（註二六）這其實是超越自我自己明證自己。

超越自我的這種明證，應該是通過直覺進行的，而且是純粹的直覺。胡塞爾自己便說，這純粹直覺是一種確切的明示方式，排除各種形而上學的冒進（metaphysisches Abenteuer）和玄思的溢動（spekulative Überschwenglichkeiten）。（註二七）這顯示現象學方法是純粹直覺的、具體的，不是辯解的、抽象的。這種純粹直覺，應該是一種睿智的直覺（intellektuelle Anschauung），而不是感性直覺（sinnliche Anschauung）。

最後，胡塞爾表示，現象學的方法（按應是指還原）是完全在反省行為內起作用的。（註二八）按這種反省可以是理性的反思、理論的反思，也可以是道德的反思、宗教的反思，以至生命境界的反思。倘若是最後的生命境界的反思，則現象學便接近東方哲學了。胡塞爾在稍後說反思就是體驗（Erlebnis），（註二九）這表示他不無後者的意味。利科在他的《純粹現象學通論》法譯本註三一二中更說這反思是直覺的，（註三〇）反思而又是直覺的，則體驗的意味便更濃厚了。

五、關於懸置（Epoché）

現在我們集中探討現象學還原方法的主要操作，這即是超越懸置（transzendentale Epoché）或懸置（Epoché）。上面我們提到，這在方法上可分為排除（Ausschaltung）和加括號（Einklammerung）兩種。這幾個名相的所指，其實是差不多的內容，都是指對有關世界或外界存在的設定或假定抱保留的、懷疑的態度，暫時不對它們作出任何判斷，不肯定，也不否定外在世界的存在。即是說，對於超離意識範圍外的東西，不作任何有關其存在的判斷。這種做法，有助於我們從自然的、非反省的思想態度過渡到反省的現象學的思想態度。一般人喜歡或傾向於以自然的態度設定外部世界的存在，懸置則是中止作出這樣的判斷，不作任何預先的假設。

實際上，對於懸置這種做法，胡塞爾便提過多種不同的稱法，如「懸置」（Epoché）、「判斷的中止」（Urteilsenthaltung）、「失去作用」（außer Aktion gesetzt）、「被加括號的提法」（eingeklammerte Thesis）和「被加括號的判斷」（eingeklammerte Urteil），等等。（註三一）意思大體上都是一樣，都展示出對明證真理的堅強的、不可動搖的信念。胡塞爾強調，我們所需要的東西，或現象學的目標，是在另外一個方位上，它不是在自然態度中被決定的，而是在完全擺脫了理論後顯現出來的，舊有的在外界實在的設定下的世界，對我們來說是無效了，因此要將它放入括號之中。（註三二）

關於放入括號一事，其實可以不必說得太過概念化、哲學化，才能顯出其意義。我們可以從日常的生活與經驗說，在平實中顯出它的不平實的現象學的意義。以下便是胡塞爾在這方面提出的一段富有日常生活與經驗氣息的文字：

> 我們簡樸地生活於知覺和經驗活動之中，生活在那些安設好的行為之中，在裏面，事物的統一狀態顯示在我們面前。……在牽涉到自然科學時，我們經驗地和邏輯地有規律地思想，當中，那些被視為是給予的現實的東西變成在思想上被規定下來的；又，在其中，依據那些直接被經驗的和被規限的超離的東西（Transzendenzen）又指涉到新的東西。在現象學的取向中，我們根據原則的一般性，我們中止了所有這些知解上的議題，即是，我們將實行而得的研究「放入括號中」，對於我們的新的研究，我們「不涉入這些議題中」。我們並不在它們之內生活，不實踐它們，卻是要實踐指向它們的反省的行動。（註三三）

這段文字很平實易懂，在胡塞爾的艱澀難讀的著作中是很少見的。它的意思是，我們是生活在眼前現見的環境中的，在那裏知覺一切和經驗一切，我們感到現前的事物有一種統一性。對於自然科學的問題，我們是實際地和有規律地思想與研究。對於那些超離經驗的東西，和它們所涉及的更遠的東西，我們依據現象學所強調的明證性的立場，不去理會它們，不對它們作出知解上的判斷，將它們放入括號中，存而不論。我們不把生活與它們關連起來，卻是要對它們作反思。最後提到的「反省的行動」（Akte der Reflexion），是指現象學的反思，它的原則是，一切要由具有自明性或明證性的意識之流開始。缺乏這種特徵的，便要實行「懸置」。

懸置表示對外在世界的存在性的懷疑，這很自然地使人想到笛卡兒（R. Descartes）這一著名的懷疑論者。由於懷疑，才能引發起方法上的批判；同時，又可通過除去一切仍然有疑惑的東西，以求得事物的絕對明顯的確實性。胡塞爾特別注意到，憑感覺經驗而來的確實性，世界依於它才能在自然的生活中被給予、被置定的確實性，終究是靠不住的，抵禦不住由懷疑而來的批判。基於此，胡塞爾認為，關於世界存在這一斷定，一開始便是不可接受的。（註三四）我們亦可在這裏窺探到胡塞爾提出懸置或判斷的中止的理由。

懸置或判斷的中止的範圍有多大呢？胡塞爾在其《純粹現象學通論》第二編〈現象學的根本的考察〉（Die phänomenologische Fundamentalbetrachtung）的第四章〈現象學還原〉（Die phänomenologischen Reduktionen）中，用了很多篇幅討論懸置、判斷中止或排除的問題。他認為除了超越的純粹意識（transzendental reines Bewußtsein）外，一切都要排除。這包括自然世界（心理世界和物理世界）、一切自然科學和文化科學以及它們的全部知識、純粹的自我（reines Ich）、超離的上帝（die Transzendenz Gottes）和作為普遍科學的純粹邏輯（reine Logik）。（註三五）他強調現象學是一門純描述性科學，是通過純粹直覺對超越的純粹意識場域（Feld des transzendental reinen Bewußtseins）進行研究的學問。（註三六）這種排除是有原則的。他提出的原則是：

倘若我們假定，現象學對純粹的意識的研究（reine Bewußtseinsforschung），只對自身和只應對自身提供那些可以在純粹直覺中解決的描述性分析的問題，則不論是數學學問的種種理論形式或任何派生的理法，都是對現象學沒有用處的。（註三七）

胡塞爾這番話語，非常重要和扼要。他顯然認為，現象學是對純粹意識的研究，而這純粹意識，是偏就後面會提到的絕對意識或超越意識而言，憑它的意向性（Intentionalität），可以開出一套無執的存有論。這種意識具有充分的明證性。在這絕對意識的大前提下，一切能助成它的實現和解決以它為主體的純粹直覺中的現象學描述性問題的要素，都是可取的，都不能排除。在這個目標之外或與此無關連的理法，都缺乏明證性，都要排除。對於這明證性，他守得很緊。只有超越主體性或純粹意識具有充分的明證性。他認為，即使是世界的實存、存在（Existenz einer Welt），都不能提供確然不可疑的明證性。對於世界，我們是有種種經驗或關係的，但這些經驗的明證性並不比作為絕對的初始的明證性（absolut erste Evidenz）更具優越性。（註三八）他對超越主體性或純粹意識的信心是挺堅強的。他繼續表示，我們所面對的、正在我們面前呈現的、可觀察的統一的世界圖像，也不能說真正的明證性，它可能只是源於我們的錯覺而已，也可能只是一個連貫起來的、編織起來的夢。這顯出胡塞爾的反實在論的觀念論的立場。就胡塞爾看來，我們憑感官所面對的、認識的種種事物，都沒有絕對的明證性可言。

因為我們的感官可能會出錯，或我們所面對的事物，可能只是一種幻覺，不是真實的，不具有明證性，因為我們認識這些事物的機能可能失誤，不能作正常的運作。至於世界圖像，則更不能說明證性，因為我們的認識機能，特別是感覺，根本沒有可能接觸整個世界的圖畫。世界圖像只是我們的意識依於感覺所接觸到的極有限的東西，加以無限地推廣，以達於整個世界而後止。意識依感覺而作推廣，在胡塞爾來說是無效的。

對於懸置，胡塞爾甚至有以它為基礎而發展出一套唯我主義思想的傾向。他認為懸置可以是一種徹底的和普遍的方法，以它為依據，我們能夠純粹地把自己理解為具有純粹意識生活的自我，而整個客觀世界，在我們的意識活動中，只為我們而存在而已，只是為了成就這種活動而出現在我們的面前。世界中的任何東西，時空中的任何存在，都可說是為了我們而存在的。我們與它們有種種連繫：經驗它們，知覺它們，回憶它們，思考它們，判斷和評估它們，以至對它們有盼望，有渴望。對於我們來說，世界不是別的甚麼東西，而只是在像笛卡兒的我思活動（cogito）的那種以意識為中心的我思活動中為了我們而存在，為我們所經驗與接受。而只有在這樣的活動中，世界才得到它的整全的、普遍的和殊特的意義，才被接受為是存在的。（註三九）這是從存有論的角度來說世界依於自我，為自我而存在。說「為我而存在」更有目的論的意味。這種我實在很像笛卡兒的我思了。

現在有一個問題可以提出來。懸置是中止對世界存在的肯認，有不承認世界存在這種意味，起碼有這種傾向。這是否一種否定主義或虛無主義（Nihilismus）呢？胡塞爾認為懸置並不是消極的虛無主義，不是要否定一切。在這個問題上，他說：

> 我們使屬於自然態度的本質(Wesen der natürlichen Einstellung)的一般的設定失去作用，我們將該設定所包含的在存在方面的一切東西放入括號中：因此將整個自然世界(ganze natürliche Welt)放入括號中，這自然世界持續地「在那裏」，「在身旁」。……我不是像一個詭辯論者那樣否定這個「世界」，不是像一個懷疑論者那樣懷疑它的事實的存在；但我在展開「現象學的」(phänomenologisch)懸置，這懸置使我完全地隔絕於任何有關時空性的事實性存在的判斷。因此我排除掉所有關乎這個自然世界的科學。……我不接納它的任何命題，沒有任何命題給我一個基礎(Grundlage)——要展示的是，倘若它像在這些科學中的其中一項被理解作有關這個世界的現實性的真理的話，只有在我為它加上括號以後，我才會接受這樣的命題。(註四〇)

這表示胡塞爾對於自然世界存在這一類命題的真確性持保留的態度。他不會接納這一類命題的真確性，他是要把它們放入括號之中，表示對它們的存疑。在甚麼情況之下他會接受這類命題呢？他提出要有一個基礎(Grundlage)。這是甚麼基礎呢？他沒有明說，這基礎很可能是指現象學的明證性，具體地說，是對意識有效的明證性。故對於世界，胡塞爾只是存疑其存在，並不是否定其存在，在這方面，他不是一個虛無主義者。故他說：

> 這種對接受的普遍的棄止(universale Außergeltungsetzen)，這種對事先被給予的客觀世界的所有見解及其首先是有關存在的見解的「抑制」或「使其失去作用」，或者說，這種對客觀世界的「現象學的懸置」(phänomenologische Epoché)和「括號化」(Einklammern)，

並沒有使我們陷於虛無（Nichts）。（註四一）

這種現象學的懸置對我們的日常生活有沒有影響呢？我們的日常生活會否受到它的哲學的導向所左右呢？胡塞爾表示，懸置對我們的日常生活沒有甚麼影響，即是說，我們不執著外界實在，或不理會外界實在，仍然可以正常地過日子。他表示，我們自由地對經驗世界的存在懸擱起來，只留意或把握在我們意識面前呈顯的東西，我們仍可保有本來的實存狀態（Seinsgeltung），我們自己與我們自己的生活仍然不會被波動。（註四二）外界實在是存有論的問題，我們的生活則是倫理問題、社會問題。我們即使不關心世界存在還是非存在，也不探究自己對它的存在和非存在的看法，我們自己的實存狀態是可以不受影響的。決定自己的實存狀態的，不是存有論的東西，而是自己的道德與良知，這是心靈的事、意志的事，不是意識的事。

不過，胡塞爾也並不以為懸置在我們日常生活中完全不起作用。他認為它能提升我們的知解層面，使我們對自我或我思的體會，達到睿智的或本體的境界，不會永遠停留在經驗的感知狀態。即是說，在我們日常生活的「自然的反省」（natürliche Reflexion）中，我們可以本著世界是存在著的立場來進行，如同說「我看見一座房子在那裏」，或「我記得聽過這段旋律」。但若我們具有超越的現象學的反省，則可以透過懸置，而越過經驗性格的自我，而達於超越地還原的自我或我思，對自己有較深一層的體會與認識。（註四三）這類問題比較深微與抽象，正是下一節要討論的。

六、現象學的剩餘物

透過現象學還原或懸置的作用，我們排除了那種視外界為實在或以世界為存在著的自然態度，剩下的還有甚麼呢？在胡塞爾看來，剩下的便是那絕對的、超越的純粹意識，它作為一個剩餘物（Residuum）留存下來。（註四四）那是具足明證性的、沒有懷疑餘地的超越的主體。這是胡塞爾現象學的核心概念，一切存有論、價值論、知識論，以至一般的人生哲學，都由這個核心概念開展出來。到了這裏，胡塞爾現象學的整個圖像便顯得清楚了，它作為一種觀念論，便確然地建立起來。我們也可以說，胡塞爾的唯心論的立場便非常清楚。一切外界的不確定的、缺乏明證性的存在都被淘汰掉。餘下的，便只有以意識的機能表現出來的超越的心靈。

在這裏，胡塞爾很強調意識固有的存在與本質。這是絕對無可疑的，它不會受到現象學排除的影響，它自身可構成一種本質上獨特的存在區域（Seinsregion）。對於這個區域，或以這個區域為基礎，我們可以成立一門新型的科學：現象學（Phänomenologie）。（註四五）這無疑是將意識上提至與睿智領域、本體領域密切相連的存有論層次。它當然是一種絕對意識，而不是經驗意識。胡塞爾本人也強調，對於這種存在區域的理解，需要通過洞見（Einsicht）。（註四六）他並表示，現象學懸置正是由於這種洞見才配有這個名稱，而這種懸置的充分自覺地實行使純粹意識與整個現象學區域可被理解。這樣，我們也可以對意識的整個圖像或歷程作一種分析性的描述：在現象學懸置之前，意識表現為經驗意識；在現象學懸置之後，意識表現為超越意識、絕對意識或純粹意識。

有一點要注意的是，在現象學懸置之前，我們以自然的理論態度（natürlich theoretische Einstellung）來看世界，而設定外界是實在的。而這「外界」是以相對意義說的。然後我們進行懸置，以一種新的態度排除了整個自然世界，包括心理的、物理的世界。所留下來的，是以絕對意識為基礎的整個領域。這絕對意識的「絕對性」，並不是與懸置前的相對的外界「相對」起來而成絕對的，它本身便是絕對，這「絕對性」是直接來自絕對意識的。自此以往，由絕對意識的構成性（Konstitution）或構架作用（Konstruktion）而開出的存在世界，當然仍是相對性格的，但絕對意識的「絕對性」，亦不與它所開出的相對的存在世界的「相對性」相對起來，而成為絕對。故它的絕對，應該是真正的絕對，是「無對」的。胡塞爾的超越主體性（transzendentale Subjektivität）應該是在這種義理基礎上確立起來的。我們對作為現象學的剩餘物的絕對意識，亦應該這樣來理解。跟著我們便在這樣的理解脈絡下來探討超越主體性的問題。

七、超越主體性

現象學還原或懸置最後歸於絕對意識的呈現，最後必逼出存有論義的超越主體性（transzendentale Subjektivität），或更恰當地說，活動義的超越主體性。使人提升至這種超越主體性的層面，正是胡塞爾現象學的目標。關於這種主體性的性格與獲致，胡塞爾說：

> 這個問題（按即超越主體性）並不意味著一種辯解式的營構（fabrications）的產物。超越主體性，連同它的超越的生活經驗、機能和成就，是直接經驗的絕對自動的領域。……

> 超越的經驗，在一種理論的和首先是描述的範限中，只有通過徹底轉化那種自然的、世俗的經驗所採取的態度才能成為可能的。這種態度的轉化，作為引向超越現象學領域的方法，稱為「現象學還原」。（註四七）

這是說，超越的經驗或超越主體性是要通過對在主客對立關係中進行的對外物的自然的執著和在時空中表現出來的對世界的經驗的徹底轉化，才能獲致。這便是現象學還原。現象學還原的結果，是從自然的、經驗的範域不斷引退，從沒有明證性的領域引退到具有明證性的領域，最後退無可退，終於逼顯出這超越主體性。這引退、逼顯的積極的說法便是獲得、證得、體得那超越主體性。最要緊的一點是，這超越主體性不是一靜態的存有（Sein），而是一充滿動感的活動（Akt, Aktivität），代表那直接經驗的絕對自動的領域（absolutely autonomous domain of direct experience）。這直接經驗是拋離一切二元對立性的一種現前的直下呈顯的活動，有類西田幾多郎的純粹經驗。而所謂現象學還原，亦可類比到西田的由感性經驗不斷剝落經驗內容，最後回歸至前主客對立的絕對的純粹經驗。

這種超越主體性觀念，在當代歐洲哲學來說，是一個新的提法，一種新的發展，因此也引來不少批評。胡塞爾本人也意識到這點，他覺察到他的現象學體系與同期其他體系有鮮明相異之處，但他自己充滿信心，對異論者的批評，不予理會，甚至加以拒斥。特別是對於他的唯智主義（intellectualism）的批評，他們認為現象學的方法程序有偏差，且流於抽象，在一般原則上未有指涉到具體的、實踐的、動感的層域，它的主體缺乏原初性，有疏離存在的問題，但也不能深入到形而上學方面的探討。唯智主義中的「智」（intellectual）的意思是負面的，那是指那種只重視智思的，甚至是純粹思維的活動，專向乾枯的抽象性思維鑽牛角尖，忽視經驗世界的種種具體的存在和對它們的認知。這智與康德的睿智的直覺（intellektuelle Anschauung, intellectual intuition）中的睿智（intellectual）的意思完全不同。睿智有既是智思也是直覺的意味；唯智的智則純然是智思而不涉直覺，相應於笛卡兒的「我思故我在」中的「思」，這是純然的形式意義的思考，如在數學與邏輯中的那種抽象性思維那樣，與具體的存在沒有關連。異論者對胡塞爾的批判，是針對只有思智沒有直覺這一點而言。胡塞爾的回應是，這些批評不了解他的現象學還原的新的哲學導向。是要突破經驗的、自然的所謂「世俗性主體」（mundane subjectivity），上提到「超越性主體」（transcendental subjectivity）方面去。後者是普遍性的、超越性的。（註四八）平心而論，胡塞爾現象學的概念性與理論性都很強，抽象討論的傾向是難免的。他的現象學還原或懸置，應很有實踐意味，可視為相應於唯識學的轉識成智或轉依的實踐。但唯識學提出具體的實踐修行程序，所謂「五位修行，入住唯識」：資糧位、加行位、通達位、修習位、究竟位。每個階位要做甚麼，都說得清清楚楚。胡塞爾在這方面的實踐性是很弱的，他甚至連康德也不如。康德提出純粹理性（reine Vernunft）之外，又提出實踐理性（praktische Vernunft），強調道德意志在現實生活中實現的重要性。（註四九）

胡塞爾特別指出，通過懸置作用而實施的現象學還原，中止一切有關世界存在的判斷，而轉向超越主體性，是一個追隨著笛卡兒而來的巨大的轉向（große Umwendung）。轉向自我的我思活動（ego cogito），那是判斷的最後的和確切地貞定的基礎。在這個基礎上，我們可以建立任何徹底的哲學。（註五〇）這種做法，也是挺自然的。我們既然不能確定外界的實在性，則只能轉向內界，一直逼向過來，而止於超越主體性，以之作為哲學的確然的明證性的起點，由這裏起步來重建哲學體系。若以超越主體性來說意識，則胡塞爾認為，外在的自然世界的存在性不可能作為意識界的存在性的條件，因為自然世界本身最終只能是意識的相關東西（Bewußtseinkorrelat），它只能作為在規律性的意識聯結體中所構成的東西而存在。（註五一）

上面剛提到自我的我思活動。這自我是超越主體性所轉向而來的，或竟是超越主體性自身。它是一個純粹的自我（reines Ich），沒有任何經驗內容。它只有一些確然的原則為內涵，這些原則是本質義，具有普遍性和必然性，對一切人都有效，必然地、普遍地內在於所有的人中。胡塞爾認為，這些原則有媒介作用，使特定的事情和它的理性依據聯繫起來。（註五二）胡的意思顯然是，這些原則所在的純粹自我，實是我們日常的實然生活、很多特定的事情與行為的理性依據。這種自我實表示出胡塞爾的最高主體的觀點。即是說，胡塞爾對於自我的解讀，是以理性（Vernunft）為焦點的。但這理性是哪一種意義的理性呢？是認識理性抑是道德理性呢？我想應該是認識理性。此中的理據是：一、胡塞爾的現象學很少涉及道德的問題，更與東方特別是儒學所倡導的道德實踐無涉。第二、胡塞爾在說到本質問題時，很重視本質的規約性、律則性，他要以此為基礎，建立一種具有嚴格的軌則性的現象學。不過，我們也要提高警覺，不應把胡塞爾的理性與作為知識的依據的理論理性混而為一。胡氏的理性並不如知性（Verstand）那樣單純，卻是有更廣泛與深刻的內容。他的理性其實是意識，這意識不單是知性性格的，同時也有存有論的涵義。這由他所提出的意識通過其意向性（Intentionalität）以開出能意（Noesis）與所意（Noema），由此分別構架主體的存在物與客體的存在物一點中見到。

八、本質直覺

我們現在討論現象學方法中的一個核心方法，也是挺難明瞭的方法，這便是本質直覺。這當然也牽涉到這種直覺的對象，亦即是物自身，或事物自己。這個概念，在意義上與所指方面，也有不少不夠清晰的地方。

在本文第二節中，我們提到本質還原或本質直覺。這是認識事物的本質的機能，與感性直覺（sinnliche Anschauung）應為不同，這點是沒有問題的。但胡塞爾說本質直覺，意思並不是那樣清晰，不能馬上確定它是哪一種的直覺。我們初步的理解是，這本質直覺應該是近於康德所說的睿智的直覺（intellektuelle Anschauung）。但它又與後者不是完全相同，甚至有很不協調的地方，這便使問題變得非常複雜。而這種直覺又是胡塞爾的現象學方法中非常重要的一項，故非得要認真地、仔細地研究不可。

首先在稱呼方面，本質直覺通常是對應於 Wesensanschauung 而言。不過，胡塞爾曾用過多種字眼來指謂這種直覺。他有時說 Wesensintuition（註五三）有時說 reine Intuition（註五四）（純粹直覺），有時又說 lebendige Anschauung（註五五）（活現直覺）。

大體來說，胡塞爾的本質直覺與康德說的睿智的直覺在意義上是相近的。在這裏，我們不妨先對康德義的睿智的直覺的涵義總結一下，把它歸為下面幾點：

1. 睿智的直覺是超越的認知機能，沒有經驗內容，也不認知經驗現象或對象，而是認知事物的在其自己，或物自身，也即是一般說的本質。

2.它的認知作用不受時間、空間、有無、動靜、因果律等概念或範疇的限制。這種認知也不是在主客對立的關係網路中進行，故不受關係網絡的限制，因而能在一時一處認識多種事物的本質。

3.它不是純直覺，也不是純智思。在它裏面，直覺與智思合而為一。

4.它不如感性直覺那樣只接受對象的存在性，而是能賦予事物以存在性。它與事物的關係不是橫列的、平行的關係，而是直貫的、隸屬的關係。事物是隸屬於它的。在這一點上，睿智的直覺具有創造的性能。

5.只有上帝具有睿智的直覺，人不可能有之。（註五六）

胡塞爾的本質直覺有很多點是與康德的睿智的直覺有出入的，相通之處固然也很明顯。首先，睿智的直覺認識的對象是物自身（Dinge an sich）。上面我們也說過，胡塞爾的事物本身應是通於物自身的。他說事物是自身的和極度超離的（selbst und schlechthin transzendent）。（註五七）這「超離的」（transzendent）自是對現象而言。他也提到在直接直覺中，我們直覺到一個「物自己」（Selbst），而在這種直覺的攝握（Auffassungen）中，再沒有更高層次的攝握了。正是由於這樣，它被視為作為「它自身」（selbst）而被直接直覺的。（註五八）這種說法，似乎透露出在那種直接的直覺中，直覺的層次是最高的，它所直覺的東西不能是記號或形象，後二者是現象性的。故所直覺到的，應是物自身的層次，它不能以現象的身分被加上記號或作為形象而表現。而其中所涉的直覺形式，亦應是本質直覺，不是感性直覺。若能這樣理解，則睿智的直覺與物自身的關係在胡塞爾的現象學中似具足建立起來的基礎。

實際上，胡塞爾也提過不滿康德以睿智的直覺只歸於上帝而以為人不能擁有的說法。他說：

有一種基本的看法以為，知覺未能達致物自身（Ding selbst）。物自身未有在其本身中和在其自在中被給予我們。……上帝，作為具有完全的知識因而也有一切可能的充足的知覺的主體，自然具有對那物自身（Ding an sich selbst）的知覺，這是我們這些有限存在者所沒有的。但這種看法是歪謬的。（註五九）

這裏胡塞爾不用直覺的字眼，卻用「知覺」（Wahrnehmung），分別並不大。他顯然是反對康德的說法，只是心存忠厚，不指名道姓而已。關於康德以只有上帝才有睿智的直覺，人不能有之的說話，主要見於他的《純粹理性批判》中，他也在《道德形上學的基本原理》和《實踐理性批判》中輕輕提過。牟宗三先生便根據這些文獻確定康德不容許人有睿智的直覺。不過，從文獻學的面相來說，對於人是否有睿智的直覺一問題，康德在後二書中已沒有抓得那麼緊。到他寫《在只是理性的限度下的宗教》（*Die Religion innerhalb der Grenzen der bloßen Vernunft*）時，他的態度已軟化下來，隱有人可有睿智的直覺的意味。在這個問題上，胡塞爾對康德的理解，肯定是以《純粹理性批判》一書為準繩。實際上，康德的思維、思想，是不停在發展的。我們看問題，應盡量看全局，所得的理解才能周延。

康德的睿智的直覺有一個重要的內涵，那是與一般的感性直覺不同的。即是，感性直覺不能給予對象以存在性，故它不是原創的（ursprünglich）（註六○），而睿智的直覺則能給予對象以存在性，它能創造對象的存在性。（註六一）在這一點上，胡塞爾繼承過來，認為本質直覺擁有自身的經驗，擁有被自己所看見的事情。（註六二）這雖未明說對象的存在性與本質直覺的隸屬關係，但當有本質直覺具有對象的存在性的意味。

較重要的一點是，一般的看法，是以直覺是一種現前的接觸，不涉及思想，也不會產生概念，因而與意識（Bewußtsein）是分開的，思想與概念都是意識的產物。胡塞爾則提出一種頗新的說法，認為本質直覺是對某一事物、某一對象的意識，而這本質直覺的所與物又是一種純粹本質（reines Wesen）。（註六三）他在《現象學的觀念》（*Idee*）一書中，在感性之上提出另外一些直覺，認為它們能邏輯地運作、比較、分別，也能在概念下作推理活動。（註六四）按邏輯運作、比較、分別和推理等都應是知性（Verstand）或意識（Bewußtsein）方面的活動，卻能在這些直覺中進行，可見這些直覺不能是感性的，而應該是意識的，或睿智的。這些直覺很可能是以本質直覺為主，而上面又提到本質直覺的所與物是純粹本質。如上所說，本質主要是準則義，是抽象的法理，「純粹」（rein）正表示它是沒有具體的經驗內容的。這樣看來，胡塞爾似有以為本質直覺具有意識的作用，能思考和建立概念。這種以本質直覺也有意識的思辯作用在裏頭，在西方哲學來說，的確是鮮見的說法，值得留意。在胡塞爾的情況，他所說的本質有相當濃厚的軌則、規約的意味，而直覺的作用，通常是對個體事物的把握。現在胡塞爾提本質直覺一觀念，以之具有思考和建立概念的作用，這便近於軌則、規約方面的意味了。因此，我們似可以說，胡氏的本質直覺是一個辯證的觀念，在其中，理解事物的普遍性的本質與理解事物的個別性的直覺交織在一起，而成一新的認識機能。

現在我們要就本質直覺這一認識能力作更深入的探究。這牽涉到普遍性問題。胡塞爾說普遍性有兩種：經驗的普遍性與純粹的普遍性。經驗的普遍性表示於經驗性概念中，例如房屋、動物。純粹的普遍性則表示於純粹概念中，那是指一些必然的結構、規律和共相（Eidos）。這種普遍性由本質直覺所把握，那是經現象學還原將所有現實存在放入括號中存而不論而在自由想像中直覺到的。對於純粹概念如結構、規律和共相，胡塞爾說：

這些純粹概念的構成不依賴於事實上被給予的開端項的偶然性及這個開端項的經驗視域，這些概念並非彷佛只在事後才囊括進一個開放的範圍，而恰好是在事先：即先天地。這種事前的囊括意味著，這些概念必定能夠預先對所有的經驗性個別事物制定規則。（註六五）

純粹概念的這種先天地便能制定規則以規限經驗性事物，很像康德知識論中論範疇（Kategorie）超越地便能範鑄那些雜多，對它們具有超越的有效性，使它們成為對象而為知性所把握。胡塞爾這樣說純粹概念，很可能是受到康德的範疇理論的影響。事實上，康德有時便稱這些範疇為概念，或純粹概念，因為它們只表示現象的超越的普遍性相，不具有任何經驗內容。（註六六）

我們對於這種把握結構、規律和共相一類純粹普遍性的本質直覺應特別加以注意。胡塞爾似有在感性直覺和睿智的直覺之外另立一種所謂本質直覺的意向，後者基本上是邏輯性格、形式性格的，在其中，只有抽象的東西被給予、被把握，如概念、規則一類。感性直覺由於是經驗的，只能及於事物的現象層面，與本質無關，我們暫不理它。我們在這裏特別要注意的是康德義的睿智的直覺和胡塞爾特別提出的本質直覺，後者與準則有密切的關連，它是把握作為準則的本質的。當胡塞爾說到一種直覺，在其中，對象在充分直覺中被視為原初性自身的東西（originäres Selbst），這原初性使它成為洞見的（einsichtig），（註六七）更進一步說，對象的原初意義是完整的和充實的，因而使這種直覺成為絕對洞見的（absolut einsichtig）。這種直覺很可能是睿智的直覺。但胡塞爾又提到另外一種直覺，它是超離的（transzendierend），它的對象不是充分地被提供出來，被展示出來，這是由於它的超離性格所致。但關於對象的「認識的本質」（erkenntnismäßiges Wesen）方面，和具有無限義的「先天的規則」（apriorische Regel），則能被給予，被提供。這樣的直覺，則很可能是他的所謂本質直覺。（註六八）

由上面的討論，我們似可看到，胡塞爾心目中的高一層次（高於感性）的直覺，便是本質直覺，它是邏輯性、形式性，以準則、規律為對象；它也具有意識的作用，如推理、分別、比較之類。這種直覺有直覺的特性，也有智思的作用，可視為一種理智的直覺。（註六九）

剛才說到睿智的直覺與洞見（Einsicht）的關連。本質直覺有沒有洞見可言呢？胡塞爾認為是有的，他認為從本質直覺中可汲取洞見，而表現洞見。他說：

> 從本質直覺中汲取洞見的過程是現象學的，它要求具有哲學的涵義這種（說法），只能透過這樣的背景來證實為合理：每一個真正的直覺在構造的聯結中都具有它的位置。（註七〇）

這裏隱涵兩個意思：⑴現象學性格是建基於從本質直覺中汲取洞見。這本質直覺應是關乎準則方面的直覺。⑵現象學性格是合理的，每一本質直覺在整個聯結歷程中都對應於準則，具有自身的意義與位置。因而現象學的導向（orientation）是價值義、理想義。以佛學語言來說，這是勝義諦的層次。

由上面第一點看，本質洞見應是現象學方法中的一個環節。下面我們即討論本質洞見以結束本文。

九、本質洞見

胡塞爾論本質洞見的地方不多，但其意思還是很清楚的，它是表現於本質直覺中。洞見的德文字 Einsicht，相當於英語的 insight，是層次很高的字眼，表示智慧、睿智的意味，是超越於一般的知解、見識之上的。本質洞見是洞見本質的，不是一般對現象的理解。不過，胡塞爾說本質，如上面所論，是關連著現象來說；而他說現象，亦不是有被執取意味的那種一般的現象。本質也好，現象也好，在胡塞爾的系統中，都不是純世俗諦的層次，而是有勝義諦義的。尤其要注意的是，胡塞爾說本質（Wesen, Eidos），是偏於抽象的準則方面，是理法、原則、規範的意味，它作為形而上的實在，又帶有邏輯的思考規律義。關於本質洞見，胡塞爾先從經驗論證開始展開他的闡釋。他說：

經驗論據要我們從在理論上有嚴格確定性的個別事例開始，以進於依嚴格的、由原則性洞見闡釋的方法所得到的普遍性論題。（註七一）

這裏胡塞爾提到「原則性洞見」(prinzipielle Einsicht)一概念。原則是準則方面的，這正是本質的主要涵義。故原則性洞見即是本質洞見。不過，胡塞爾是不相信經驗論據(wissenschaftliche Begründung)的，它明顯地有不足的地方，而經驗論者也不會真正信賴本質洞見。胡塞爾說：

直接經驗只給出單個的單一東西，而不給出普遍的東西，因此它是不足夠的。他(經驗主義者)不能訴諸本質洞見，因為他否定它。(註七二)

胡塞爾認為對於普遍的準則，我們不能透過直接經驗(direkte Erfahrung)得到，只能透過本質洞見，才能接觸到。故在認知方面，本質洞見是較經驗方式高一層次的。

關於本質，胡塞爾又強調現象學所論述的，是有關本質必然性的問題，這本質必然性(Wesensnotwendigkeit)必定是包含於所謂「物意向對象」(Dingnoema)和相關地包含在被給予物的意識之中。我們要以徹底的洞見的(durchaus einsichtig)方式去把握和系統地去研究它。(註七三)這個意思並不難明白。現象學所論述的不是一般的經驗現象，而是有本質貫徹於其中的事物，而本質是以軌則、準則說的，它有一定的規範，故必然性是難免的；而這必然性也是貫通於現象學的認識活動的主客雙方的，這即是所意(Noema)與能意(Noesis)，亦即是物意向對象與意識本身。這些作為本質的具有軌則、準則的必然性，只能透過洞見的方式去把得，這洞見必是本質洞見。

這種本質洞見的對象既主要是必然的準則、軌則，由於準則、軌則是內在地決定事物的，故這種對象是「內在的存在」(immanentes Sein)；又由於後者在原則上不依於任何物的存在

（prinzipiell nulla "re" indiget ad existendum），故是絕對性格的。（註七四）按這裏所說的內在的存在的內在性（Immanenz）是指經由直覺才能達致、達到的絕對所與性，故它應是屬於物自身的層次，是獨立於一般所說的現象之外的。

胡塞爾又以「反思現象」（Phänomene der Reflexion）來說本質洞見，（註七五）將後者從一般的認識活動區別開來。這種現象是純粹的和明晰的，沒有經驗內容，因為它所反思的是準則、軌則，與經驗對象無關。胡寒爾更就這種反思的對象，是給予出來的意識（gebendes Bewußtsein）和它的主體（Subjekt），表示這種反思能思想知覺（Wahrnehmen）、回憶（Erinnern）、陳述（Aussagen），等等。最後，他說上帝也只能藉著這種反思去認識祂的意識和意識內容。（註七六）要注意的是，具有這些意義或作用的反思，與一般的反思活動不同。後者是純粹的智思、思考，沒有直覺。胡塞爾這裏所說的反思，是直覺與思想綜合在一起的活動，是勝義諦層次的，有很濃厚的現象學意味。

在這裏，我想就胡塞爾的本質直覺觀念作一些補充性的概括。本質直覺無疑是感性直覺之外的另一種直覺，以事物的本質為對象的認識機能。不過，胡塞爾在說到這種直覺時，總是傾向於本質方面，對於直覺，則沒有很多解說。而在他的系統中，本質有一定程度的規律性、形式性，因此，在說到本質直覺的對象時，物自身的意味不是很濃厚，反而對象方面的形式性、軌則性變得較為突顯，這是比較特別的，特別是與東方哲學的儒家、道家、佛教所說的關連到對象的物自身方面的面相比較時，更為明顯。即是說，胡氏的本質始終未能完全脫離西方哲學傳統所一直強調的思辯性格，例如柏拉圖的理型的那種純形相的、形式性的面貌，與東方所強調的事物或對象的無性、空性、緣起性、自起性、自得性這種具有終極真理義的東西不同。看來胡塞爾的現象學還有進一步的發展空間，那便是把思辯的傾向逆轉，作純然是直覺的轉向。

附註

註一：I. Kant, *Kritik der reinen Vernunft* I, Frankfurt am Main: Sulrkamp, 1977, S. 69.

註二：Idem.

註三：這樣理解現象，與一般的理解很是不同。後者總是視現象為經驗性的，因而有材質的意義；它決不是超越的，因而不關乎本質，因本質通常是被理解為超越的。但胡塞爾的理解，完全是另一思路。他以現象為經驗現象的本質。故他的現象，較一般所理解的現象要高一層次。而他的現象所屬的本質，如上所云，不能從個別的東西如經驗材料中抽象出來，不是對經驗材料概念化而得，而是通過直覺的洞察（Einsicht）對具體事物加以細緻把玩而得。胡塞爾的直覺的洞察，應是一種睿智的直覺，而不應是感性直覺（sinnliche Anschauung）。它是具有明證性（Evidenz）的。

註四：這種本質維持、成就事物的關係，頗類似康德以範疇來整合事物的雜多，決定之為對象的意味。雜多若離開了範疇，只能是散列的東西，不能成為具有規則性、決定性的對象。胡塞爾在這一點上，可能受了康德的影響或啟發。

註五：*Ideen I*, S. 135.

註六：胡塞爾著，鄧曉芒、張廷國譯《經驗與判斷》（*Erfahrung und Urteil*），北京：《生活、讀書、新知》，三聯書店，一九九九，頁三九五。由於手邊沒有這本書的德文原本，故只能參考翻譯，請讀者諒察。

註七：本質具有普遍性。普遍的本質又稱為艾多斯（Eidos），那是特別指透過觀念化作用（Ideation）而把握到的普遍的本質。而這作用是在直覺中成立的。這兩種作用並不矛盾，它們都指向對本質的把握。

註八：*Ideen I*, S. 41.

註　九：這種純粹的與直接的直覺，很易令人想到西田幾多郎的純粹經驗一概念。後者是一種原始的、前主客對立的意識空間，自然是超越有二元性格的一切理論與意欲。

註一〇：E. Husserl. *Die Idee der Phänomenologie*. Den Haag: Martinus Nijhoff, 1973. S. 21。此書以下省作 *Idee*。

註一一：關於這點，參考筆者另文〈從睿智的直覺看僧肇的般若思想與對印度佛學的般若智的創造性詮釋〉，前篇，第三節。此文是在中央研究院第三屆國際漢學會議的思想組別中提出的，二〇〇〇年六月。此文已刊於拙著《純粹力動現象學》，臺北：臺灣商務印書館，二〇〇五，頁六八五—七五二。

註一二：*Meditationen*, S. 182.

註一三：*Idee*, S. 12.

註一四：Ibid., S. 11.

註一五：Ibid., S. 9.

註一六：*Ideen I*, S. 150.

註一七：Ibid., S. 153.

註一八：*Ideen I*, S. 142.

註一九：Ibid., S. 60.

註二〇：*Idee*, S. 6.

註二一：M. Heidegger, *Die Grundprobleme der Phänomenologie*. Frankfurt am Main: Gesamtausgabe, Bd. 24, 1989, S. 29.

註二二：*Ideen I*, S. 69.

註二三：史皮格伯（Herbert Spiegelberg）在他的巨著《現象學運動》（*The Phenomenological Movement*）中，提出現象學方法的七個步驟，依次是：(1)探究特殊的現象，(2)探究一般的本質，(3)探討本質間的本質關係，(4)觀察顯現的方式，(5)觀察在意識中現象的構成，(6)擱置有關現象存在的想法，(7)解釋現象的意義。（H. Spiegelberg, *The Phenomenological Movement*. The Hague, Boston, London: Martinus Nijhoff Publishers, 1982, p. 682.）我們在這裏說的排除和加括號，相應於這七個步驟中的第六步驟，亦即擱置有關現象存在的想法。

註二四：按在胡塞爾的現象學中，現象與本質常是放在一起來說的，兩者的內容實有相重疊之處。兩者都有超經驗的性格。故現象還原與本質還原頗有京都學派的西田哲學中要人從二元對立的經驗立場回歸到純粹經驗的前二元的境界方面去的意向。

註二五：李幼蒸著《結構與意義：現代西方哲學論集》，臺北：聯經出版事業公司，一九九四，頁二六—二八。

註二六：*Meditationen*, S. 61.

註二七：Ibid., S. 166.

註二八：*Ideen I*, S.162.

註二九：Idem.

註三〇：李幼蒸譯、胡塞爾著《純粹現象學通論》中所附法譯本注釋，頁六四一。

註三一：*Ideen I*, S. 64.

註三二：Ibid., S. 66.

註三三：Ibid., S. 107.

註三四：*Meditationen*, S. 45.

註三五：*Ideen I*, S. 122-127.

註三六：Ibid., S. 127.

註三七：Idem.

註三八：*Meditationen*, S. 57.

註三九：Ibid., S. 60.

註四〇：*Ideen I*, S. 65-66.

註四一：*Meditationen*, S. 60.

註四二：Ibid., S. 64.

註四三：Ibid., S. 72.

註四四：*Ideen I*, S. 121.

註四五：*Ideen I*, S. 68.

註四六：Idem。這種洞見，不應是感性的（sinnlich），而應是睿智的（intellektuell）。洞見應是一種睿智的直覺（intellektuelle Anschauung），或本質直覺。

註四七：*Ideen I* 之〈後記〉，*Ideas II*, p.408.

註四八：Ibid., p.407。按在這裏李幼蒸的翻譯有些微問題。英譯本以「唯智主義」（intellectualism）是異論者對胡塞爾的批評，李幼蒸的中譯則作唯智主義者對胡塞爾的批評。（李幼蒸譯、胡塞爾著《純粹現象學通論》，〈著者後記〉，頁五五二）哪一方面正確，需考查德文原典才能決定。因手頭無原典，只能存疑。

註四九：只就胡塞爾的三本《觀念》（*Ideen*）書來看，這種情況便很明顯。有人以為他在後期著作《歐洲科學危機和超越現象學》（*Die Krisis der Europäischen Wissenschaften und die Transzendentale Phänomenologie*）中特別提出「生活世界」（Lebenswelt）一概念，以談實際的生命與生活問題，是要補他的現象學的實踐意義的不足的。有人更以為他這樣做，是受了他的學生海德格（Martin Heidegger）的《存有與時間》（*Sein und Zeit*）論現實存在的影響而致的。

註五〇：*Meditationen*, S. 58.

註五一：*Ideen I*, S. 109.

註五二：*Meditationen*, S. 106.

註五三：*Ideen I*, S. 155.

註五四：Ibid., S. 163.

註五五：Idem.

註五六：參看拙文〈從睿智的直覺看僧肇的般若智思想與對印度佛學的般若智的創造性詮釋〉，前篇，第三節〈西方哲學對睿智的直覺的理解〉。

註五七：*Ideen I*, S. 87。在 F. Kersten 對 *Ideen I* 的英譯本中，Ding（事物）被譯為 physical thing（物理事物），似是限制了 Ding 一詞所指的範圍，它當不應只是物理的。（E. Husserl, *Ideas Pertaining to a Pure Phenomenology and to a Phenomenological Philosophy*. First Book: *General Introduction to a Pure*

Phenomenology. The Hague, Boston, London: Martinus Nijhoff Publishers, 1982, p.90.）

註五八：*Ideen I*, S. 90.

註五九：Ibid., S. 89.

註六〇：I. Kant, *Kritik der reinen Vernunft*, Frankfurt am Main: Suhrkamp, 1977, S. 95.

註六一：Ibid., S. 93.

註六二：胡塞爾著、鄧曉芒、張廷國譯《經驗與判斷》，北京：《生活、讀書、新知》，三聯書店，一九九九，頁四〇三。

註六三：*Ideen I*, S. 14.

註六四：*Idee*, S. 8.

註六五：胡塞爾著《經驗與判斷》，頁三九四。

註六六：對於範疇對於雜多的有效性，康德曾作過超越推述（transzendentale Deduktion）來證成。關於這點，可參閱拙文〈康德知識論研究：乙、論述《純粹理性批判》中的超越推述〉，載於拙著《西方哲學析論》，臺北：文津出版社，一九九二，頁一五三—一六七。

註六七：這種洞見應為真理義、勝義諦義的。

註六八：*Ideen I*, S. 332.

註六九：這種具有意識思想作用的直覺，令人想起笛卡兒的「我思」觀念。兩者都是關連著思想、推理作用的。但正如康德所指出，笛卡兒的我思就對我來說，只有對我的思想、智思，卻沒有對我的直覺，故他認為從我思開始，只能一直說「我思」，我思……，不能說「我在」，我在是預設對自我的直覺的，故我們不能像笛卡兒那樣說我思即我在。關於這點，參閱 I. Kant, *Kritik der reinen Vernunft*, S. 152。

註七〇：*Meditationen*, S. 165.

註七一：*Ideen I*, S. 44.

註七二：Idem.

註七三：*Ideen I*, S. 384.

註七四：Ibid., S. 104.

註七五：*Ideen I*, S. 175.

註七六：Idem.

唯識學阿賴耶識要義及其現象學解讀

吳汝鈞著

現象學（Phänomenologie）是目前歐陸方面最重要和最受注目的思想潮流。它和佛教唯識學（Vijñāna-vāda）在義理上有多方面相近似，因而有很廣闊的對話空間，相信對這兩方面的思想有認識的朋友都會首肯。但在哲學上能兼知這兩方面的義理的人並不多。本文正是要在這個題材上做些研究，以胡塞爾（E. Husserl）的現象學來解讀唯識學，把焦點放在相當於人的靈魂的阿賴耶識（ālayavijñāna）上。在唯識學的文獻方面，我挑選其中最具代性的世親（Vasubandhu）的《唯識三十頌》（*Triṃśikāvijñaptimātratāsiddhi*）來研究。在這部作品中，最先的四首偈頌是專門闡釋阿賴耶識的，因此，我把研究集中在這四首偈頌上。我先把梵文偈頌列出，然後把它翻譯成語體文，再拿玄奘的漢譯來比對，最後以胡塞爾的現象學為參照，作概括性的詮釋與發揮。至於對《三十頌》的解讀方面，我選擇護法（Dharmapāla）的《成論》（《成唯識論》）為依據。

一、第一頌

【梵 文 本】ātmadharmopacāro hi vividho yaḥ pravartate/
vijñānapariṇāme 'sau pariṇāmaḥ sa ca tridhā//

【梵本語譯】不管實行哪些種種的我、法的假說，實際上，這只是在識轉變中。同時，這轉變有三種。

【玄奘譯本】由假說我法，有種種相轉，
彼依識所變，此能變唯三。（大三一·六〇a）

此首偈頌的梵本文義與玄奘譯本的意思大體相同。首句說，不管採取哪一種關於我和法的見解。這裏的我（ātman）是主觀的自我，法（dharma）指客觀世界。我們通常將世界的事物分成兩方面，一方面是主觀的自我，另一方面是客觀的世界。第二句是說，對於這些事物，無論採取哪一種說法，它們的根源都離不開識轉變，而這識轉變共有三種。

玄奘的譯本為「由假說我法，有種種相轉」，這「種種相」相應於種種我、法的假說。「假說」（upacāra）是一種施設性的說法，即只是一種方便的說法，不能視為絕對真實的。以「我、法」來概括世間一切事物都只是一種假說，因為世間的事物都沒有實在性。從究極的角度說，世間事物都只是心識所變現的，不是實在的東西。實際上，世間根本沒有我、法這些東西，它們都只是依著識而變現的，這就是「彼依識所變」的意思。「彼」指我、法，我、法都是依著識所變現，它們的根源都在心識。這樣，心識成為能變，而我、法就成為所變。

這心識作為能變，共分為三種。

對於這第一首偈頌，護法有很豐富的解釋。在這裏，他提出了相分（nimitta）和見分（dṛṣṭi）的說法。他過份地強調相分和見分，把重點從心識轉移至客觀世界方面。他在《成論》中解釋說：

> 世間、聖教說有我、法，但由假立，非實有性。我謂主宰，法謂軌持。彼二俱有種種相轉。我種種相，謂有情、命者等、預流、一來等。法種種相，謂實、德、業等、蘊、處、界等。轉謂隨緣施設有異。如是諸相，若由假說，依何得成？彼相皆依識所轉變，而假施設。（大三一·一a）

這裏說，世間上的種種見解以及佛教的說法，提到我、法時，都只是以虛假的方式施設，這些我和法都並非具有實在性。這裏的「我」是指主觀方面的自我；「法」是指客觀世界的一切事物。當說到自我和客觀事物時，為著方便表達，都以假名去建立這些事物，但事實上，這些事物都沒有實在性。所謂實在性（reality），是指一種性格，透過這種性格，事物可以獨立地存在，而無需依待其他因素。這實在性亦就是佛教所說的自性（svabhāva），即獨自的存在性。「我謂主宰，法謂軌持」是解釋我和法的觀念，「我」（ātman）具有主宰性，即一種決定性，可決定活動的方向，是一種主觀方面的能力；「法」是指客觀方面的種種現象，梵文稱為dharma。為何以「軌持」來解釋法呢？在唯識學中，軌持的意思是「軌生物解，任持自性」。軌生物解的意思是被一種軌則來限制著發展，以致具有一定的樣貌，不能隨意變動；

任持自性表示持守著自己的性格，這自性並非指獨立的存在性，而是從緣起而被賦予的某些性格。這兩句都表示具有某種穩定性，不會無故轉變，這是客觀的現象，即法的特質。「彼二俱有種種相轉」指我和法都會轉生出種種現象，這種轉生是以識作為基礎的。

「我種種相，謂有情、命者等、預流、一來等」，我是主觀的心方面的、我的種種相狀，是指具有情識和生命的個體等。「預流」（srota āpanna）和「一來」（sakrdāgāmin）都是小乘佛教的果位，預流是預入聖者之流的意思，是小乘佛教四果中的最初的果位；一來表示得此果的聖者還需要再轉生來世間一次，然後才能脫離輪迴，達到寂滅的境界，此果位比預流果的境界較高，是四果中的第二階位。有情、命者、預流、一來等都是主觀方面的自我的種種相，代表著具有不同修行境界的主體。「法種種相，謂實、德、業等、蘊、處、界等」，此中的實、德、業是勝論學派（Vaiśeṣika）所說的範疇（categories）。勝論學派以《勝論經》（*Vaiśeṣika-sūtra*）為依據，提出了一套範疇學說，用來描述事物存在的性格。範疇在印度哲學中稱為句義（padārtha）。勝論學派的範疇論共有六句義，這裏舉出了三種。「實」（dravya）指存在的事物本身的體；「德」（guṇa）指事物的屬性；「業」（karma）是事物的運動。「蘊、處、界」概括了我們的意識機能和認識對象。「蘊」（skandha）是積聚的意思，佛教所謂五蘊，是指組成生命的五種東西，即色、受、想、行、識。「處」（āyatana）是作用的處所，佛教所說的十二處指六根和六境。六根是六種認識的機能，即：眼根、耳根、鼻根、舌根、身根和意根；六境是六種認識的對象，分別為：色、聲、香、味、觸、法。「界」（dhātu）是認識生起的因素，佛教所說的十八界指六根、六境和六識。六識是眼識、耳識、鼻識、舌識、身識和意識共六種認識能力。識藉著根去認識境，就構成了認識活動。實、德、業和蘊、處、界都是指現象世界的事物，亦即是法。「轉謂隨緣施設有異」意思是「轉」是隨順著識的虛妄分別而施設事物的差別，「有異」是事物的差別。即是說，事物的差別本身不是實在的，而是從識的虛妄分別作用而施設的，這樣的施設稱為「轉」，即轉生。「如是識相，若由假說，依何得成？」這裏說：既然種種我、法的相狀都是由假說安立的，它們是依賴什麼而得成立呢？最後，護法提出識作為我、法種種相的源頭，他說：「彼相皆依識所轉變，而假施設。」即是說，我法的種種相都是依賴心識而變現的，再經施設而成為不同的事物。

這裏出現了識轉變（vijñānapariṇāma）的觀念。識轉變是指識的潛在力量的現實化。識本身蘊含著一種潛在力量，這就是後來的人提出的種子概念所指的。這種潛在力量的現實化是指這種潛能在時間和空間中實現出來，表現為種種不同的現象。在這種現實化中，形成了主觀方面的心識與客觀方面的對象之間的對峙局面，這種對峙局面就是見分與相分的對峙。主觀的心識相當於見分；客觀的對象相當於相分。相分和見分就構成了整個現象世界，包括心理現象以及物理現象。這個現實化的過程就稱為識轉變。這是護法在《成論》的解釋。

以上是在《成論》中對第一首偈頌的初步解釋。接著是針對識和變作進一步解釋，《成論》說：

> 識謂了別。此中識言，亦攝心所，定相應故。變謂識體轉似二分，相、見俱依自證起故。依斯二分，施設我、法。彼二離此，無所依故。或復內識轉似外境。我、法分別熏習力故，諸識生時，變似我、法。此我、法相雖在內識，而由分別，似外境現。諸有情類無始時來，緣此執為實我、實法，如患夢者患夢力故，心似種種外境相現，緣

此執為實有外境。（大三一·一a—b）

這段文字的意思很清晰，可見護法具有很強的分析能力。他首先以「了別」（khyāti）來解釋「識」，了別是對事物進行區分、分別。分別可從事物的不同方面進行，例如在顏色上區分，在大小、形狀上區分，或是在空間位置上區分。這裏所說的了別，不單具有認識論的意思，同時亦具有心理學的意思，即一方面了別事物各方面不同的性質，同時亦執取事物，以為它們具有自性。（註一）護法接著說，這識亦包括「心所」（caitasa）。心所就是心理狀態，如喜、怒、哀、樂等，唯識學將心理狀態很詳細地區分。他說這識亦包括心所，因為心所與識是確定地相應的。

接著的幾句非常重要，表現了護法的識轉變的觀念。他說，變是指識體轉變為相分和見分。他以相分來概括客觀方面的種種現象；而以見分來說主觀方面的自我。這相、見二分都是依著自證分（pratyātma-vedya）而起的，這自證分其實就是識體本身，從這識體上現起相分和見分，分別構成客觀的世界和主觀的自我。

護法在這裏提出了相分、見分和自證分，即所謂三分說。引文說：「依斯二分，施設我、法，」是說依著見分而施設我，依著相分而施設法。「彼二離此，無所依故」表示見分和相分，或我和法都是依著自證分，即識本身而施設的，若離開自證分，則不能建立起見分和相分。「或復內識轉似外境」表示識轉變這個觀念可以說為內識轉似外境，即是從心識變現起種種對象。「我、法分別熏習力故，諸識生時，變似我、法」的意思是識自身具有一種虛妄分別的熏習作用，這作用令諸識生起時能變現出我、法的相狀。「此我、法相雖在內識，而由分別，似外境現，」這「內識」指自證分，雖然我、法的根源都在內識，然而因識的虛妄分別的作用，使我、法擬似外境而現起。這就是識轉變的具體描述。「諸有情類無始時來，緣此執為實我、實法，」意思是眾生由於無明的作用，不能了解我、法都是由識所變的道理，以至無始以來，對於這種現象執為實在的我和法，即是以為在這種現象中有我的實體和法的實體存在著。「如患夢者患夢力故，心似種種外境相現，緣此執為實有外境，」這表示眾生這種執著的情況，就好像夢者在患夢的作用下，從心識現起種種現象，擬似外境，由此執著這些現象，以為是實在的外境。在以上的一節中，護法主要是表達出自己的識轉變的觀念。（註二）

以下一節是一般的論述，《成論》說：

> 愚夫所計實我、實法，都無所有，但隨妄情而施設故，說之為假。內識所變似我、似法雖有，而非實我、法性，然似彼現，故說為假。外境隨情而施設故，非有如識。內識必依因緣生故，非無如境。由此便遮增、減二執。境依內識而假立故，唯世俗有。識是假境所依事故，亦勝義有。（大三一．一b）

這裏首次說到「假」的問題，所謂假是施設假立，依於某些東西進行施設，以方便達到某個目的。「愚夫所計實我、實法，都無所有」表示一般人所執取以為是實在的我和法，都沒有實在性。「但隨妄情而施設故，說之為假，」一般人所執取的我、法只是隨著妄情而施設出來的，它們只具有施設的性格，故稱之為假。唯識在這裏所說的假跟中觀學所說的假名的意思很接近。（註三）假名（prajñapti）表示某樣東西本身不是實在的，只是用假立的名稱去表示那東西的表象或作用，所以假名本身亦是施設性的。「內識所變似我、似法雖有，而非實我、法性，然似彼現，故說為假。」這裏進一步解釋假的意思，從心識變現的似我、似法，好像是真實的我和法，但實際不是真正存在的，故稱為似我、似法。這些現象雖然是有，但並非真實地具有自性的我和法。然而，這些東西擬似實在的我、法，所以稱之為假。比如照片中的人像擬似現實的人，故稱為假。「外境隨情而施設故，非有如識。內識必依因緣生故，非無如境。」這裏表示出外境與識在真實程度上的不同。外境只是隨著妄情而施設，所以在真實程度上不及識；而識必須依賴某些因緣才能生起，所以不像外境般虛假，必定有相當的真實性。這句透露出唯識的意思，在外境與心識之間，唯有心識較具真實性，故說唯識。「由此便遮增、減二執」表示如果我們能明白以上的道理，就能夠免除增、減兩方面的執著。增是指增益過，外境只是由識所變現，再經施設而成立的，本身不是實在的東西，若以為外境是實在的，便犯了增益過。減是指減損過，外境雖然不是實在的，但仍是由識所產生的作用而成立的，並不是一無所有，若以為外境完全是虛無的，便犯了減損過。（註四）

「境依內識而假立故，唯世俗有，識是假境所依事故，亦勝義有。」這裏對外境與識的真實性作出了總結。外境是依於心識而假立施設的，所以只可在世俗的眼光下說有。而心識是一切外境所依賴而成立的，即是一切外境的來源，所以識不單在世俗眼光來說是有，在勝義，即究極的角度來說亦是有。在這裏，護法說識是勝義有，似乎有點疏忽，因為識本身都是緣起的，所以從究極的角度說不是真實的有。我們只能從相對的角度說識的實在性，因為外境需依賴識而生起，所以識相對地較外境更具真實性。但若說識在絕對的、究極的角度說是實在的，就違反了唯識，甚至整個佛教對宇宙萬物的看法。

現在，我們要對識轉變一觀念作一點補充。在《唯識三十頌》的玄奘的譯本中，識與外境有很密切的關係，外境就是由識所變現的。在這裏，玄奘將 vijñāna 譯為「能變」。若從梵文本看，將 vijñāna 譯為能變，意思似是重了一點。在真諦譯的《轉識論》中，vijñāna 則譯為「能緣」。（註五）能變的意思較為確定地指一種變現，可以引申至相分和見分的現起；而能緣就沒有這種確定的變現的意思。就世親以前的唯識典籍，例如《大乘莊嚴經論》（*Mahāyānasūtrālaṃkāra*）、《中邊分別論》（*Madhyāntavibhāga-śāstra*）、《攝大乘論》（*Mahāyānasaṃgraha*）等來說，識的意思基本上是能緣，而能變的意思並不明顯，所以真諦所譯的能緣，較為符合世親以前的識的意義。而能變可能是玄奘自己提出的。再看《唯識三十頌》的梵文本，當中提到 pariṇāmah sa，玄奘譯為「此能變」，再將八識分別為初能變、第二能變和第三能變；真諦則譯為「能緣」，再將八識分別為第一識、第二識和第三識。由此可見能變是玄奘的獨特用詞。此外，在《成論》中，對於識轉變的解釋特別標明相分和見分，論中說：「變謂識體轉似二分，相、見俱依自證起故。」（註六）這裏強調，所謂「變」是識體生變異，轉出相分和見分，而識體本身就成為自證分，此相分和見分都是依於自證分的。然後更進一步，論中以見分為分別，而以相分為所分別。即是將見分視為能夠認識對象的能力；而將相分視為被認識的對象。可見護法從「變」這個概念發揮出很豐富的義理。而這裏所說的分別，不單具有認識論的意味，即作為能認識對象的能力，更有心理學上的意義，即執取對象，以為對象具有自性。

對於以上的闡述，我認為有一些點需要注意。首先，唯識學說識是以識對於外境有先在性（priority）。胡塞爾說意識現象學，亦有以意識對經驗存在有先在性的涵義。這「先在性」可以就時間上說，亦可以就邏輯上說，更可以就存有論上說。順此說下來，唯識學的境，或相（相分），必須關連著作為它的根源的識，才能清楚理解。胡塞爾的現象學亦是一樣，經驗存在必須關連著意識（Bewußtsein）的意向性（Intentionalität），才能清楚理解。實際上，唯識學說「唯識」，表示境不離識；在胡塞爾來說，便是「唯意識」，表示經驗存在不能離開意識而獨立地說。但他的意識可以是絕對意識（absolutes Bewußtsein），是勝義諦義的，不必如唯識的識之為虛妄。

最能與「唯識」一義理相應的，恐怕是胡塞爾以意識所給出的意義（Sinn, Bedeutung）來說對象或境；對象必須對應於意識的意義，一切意識之外的東西都不能說。事物本著意識提出來的意義而成意向對象（Noema），又可本著意義而回歸向意識自身（Noesis）。事物依於意義，意義預認意識。意識倘若是就絕對意識說，則是絕對自在的，不依於對象，故具有超然的地位。我們也可以說，絕對意識藉著意義的給予而創造對象，創造世界。這便顯出意識的創造性。唯識的識亦可說創造外境，但它自身也是緣起而成，因而也是被創造的。但意義總是只是意義，是平面的、抽象的，它如何指涉到立體的、具體的事物，則需要一宇宙論的程序與演述。關於這點，胡塞爾未有措意。這在唯識，便是用「似現」（pratibhāsa）的方式說。熊十力則以本體「宛然詐現」說。在我自己所撰的《純粹力動現象學》中，亦以詐現說。

關於與唯識學的境相對應的意向對象，較具體的一點說是它的內容（Inhalt），像胡塞爾的說法那樣。這內容有一定的固定性，由意識所提供，意向對象便由這內容所鎖定、限定。故內容是一種一體性（Einheit），它可把對象決定下來。但這一體性是甚麼意義的一體性，它如何影響意識的作用，如何鎖定、決定意向對象，則胡塞爾沒有進一步發揮。他只透露這一體性在我們的生活中，表現為一致性、協調性。

唯識學的境是識所變現的、所概括的對象，不是獨立於識之外的對象。胡塞爾的意向對象亦相似，它是意識的意向性所開出的對象，不是獨立於意向性之外的對象。另外，胡塞爾更把我們的評價，加到意向對象方面去，表示當我們說意識的對象時，連同我們對它的評價也放入其中。這表示胡塞爾在說到事物時，有把它放到我們的意向範域的脈絡中和我們對它的評價的脈絡中來看的傾向。他是相當重視事物為意向性所影響那一面的。此中要注意的是，他以為意向對向對象（Gegenstand）的方式，不單具有存有論、認識論意味，而且有倫理學上的評價意味。他似乎要以意向作用把對象從認知層次提升至價值層次。對於對象的這方面的評價意味，唯識學並未有類似的說法。

較精細地說，唯識學的境、相，同時具有存有論、認識論與心理學的意味。胡塞爾的現象（Phänomen），主要是認識論意義，亦有倫理評價的意義。具有存有論意義的，則是他所說的「表象」（Vorstellung, Erscheinung），這是對於「實在」（Realität）而言。表象是顯現的，實在則是不顯現的。

再有一點是，唯識學的境、相有濃厚的經驗義。胡塞爾的現象則不大具有經驗義，卻是與本質（Wesen）相連繫，故具有勝義諦意味，與真理有密切關連。

由唯識或唯意識的思想，可以說到關於確立「為我」觀念的目的論問題。唯識學的境由識變思想，無疑確立了識的獨尊地位。在存有論來說，境是依於識的。擴大來說，世界是依於識或自我的。但這是中性的描述，沒有目的論的意味，即沒有世界是為我而存在的意思。

胡塞爾在這方面，則採取極端的目的論的說法，以世界中任何東西都是為了自我而存在的。世界的整全的（ganz）、普遍的（universal）和特殊的（spezial）意義，只有在依於自我、為自我而存在這種理解脈絡下，才能成立。自然世界、文化世界，以至人的世界（Menschenwelt）都是為我而存在。他顯然是試圖以宇宙論的路數建立唯我論，但他對宇宙論又沒有足夠的措意。

在文本方面，《三十頌》頌文說「由假說我法」，表示包括我、法的一切事物都只是假說，施設地說，並無實在性，都是緣起的。事物既是依因待緣而起的性格，因而沒有穩定性，其內涵可隨時改變。胡塞爾亦有相近的意思，由於對象為意識所構架，故對象世界難有獨立性、必然性可言，它總有被意識所改變的可能性。因此，它們的內涵不是必然的（notwendig），而是偶然的（zufällig）。

頌文提到的「識所變」即是「識轉變」（vijñāna-pariṇāma）。護法認為心識通過轉變（pariṇāma），開出見分與相分，由此建立自我與世界的現象界。見分是能緣，相分是所緣。這自然類似胡塞爾言意識開出能意（Noesis）與所意（Noema），以成立主體與客體。兩方面都有構架現象世界的意味。不過，胡塞爾說轉變，只限於意識，而護法說轉變，則遍及八識。而在胡塞爾來說，若意識是超越的、絕對的意識，則所開出的是無執的存有論，是現象學；若意識是經驗的意識，則所開出的是有執的存有論，是現象論。識轉變所開出的則是有執的存有論。但若識（vijñāna）轉為智（jñāna），由智再開出見分與相分，則所成立的自我與世界，便是無執的存有論。但這是轉識成智以後的事了。

現象學者史皮格柏（Herbert Spiegelberg）曾說現象學方法有七個步驟，其中第五個是觀察在意識中現象的構成。（註七）這是說意識通過意向性而開出能意與所意，分別發展出自我與客觀世界。這正與識通過轉變以建構現象世界相通。

若簡單地作一總結，則可以說，唯識學是以一切存在由識所變現，不是客觀獨立存在。一般人多以存在具有客觀性、獨立性，唯識學則扭轉這種看法，把一切存在歸源於心識。這便很類似胡塞爾的現象學還原（phänomenologische Reduktion）的方法，把一切以未能證驗的事物為客觀實在的看法扭轉過來，而歸源於意識。胡塞爾把這些未能證驗的東西稱為超離的東西（Transzendente），視之為缺乏明證性，不在真理體系之中；它們不是自身被給予，沒有認識的功效。他認為應把這些東西標記出來，不將之視為有本質內藏於其中的現象。

二、第二頌

【梵文本】vipāko mananākhyaś ca vijñaptir viṣayasya ca /
tatrālayākhyaṃ vijñānaṃ vipākaḥ sarvabījakam //

【梵本語譯】這是異熟與稱為末那的東西，及境的了別識。其中，異熟即是稱為阿賴耶的識，是具有一切種子的東西。

【玄奘譯本】謂異熟思量，及了別境識。
初阿賴耶識，異熟一切種。（大三一・六〇a—b）

梵文本與玄奘的漢譯的意思基本上相同，都列舉出前述的三能變，分別為異熟識、思量識和了別境識。異熟識是指第八識，即阿賴耶識；思量識是指第七識，即末那識；了別境識是前六識。現在先介紹這三種識。異熟（vipāka）主要是就種子來說，照唯識所說，一切善惡行為本身過去之後，其影響力仍然存留，成為一股潛在的勢力，當這種勢力成熟時，就會招引果報。異熟是就種子的這種變化歷程來說，善惡行為的餘勢存留著，成為潛在的勢力，這就是種子（bīja）。種子形成後要經過一段潛在的過程，在另一個時間才能成熟，招引果報，所以說種子是異時而熟，簡言之為異熟。《成論》稱阿賴耶識的種子為「真異熟」，由種子生起的前七識則稱為「異熟生」。剛才所說的異時而熟是對異熟的其中一種解釋，另一種解釋是從因果的相異來說。善或惡的行為過去後，餘勢在第八識熏習成種子，潛藏在第八識中。這第八識作為一個果報體，它整體來說是無記的。由或善或惡的行為的餘勢熏習成的種子構成的第八識，其性質跟它的或善或惡的因相異，故稱為異類而熟，亦簡稱為異熟。（註八）

思量（manas）一般來說是計度的意思，在唯識學中指第七識的作用。這種思量的作用，在佛教中被認為是負面的，因為這種作用具有很濃厚的情執的意味，而情執是會障礙對真理的體會的。因為情執是執取一些事物，以為這些事物是有自性的，有了這種自性見就不能體會緣起的真理。思量識所執取的，就是阿賴耶識的見分，以之為自我存在。這種執取的作用是一種潛意識的作用，而且是恒時不斷的，所以稱為「恒審思量」。

了別（khyāti）是對於對象生起一種分別的認識，亦就是前六識的作用。其中的前五識，即眼識、耳識、鼻識、舌識、身識，其作用是了別具體的對象，透過眼、耳、鼻、舌、身這五種感覺器官去認識具體的對象。第六識則是了別抽象的對象。這六識的作用都有執取的意味，即執取對象，以為這些對象有自性。所以，前六識的作用都不是對於對象的真實的認知，而是虛妄分別。

現在我們看護法的解釋，《成論》說：

> 識所變相雖無量種，而能變識類別唯三。一謂異熟，即第八識，多異熟性故。二謂思量，即第七識，恒審思量故。三謂了境，即前六識，了境相麁故。及言顯六，合為一種。（大三一．七b）

這裏很簡單地解釋何謂三種能變。「識所變相雖無量種，而能變識類別唯三。」這句是說，由識所變現出的事物的相狀雖然有無數種類，但能夠變出這些相狀的識則只有三種。第一種是異熟識，即第八識。何以稱為異熟識呢？由於它具有異熟的性格，這異熟的性格是指種子而說的。這些在上文已介紹過。第二種能變是思量識，即第七識。稱之為思量識是因為它恒時在審度思量，而審度思量的對象就是第八識，它以為第八識是一個恒常不變的自我。第三種能變是了別境識，即前六識。何以稱之為了別境識呢？有兩個原因，首先，這六識能了別粗大的境相，故名之為了別境；第二是「言顯六，合為一種」，即是要說明此六識為同一種類。由於了別境是此六識的共同性質，故以此來統一稱之。關於這三種能變與八識的區分，可參看下表：

- 識體
  - 眼識、耳識、鼻識、舌識、身識 ── 前五識 ┐
  - 意識──第六識 ┘ ── 了別境識（第三能變） ┐
  - 末那識──第七識──思量識（第二能變） ┘ ── 轉識
  - 阿賴耶識──第八識──異熟識（初能變）──本識

對於能變的涵義，護法再進一步分析，《成論》說：

> 此三皆名能變識者，能變有二種，一因能變，謂第八識中等流、異熟二因習氣。等流習氣由七識中善、惡、無記熏令生長，異熟習氣由六識中有漏善、惡熏令生長。二果能變，謂前二種習氣力故，有八識生，現種種相。（大三一．七b－c）

這裏將能變分為因能變和果能變兩種，因能變指種子，果能變則指種子在成熟之後現行而產生的八識。種子現行時產生識，所以相對於識，種子就是因。種子作為因而能變現前七識，故稱種子為因能變。種子又稱為習氣，從它起現行的狀況來說，可分為兩種：等流習氣、異熟習氣。再從種子的性質來看，又可分為兩種：名言種子和業種子。等流習氣特別是指名言

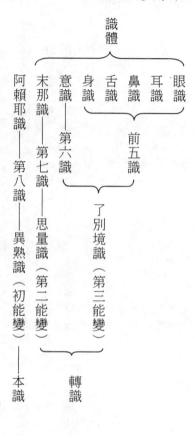

種子，這些種子是從前七識中的善、惡、無記等性質的業力熏生而成的，它們是生起善、惡、無記等一切法的親因緣。何以稱之為等流呢？這些種子作為因，當它生起果時，這因與果之間有著等流關係，表示這因與果的性質是相同的。異熟習氣指由前六識的善、惡業力熏成的種子。這些種子可以作為生起第八識即異熟識的增上緣。上引文中說：「異熟習氣由六識中有漏善、惡熏令生長。」意思是，這種異熟習氣是由前六識中的有漏的善、惡業力熏習而成的。果能變是就識在現行的狀態中說的。潛藏狀態中的識本身就是種子，當種子現行，就成為現行狀態中的識，故種子是因，而現行的識是果。這個作為果的識，其本身又能變現出相分和見分，所以這現行的識就稱為果能變。上引文中說：「謂前二種習氣力故，有八識生，現種種相。」意思是，依前面所說的兩種習氣即等流習氣和異熟習氣的作用，而有八識生起，這八識又會變現見分和相分，即主觀方面的現象和客觀方面的現象。

對於後半首偈頌的解釋，《成論》說：

> 初能變識，大、小乘教名阿賴耶。此識具有能藏、所藏、執藏義故。謂與雜染互為緣故，有情執為自內我故，此即顯示初能變識所有自相，攝持因果為自相故。此識自相分位雖多，藏識過重，是故偏說。（大三一・七c）

阿賴耶識具有自相、果相和因相，這段文字主要解釋阿賴耶識的自相。對於第一能變識，大乘和小乘佛教皆稱之為阿賴耶（ālaya）。ālaya 是貯藏、倉庫的意思。由於此第八識貯藏著一切種子，所以稱為阿賴耶識。「此識具有能藏、所藏、執藏義故。」這裏所說的是阿賴耶識的自相，阿賴耶識以藏作為自相，而藏又有三種意義，即能藏、所藏和執藏。能藏是阿賴耶識攝持一切諸法種子。至於所藏，則是「與雜染互為緣」。這裏的「雜染」是指有漏種子生起的前七識，阿賴耶識能攝持生起前七識的有漏種子，所以說阿賴耶識是雜染的緣；反過來，這些有漏種子生起的前七識又能對阿賴耶識進行熏習，熏習成的種子就是阿賴耶識的自體，所以七識又是阿賴耶識的緣，故說阿賴耶識與雜染互為緣。就為七識所熏而生種子而言，阿賴耶識就是所藏。「有情執為自內我故。」意思是有情眾生的第七識，即末那識，恒常地執持此阿賴耶識，以之為真實的自我，這就是阿賴耶識的執藏的意義。以上是第八識的自相的三種意義。

前面提到阿賴耶識具有自相、因相和果相，此三者間的關係是自相包含因相和果相，因相指種子，果相指果報，種子和果報都為阿賴耶識的自相所包含，所以引文說：「攝持因果為自相故。」對於因相和果相，下文會再有詳細的解釋。「此識自相分位雖多，藏識過重，是故偏說。」這裏的「藏識」相信是指此識作為能藏，即攝持種子的功能。第八識雖然有很多方面的特性，但其中以能藏的性質最為重要，故以「藏」，即「阿賴耶」名之。（註九）

《成論》繼續說：

此是能引諸界、趣、生、善、不善業異熟果故，說名異熟。離此，命根、眾同分等恒時相續勝異熟果不可得故，此即顯示初能變識所有果相。此識果相雖多位多種，異熟寬、不共，故偏說之。（大三一·七c）

這段文字是說明阿賴耶識作為諸法，包括色法、心法等一切現象的根源，如何引生種種現象。即是說，阿賴耶識作為因，它如何帶引種種果生起呢？在這個脈絡中，顯出了阿賴耶識的果相，果相是指生起整個現象世界的作用。「此是能引諸界、趣、生、善、不善業異熟果故，說名異熟。」「諸界」指欲界、色界和無色界；「趣」指天、人、地獄、餓鬼、畜牲等五個生存的領域；「生」指四生，即胎生、卵生、濕生和化生。胎生的有人、象等動物；卵生是從卵孵化成的，例如鳥；濕生是在濕潤的地方自動生出的，印度人認為某些動物會在潮濕的地方自行生成的，例如孑孓；化生是因以往的惡業而生，佛教認為在地獄中的動物是透過化生而生成的。此阿賴耶識能引生三界、五趣、四生等由善業和不善業帶來的異熟果，故名之為異熟識。這裏的「異熟」當解作異時而熟，即種子在阿賴耶識中被熏生後，會在不同的時段中成熟而生起果報。「離此，命根、眾同分等恒時相續勝異熟果不可得故。」意思是，若沒有此識，則命根、眾同分等恒時相續的殊勝異熟果就不可得。命根（jīvita-indriya）是使生命延續不斷的一種力量。一個生命體在輪迴中生死相續，當中有一種力量令這個生命不會中斷，這種力量就是命根，所以命根是恒時相續的。眾同分（nikāya-sabhāgatā）是眾分子同時分有的性質，即各個分子共通的性質。基於這種共通的性質，各個分子可歸為一類，所以眾同分實際是指種或類的概念。生命體在一期生命中，會以某一種類的姿態出現，例如人或某種畜牲，而在一期生命中，此生命體會固定地維持在這一類的姿態中，而不會一時是人，另一時變成豬。所以，一個生命體在一期生命中，這個類的姿態是相續不斷的。命根、眾同分等這類恒時相續的異熟果必須依賴一個恒時相續的識才能成立，八識中就只有阿賴耶識為恒時相續，所以，離開阿賴耶識就不能成立命根、眾同分等果。此識的果相雖有多種，但以異熟的作用最為廣泛，而且其餘七識都不具有這作用，故以異熟識稱之。

《成論》說：

此能執持諸法種子，令不失故，名一切種。離此，餘法能遍執持諸法種子，不可得故，此即顯示初能變所有因相。此識因相雖有多種，持種不共，是故偏說。（大三一・七c—八a）

這段文字說明阿賴耶識作為一切法的原因，它在這方面的相狀如何。此識主要的作用是執持一切法的種子，使之不會失去。一切行為過後，其影響力不會消失，以種子的形式藏在阿賴耶識中，故阿賴耶識稱為「一切種識」（sarvabījavijñāna），意思就是一切種子所貯藏的地方。除此阿賴耶識之外，其餘一切東西都沒有執持諸法種子的能力，由此顯示出阿賴耶識的因相，這就是執持一切種子的功能。這識的因相即作為原因這方面的性格雖然有多種，但執持種子這種性格是其餘七識所沒有的，所以以「一切種識」稱之。

以上解釋了第八識的自相、果相和因相。現在要補充一點，上文提到第八識中的等流習氣和異熟習氣，即所謂二因習氣，這兩個概念在唯識論典中經常出現，卻沒有清晰的解釋。我們試參考日本學者的解釋，進行較深入的探討。等流（niṣyanda）意思是等同地流出，當有兩件東西，例如A和B，A先出現，B在後，而兩者有因果關係，如果B與A的性質是相同的，則B相對於A就是等流。反過來說，A相對於B亦可以說是等流。在唯識學中，等流習氣專指名言習氣。名言表示透過語言來表述，名言習氣是由名言熏習而成的種子，這些種子是直接生起一切有為法的原因。因為名言是行為的第一步，當一個行為要作出時，首先便要在名言上確立，然後才在行動上表現出來，所以名言種子最具有現起有為法的力量。如果以這些有為法作為等流果，則名言習氣就是等流因，故稱之為等流習氣。所以等流習氣是就以名言作為有為法的因，來說它們在因方面的內涵。

再精確一點來說，可以從種子的分類來了解。我們通常將種子分為兩類，一類是有漏種子，另一類是無漏種子。有漏表示有缺漏，無漏就是無缺漏。種子之中除了有漏和無漏之外，其實還有一些種子，它們很難分辨是有漏抑是無漏，數量也很少，我們稱之為無記種子。無記通常在善惡方面，表示非善非惡。有漏種子之中又可分兩種，分別是名言種子和業種子。何謂名言種子？名言種子是依於名言作為表象，在第八識中被熏生的種子。由於名言種子能夠引生跟它自己相同種類的現行，故稱為等流習氣或等流種子。業種子是依於善惡的思想而熏成的種子，這些善惡的思想基本上是第六識即意識的一種表現，跟第六識相應。業種子雖然包含善惡兩方面的性格，但通常多傾向於惡。這些業種子能夠招來異熟的果報，故稱為異熟習氣。「異熟」是什麼意思呢？在佛教來說，由善或惡的業因而生起非善非惡即無記的結果，就謂之異熟。所謂善或惡的業因，是就個別的行為而說的，個別的行為有或善或惡的性格，但當這些行為生起它們的業果時，這業果整體來說是非善非惡，這種生起業果的情況就是異熟。所以，異熟基本上是用在由或善或惡的諸法生起無記業果的情況下。而這種無記由於是從異熟的情況下生起的，故稱為異熟無記。異熟又再分為兩種，一種是真異熟，指阿賴耶識；另一種是異熟生，指從第八識引生出來的前六識。關於等流習氣、異熟習氣和一些相關的概念，我們就此作出簡單的補充。

《成論》說：

種子義略有六種。一、剎那滅。謂體才生，無間必滅。有勝功用，方成種子。此遮常法。常無轉變，不可說有，能生用故。二、果俱有。謂與所生現行諸法俱現和合，方成種子。此遮前後及定相離。現種異類，互不相違。……未生已滅，無自體故。依生現果，立種子名。不依引生自類名種，故但應說與果俱有。三、恆隨轉。……顯種子自類相生。四、性決定。謂隨因力，生善惡業。功能決定，方成種子。此遮餘部執異性因生異性果，有因緣義。五、待眾緣。謂此要待自、眾緣合，功能殊勝，方成種子。此遮外道執自然因，不待眾緣，恆頓生果。……六、引自果。謂於別別色、心等心果，各各引生，方成種子。此遮外道執唯一因生一切果。或遮餘部執色、心等互為因緣。唯本識中功能差別，具斯六義，成種非餘。（大三一・九b）

這是闡釋有名的「種子六義」。即是說，種子作為一切事物生起的主要因素，它的生起結果的活動或作用，需要遵循一定規則。這些規則可概括為六項。首先是剎那滅。種子是不停地滅去的，它滅去，馬上又生起與前一狀態相類的種子。即是說，種子不是常住法。它既不是常住，則由它生起的事物，更不是常住法了。第二是果俱有。種子作為原因而生出結果。這結果其實已作為潛在的結果，藏在種子之中。這建立種子與它的結果的密切關連。不過，種子是潛存狀態（potentiality），它現行而生成結果，是實現狀態（actualization），兩者終是不同。第三是恆隨轉。這是接著剎那滅一性格說下來的。即是說，種子是每一剎那都在變化，都在滅去，它滅去後，又馬上轉生另外的種子，但前後種子性格非常相似，它們之間的不同，幾乎可以忽略掉。第四是性決定。這是規定種子與生成的果有相同的倫理性格，善的種子生起善的結果，惡的種子則生起惡的結果。界線分明，不能混淆。第五是待眾緣。事物的生起，需要因緣和合。種子是最重要的因素，為因，它必須配合其他的輔助因素，所謂緣，才能發揮生起的作用。這其他的緣有三：所緣緣、等無間緣和增上緣。關於這幾種緣，對佛教義理有點認識的人都會知道，此處不擬解釋。第六是引自果。這是規定種子與生成的果有相同的類別，即是，心法或精神性的種子生起心法的結果，色法或物質性的種子生起色法的結果，不會有混亂情況出現。種子六義的這種義理，可以說是唯識學解釋事物生成變化的宇宙論的陳述，它是順著護法的識轉變思想說下來的。即是，心識自身起分裂、變化，開出見分與相分，把見分似現為自我，把相分似現為諸法，由此成就現象世界。而種子六義則是進一步規定這種似現的程序，表示需依循一定的規則來進行。

三、第三頌

【梵文本】asaṃviditakopādisthānavijñaptikaṃ ca tat/
sadā sparśamanaskāravitsaṃjñācetanānvitam//

【梵本語譯】阿賴耶識的執受、住處與了別都微細難知。它常伴隨著觸、作意、受、想、思。

【玄奘譯本】不可知執受，處了常與觸，
作意受想思，相應唯捨受。（大三一．六〇b）

關於這首偈頌，在文獻學方面需要注意幾點。首先，這首偈頌在梵文方面可以有兩種了解方式。第一種是上列的梵本文義，這了解方式是與《成論》相應的，內容是說阿賴耶識的行相和所緣是非常細微的，一般人是很難了解的。阿賴耶識的行相是指了別，所緣是指執受和住處。至於何謂了別、執受和住處，在稍後會詳細交代。這是第一種了解方式。第二種了解方式是日本學者上田義文提出的，他把上半偈解釋為：阿賴耶識是指對於不可被了知的執受和住處的了別作用。即是說，阿賴耶識是一種了別作用，這種了別作用是針對非常隱密的執受和住處的。（註一〇）從梵文的文法來說，護法在《成論》的解釋似較接近原意，但這個問題仍需進一步研究。

對於玄奘的譯本，若按照文義應這樣斷句：不可知：執受、處、了，常與觸、作意、受、想、思相應，唯捨受。意思是第八識有幾方面都是微細難知的，分別為：執受、處、了。此識又恒常地與觸、作意、受、想、思這五個心所相應。這是在文獻學方面要注意的第二點。

第三點要注意的是，在玄奘的譯本中，「唯捨受」這三個字的意思在梵文本第三首偈頌中是沒有的，這個意思原本是放在第四首偈頌的開首部份。所以，玄奘的譯本跟原文是有點出入的。

現在再看護法的解釋，《成論》說：

此識行相、所緣云何？謂不可知執受、處、了。了謂了別，即是行相，識以了別為行相故。處謂處所，即器世間，是諸有情所依處故。執受有二，謂諸種子及有根身。諸種子者，謂諸相、名、分別習氣。有根身者，謂諸色根及根依處。此二皆是識所執受，攝為自體，同安危故。執受及處俱是所緣。阿賴耶識因緣力故，自體生時，內變為種及有根身，外變為器。即以所變為自所緣，行相仗之而得起故。此中了者，謂異熟識於自所緣有了別用。此了別用，見分所攝。（大三一·一〇a）

這是對第三首偈頌的前半部份的解釋。此識的行相（ākāra）和所緣（ālambana）是什麼呢？若以護法的用詞來說，「行相」就是見分，「所緣」就是相分，而此識的行相是了別，所緣是執受和處。以現代的語言來說，行相就是指作用的相狀，而此識的作用的相狀是了別；所緣是指作用的對象，此識的作用的對象是執受和處。此第八識的行相和所緣都是不可知的，但這只是對於一般人來說為不可知，對於覺悟的人卻是可知的。這裏總括了前半首偈頌的意思，接著就逐一解釋其中的概念。「了」是指了別（vijñapti），是此識的行相，基本上是傾向於境方面的。此第八識就是以了別作為其作用的相狀。處（sthāna）指處所，此識的處所是器世間。器世間即是我們日常面對的山河大地。諸有情生命都是依於此器世間的，這即是我們生活所處的地方。執受（upādhi）即所執持的東西，第八識所執持的有兩種東西，即種子和根身。種子是「諸相、名、分別習氣」，即是相習氣、名習氣和分別習氣，習氣即是種子。「相」指相狀，「名」指名言，「分別」指辨別對象的活動，這些種子都為第八識所執持，成為第八識的所緣境。「根身」即「有根身」，指「諸色根及根依處」。諸色根是指眼、耳、鼻、舌、身這五種感覺神經，即淨色根。根依處是五種感覺神經所依附而作用的五種感覺器官，即扶塵根。淨色根和扶塵根亦是第八識所執持的對象。此淨色根和扶塵根都是物質性的東西，淨色根較為幼細，而扶塵根則較粗大而明顯可見。「此二」即種子和有根身，都是第八識所執持的，令這兩種東西成為第八識自體的一部份，與第八識共處或安或危的境況。「同安危」指什麼呢？如果第八識生於善趣，則種子和根身亦同樣生善趣，此情況就是同安；如果第八識生於惡趣，種子和根身亦會同樣地生於惡趣，這就是同危。執受和處皆是第八識的所緣，即相分。「阿賴耶識因緣力故，自體生時，內變為種及有根身，外變為器。」這裏說明第八識如何變現種子、根身和器世界。「因緣力」指因和緣的作用，因是主要因素，緣是輔助的因素。阿賴耶識以因和緣的作用力，當其自體生起時，內部方面變現種子和根身，外部方面則變現器世界。此識繼而以本身變現的種子、根身和器世界作為所緣，而依仗這些所緣使本身的行相生起。前面所說的「了」，就是指第八識對於本身所緣的種子、根身和器世界的了別作用。這種了別作用不是一種理智的作用，而是盲目的執持，將種子、根身和器世界執為自體。這種作用是阿賴耶識的見分所特有的。

這裏提到的相分和見分牽涉到對於識的分析。關於識的分析有幾種不同的說法。見分是行相，關連到心方面；相分是所緣，牽涉到境方面。照唯識所說，無論見分或相分，都是心用的表現。對於這些心用，唯識學者間亦有不同的見解，其中最主要的有四種：

一、安慧——一分說：見分

二、難陀——二分說：見分、相分

三、陳那——三分說：見分、相分、自證分

四、護法——四分說：見分、相分、自證分、證自證分

這就是一般所謂「安難陳護，一二三四」的說法。（註一一）

現在繼續看第三偈頌的下半部份，《成論》說：

> 此識與幾心所相應？常與觸、作意、受、想、思相應。阿賴耶識無始時來，乃至未轉，於一切位，恒與此五心所相應，以是遍行心所攝故。（大三一．一一b）

這段文字總括地說明第八識與五個遍行心所的關係。這裏說，此第八識與哪幾個心所相應呢？相應表示相應合而生起。此識恒常地與觸、作意、受、想、思這五個心所相應。照唯識所說，心的組成包括心王和心所，心王指心體本身，而心所是伴隨著心王而生起的心理狀態，即是心王所附帶的作用。唯識學者提出有五十一種心所，關於這五十一種心所，在《唯識三十頌》較後部份會詳細地介紹。這裏提出的五種心所，不單是恒常地與第八識相應，亦與其餘七識恒常地相應，故稱為遍行心所。即是說，八識中任何一識生起，都伴隨有這五種心所相應地生起。引文繼續說，阿賴耶識從無始時來，直至轉依之前，在任何情況下都與這五個心所相應地生起，這是由於此五個心所是周遍地與每一識相應而現起的。

現在逐一解釋此五種遍行心所，《成論》說：

> 觸謂三和，分別變異，令心、心所觸境為性，受、想、思等所依為業。（大三一．一一b）

這裏解釋觸心所。觸（sparśa）指心與對境產生的接觸，這裏的「三和」指根、境、識三者和合，對各種對象產生了別的作用。引文繼續以性和業兩方面去解釋，性指心所本身具有的作用，業指一些引生的作用或副作用。觸心所本身的作用是令到心和心所接觸外境。而它的副作用或引生的作用就是令作意、受、想、思等心所依於它自己而生起。《成論》繼續說：

作意謂能警心為性，於所緣境引心為業。（大三一·一一c）

作意（manaskāra）本身的作用就是「警心」，即是促發心的作用，使之對外境產生警覺。此識的副作用是引領心王趨赴所緣境。《成論》繼續說：

受謂領納順、違、俱非境相為性，起愛為業。（大三一·一一c）

受（vedanā）本身的作用是領受種種外境的相狀，這些外境的相狀對於領受的主體來說有些是順適的，有些是違逆的，亦有些是非順非違，即無所謂順或違的，即是中性的。「起愛」是對順適的感受產生一種愛著的情感，以及對於違逆的感受產生憎惡。所以，這裏的「愛」應包含正和反兩方面的愛，而反方面的愛即是憎惡。這是受心所的副作用。《成論》繼續說：

想謂於境取像為性，施設種種名言為業。（大三一·一一c）

想（saṃjñā）並不是一般所說的想像，而是一種較為確定的認識作用，以「取像為性」。「取像」是攝取對境的相狀，令它存留於心中，好比一部攝影機將外境拍攝起來一般，這就是想心所的本來作用。這個心所的引生作用就是「施設種種名言」，「名言」就是概念，它先攝取外境的相狀，然後提出種種概念去表象那外境。《成論》繼續說：

> 思謂令心造作為性，於善品等役心為業。（大三一．一一c）

思（cetanā）不同於一般所理解的思辯，而是以「令心造作為性」，即是說，它本身的作用是促發心表現出一些行為，這些行為是對於境相的反應。「於善品等役心為業」當中的「善品等」包括善、惡和無記品，此識的引生作用是役使心生起善、惡或無記的行動。

在玄奘的譯本中，此第三首偈頌的最後部份是「唯捨受」，對於這部份的解釋，《成論》說：

> 此識行相極不明了，不能分別違、順境相，微細一類相續而轉，是故唯與捨受相應。……又由此識常無轉變，有情恒執為自內我。若與苦、樂二受相應，便有轉變，寧執為我？故此但與捨受相應。（大三〇．一一c－一二a）

這裏說，此第八識的行相極難清晰地了解，它不能夠清楚地分辨對象是屬順或屬違的境況。順會引致快樂的感受；違會引起苦痛的感受。而此識是不能清楚分辨這些境況的，它只能隨著很微細的對象不斷地運轉。由於它不能確定對象是違抑是順，以至不能起苦受或樂受，因此只會相應地生起捨受。捨受是非苦非樂，屬於中性的感受。因為此識的作用是沉隱難知的，不能判別它的對象是違或是順，因此它不能明確地產生苦受或樂受，只能生出不苦不樂的感受。這是「唯捨受」的第一個意思。此外，「唯捨受」又有第二個意義：此第八識恒常地無轉變，要注意，這裏說的無轉變並不是真實地沒有轉變，而是由於第八識的轉變在下意識中進行，我們不能察覺到這種轉變，便會以為它是恒常地不變，而實際上它仍是不斷地生滅變化的。（註一二）由於第八識似是恒常不變，所以被第七識不斷地執取，以為它是一個不變的內在的自我。引文中的「有情」就是指第七識。而苦和樂是意識所感受的，倘若第八識與苦受和樂受相應，意識就應察覺到它的時苦時樂的轉變。若意識察覺到第八識有轉變，又怎會執取它作為常住不變的自我呢？苦受和樂受是意識的層面所能感知的，若第八識與苦受或樂受相應，就必定在意識層面上產生變化，這樣就不應被執為恒常不變的自我。所以第八識的轉變只可能在意識層面以外進行，這樣就不為意識所察覺，而苦樂是意識層面的事情，所以第八識應不牽涉到苦樂這些感受，故此第八識於對境所領受的只會是捨受。

四、第四頌

【梵　文　本】upekṣā vedanā tatrānivṛtāvyākṛtaṃ ca tat/
tathā sparśādayas tac ca vartate srotasaughavat//

【梵本語譯】此中捨棄受。又，這是無覆無記。觸等亦是這樣。又，這好像瀑流那樣，在流動中存在。

【玄奘譯本】是無覆無記，觸等亦如是，
恒轉如瀑流，阿羅漢位捨。（大三一．六〇b）

這首偈頌主要是說明阿賴耶識的總體性格，以及它所發揮的作用，最末還提到在何種情況下，此第八識會被捨棄。我們先從文獻學方面比較梵本與玄奘譯本的異同。在梵本中，此偈頌的開始有「唯捨受」的意思，但玄奘譯本卻沒有，玄奘將「唯捨受」放在上首偈頌的最後部份。此外，玄奘譯本中「阿羅漢位捨」這一句，在梵本此首偈頌中是沒有的，這句在梵本中是放在下首偈頌的開頭部份。除此兩點之外，其餘部份在梵文本和玄奘譯本中大致相同。

梵文本的意思是這樣：此第八識沒有苦樂的感受。而且，它的性格是「無覆無記」的。此外，觸、作意、受、想、思這五個心所亦是無覆無記的。這第八識像瀑流一樣持續地流動著。

現在看《成論》的解釋：

法有四種，謂善、不善、有覆無記、無覆無記。阿賴耶識何法攝耶？此識唯是無覆無記。異熟性故。異熟若是善、染污者，流轉、還滅應不得成。又此識是善、染依故，若善、染者，互相違故，應不與二俱作所依。又此識是所熏性故，若善、染者，如極香、臭，應不受熏，無熏習故，染、淨因果俱不成立。故此唯是無覆無記。覆謂染法，障聖道故，又能蔽心，令不淨故。此識非染，故名無覆。記謂善惡，有愛、非愛果及

殊勝自體可記別故，此非善惡，故名無記。（大三一・一二a）

這裏用了很多文字去解釋為什麼阿賴耶識是無覆無記，而且相當艱澀難懂。「法」（dharma）指一般的事物，這些事物依其品性，可分四種：善法、不善法、有覆無記法和無覆無記法。這裏的「覆」解作覆蓋真理。而阿賴耶識屬哪一種呢？答案是：此識屬於無覆無記（anivṛtāvyākṛta）。

接著是提出理由來解釋。首先，「異熟若是善、染污者，流轉、還滅應不得成。」阿賴耶識是由善、惡業引生出來的一個總的果體，這個果體可以引生出清淨或染污的果報，所以就這個果體本身來說應是無記的。因為此異熟識必須是無記的，才能開出流轉和還滅。流轉是染污的，還滅是清淨的，此流轉和還滅都必須在無記的第八識中才能生發出來。所以，第八識沒有明確的善或染的記號。如果此識有明確的善性或染污性，就不能達致流轉和還滅。因為如果此識確定地是善性的，有情就必定得到善果，這樣就不會墮入流轉當中；倘若此識確定地是染污的，有情就永不能達到還滅。所以，第八識不能被確定是善或染污的，否則就不能建立流轉和還滅。第八識不是善亦不是染，所以是無記。

第二個理由是「此識是善、染依故，若善、染者，互相違故，應不與二俱作所依。」即是說，善和惡的果報都是依著阿賴耶識而生起的，若此識本身已確定地為善或染，就不能夠同時作為善法和染法的所依。因為如果阿賴耶識確定地是善性的，就不可能有染法依此而生起；如果此識確定地為染性，則不可能生出善法。阿賴耶識同時作為善法及染法的所依，故不可能確定地是善或染的，只會是無記。

第三個理由是「此識是所熏性故，若善、染者，如極香、臭，應不受熏，無熏習故，染、淨因果俱不成立。故此唯是無覆無記。」第八識是被前七識所熏習的，熏習成的種子藏在第八識中。如果第八識是明確地具有善或染的性格，正如極香或極臭的氣味，就不能受熏習。因為極香的東西不會受一般的香氣所影響；極臭的東西亦不會為一般的臭氣所影響。同樣地，如果第八識是明確地是善性或惡性的，它就不會被其他的善、惡業所熏習，這樣就不能建立阿賴耶識的受熏的性格。如果承認此識具有受熏習的性格，此識本身就不可能明確地是善性或惡性的。所以此識只可能是無覆無記。

引文繼續說：「覆」是一種染法，因為它能障礙我們對聖道的體證，它又能夠遮蔽我們的心，使之變成不淨。而上面已經列舉了三個理由證明此識不是染性的，所以是無覆。「記」指一種記號，有善的記號，亦有惡的記號。阿賴耶識無所謂善，亦無所謂惡，所以沒有善惡的記號，稱為無記。引文繼續說：「有愛、非愛果及殊勝自體可記別故。」這裏解釋怎樣會有善記或惡記。「愛」(iṣṭa)是可慾樂的東西，能使人對它趨赴；「非愛」(aniṣṭa)是不可慾樂的，使人憎惡它。某些事情能夠引生可慾樂的果，或是使人厭離的果，而這些殊勝的事情本身是可被判別為善或惡的，這些事情就是有記的；其中有愛果的是善記，有非愛果的是惡記。而阿賴耶識不可確定為善或惡，所以是無記。

現在繼續解釋此偈頌的第二句，《成論》說：

> 觸等亦如是者，謂如阿賴耶識，唯是無覆無記性攝，觸、作意、受、想、思亦爾。諸相應法必同性故。又觸等五，如阿賴耶，亦是異熟，所緣、行相俱不可知，緣三種境，

五法相應，無覆無記。故說觸等亦如是言。（大三一·一二b）

「觸等」（sparśādayaḥ）指觸、作意、受、想、思這五個心所，「觸等亦如是」表示這五個心所跟阿賴耶識一般，都是無覆無記的。「諸相應法必同性」指與第八識心王相應的心所必定是性質相同的。引文繼續說：這五個心所與阿賴耶識有五點相同之處：第一、「亦是異熟」；第二、「所緣、行相俱不可知」；第三、「緣三種境」；第四、「五法相應」；第五、「無覆無記」。首先，「亦是異熟」指觸、作意、受、想、思這五個心所都是異熟性，此五心所伴隨第八識而生起，第八識本身具有異熟性，故相應的五心所亦有異熟性。我們若客觀地看《成論》這種解釋，會發覺不甚完備。第八識本身是由善、惡法熏習成的一個無記的識體，它具有異熟的性格，但觸等五心所作為一些心理狀態，為何亦具有異熟性呢？大概護法認為此五心所與第八識相應地生起，就應有著相同的性格，但此解釋似未甚充分。第二點，「所緣、行相俱不可知」表示此五心所的所緣與行相跟第八識一樣，都是不可知的。第八識的所緣是執受和處，此五心所亦同樣以執受和處為所緣。執受指種子和根身，處指器世間。行相是了別的作用，第八識與此五心所的行相皆是了別的作用。它們的所緣和行相都相當細微，不易被了解。第三點，「緣三種境」表示此五心所與第八識都是以三種境作為所緣，此三種境是種子、根身和器界。第四點，「五法相應」表示此五心所加上第八識的心王共六法，當中每一法皆與其餘五法相應。例如觸心所，它與其餘五法，即作意、受、想、思、第八識心王是相應而生起的。最後一點是「無覆無記」，此五心所與第八識同是無覆無記。由於以上的相同之處，故說「觸等亦如是」，即是說觸等五個心所亦與第八識一樣是無覆無記的。

說：此偈頌的第三句「恒轉如瀑流」的意思相當豐富，所以要用較多篇幅去解釋，《成論》

阿賴耶識為斷為常？非斷非常，以恒轉故。恒謂此識無始時來一類相續，常無間斷，是界、趣、生施設本故，性堅，持種，令不失故。轉謂此識無始時來念念生滅，前後變異，因滅果生，非常一故，可為轉識熏成種故。（大三一・一二b－c）

這裏問：阿賴耶識是斷還是常呢？答案是非斷非常。何以說此識是非斷非常呢？因為此識「恒轉」故。「恒謂此識無始時來一類相續，常無間斷，是界、趣、生施設本故，性堅，持種，令不失故。」這裏解釋「恒」（srotasā）的意思，此識自無始時來，同一類種子相續地發展，例如色法種子繼續作為色法種子發展，心法種子亦繼續作為心法種子發展，此謂之「一類相續，常無間斷」。這種相續以瞬間生滅的方式進行，例如在此一瞬間生起，下一瞬間就滅去，再下一瞬間又生起，如此不斷地發展。何以知道此識是無間斷呢？因為它是施設界、趣、生的根本。界指三界，即欲界、色界、無色界；趣指五趣，即天、人、地獄、餓鬼、畜牲這五種生存領域；生是四生，即胎生、卵生、濕生、化生。所謂界、趣、生，其實是指一切眾生的存在領域中的東西，這些東西都是以阿賴耶識為本而施設的，它們相續地存在，沒有間斷，所以阿賴耶識亦應無間斷。此外，又因為阿賴耶識性格堅住，不會被破壞，能不斷地執持種子，令種子不致失落。若此識有間斷，種子就會失落。所以說此識無間斷，而無間斷就是恒。「轉謂此識無始時來念念生滅，前後變異，因滅果生，非常一故，可為轉識熏成種故。」

這裏解釋「轉」（vartate）的意思，此識從無始時來每一瞬間都在生滅，這一瞬間生起，立刻就消失，下一瞬間又生起，又再立刻消失，沒有一個狀態是持續不變的，此之謂「念念生滅，前後變異」。這樣的生滅變異就是轉。轉可就第八識的種子來說，亦可就第八識整體來說。第八識的內容就是種子，種子不斷地轉，第八識整體地亦不斷地轉。怎麼知道此識在轉呢？因為此識中的種子作為因，會不停地生起種種結果，不可能固定不變。此外，此識可被前七識熏習成種子，因此不斷會有新種子加入，所以必定不斷在變。

《成論》繼續說：

> 恒言遮斷，轉表非常。猶如瀑流，因果法爾。如瀑流水，非斷非常，相續長時，有所漂溺。此識亦爾，從無始來生滅相續，非常非斷，漂溺有情，令不出離。又如瀑流，雖風等擊起諸波浪而流不斷。此識亦爾，雖遇眾緣，起眼識等，而恒相續。又如瀑流，漂水下上，魚、草等物，隨流不捨。此識亦爾，與內習氣、外觸等法恒相隨轉。（大三一・一二c）

這裏繼續解釋阿賴耶識的性格。「恒言遮斷，轉表非常」所說的「恒」是說明此識具有持續性，不會斷絕；「轉」表示此識不是常一的，它會不斷地轉變。所以說第八識是非斷非常。這種非斷非常的狀態就好像瀑流（augha）一般。瀑流的每一部份都不會有一瞬間停留，都是不斷地因滅果生，此一瞬間的瀑流為因，帶引出下一瞬間的瀑流為果，因與果之間已有所改變，不會恒常如一。而且，這種因果不斷地生起，此一瞬間的因，帶出下一瞬間的果，此果又作為因，又帶出另一瞬間的果，如此不斷地持續，此謂之「因果法爾」。第八識亦是一樣，以這種因滅果生的方式延續下去。瀑流的水不會斷絕，亦沒有一點水可停住不動，第八識亦好比瀑流的水，非斷非常。瀑流的水長時相續，人置身其中，會沉溺於水中。第八識亦是一樣，從無始時來已是相續地存在，非常非斷，亦由於此識的染污性，令有情生命沉溺於其中，不能脫離這種困局，這困局就是生死輪迴。瀑流雖經常遇到風等影響而擊起波浪，但其本身仍然不斷地往下流動，沒有一刻停止。第八識亦是一樣，它的種子遇上適當的條件就會現行，生起眼、耳、鼻、舌、身等識的作用，然此第八識本身仍然保持恒時相續，沒有因其他作用的影響而停止。瀑流的水不住地由上往下流動，而水中魚、草等東西亦跟隨著水流由上而下，而不能離開水流。第八識亦如水流一樣，識中的種子以及其外的種種「觸等法」，即種種心所，都是隨著此識的洪流，不斷地流轉，而沒有間斷。

以上這段文字將第八識描繪成瀑流的現象，這種比喻相當生動傳神，最能顯出第八識恒時流轉的性格。

《成論》繼續說：

> 如是法喻意，顯此識無始因果，非斷、常義。謂此識性，無始時來，剎那剎那果生因滅。果生故非斷，因滅故非常。非斷非常，是緣起理。故說此識恒轉如流。（大三一·一二c）

這裏提出緣起的觀念，來詮釋第八識這種恒轉如流的作用。這裏說，以上的比喻，是要顯出第八識從無始時來一直保持著因滅果生的狀態，由於因滅，所以它是非常的；由於果生，所以它是非斷。由於因會滅去，不能常住不變，故此是非常；而因滅去後，並非一無所有，卻是有果隨之生起，故此它不會斷滅。在這種因滅果生的情況下，此識的作用非常非斷。就著非常非斷這種狀態，便確立起緣起的義理。緣的聚合令事物生起，故非斷；緣起的另一面是性空，性空就是無自性，即無常住不變的自性，故非常。緣起是非斷，性空是非常，可見第八識的這種非斷非常的作用是依緣起性空的義理而建立的。（註一三）「恒」表示非斷，「轉」表示非常，所以說「此識恒轉如流」。

接著解釋本偈頌的第四句「阿羅漢位捨」，《成論》說：

> 此識無始恒轉如流，乃至何位當究竟捨？阿羅漢位方究竟捨。謂諸聖者斷煩惱障，究竟盡時，名阿羅漢。爾時此識煩惱麁重永遠離故，說之為捨。（大三一・一三a）

這裏先提出，第八識這種染污的作用要到阿羅漢的階位才能脫離。「究竟位」表示徹底地捨棄、脫離。阿羅漢位（arhattva）指修行者斷除一切煩惱障，即一切煩惱種子徹底清除時所達到的境界。這裏對阿羅漢位的解釋稍嫌簡單，我們試看佛教一般怎樣解釋阿羅漢位。阿羅漢是小乘佛教中聲聞乘所證得的第四果。聲聞的修行者所證的果有四個階位，第一是須陀洹（srota-āpanna），第二是斯陀含（sakṛdāgāmin），第三是阿那含（anāgāmin），第四就是阿羅漢（arhat）。須陀洹又譯作預流，意即開始進入聖道，這是聲聞四果中的初果。斯陀含又譯為一來，證得此果者將再一次還生於天或人間，此後便證入無餘涅槃，不再還生了，故稱為一來，此為聲聞四果中的第二果位。阿那含又譯作不（an）還（agamin），證得此果者斷盡了欲界的煩惱，來世不會再生於這個迷妄的欲界，只會生於色界或無色界，故稱為不還，此為聲聞四果中的第三果位。阿羅漢又譯作應供，意思是應該得到供養、尊敬的聖者。在小乘，阿羅漢是最高階位的聖者，他們斷除了一切煩惱，是最理想的人格。

阿羅漢位的修行者不會再受分段生死的困擾。何謂分段生死呢？分段生死通常是相對於變易生死而說。此兩者的詳細意義，在佛教中亦未有精確的描述。大體上，在這個迷妄的世界中，凡夫所經歷的生死就是分段生死，這種生死在體形和壽數方面是有限制的，故稱為分段，分段就是限制的意思。阿羅漢超越了這種分段生死，而達到變易生死的狀態。變易生死指能夠遠離迷執、超越輪迴的聖者的生死，他們雖然遠離迷執、超越輪迴，但仍有生死的狀態，這就是阿羅漢的生死的狀態。變易指在體形、壽數方面可以自在地變更，不受限制。在大乘佛教來說，阿羅漢雖然已斷除煩惱，但仍未證得普遍法身，即佛所證的境界，所以阿羅漢仍然未達最終極的境界。（註一四）

在阿羅漢的階位中，一切煩惱已經遠離，而「阿賴耶」之名，是就染污的第八識來說，所以到了阿羅漢果位就捨棄了「阿賴耶」之名，即表示此識脫離了染污的狀態。

《成論》繼續說：

然阿羅漢斷此識中煩惱麁重，究竟盡故，不復執藏阿賴耶識為自內我。由斯永失阿賴耶名，說之為捨，非捨一切第八識體。（大三一・一三c）

這裏再詳細地補充「捨」的意義。所謂「捨」並非指第八識完全消失，而是說，阿羅漢斷除了此識中一切煩惱粗重的種子，在此情況下，第七識不再執持第八識為一個常住不變的自我，即捨棄了我執，由於捨棄了我執，故捨棄「阿賴耶」之名。因為阿賴耶有執藏的意思，即被第七識執持為自我，現在第八識已斷除一切煩惱，不再被執為自我，所以失去了執藏的意義，由此亦不再名為「阿賴耶」。所謂「捨」，是指捨棄「阿賴耶」這個稱號。「非捨一切第八識體」這句非常重要，這表示雖然阿羅漢已清除了第八識中一切煩惱種子，但不表示整個第八識都消失。第八識先前具有煩惱種子，是一個妄識，稱為「阿賴耶」。當識中的煩惱種子都斷除了，此識仍然存在，只是從妄識轉變為另一種狀態，這種轉變就是唯識學所說的轉識成智，而「阿賴耶」這個表示妄識的名字亦要捨棄掉。（註一五）

《成論》說：

然第八識雖諸有情皆悉成就，而隨義別，立種種名。謂或名心，由種種法熏習種子所積集故。或名阿陀那，執持種子及諸色根，令不壞故。或名所知依，能與染淨所知諸法為依止故。或名種子識，能遍任持世出世間諸種子故。此等諸名通一切位。或名阿賴耶，攝藏一切雜染品法，令不失故，我見、愛等執藏以為自內我故。此名唯在異生、有學，非無學位、不退菩薩，有雜染法執藏義故。或名異熟識，能引生、死、善、不善業異熟果故。此名唯在異生、二乘、諸菩薩位，非如來地，猶有異熟無記法故。或名無垢識，最極清淨，諸無漏法所依止故。此名唯在如來地有，菩薩、二乘及異生位，持有漏種，可受熏習，未得善淨第八識故。（大三一・一三c）

這段文字主要是補充解釋第八識的性格。第八識有很多不同的名稱，透過這些名稱，我們可對它有進一步的了解。這裏說，雖然第八識是一切有情生命都具備的，但各有情生命所具的第八識卻有不同的情況。根據不同的修行階位，第八識有著不同的名稱。第八識名「心」(citta)，這個心與意和識區別開來。唯識所說的八識，其中的前六識稱為「識」；第七識稱為「意」，第八識則稱為「心」。第八識稱為「心」，主要是就種子來說。種種事物以種子的模式留於第八識中，由於種子的積集，故將此識稱為「心」。實際上，《成論》在這裏並未有清楚解釋何以稱此識為「心」。為什麼基於種子積集就稱此識為「心」呢？這裏未有交代。引文繼續說，此識的另一個名稱是「阿陀那」(ādāna)。「阿陀那」意思是執持，此識執持事物的種子和諸色根，諸色根相當於神經系統。因為神經系統相當幼細，故稱為「淨色根」。第八識執持著種子和神經系統，使之不會壞滅。第八識又稱為「所知依」。「所知依」是《攝大乘論》採用的名稱。「所知」指一切作為對象的東西，由於一切對象都是依止於第八識，所以稱第八識為「所知依」。為何說一切對象都依於第八識呢？因為生起一切對象的種子都是藏於第八識中。這些作為對象的東西，包括雜染的和清淨的，它們的種子都藏於第八識中。第八識又稱為「種子識」，因為此識攝藏著一切種子，包括經驗界的，即世間的種子，以及超越界的，即出世間的種子。以上名稱的內容其實是有重複的，例如「種子識」攝藏種子的意義在「阿陀那」中亦已包含了。此外，「所知依」、「心」等名稱都是跟種子有關等等。這幾個名稱都可以用在一切階位中的眾生之上。

引文繼續說，第八識又稱為「阿賴耶」(alaya)，「阿賴耶」是倉庫的意思。由於此識攝藏一切雜染之法，使它們不會失去，故稱為「阿賴耶」。由於阿賴耶識是被第七識的我見、我愛等作用執為內在的自我，所以此名稱只用在異生和有學這兩個階位中。異生（prthay-jana）指異於聖者的眾生，即是凡夫；有學（śaikṣa）是小乘四果中的前三果，即是仍要繼續學習的階位。異生和有學階位的眾生仍執持雜染，故他們的第八識可稱為「阿賴耶」。但到了無學和不退菩薩階位的，就不能稱為「阿賴耶」。無學是小乘最高的果位，即阿羅漢果。不退菩薩是菩薩的第七地（第七個階位）以上的階位。到達此階位的菩薩不會退墮變回雜染的眾生，故稱為「不退菩薩」。無學和不退菩薩已脫離雜染，故他們的第八識不再稱為「阿賴耶識」。第八識又稱為「異熟識」，因為此識以作為無記的一個總體，引生出善、不善的果報，就果報的善、不善性異於作為因的無記性這一點，而稱為「異熟」。此名稱只用於異生、二乘、諸菩薩位的眾生，而不用於如來階位。二乘是聲聞和緣覺。在這些階位中的眾生的第八識仍有異熟無記法，會引出善、不善果，故他們的第八識可稱為「異熟」。到了如來階位，因與果無異，都是清淨的，沒有異熟的情況，故不稱此識為「異熟」。第八識又稱為「無垢識」（amala-vijñāna），音譯為「阿摩羅」。由於此識為一切清淨的無漏法所依止，故稱為「無垢識」。此名稱只用於如來的階位，因為如來是完全清淨無雜染的。而菩薩、二乘和異生階位的眾生的第八識，由於仍藏有有漏種子，可受熏習，未能轉為善淨的第八識，故不能稱為「無垢識」。

這裏要留意一點，在護法的系統中已經有無垢識的觀念，這是一般人所忽略的。一般人多認為護法所說的第八識完全是在染污方面，如果要建立清淨的識體，就要別立第九識，即是要脫離護法的系統。但在這裏可以見到第八識又可稱為「無垢識」，即表示第八識已潛伏著無垢識的可能性，這是預設了轉識成智的可能性。第八識透過徹底的轉化，可成為清淨的無垢識。（註一六）歐洲著名學者法勞凡爾納（E. Frauwallner）曾寫過一篇論文，專門探討阿賴耶

識與無垢識的關連的，可以參看。（註一七）

在這裏，我們要就胡塞爾的現象學對阿賴耶識說作一總的回應與論述。首先，唯識學以一切對象，包括心理對象與物理對象，都有其種子，藏於第八識中。故識是一切對象的根源。對於這點，胡塞爾的老師布倫塔納（F. Brentano）則認為只有心理的對象是由意向行為所構成，物理的對象則不存在於意識中，不是由意向行為所構成。胡塞爾則認為實在的世界（包括物理對象）是主體際的設定，世界的客觀性和實在性是由意向行為所構成。即是說，一切對象都是由意向行為所構成。又，我們可說布倫塔納是經驗的觀念論，因他的意向行為是心理學的意識所發的。胡塞爾則同時有經驗的觀念論與超越的觀念論之意。在唯識學，識流行是經驗的觀念論，轉依後成智則是超越的觀念論。

另外，阿賴耶識不斷納入行為（業 karman）所熏習而成的種子，豐富自身的精神內涵。這如同胡塞爾的自我以流動的統一模式（Einheitsform des Strömens），不斷地吸納意識的新的元素，成為一個持續地充實自身內涵的自我。阿賴耶識貯藏一切種子，而現起整個世界。胡塞爾亦有相類的說法，他以意向性的成果的系統是各種層級的對象所存在的地方，而這些存在又是對自我而言的。就護法的情況來說，他以識轉變說識變現見分與相分而開出自我與世界。這是對現象世界的形成的一種宇宙論式的交代。胡塞爾則缺此一環。他只說意識生意向性，意向性開出能意與所意，而所意（對象）有內容（Inhalt），這內容以一致性（Einheit）為主。對象如何由意識開出為立體的、具體的東西，則沒有解說。

再來是，阿賴耶識內有世界一切事物的種子，這些種子現行的組合，便成世界。阿賴耶識作為概括世界一切存在的心識，很像胡塞爾所說的「世界意識」（Weltbewußtsein）。這也令人想起胡塞爾的「境域意向性」(Horizontintentionalität),表示一切境域或世界事物不能遠離人的意識的意向性。即是說,阿賴耶識作為根本的心識,它把內藏的種子投射向外面而成就存在世界,與胡塞爾言意識開放意向性向外而成現象世界很相似。具體地說,阿賴耶識的種子隨緣而現起,成就外境的世界。在胡塞爾,他說綜合意識(synthetisches Bewußtsein)向外投射自己,而指向對象。「指向」(richten sich)字眼很值得注意。在這裏,宇宙生成論的意味很弱,指向只是在方向上有作用相應,並未有創造、創生的意思,也沒有種子現起而成現實事物之意。實際上,這指向已預認了對象已在那裏了,綜合意識只是指向它,和它成一種意指關係。在這點上,胡塞爾的態度並不很明朗、一致。他曾說綜合的整個對象為綜合意識所建構,又說綜合意識只是指向對象。「指向」並不等於建構。建構是從無變為有,指向則表示事物本來已存在在那裏。胡塞爾在論意識時,認為意識可建構對象,在論意向性時,則說意向性只能指向對象,聯繫到對象所能及的範圍,但不能建構對象。如我在《胡塞爾現象學解析》論述胡塞爾的現象學中所表示的,他在前期說指向,稍後則改說建構。單就指向而言,胡塞爾也把它分成兩種:單一意識沿著一條射線指向對象。若很多單一意識聚合而成一綜合意識,則沿著很多射線指向對象。

這裏有一重要之點,順便一提。唯識學只說一個意識,胡塞爾則說單一意識外,更說多數的單一意識,它們可聚合而成一綜合意識。這綜合意識作為一個總體看,便是自我。

進一步說,每一眾生都各自有其阿賴耶識。他們的阿賴耶識互相將內藏的種子投射出來,甚至投射向對方,而各對象也在主體的投射下成立,在投射之光之下映現出來。在胡塞爾,各個主體都可互相包涵,互相把自己的存在性投射向對方,而成「超越的交互主體際性」

（transzendentale Intersubjektivität）。各種對象都可以在這種情況中被建構被映現出來。我們可以說，一切他我的種子都藏在阿賴耶識中，因而每一眾生都涵蓋他我於自身中，而自身又涵蓋於他我中，這便形成一種眾生之間的交互連繫，他們各自投射種子而成的世界，都有對方的存在性在內。這在胡塞爾現象學來說，是主體際性（Intersubjektivität）。即是說，自我與他我交互相關相對，合起來共同構架一個世界。就主體自身來說，每一主體都在其他主體的關係網絡（relational network）之內，沒有一個主體較其他主體具有優越性。

進一步就內容看，阿賴耶識概括一切法。同樣，胡塞爾對意識有非常廣泛的理解，視它為一切理性和非理性、法則和非法則、實在和構想、價值和非價值、行動和非行動的來源，可以說是概括一切正反意義（Sinn, Bedeutung）、真假存在（Sein）和正負價值（Wert）的事物。這合起來正是一切法。若說唯識學是徹底的唯識論，則現象學可說是徹底的唯意識論。

就自我方面來說，阿賴耶識作為一個靈魂主體，穿插於多個生命世代之間，儼然有一自我同一性（雖然不能說真我，因它始終是虛妄的）。胡塞爾的多束的意識流，有一個核心來統領，使意識流可匯聚成一同一的、統一的主體。這同一的主體可回應具有多個面相的現象，在認同上來說，在某一程度下不會產生混淆的情況。又阿賴耶識可依於其同一性（某程度的同一性）而成為一個總的自我，它含藏著一切事物的種子，一切事物都離不開阿賴耶識，若說它是自我，則便可以說「唯自我」。在胡塞爾，如上所說，意識流的滙聚，是一個統一的主體，或意識的總體，則亦可籠統地被視為自我。這自我可說是意識主體（Bewußtseinstätigung），經歷了意識的一切體驗。故胡塞爾也可說有「唯自我」思想的傾向。實際上，他曾有對象是為我而有的說法。故他的「唯自我」的「唯」（梵文為 mātratā），是很明顯的。不過，這個自我是超越的，不是阿賴耶識那樣是經驗的。

關於心所問題，我們已說過，心所即是心理狀態，是附屬於心識自身的，心識自身稱為「心王」。阿賴耶識有一些心所和它相應，和它同時作用。有一些心所，特別是觸、作意、欲、念、尋、伺等，都有胡塞爾所說的意向性的意味。所謂意向性（Intentionalität），據法國現象學家利科（P. Ricoeur）所說，指意識向自身顯示的基本特性。胡塞爾自己也說意向性是一種從純粹自我投射出來的視線，它指向某一與意識相關連的事物，對這些事物有一些特別的意識。關於這點，我們在《胡塞爾現象學解析》中已有清楚交代，讀者可以細味這些心所與意向性的關連。

至於種子六義的問題，依據唯識學（不單是護法，也包括前此的無著 Asaṅga 他們的說法），心識的種子現起變現見分與相分，都要依據「種子六義」所表示的規則。在胡塞爾來說，意識或超越自我構架對象，也有規律（Regel）可循。不過，他未有進一步闡釋這些規律。但對象雖為意識或超越自我構架，它應具有一定程度的客觀性，對於其他的自我都是有效的。對於這一點，胡塞爾便提交互主體際性（Intersubjektivität）。這意味在主體的相互交往的關係中，由主體而生的對象可以由該主體傳遞開來，而達於和它交往的另外的主體，在它裏面留下一定的印象，而徐徐成為那另外的主體的對象，由此對對象成立一定的客觀性。我們也提過，種子六義是在交代存在世界的生成變化的宇宙論脈絡下說的，它表示這方面的一些規則。胡塞爾則只就意識來探討事物存在之理，視之為事物的根源，未有這樣的宇宙論義的種子六義或相類的說法。不過，他認為自然世界、文化世界和社會世界都基於規律而得成就，但沒有對這些規律發揮下去。

種子的範圍無所不包。過去的存在以種子方式存於阿賴耶識中。現在的存在和未來的存在，都由種子現行而開出。由意識的意向性或意向作用生起對象世界。這意向作用可不斷敞開，亦可無所不包。在胡塞爾而言，包括時、空下的事物、心理、物理的本質、人的生命存在、一切社會架構及群體結集、文化成果，以至花草樹木山河大地世界的一切。它更可及於那些在現前不出現但在將來可能出現的事物。故就發展的範限而言，意向作用與種子都是沒有限定的。兩方面都可概括一切存在，而成就一套存有論。一切存在的可能性（Seinsmöglichkeiten），用胡塞爾的詞彙，都可收在這套存有論中說。

關於種子的作用樣態，唯識學的《解深密經》和《三十頌》都以「瀑流」來說。胡塞爾對意識也有「流」的說法，他有「意識流」（或「流的意識」strömendes Bewußtsein）或「意識生活流」（或「流的意識生命」strömendes Bewußtseinsleben）的字眼，由此說「綜合統一的意識」（synthetisch-einheitliches Bewußtsein）。意識流是實在的、多元的；和它相對比的單一的意識，主要是分析義，現實存在的意味比較淡。在唯識學，亦有單一的種子與種子流。前者類似萊布尼茲（G.W. von Leibniz）的單子（Monad），後者則是多個種子聚合而成一流。（這裏用「個」，只是取譬意味，種子是精神性的，不是物質性的，不是一個個的，讀者切勿生起誤會。）

種子六義中的待眾緣一義，其中有一緣是所緣緣，指對象這種條件。這又分親所緣緣與疏所緣緣。前者是直接為感官所對的對象，後者則指這直接對象後面的承托者。這兩者分別相應於胡塞爾的意向對象（intentionales Objekt）與現實對象（wirkliches Objekt）。意向對象是意識所建構的，這是容許的，不必施以懸置（Epoché）。現實對象則是假設性格，作為支持意向對象的東西，缺乏明證性，應該懸置，放入括號（einzuklammern）。它實是人們依自然的想法擬設的，與疏所緣緣的依意識被推想出來的情況相似。

特別要注意的是，疏所緣緣不能與胡塞爾的本質（Wesen）相提並論。疏所緣緣是消極義，我們不能對它有密切的連繫。本質則是我們要認識的東西。胡塞爾提醒我們要回到事物本身（sich nach den Sachen selbst richten），這事物本身（Sachen selbst）可以本質說，起碼與本質有密切關係；它的意義不是消極的，而是積極的。

換一些術語來說，親所緣緣相當於胡塞爾的意義（Sinn, Bedeutung）；疏所緣緣相當於客體事物。客體事物是被間接設定的，不能改動。意義則是可被改動的（modifiziert）對象，是以意義言的、對於意向性而言的對象。它有一種來自意識的意義性。

最後，關於見分、相分及自證分的問題，這些所謂分，都是識的作用，識的自己的分化。這見分、相分與自證分，是陳那的分法。見分了解相分，自證分認取這種了解，護法又提證自證分來認取自證分。但這證自證分又需有高一層次的認知能力來認取，理論上可不停推移上去。這個問題沒多大意義，反正都是識自身的作用，因此說到證自證分便停下來了，因自證分亦可倒轉過來，認取證自證分。這四分中，自證分比較值得留意。瑞士現象學者耿寧（Iso Kern）將之比作胡塞爾的意識。在這一點上，胡塞爾自己則多提到知覺（Wahrnehmung）。他的知覺與一般說的不同，有認識抽象的東西的功能。例如，對意義的知覺。這可說相當於自證分。他的知覺也有意識的一些作用，如記憶、思想、想像等。他有時又提出反省（Reflexion），這可說是對於知覺的知覺，有指向（Richtung）作用。知覺可指向對象，又可指向自身。

附註

註一：這識或了別的心理學有執取意味，非獨唯識學為然，佛教一般說到識或了別，都是這個意思，所謂「情識」也。

註二：這裏提到相分、見分，我們要對這點作些補充。關於相分與見分的分法，最早見於無著的《攝大乘論》。其中說：「眼等識以色等識為相，以眼識識為見。」（大三一．一三八c）這是以被認識的對象方面為相，以認識的主體為見，兩者的來源都是識。無著都以「識」稱之，為「有相識」與「有見識」，這即是後來護法所說的相分與見分。進一步說，護法其後又說到自證分與證自證分，而有所謂三分和四分，這四分都不離於心識。這樣，問題便變得複雜了。若以二分、三分甚至四分來說我們的認識活動，譬如測量水的溫度來說，則被測量的水是相分，測量器是見分，測量所得的溫度，則是自證分，而去確認這溫度的我們，則是證自證分。

註三：關於中觀學所說的假名，參看拙著《佛教的概念與方法》，臺北：臺灣商務印書館，一九八八，頁六六—六七。

註四：增益過發展到極端，可導致常住論，以為一切都是實在的、常住的。減損過發展到極端，可導致斷滅論，以為一切都是虛無。

註五：大三一．六一c。

註六：大三一．一a—b。

註七：Herbert Spiegelberg, *The Phenomenological Movement*. Third revised and enlarged edition, The Hague: Martinus Nijhoff Publishers, 1982, p.682.

註八：日本學者橫山紘一提到，關於異熟，除了異時而熟與異類而熟外，還有變異而熟。所謂變異而熟，是指因經過變化，而產生出果來。（橫山紘一《わか心の構造》，東京：春秋社，一九九六，頁七八—七九。）

註九：關於阿賴耶（ālaya）的原意，橫山紘一作過細密的探究。參考他的《唯識の哲學》，京都：平樂寺書店，一九九四，頁一一六—一二一。

具體而言，ālaya（阿賴耶）一字，由梵文動詞語根 a-lī 而來，有二意思：執著與隱藏。ālaya-vijñāna（阿賴耶識）則是關連著「藏於某處」、「藏著某些東西」而說的藏識。《解深密經》說：「此識亦名阿陀那識。何以故？由此識於身隨逐執持故。亦名阿賴耶識。何以故？由此識於身攝受藏隱，同安危義故。」（大一六・六九二b）這裏，ālaya 同時有執著與隱藏之意。它執持身體，同時又隱藏於身體之中，與身體同其安危。《攝大乘論》又說：「復何緣故，此識說名阿賴耶識？一切有生雜染品法，於此攝藏，為果性故；又即此識於彼攝藏，為因性故；是故說名阿賴耶識。或諸有情攝藏此識，為自我故，是故說名阿賴耶識。」（大三一・一三三b）這把阿賴耶識說得更為複雜。它不但攝藏諸雜染法而為其果，同時又能引發這些雜染法，而為其因。它又與自我的形成有關，為第七末那識執為內自我。

以下就進一步了解阿賴耶識，作幾點補充：

一、就發現一點言，阿賴耶識的發現，是使唯識派成為一獨立學派的根本動因。如何發現阿賴耶識呢？它如何萌芽呢？很多現代學者以為，阿賴耶識的萌芽，可以說是植根於部派佛教對輪迴主體的追求。這可從業（karma）的思想說起。業是行為的餘習，行為過後，不會消失，以業力的形式存留於個體生命中。由於業力的影響，使我們在三界之中輪迴生死。但業力到底存在於我們生命中甚麼地方呢？不同論典有不同說法。《攝大乘論》說：「化地部中亦以異門密意，說此名窮生死蘊。」（大三一・一三四a）《大乘成業論》說：「赤銅鍱部經中建立有分識名，大眾部經名根本識，化地部說窮生死蘊。」（大三一・七八五a）《成唯識論》說：「大眾部阿笈摩中密意說此名根本識……上座部經分別論者俱密意說此名有分識……化地部說此名窮生死蘊……說一切有部、增壹經中亦密意說此名阿賴耶。」（大三一・一五a）對於這業力的儲藏處，化地部說為窮生死蘊（āsaṃsārika-skandha），赤銅鍱部（上座部、分別說部）說為有分識（bhavāṅga-vijñāna），大眾部說為根本識（mūla-vijñāna），說一切有部、《增壹阿含經》則說為阿賴耶識。這些說法，都直指生命中的輪迴主體。德國學者舒密特侯遜（L. Schmithausen）亦提到，在《攝大乘論》時代的唯識學者亦意識到這些窮生死蘊、有分識與根本識是阿賴耶識的前身。（L. Schmithausen, *Ālayavijñāna*, Tokyo: The International Institute for Buddhist Studies, 1987, p.7.）而最初以「阿賴耶識」這一字眼來表示我們的根本的心的經典，是《大乘阿毗達磨經》和《解深密經》。在後者的〈心意識相品〉中說到一切種子心識、阿陀那識、阿賴耶識，以說心意識的秘密義。（大一六・六九二b）

二、至於具體地關涉到阿賴耶識的存在，其中一個明顯論證是當我們的意識停止作用，我們的生命仍然能夠維持下來，持續下去，此中必有一微細心識維持色身，使不變壞，這便是阿賴耶識。《瑜伽師地論》有云：「問：滅盡定中，諸心、心法並皆滅盡，云何說識不離於身？答：由不變壞諸色根中有能執持轉識種子阿賴耶識，不滅盡故，後時彼法從此得生。」（大三〇・三四〇c—三四一a）舒密特侯遜亦非常重視這段文字，認為是唯識的阿賴耶學說的起步點。(L. Schmithausen, *Ālayavijñāna*, p.18.) 他認為在滅盡定中，心識絕不能離身體而去，因為肉體必須被心識所執持，否則便會腐壞。(Ibid., p.23.) 這心識便是阿賴耶識。

故阿賴耶識的設定，可以解釋輪迴主體的持續性。倘若沒有了阿賴耶識，則人在意識不活動時，或睡眠、休克的狀態中，如何能維持生命，使不死滅，便成問題。舒密特侯遜亦認為，在很多系統性的脈絡中，阿賴耶識的設定是很有用的。由於佛教排拒作為個人的永恒不變的實體的自我的存在性，則像阿賴耶識那樣的非恒常但是連續的生命要素的設定，便有需要了。(L. Schmithausen, *Ālayavijñāna*, p.3.)

註一〇：上田義文《梵文唯識三十頌の解明》，東京：第三文明社，一九八七，頁一七。

註一一：關於一分說、二分說、三分說都不難理解。但四分說，特別是自證分與證自證分之間的關連，便不易理解。上面我們提出的解釋，可助理解。這又可參看橫山紘一《唯識の哲學》，京都：平樂寺書店，一九九四，頁九二—九五。

註一二：這是由於第八識的內容是種子，而且只有種子，而種子是剎那生滅的，都是在變動不居的狀態中。

註一三：這裏以非斷非常來說緣起，很符合中觀學的緣起正義。可見唯識學和中觀學在關鍵處還是相一致的。不過，龍樹在《中論》裏是以「非無非有」來說緣起，但意趣還是一樣。非無即是非斷，非有即是非常。這個意趣，三論學者僧肇在他的〈不真空論〉中也把握得很穩固。

註一四：關於分段生死與變易生死，也可參考竹村牧男《唯識の探究》，東京：春秋社，一九九二，頁一六一—一六三。

註一五：即是說，在轉識成智之前，第八識是虛妄的心識，它們的種子是有漏的，這虛妄的心識稱為「阿賴耶」。在轉識成智之後，第八識被轉成清淨的智慧，它的種子是無漏的。重要的是，在第八識中，轉識成智前後的倫理性質是不同了，但第八識的識體，在內容的構造上還是不變，即都是以種子作為它的體性。

註一六：以上是說阿賴耶識。這是八識中最重要的心識；整個唯識的學說，亦可以說是由這阿賴耶識所引出的，因為它攝藏一切法的種子，亦即是一切存在的潛在狀態。它的機能有多方面，橫山紘一概括為以下五點：

一、維持作為感覺器官的肉體，使不腐壞。

二、維持一切存在物，作為它們的可能態、潛在態。

三、作為生命存在的輪迴主體，使生命的輪迴能持續下去。

四、通過藏在其中的種子，以變現自然世界（器世間）。

五、為第七末那識所執持為自我。

（橫山紘一：《唯識の哲學》，京都：平樂寺書店，一九九四，頁一二六）

關於第一點，橫山以為，維持肉體的，是心、心所，這即是識。而在生理上維持肉體的，並不是表層的六識，而是作為六識的根本的阿賴耶識。如果不設定阿賴耶識，則當六識不運行的時候，誰去維持生命體使不死滅呢？這便是問題的所在。我們必須設定無間滅的阿賴耶識，作為生命的維持者，這個問題才得解決。（《唯識の哲學》，頁一二九—一三〇）

關於第二點，這自然是就種子來說。橫山提到，種子是一種精神的力量，所謂功能（sāmarthya, śakti）。（《唯識の哲學》，頁一五〇）

關於第三點，橫山以為，阿賴耶識是由中有過渡到生有的媒介體，亦是引發新的生命身體的原動力。它與父母的精血結合，開始一期的生命活動，而形成最初的生命體，所謂羯羅藍（kalala）。跟著，順著所謂「胎內五位」的五階段，次第具足完整的身體，而生長發展成胎兒。（《唯識の哲學》，頁一六〇—一六三）

關於第四點，橫山紘一引唯識的瑜伽行者的說法，以為自然世界不能離開心而存在，自然世界由阿賴耶識所生起，同時也是阿賴耶識的認識對象。橫山特別強調，阿賴耶識的學說能免去主觀觀念論的弱點。主觀觀念論以一切都不離自己的觀念。它認為當我們覺知眼前的事物時，這事物是存在的。但當我們對事物沒有覺知時，它們是否存在呢？主觀觀念論便不能回答這個問題。阿賴耶識說便能解答這個問題。即是，當我們對事物沒有覺知時，仍然能說事物是存在的，它們存在於阿賴耶識中，為阿賴耶識所認識。即是說，事物對意識可為不存在，但對下意識的阿賴耶識則為存在。（《唯識の哲學》，頁一六四－一七〇）橫山的這個見解與我在三十年前寫唯識學的碩士論文時的看法相若，這是阿賴耶識說的精采所在，它能理性地解釋事物在不現前時的持續狀態，不會讓人發展至虛無論或斷滅論。參看筆者論文〈唯識宗轉識成智理論之研究〉，載於拙著《佛教的概念與方法》，修訂本，臺北：臺灣商務印書館，二〇〇〇，頁九八－二〇八。

關於第五點，涉及末那識的對象問題。這對象一般都說是阿賴耶識。但末那識以阿賴耶識的哪一部份為對象呢？橫山紘一留意到，據《成唯識論》，此中有四說法：

一、難陀以為，末那識以阿賴耶識的識體為我，以它的相應法為我所。

二、火辨以為，末那識以阿賴耶識的見分為我，以其相分為我所。

三、安慧以為，末那識以阿賴耶識為我，以其種子為我所。

四、護法以為，末那識以阿賴耶識的見分為我。

（《唯識の哲學》，頁一九一－一九二）

橫山的歸納，相當細微完備，可以參考。另外，查達智也分析過阿賴耶識的作用，也有參考價值。查達智說：

阿賴耶有兩種作用：它吸收過去經驗的印象和藉著這些印象的成熟而生起更多的經驗。這孖生的活動在一個循環的次序中持續著：在阿賴耶中有習氣（vāsanā）的再充滿，它們又發展出更多的心識；這些心識又在阿賴耶中播下自己的種子。這樣，程序便接續下來。這兩種活動稱為因轉變（hetupariṇāma）和果轉變（phalapariṇāma）。由於阿賴耶不停地轉變，是剎那性質的，因此這兩者都是轉變（pariṇāma）。習氣是動機力量，它推動那轉變。這動機力量本身有兩種：異熟習氣（vipākavāsanā）與等流習氣（niḥṣyandavāsanā）。前者使一個個體的生命繼續下來，由死亡到新生。後者則通過現前經驗的發展成果實，在同一生命中生起新的心識（染污末那 kliṣṭa manas 和多種的現行識 pravṛttivijñāna）。（A.K. Chatterjee, *Readings on Yogācāra Buddhism*, "Introduction", Banaras: Banaras Hindu University, 1970, pp.18-19.）實際上，阿賴耶識可以說是相當於有情眾生的自我、靈魂或個體生命。在這一點上，有學者把它與康德（I. Kant）的超越的統覺（transcendental apperception）比較，認為兩者有很多相似之點。參考玉城康四郎的〈カントの認識論と唯識思想：先驗的統覺とア—ラヤ識を中心として〉，同氏編《佛教の比較思想論的研究》，東京：東京大學出版會，一九八〇，頁三〇一—三九三。

註一七：E. Frauwallner, "Amalavijñānam und Ālayavijñānam." *Beiträge zur indischen Philologie und Altertumskunde*. Hamburg (ANIST vol.7), S. 148-159.

葛達瑪的詮釋學方法：
以對天台佛學的詮釋爲例證

吳汝鈞著

詮釋學（Hermeneutik）是有關對文本（text）的詮釋的學問。它最初沿著兩個方向發展開來，那是神學詮釋方向與語文學詮釋方向。前者指涉對《聖經》及有關文獻的正確的解讀技術，後者則成了神學中的一個重要學科。德國哲學家葛達瑪（H.-G. Gadamer）認為，兩者最初是並行發展的，後來受到特有的注意，導致舒萊爾馬赫（F.D.E. Schleiermacher）的普泛詮釋學，所謂傳統詮釋學，這已經是眾所周知的事了。

要注意的是，詮釋學有技術性的一面，但不光是這一面，它有它的藝術指向。葛達瑪認為，詮釋學是一種藝術的表現，這不是技術性的、機械化的，而是以完成一部藝術作品為目標，要展示作者在藝術創作的用心。（註一）故詮釋學要求創意，它與藝術品要有創意這一意念是一脈相承的。

寬鬆地言，我們可以視詮釋學為對於文本的意義（Sinn, Bedeutung）的解釋（erklären, auslegen）與理解（verstehen）的哲學。「解釋」的層次較低，它基本上是涉及事實性的，是經驗性的。

理解則深刻地涉入精神的、生命的層面。法國哲學家利科（Paul Ricoeur）便視詮釋學為有關與文本的解釋相連繫的理解程序的哲學。他顯然是同時以解釋與理解來說詮釋學，而以後者為本，這便接近葛達瑪的觀點。狄爾泰（Wilhelm Dilthey）也說過，自然需要解釋，人則需要理解。（註二）自然是經驗性格的，人有經驗性格，但以精神性格為主。狄氏的意思，主要是以精神性格說人，他是詮釋學方面的重要人物，強調與精神有密切關連的理解一面。在本文中，我們說詮釋學，也是重視它的理解一面，我們甚至可以說，詮釋學是有關理解（真理）的學問。葛達瑪與利科二人都受到狄氏的影響。

說到理解或解釋，自然離不開進行這種活動的媒介，這即是語言。理解或解釋可簡單地說是以語言為媒介的一種談話，或與文本作者進行溝通。葛達瑪即說過，理解的開始，是某一方面與我們進行攀談（anspricht）；他並說這是一切詮釋學的詮釋活動中最首要的條件。（註三）這讓我們想到宗教遇合（religiöse Begegnung）問題；這是現代思想界的重要話題與活動，是不同宗教背景的人的對話，目的是增進相互間的理解。對話的媒介，自然是語言。現代流行的東西方的宗教對話，特別是佛教與基督教的對話，正明顯地展示這點。

理解的對象是文本，那是以語言文字構成的。這些語言文字所構成的文本有它的產生的特殊背景，那便是歷史語境。而我們理解文本，也應該盡量把它放在它的歷史語境之中。理解者也需要顧及自己的學術思想的語境問題。這在理解天台學來說，我們應留意它的用語的習慣和意義，例如「實相」是指終極真理，「不思議」指背反（Antinomie）的東西的融合與同一，如煩惱與菩提的同一，生死與涅槃的同一。（註四）「一心三觀」指一種超越一般的理智或知解的認識規律的對事物的觀法。一般的理智或知解有它的有限性，需要在時空與範疇的作用下進行。一心三觀則沒有這種有限性。「中道佛性」指視中道與佛性等同，中道是客體真理，佛性是主體真心，這種等同有心即理或心、理為一的思想傾向。這近於儒家王陽明所倡導的良知即天理的思維模式。「不斷斷」指不需斷除煩惱或與佛以外的九界眾生斷絕連繫而能了斷生死輪迴的問題。前一斷字表示斷除煩惱與遠離眾生，後一斷字指從一切苦痛煩惱中解放開來，徹底解決人的生死大事。

這種對歷史語境的留意，也牽涉到宗教學上所謂宗教的類似性（religiöse Homogenität, religious homology）的問題，這概念是指人或不同宗教在心靈、精神、生命境界或人性方面有相類似的地方。例如佛教的「空」（sūnyatā）一概念的內涵，在某個意義上可以道家的「無」一概念表示。儒家的「天道」一概念的內涵在某個意義上可以基督教的「上帝」（Gott）一概念表示。在關連到詮釋學的歷史語境一問題上，讀者可以藉著這種類似性，把作者在撰寫文本時的心境嘗試再現出來，舒萊爾馬赫稱這種情況為「移情」（Empaphie, Einfühlung），狄爾泰則稱為「體驗」（Erlebnis）。葛達瑪進一步發展，認為體驗是對話雙方（在這裏應指文本作者與讀者）溝通的橋樑。在這點上，特別是在溝通或體驗上，我們又可以天台學的例子來說。智顗大師說「煩惱即菩提」（註五），這是一種弔詭的說法，不易理解。我們可以就苦痛煩惱本身所可能對我們具有正面意義或積極影響來嘗試解讀。例如對苦痛煩惱的經驗與忍受，可以培養我們的忍耐性，也可以擴展我們的容受面（我們不單能容受快樂，同時也能容受苦痛），這樣便能提升我們的精神境界，充實我們的心性涵養，以至增長我們的人生智慧。智顗的「一念無明法性心」也是一種弔詭。在我們日常起心動念之中，可以有盲動的無明，也可以有明覺的法性，甚至無明與法性可以緊抱在一起，而為同體的東西。我們也可從這種緊抱的、膠著狀態中超越上來，達致最高自由與自在。

現在讓我們再回到語言文字本身。葛達瑪非常重視語言在理解中的重要性，認為我們的所有理解都是在語言中發生的，讀者要與文本構成某種關係，需要涉入語言的範域。我們只能靠語言來理解存在。因此有人把他的詮釋學叫作「語言詮釋學」。按葛達瑪的說法，語言的理解應不包括某些修行人對於終極實在的神秘主義式的接觸在內。進一步說，我們通常是認為對文本的解釋與理解都是方法論意義的，葛達瑪對理解有較極端的看法，有視理解具有本體論意義的傾向。他稱自己的詮釋學為哲學詮釋學（philosophische Hermeneutik），在這種哲學詮釋學中，語言被本體化了，成了語言本體論，一切理論與解釋，都要在語言中發生。在語言中發生，這便是實在，便是本體。或者說，本體存在於語言中。這讓我們想到一個問題：語言是不是那樣重要呢？語言有沒有限制呢？有沒有語言不能表達的超語言的東西，例如一般形而上學所說的本體的世界呢？葛達瑪似乎認為語言可表達一切（註六），儘管他說真正的語言不是抽象的符號，不是僵化的、死硬的文字，而是具有生命的，它的主體在動詞（verbum）。他似乎未意識到語言之外的真實世界，或語言所不能表達的絕對的事物；他只重視言說一面，未有重視超言說一面。這點若以東方哲學作參照，便很明顯了。《老子》書中說「道可道非常道」，正表示有不能以語言表達的「道」，或絕對的、終極的東西。在這一點上，的確令人費解。葛氏是海德格的高足，後者又對老子哲學這樣著迷，葛氏怎會不諳老子呢？

再下來便是這樣一個問題：理解純然是一種對文本的客觀的解讀，抑有讀者的主觀（或主體）的創發性呢？葛達瑪首肯創發性一面，他先說舒萊爾馬赫，謂後者視理解為一種對作品的重新構架（rekonstruktiver Vollzug einer Produktion），具有創造義，而且這種重新構架可以突顯文本作者本來疏忽的、未意識到的內涵。（註七）在這種重新構架的活動中，讀者自己的主體性，或個別的體會、旨趣的涉入，是免不了的。這便可說創造義。這令人想到故傅偉勳教授提出的創造性詮釋。在這種詮釋中所展示的新的內涵，是超越文本作者的意識空間的。葛達瑪自己也曾引述查勒頓尼烏斯（J.M. Chladenius）的說法，即是，我們理解文本作者的作品，有充分理據去想像文本作者自己未有想及的內容。（註八）這種未有想及的內容，倘若是具有建設性意義的話，則可說相當於傅氏所提出的創造性詮釋的「當謂」。這種情況，理解者詮釋文本作者的意思，可以說是如馮友蘭所說的「接著說」，而不是「照著說」。

葛達瑪認為，理解（Verstehen，作抽象名詞用）活動對原來的文本來說，具有再產生的意涵，這是對曾經了解過的事物的再了解，這是一種再創構的做法（Nachkonstruktion），這種再創構的成立，是以一種具有創建組織的原初決定（Keimentschluß）為根基的。（註九）這裏所謂原初，不是時間義，也不是一般所了解的原始的、粗鄙的意思，而是具有開創性、原發性的意思。這個意思，就關連到天台學來說，對於智顗大師的「中道佛性」、「不空」、「佛性常住」等概念，也可這樣處理。這些概念，本來在佛典中也出現過，但在他的思想系統中，有他自己所提的具有啟發性（inspiration）的意味。葛達瑪所謂的具有創建組織的原初決定，正是智顗哲學的出發點和根本精神，那便是他從《法華經》（*Saddharmapuṇḍarīka-sūtra*）所體會到的開權顯實、發跡顯本所會得的靈感。特別是他對釋迦的從本垂跡這一宗教經驗的體會，即是，釋迦自久遠以來即已成佛，他是為了普渡眾生這一充滿悲願的宗教理想而從本體世界以色身之跡示現，便很有本源的（ursprünglich）意義、原初的涵義。

天台學是一種哲學，它是有其源流的，是上承《法華經》、龍樹（Nāgārjuna）中觀學（Mādhyamika）

與《大智法論》（*Mahāprajñāpāramitā-śāstra*）的思想，也受到《涅槃經》（*Mahāyāna-parinirvāṇa-sūtra*）的佛性論的影響。因此，要具體地、內在地、深入地了解天台學，便不能不照顧它的所承，從思想史的脈絡來探討。故在這裏我們也就關連著思想史一面來看一下詮釋學，或倒轉次序來看。我們可以說，對於思想史的理解，就詮釋學的角度而言，特別是參考利科的觀點來說，我們應基於一種「效應歷史的意識」（Wirkungsgeschichtliches Bewußsein）來理解。即是說，我們不視思想史為一種純粹是外在的、客觀的現象，或事件，而視為一種所謂「效應歷史」（Wirkungsgeschichte）；它不是與現代環境割截開來，而是與後者連成一體的。我們自身與思想史有一種互動的關係：我們在思想史中得到培育，而思想史的存在根源，也要在我們的生活環境中立定。基於這點，便有所謂「視域」（Horizont）與「體驗」（Erlebnis）問題。即是，我們要參涉我們的視域與體驗來處理思想史。我們要與思想史融和，把它作為文本來理解，和它交談，進行對話（Dialog）。要真切理解思想史，是需要與它遇合（encounter, begegnen），與它對話的。視域與體驗便在這個意義下顯出它們的重要性：告訴我們思想史對時代的啟示，為我們與歷史的關係定位。說到這裏，我們想到智顗大師在其《法華玄義》中引《法華經》的「一切世間治生產業皆與實相不相違背」（註一〇）的話語，「一切世間治生產業」指具體的現實環境，這是我們的視域，為我們所接觸，所體驗的；「實相」則是傾向抽象意義，是治生產業的背景、基礎，這相當於思想史。兩者不相違背，指我們的現實環境，是實相參涉的場地、展現的場地。離開現實環境，實相便失去作用、示現的依據了。兩者是相融和的，不相衝突的。同樣，我們的視域也與思想史溝通與融和，思想史是在當前的視域中發揮它的啟示、啟迪作用。離開了當前的視域，思想史便成了古董，失去生命力、活力，對時代不能起指引作用，變成與現實完全脫離的客觀的被研究的對象。我們也可以這樣說，思想史涵攝了我們由遠古到當前處理世間治生產業的概括的總和，亦即是我們在不同時間的視域中活動形式的概括。所謂實相，便存在於視域或現實環境之中。

有一點要注意的是，我們自身的視域與體驗讓我們進入思想史之中，以主體的身份展示前此判斷（Vorurteil）作用，把原來背負著的既成想法，以有意識或無意識的方式，散發出來，這有時會造成偏頗的、慣習不變的見解，因而形成效應歷史。這種做法的意義很明顯，它是以一種存在的（實存的）、主體性的態度理解思想史，後者對於當事者來說，自然不是與自己的處境完全無關的客觀現象或事件。一言以蔽之，如何在效應歷史與客觀理解之間取得平衡，讓歷史不離人生，而人也不會因以既成的前此判斷產生偏見，在對歷史的理解上誤導他人，這需要具有高度的詮釋學的智慧。嚴格地來說，絕對的客觀理解是不存在的。理解是某人的理解，而某人如何理解，與他的一些主觀要素，例如性向、見地、經驗，以至價值觀，是不能截然分開的。但我們也不能讓這些要素無限地影響、操控我們的理解。

就葛達瑪而言，他認為詮釋學不能離開特殊的存在，不管是人也好，物也好。這有一種關連著具體的現象的世界的實踐的意味。葛氏也認為詮釋學應該是一種與現實密切關連著的實踐性的學問，因此他提出詮釋學的實用、應用（Applikation）的功能。在他看來，理解本身便是一種效應、效能（Wirkung），是對存在世界的開顯，把存在世界的性格特別是特殊的面相展露開來，理論與知識的建立，是不重要的。關於對存在世界的開顯一點，我們在這裏不擬作詳盡的探討。這裏我們只作一點提示：天台宗說「一念三千」，也確有對存在世界開顯的意味。三千諸法象徵存在世界，它與一念同起同寂：同時生起，同時沉降。而三千諸法也隨一念的狀態而浮動：一念是淨，則三千諸法是淨法，其中沒有執著；一念是妄，則三千諸法是染法，其中充滿迷執。不管是淨是妄，三千諸法或存在世界都是受一心所開顯的。（註一一）在這一點上，牟宗三先生頗有以存有論的角度來說三千諸法的傾向。在他的有名的鉅著《佛性與般若》中，他說智顗的天台宗對諸法的存在有根源的說明，這種說明同時兼有現象論（phänomenal）與現象學的（phänomenologisch）意味。對於此點，我持保留態度。實際上，佛教雖有對存在事物的來原作解釋，但它的重點不在這方面，它並不很積極地要建立存有論，它的終極關心，始終是在實踐的救贖論方面。

順著詮釋學的實用、應用的效能說下來，我們可以討論得深入一些。就詮釋學的立場而言，解釋（Erklären, Auslegen）、理解（Verstehen）與應用（Anwendung, Applikation）應該是連繫在一起的。這點很容易了解：被解釋、理解的那些意義（Sinn, Bedeutung），會對人產生感染的效應，形成或影響人的信念，構成人的世界觀、價值觀，這便是應用了。這在東方哲學，不論是儒、釋、道來說，便是實踐。我們不妨以王陽明的知行合一的思想來解讀詮釋學。就天台來說，作為終極真理（實相）的中道佛性，是具足功用的，能普渡眾生。知的同時便有行：能體認中道佛性的人，便能如菩薩那樣「出假化物」。即是，以自身通過修行累積得來的功德，所謂「功」、「自進」，去利益他人，所謂「用」、「益物」，合起來便是教化、轉化眾生，所謂「化他」。（註一二）這裏有一點很重要，必須提出。說中道佛性具足功用，能普渡眾生，並不是這樣說了，便有功用自然而來，我們可以用來普渡眾生。無寧是，中道佛性是一種內在於我們生命中的潛能，我們必須作艱辛的修行工夫，才能體現、表現中通佛性，讓它發出功用，進行渡生的大事業。

關於轉化或教化，葛達瑪用的字眼是Bildung，那是從詮釋學的角度來說的。他用「深沉的精神上的轉變」（tiefgreifender geistiger Wandel）來說教化。（註一三）他並把教化界定為「人展開自身的天資和力量的獨特方式」。（註一四）這天資和力量或能力（natürliche Anlagen und Vermögen）應該不是就生物學的生物本能說，而應有超越的意味。可視為相當於佛性，而其展開或表現方式，在佛教來說，便是般若智慧。這可從下面接著的論述得到佐證。他特別多次提到精神（Geist），認為精神科學是跟隨著教化而起的，精神的存在（Sein des Geistes）與教化理念（Idee der Bildung）有本質上的連繫。（註一五）若對比著天台學來說，精神的存在相當於中道佛性，教化理念則與能普渡眾生的中道佛性的功用相通，後者依智顗的說法，便是以治眾生病患為喻的知病、識藥、授藥的本領。（註一六）

關連著教化的問題，葛達瑪又強調人的明顯特徵在能斷離直接的和自然的成素（Unmittelbaren und Natürlichen），在本質方面具有精神的、理性的面相（geistige, vernünftige Seite），但他常不守其本性，因此需要教化。（註一七）「在本質方面具有精神的、理性的面相」似有人性本善的意味，可惜人不能謹守，因此需要教化來使他歸於正軌。這種說法顯然有類孟子。對比著天台學來說，直接的和自然的成素可比配智顗常說的無明、一念惑心和我見。而本質方面的精神的、理性的面相，則可比配法性（dharmatā）。依智顗，人常有一念惑心，生起我見，壞的行為便出來了，因此需要修行，要有止（śamatha）、觀（vipaśyanā）的工夫，以恢復原有的法性的光明。止是作禪定（dhyāna）的工夫，最常見的是靜坐；觀則是開拓自己本有的般若（prajñā）智慧，照見一切存在都沒有自性（svabhāva），都是空（śūnya）。這些點都可以說宗教的類似性。說到教化，葛達瑪認為它的一般性格是讓人自己成為一普遍的精神本質或存在

(allgemeines geistiges Wesen)。陷溺於個別性（Partikularität）中的人，便是未接受過教化的人。（註一八）

這裏說的普遍的精神存在，在佛教特別是天台學來說，便是不是直身、色身，是無生無死的法身（dharma-kāya），而個別性正是指有生有死的直身、色身，那是經驗性的東西，是生滅法。直身、色身是肉身主體，法身則是精神主體。葛達瑪有關教化的結論是，要尋求普遍性的提升（Erhebung zur Allgemeinheit），棄去特殊性。（註一九）這即是捨無明而復法性（法身），說得吊詭一些，便是實現煩惱即菩提，生死即涅槃的宗教理想。這裏又可以說宗教的類似性了。

討論到這裏，我們可以對（哲學）詮釋學的意義與作用作一個總結了。葛達瑪的哲學詮釋學有把傳統的詮釋學從方法論和認識論的研究轉化為宗教的、形而上學的或存有論的研究的傾向。他多次強調詮釋學與對直理的經驗（亦可說是開顯）（Erfahrung von Wahrheit ）的密切關係（註二〇），亦明說詮釋學現象不是方法論問題。（註二一）他是視詮釋學是一種哲學的，故有所謂「詮釋學哲學」（hermeneutische Philosophie）。這詮釋學哲學可視為有關真理與生命世界的現象學（Phänomenologie），也可以說，它涉及生命與存在的真理與導向。實際上，前面提及的「宗教的、形而上學的、存有論的研究」，都指涉到真理觀念。宗教是著重人格神的（在西方的傳統來說），形而上學是著重觀解性格的，存有論則著重存在世界中的具體的存在，特別是這些存在的普遍性相，所謂「本體」。在這一點上，海德格（Martin Heidegger）的此在詮釋學（Dasein Hermeneutik）可作為顯例。在這種詮釋學哲學中，人的生命存在是被展露的世界的源泉，而理解亦被提升至本體論的層次，與人的生命的本質和表現密切聯繫著。葛達瑪顯然繼承了這種思想，並加以發揮，強調真理的開顯在這種學問中的重要性。而真理的開顯，聚焦在人的普遍的、精神的本質從特殊的、自然的生物本能中突破出來，提升上來，因此他重視能使這個宗教理想落實的教化（Bildung）作用。（註二二）而這裏說的真理的開顯，是對於人的開顯，不是一種純客觀的開顯。後者是不能成立的。一離開了人，甚麼也不能說。人是以心靈主體說的。真理的開顯與人的主體性的活動是互動的，雙方有一種相互呼應的關係。真理越是開顯，人的動感便變得越強。

附註

註一：Hans-Georg Gadamer, *Wahrheit und Methode: Grundzüge einer philosophischen Hermeneutik*. Tübingen: J. C. B. Mohr (Paul Siebeck), 1990, S. 194. 此書以下省稱 WM。

註二：Wilhelm Dilthey, *Gesammelte Schriften VII*, Göttingen, S.208.

註三：WM, S.304.

註四：背反是指兩種性格完全相反的東西總是擁抱在一起、連結在一起，不能分開的情況。康德（I. Kant）有二律背反之說，京都學派也常說生死的背反必須超克，才能說覺悟與解脫。

註五：智顗《法華玄義》卷九上，《大正藏》三三・七九二b。

註六：這是我們的猜測，未能證實。

註七：WM, S.196.

註八：WM, S.187.

註九：WM, S.191.

註一〇：《法華玄義》卷八上，《大正藏》三三・七七八a。

註一一：關於一念三千的詳細說明，參看拙著《佛教思想大辭典》，臺北：臺灣商務印書館，一九九二，頁一二a—b。

註一二：智顗《法華玄義》卷五上：「功論自進，用論益物。合字解者，正語化他。」（《大正藏》三三·七三六c）關於中道佛性的功用性格，參看拙著 NG Yu-kwan, *T'ien-t'ai Buddhism and Early Mādhyamika*. Honolulu: University of Hawaii Press, 1993, pp.66-73。又可參考拙著《中國佛學的現代詮釋》，臺北：文津出版社，一九九五，頁六二—七一。特別有關真理或中道佛性的用，參考拙著《佛教思想大辭典》「用」一條目，頁二〇〇a—二〇一a。

註一三：WM, S.15.

註一四：WM, S.16.

註一五：WM, S.17.

註一六：關於這種治眾生病患的本領，參閱拙著《中國佛學的現代詮釋》，頁六四—七〇。

註一七：WM, S.17.

註一八：WM, S.18.

註一九：Idem.

註二〇：例如 WM, "Einleitung", XXVII / XXVIII, XXIX / XXX。

註二一：WM, "Einleitung", XXVII / XXVIII。

註二二：在這一點上，利科在對於理解文本的闡述中，特別提到我們要理解的，不是含藏在文本深處的涵義，而是文本向我們展示出來的訊息，和這訊息所能啟導出來的可能的世界。這可能的世界，明顯地具有精神提升的宗教教化的意味。利科的這種說法，意味深長。他不把含藏在文本深處的涵義與理解拉上關係，卻以文本向我們展示訊息來說理解，理由是，文本深處的涵義有和我們的日常生活脫鉤而成為一種純然是客觀的意義的傾向，這種傾向是海德格和葛達瑪所反對的。向我們展示的訊息便很不同。這訊息是在文本與我們自身是存在於同一個視域中的設定下說的，因此，它與我們的主體有直接的溝通或互動的交流關係。訊息不是死的，而是活的，它對我們具有啟示作用，如利科所說。

天台智顗的佛性具足諸法說的詮釋學解讀：
就存有論與救贖論方面看

吳汝鈞著

一個大的思想體系，除了強調或是主體性、或是客體性、或是兩者的統一的終極原理外，必會涉及存在世界；後者是我們生於斯、長於斯的環境，其中的種種事物與我們的日常生活是分不開的。對於存在世界中的事物或存在的探究，探究它們的根源、形貌、作用等方面而形成一套哲學的，或探討它們的真相、真實性（reality）而成一套理論的，通常稱為存有論（ontology），或存在論。（註一）在印度佛學來說，阿毗達磨（Abhidharma）佛教很重視存在或存在問題，但它的背景是實在論（realism）。唯識學（Vijñāna-vāda）的存有論或存在論，則是以觀念論（idealism）為背景。在中國佛學中，其存有論較為人所留意的，當推天台宗與華嚴宗；前者的存有論稱為性具論，後者的存有論稱為性起論。以下我們集中探討天台宗的性具思想，亦即所謂具足諸法的說法。這種思想在智顗的《法華玄義》中有相當詳細的展示。

所謂「性具」的「性」，當是指佛性（中道佛性）而言，而佛性等同於法性，故亦可指法性。不管怎樣，這性的層次是最高的，說它是終極真實、最高真理，皆無不可。另外，佛性的潛藏、潛隱狀態為如來藏（tathāgatagarbha），故性具的性亦可指如來藏。說性是強調真理的客觀面，說如來藏則是強調其主觀面。對於這種性具思想，智顗在《法華玄義》的多處有提及，不過，其清晰度似嫌不足。他說：

> 如來藏理含一切法。（註二）

如來藏如何包含一切法呢？它是生起一切法，抑是作為一種憑依因，讓諸法有所依持而得成立呢？都不很清楚。另外，有關性或中道具諸法的說法，在《玄義》中被提到，如卷二下論五種三諦，便重復地說了幾次。（註三）但「具」字的確切涵義似未能清晰地展示出來。不過，在《玄義》卷五下，智顗對性具思想提供了重要的訊息，他說：

> 遠論其本，即是性德三軌，亦名如來之藏。極論其末，即是修德三軌，亦名秘密藏。本末含藏一切諸法。（註四）

性德三軌與修德三軌都含藏一切法。性德含藏一切法，可說存有論地具足諸法。但修德含藏一切法，則不能就存有論說，而要就實踐的特別是救贖的（soteriological）意義說，這即是不捨一切法，立法攝受諸法之意。（註五）何以要對一切法不捨、攝受呢？此中的義理基礎是，一切法都是緣起的，由種種緣（條件）組合而成，因而沒有常住不變的自性（svabhāva），不會對我們在修持上做成障礙。這是對諸法的緣起的性格加以承受，以緣起義理為基礎，建立本性是空而又如幻如化、表現為萬種姿采的現象世界。

智顗說性具，性即是心，他是由心說性的。故性具亦可轉為心具。不管是性具也好，心具也好，若是由心、性推移到事物方面，參照詮釋學者狄爾泰（Wilhelm Dilthey）的移情（Empathie, Einfühlung）的說法，讓事物活現起來，則亦可說事物具足諸法。智顗顯然意識到這點，而且相當重視這點。他說：

> 知色即空即假即中，色即法界，總含諸法。（註六）

又說：

> 此一法界具十如是，十法界具百如是。又一法界具九法界，則有百法界千如是。（註七）

又說：

> 一法界具九法界，名體廣。九法界即佛法界，名位高。十法界即空即假即中，名用長。（註八）

「知色即空即假即中」是圓頓地以三觀（三觀是空觀、假觀與中觀。智顗有一心三觀的說法。）觀色（rūpa）

或事物，當下體證色的本性，而不予以執取，這樣，色即提升至法界（dharma-dhātu）的層面。法界無所不包，故色作為法界中的一部份，亦可說無所不包。故總含諸法。這裏說包或不包，不是就外延（extension）說，而是就內容（content）說。另外，一法界即是佛法界，佛法界的基礎是佛性。九法界與佛法界相即，即佛法界含具九法界，亦即佛性含具九法界，故這是性具說法。這九法界指宇宙眾生中除佛之外的其他九種眾生，即是地獄、餓鬼、畜牲、阿修羅、人、天、聲聞、緣覺、菩薩。

上面說過，性具即是心具。即是，在心方面亦可說具足諸法。智顗說：

> 若觀己心不具眾生心、佛心者，是體狹。具者是體廣。（註九）

就修行境界言，體廣自比體狹為高。體狹只包攝個別心靈；體廣則除個別自心外，更包攝其他眾生與佛的心靈。體廣的條件是心具足一切心，由此亦可推延至一切法。這是由於，佛教的立場是以法的生起、成立，是緣於心的作用。這讓人想到唯識。但以上的意思通於一切佛教派系，不限於唯識。故性具亦即是心具。智顗顯然是以心說性。

現在有一個重要的問題是：智顗說性具或心具一切法，具足一切存在，這具足是存有論地具足呢？抑是另類意義的具足，例如工夫論地具足呢？牟宗三先生在其鉅著《佛性與般若》中，強調智顗的天台宗是最後的、最殊勝的圓教，它能給予一切法根源的說明，它言性具或心具，是存有論地圓具一切法。牟先生並表示，這樣圓具一切法，才能保住一切法的必然性。（註一〇）對於牟先生的這種看法，筆者持保留態度。我認為智顗說具足或圓具一切法，基本上是工夫論地具足，而不是存有論地具足。以下謹提出有關論證。

智顗在《法華玄義》中說：

> 若圓行者，圓具十法界，一運一切運。（註一一）

這是說圓行或圓滿的修行。圓滿的修行具足一切法，或更確切地說，佛性或心在圓滿的修行中具足一切法，這「具」直接承著圓行而來，應該是工夫論義，有教化、點化的教育義與倫理義，而不應是存有論義。要說得更為直截了當，清楚明白，亦無難處。圓行是一種圓融遍滿的行為，是Aktivität，是活動義，如何能有存有論義，去具足種種非活動而有固定傾向的存有（Sein）呢？故稍後智顗說：

> 圓行不可遠求，即心而是。一切諸法悉有安樂性。即觀心性，名為上定。心性即空即假即中。五行、三諦一切佛法，即心而具。（註一二）

即心而具一切佛法，包括三諦真理在內，這應是從修證、教化的角度說。這是很明顯的。倘若要說存有論的具，則如何具足三諦等佛法呢？三諦根本不是存有（Sein），而是內心透過修證而達致的真理境界。故智顗接著強調在心方面要能即空即假即中，要能觀照出心的即空即假即中的圓頓性格：心沒有實體，故是空；心具有種種作用，故是假；由觀心當下能見佛性，體證中道佛性這一終極原理，故是中道。若在心方面能觀其即空即假即中，則由於一切由心造，能觀心即表示能觀一切法，圓具一切法，成就一切法，以至遍運一切法。這些都不能說是存有論義，而是從修證、救贖義說的。特別要提的是，智顗說「心性即空即假即中」，並不表示心性存有論地具備空法、假法、中法。這「即」一氣貫下，同時概括空、假與中道，表示心性通過工夫實踐，當下成就，了達事物的空、假、中的三面性格。這有認識論的意味。但這認識論不是指主體與客體或對象成一對峙局面，而對對象建立知識。無寧是，主體了達對象為空無自性，因而不加執取。

再下智顗說到圓信解，說：

起圓信解，信一心中具十法界，如一微塵有大千經卷。（註一三）

圓信解的基礎在相信一心中具足十法界，亦即具足一切，猶如一粒微塵中含藏無量經卷。這都不是從現實的角度立說，不與現實的存在、存有協調，而純是一種高度的修證境界、精神境界的表現，與存有論無關。即是說，具足諸法、具十法界是一種信守、信念問題，不是客觀的宇宙論義的構造問題、成立問題。跟著智顗又說：

圓教菩薩從初發心，得諸法實相，具一切佛法。（註一四）

具一切佛法或具一切法需在證得諸法實相或終極真理的脈絡中說，「具」的修證義、救贖義真是明顯不過。這與存有論完全沒有關係。

以下我們要闡述智顗對一念的體會，以說他的所謂具足諸法的實踐的、救贖的涵義。他說：

> 凡夫一念皆有十界識名色等苦道性相。迷此苦道，生死浩然。此是迷法身為苦道。不離苦道，別有法身。如迷南為北，無別南也。若悟生死，即是法身。故云：苦道性相即是法身性相也。（註一五）

這裏說凡夫一念涵有十界事物，都屬苦道，可以說是念具，念是妄念。這具是甚麼意思呢？可以說，我們可以看一念的境界如何，以決定它落於哪一界域。這樣說念具，其實是工夫義，與性具、心具在性格上無大分別。性具、心具可轉成念具，一念墮落，便會如此。另外，智顗說「不離苦道，別有法身」，這可說是苦道具法身，這是一個工夫論的命題，不是存有論的命題。即是，人若一念覺悟，則可從苦道轉出法身。相反，法身亦可具苦道，這也是工夫論命題，不是存有論命題。人若一念迷執，可從法身墮為苦道。（註一六）進一步言，性具也好，心具也好，念具也好，這性、心、念與它們所具的，都是一體的，是同一的體性。就這一點言，性、心、念與它們所具的，是不能分開的。這與「我具有金錢」、「我具有房屋」、「我具有汽車」的情況不同。在後一情況，我與所具的金錢、房屋、汽車是分開的，不是同一事體、體性。說到底，這「具」其實有轉、轉化的意味。說性具染淨，表示佛性可在一念之間，轉成染污性格，或清淨性格。此中的轉或轉化，都是工夫論的概念，與存有論無涉。上面所謂「不離苦道，別有法身」，或苦道具法身，正表示這種工夫實踐意味。

說到一念心具足諸法，智顗的典型說法，自是所謂「一念三千」。但這不出自《法華玄義》，而出自他的另一鉅著《摩訶止觀》。以下謹先引原文，再加以析論，以與《玄義》的說法作對比：

三千在一念心。若無心而已，介爾有心，即具三千。亦不言一心在前，一切法在後；亦不言一切法在前，一心在後。……若從一心生一切法，此則是縱；若心一時含一切法者，此則是橫。縱亦不可，橫亦不可。只心是一切法，一切法是心故。（註一七）

這裏說一念心，或一心，都是就妄念而言。最低限度，這是真妄和合的一念心，所謂一念無明法性心。有人解這一念心為主體自由，完全從正面相來說這一念心，那是不清楚佛教特別是天台宗用「一念心」的慣習所致。佛教言一念心，總是從我們的平常一念心說起，這平常一念心不可能是淨心，不可能是正面義的「主體自由」。「三千」表示一念心起所可能停駐的境地。人若不生起一念心，便不必說。只要猝然生起一念心，它便可流連於三千或更多的境域，而停駐於其中，因而「具三千」。進一步言，人只要發一念心，便總有三千種境域中的一種現前，與這一念心相應。一念心總與三千種境域的其中一種同時生起，也同是沈降。這「同時生起，同時沈降」中的「同時」非常重要。「一心在前，一切法在後」，或「一切法在前，一心在後」，便不是同時了。

就心來說，智顗提出，「從一心生一切法」或「心一時含一切法」，都不能建立心與法的關係。從一心生一切法是先有心，然後才生起一切法，這是從心下貫下來，是縱的方向，不是同時的關係。心一時含一切法是先有心的種子含藏一切法，然後這些種子依緣而現起一切法，然後再帶動心的生起。這則是以心的種子含藏一切法為主，是橫的方向，心與法也不是同時關係。故「縱亦不可，橫亦不可」，二者都不能交代心與法的同時生起、同時沈降的關係。

要讓一念心能與三千種境域或一切法同時生起同時沈降，只有一種可能性，這便是「只心是一切法，一切法是心」。此中的「是」應作動態的解釋，解作同時現前之意。即是，一念心與一切法同時現前，同時沈降。這即是，心與一切法有同起同寂的關係，心與法在作用（起）與不作用（寂）中為同調。故心在法在，心不在法不在，法是隨心轉的。這是心或一念心具諸法的意思。我們可以說，通過這種一念心具諸法的觀法，能讓一念心保住存在，不使存在下墜以至泯滅。（註一八）要注意的是，這裏說心與一切法同起同寂中的「起」與「寂」，不是存有論意義。心不是一切法的存有論根源。後者是唯識學的思維方式。這正是天台學特別是智顗的哲學的難解處。這與《華嚴經》說的「心如工畫師，一切唯心造」的意趣亦不同。《華嚴經》的意趣，不近天台，反而接近唯識。天台系統的核心觀念，始終是活動（Aktivität）義的心，而不是存有（Sein）的諸法。即使說作為存有的諸法，這存有義還是非常淡薄的。

以上所析論的，較能展示智顗說具足諸法的意思。一念心與諸法同起同寂，故一念心具足諸法。同樣，若虛妄的一念心轉化成佛性、真心，這佛性、真心亦可與諸法有同起同寂的關係。具足諸法的意思，到這裏應該很清楚了。《摩訶止觀》的這段文字，對理解智顗言具足諸法一點來說，非常有啟發性。這是上引《法華玄義》的文字所不及的。本文雖是以《玄義》為主，但為了清楚理解起見，因而指涉到《摩訶止觀》，希望讀者不要以為離開原本文獻是幸。

從以上的探討可以看到，智顗說具足諸法，不管是性具、心（真心）具，抑是一念（妄心）具，都是諸法相應地隨著佛性、真心、一念妄心而起而降的意思，諸法永遠為佛性、真心、一念妄心所帶動。倘若我們說前者為客體性（Objektivität），後者為主體性（Subjektivität），則客體性總是隨著主體性而轉的，而生起，而沈降。這便顯出智顗哲學的觀念論或唯心主義色彩。而客體性隨主體性運轉，是在工夫實踐、救贖意義下進行的，客體性並無獨立於主體性的地位，故難以構成一套存有論。若以圓教的立場說具，則可以說這是工夫義的圓具，而不是存有論的圓具。或者我們可以說，在智顗的體系中，並無獨立的存有論，他的存有論是在工夫論、救贖論的脈絡下建立的。一切存在，都作為實現宗教理想即覺悟、成道、得解脫的大目標之下的契機、憑依而有其價值。離開了這個背景，對一切存在的研究便淪於虛浮，存有論的建立也變得無意義。雖然如此，存在世界還是不能捨棄，還是要保住的。它是我們生於斯長於斯的環境，是我們實現宗教價值、目標的場域。就對於三千諸法來說，我們理解它們，滲透到隱藏在它們內裏的本質方面去：它們是性空但是有緣起性、現象性。既然它們是性空，沒有自性，則不會構成我們在修道歷程中的必然的障礙，故我們不必排拒它們，捨棄它們。我們更可通過理解我的一念心具足三千諸法而進一步理解自己。進一步言，我們可以大膽地說，整個佛教，除阿毗達磨或說一切有部（Sarvāstivāda）之外，都沒有嚴格意義的存有論，都不肯認有獨立於心靈外的存在世界。倘若說這種存在世界是形而上世界的話，則佛教中只有阿毗達磨或說一切有部有形而上學，其他學派都沒有。這是理解佛教作為一種人生宗教的本質。即是，佛教的目標和它一直所強調的，不是建立一個客觀存在的、有獨立性的世界，它對存有論沒有很大興趣。它的終極關懷是如何透過工夫實踐，讓人從種種苦痛煩惱中解放開來，了達世間事物的空的本性，而不加執取，讓生命得到救贖。便是因為這點，才有佛祖不問受箭傷一事的外緣因素，如箭是何人射的，從哪一方向射出，箭屬於哪一種類等等對療傷沒有直接關係的問題，而勸人專心於療箭傷一點上。在這種關頭，救人要緊，一切其他事物都應放下。人若死了，問這些問題便無意義。

以下我們再看《法華玄義》一段重要文字，以確定智顗所關心的是工夫論、救贖論，而不是存有論。他說：

> 從無住本立一切法。無住之理，即是本時實相真諦也。一切法即是本時森羅俗諦也。由實相真本，垂於俗跡。尋於俗跡，即顯真本。本跡雖殊，不思議一也。故文云：觀一切法空如實相，但以因緣有，從顛倒生。（註一九）

這是以一切法作為跡，為作為本的實相所立。這讓我想到智顗以本跡關係來說體用關係。這作為本的實相，即是無住。「從無住本立一切法」來自《維摩經》（*Vimalakīrtinirdeśa-sūtra*）。（註二〇）「無住」是一實踐論、工夫論概念，不是本體論、存有論概念。故即使說一切法從無住本而立，是對一切法的根源的說明，這說明亦不是一存有論的說明，只能說是工夫論的說明。故智顗並未有從存有論上建立諸法，而性、心、一念心具足諸法的說法，亦不是存有論的具足。至於說「一切法空如實相，但以因緣有，從顛倒生」，則在某一限度下勉強可說是對一切法的存有論的根源的說明，特別是「以因緣有」，但這不是智顗首先提出的，印度佛學本來便這樣說。這種說法的基礎，還是救贖的目標。我們若知道一切法都依於因緣而成立，則一切法都無自性、自體，而是空。因此我們不應執取諸法，這樣便能得覺悟，得救贖。

最後，我們要就詮釋學的角度來看具足諸法的問題，特別是一念三千的問題，看這些說法在哪種意義下可與詮釋學、現象學方面連結起來。首先，智顗的「一念三千」、「即事而真」、「一色一香無非中道」、「具足諸法」的說法，一方面表示他重視現前的存在，另方面也表示這些現前的存在當下即是真理的所在，我們不應遠離它們去尋覓真理。這些現前的存在很為海德格（Martin Heidegger）所重視，他稱之為「此在」（Dasein）。他在其《存有與時間》（*Sein und Zeit*）中即提出基本存有論（Fundamentalontologie），對此在的存在性作徹底的、全面的分析。他強調此在的實存性（Faktizität），它們是不能賦與基礎的（unbegründbar）和不可推導的（unableitbar）。（註二一）這種此在的實存性有很強的現實性、即時呈現性，這正類似智顗說一念三千所表示的諸法的現前性和具體性。它們與心念同起同寂，必須當下把捉，稍遜即逝，如同心念稍遜即逝那樣。葛達瑪（Hans-Georg Gadamer）也說過，存有（Sein）和客觀性（Objektivität）的所有意義（Sinn），只有在此在的時間性和歷史性的脈絡下才能被交代清楚。（註二二）這時間性（Zeitlichkeit）與歷史性（Geschichtlichkeit）正是以當下為基礎的。心念在當下生起，諸法即現起；心念在當下沉寂，諸法即消逝。這裏有一點很重要，便是要能當下把捉事物的存在性。由於事物是隨心而轉生轉滅的，而心是念念在生滅之中的，故事物也是旋生旋滅，稍瞬即逝，沒有滯留性可言。我們要能對事物有所認知，甚至和它們打交道，必須抓緊當下的機緣，保持很強的警覺性，以取得事物的即時的存在性。這種此在的實存性正站在實在的實體的常住性的對反位置，後者是傳統的實體主義所強調的。在這點上，葛達瑪也承認胡塞爾（E. Husserl）

的超越的主體性已從這種實體存有論（Substanzontologie）脫卻開來，遠離傳統的客觀主義了。（註二三）在這點上看來，胡塞爾與海德還是同一路向的，盡管他們在其他觀點上持不同意見。

現在我們還是順著海德格的此在觀念繼續反思。按詮釋學包括三方面：理解（Verstehen）、解釋（Auslegen）和應用（Anwenden）。葛達瑪留意到海德格對理解有新的詮釋：它不是如狄爾泰（Wilhelm Dilthey）所視為精神在暮年所獲致的生活體驗，也不是如胡塞爾那樣視之為「順應己意而生活」（Dahinleben）而得的方法論意函的理想，而是對以人為主的存有的此在（Dasein）的完成與建立。（註二四）而這種完成與建立活動是一種超越性格的活動。這使我們想起海德格的一個頗為重要的觀念：Gelassenheit（無為任之，任運讓之）。這表示我們對存有的一種恰當的放下活動，不以主觀的愛好而加以干預、制宰，讓它們的一切歸於自然。這種涵義自與老子的無為自然的觀點相應合。與海氏的這種說法相對比，胡塞爾的「為我」的「順應己意」便有點失之主觀了。按海氏這樣詮釋理解，很有創意。這有對當前的人的存在（此在 Dasein）即時肯定、建立之意。在天台宗來說，這是對一念三千諸法的一種具有轉化意義的首肯，有智顗後期解三觀中的假觀的立法攝受之意。這是以圓力用來建立諸法，攝受眾生，不帶任何執著成分。葛達瑪自己也以為，理解是一種自由自在的精神狀態，具有解釋（Auslegen）、觀察連繫（Bezügen-sehen）和導出結論（Folgerungen-ziehen）等全面的可能性。（註二五）這是對事物的一種全面而深刻的探究。我們對三千諸法也應具有這樣周延的處理，善法固然接受，惡法也加以包容，而當下轉化之，轉識成智，轉染成淨。進一步，葛氏更視理解最終有自我理解（Sichverstehen）之意。即是，我們理解某種表述，不單是對該表述所涉及的東西的直接把握，同時也開啟了和了解了隱藏在表述內的東西，並且自覺到我們在對這隱藏了的東西具有溝通和察識。由此便會按照自身的條件、可能性去作出相應的感應、籌劃。(註二六)葛氏的這種觀點，意味深遠。我們理解事物，是從表面開始的。到了某一深度，我們會滲透到事物的內裏，讓內裏的東西對我們開顯、顯露。這時，事物的意義對我們來說，由被動變成主動(對我們主動地開顯)，我們的心靈也會發出相應的反應。這可形成一種深度的對話。葛氏的這種觀察，對我們理解中道佛性來說，有很大的啟發性。中道佛性是最高主體，說它是真我亦不為過，只要不把這「我」與原始佛教所說的「無我」的「我」混同便可。故對中道佛性理解得越深，便越增加我們對自己的理解，同時，我們亦可把隱匿在中道佛性背後的思維模式揭露出來，這便是心即理的思維模式。中道是原理、真理；佛性是真心。「中道佛性」這一複合概念表示中道與佛性是等同的，這即有原理、真理等同於真心的意涵，由是展現理即心或心即理的思想模式。

葛達瑪提到海德格論解釋(Auslegung)，謂海氏認為我們不應被隱藏著的「前此之有」(Vorhabe)、「前此之見」(Vorsicht)和「前此之得」(Vorgriff)所迷惑，所限制，卻是要以現前的事象的實況為依歸；特別是不要被這些不好的東西所克服，而弄至精神渙散，卻是要注目於現前事物本身，對它作出恰當的策劃、處理。(註二七)這裏所謂「前此之有」、「前此之見」和「前此之得」，很有《莊子》書中所謂「成心」(由個人的成見慣習所致)、「識知心」(執著計較之心)的意味，而海氏所說的現前的事物本身，而以人的生命存在為中心者，即有此在(Dasein)之意。海德格的這番話語，對我們理解天台義理有啟示作用。即是，我們對當前的中道佛性、心、妄念所具足的三千諸法，應視為此在看，對它們有一種存有論意義的承許，不得隨便廢棄。因為它們畢竟本性空寂，沒有自體，對我們行解脫道，不會構成障礙。而我們展現中道佛性，也不應受限於一切既成的俗見、慣習，它是透過我們對它所具足的三千諸法的當前印證而逆覺出來的，逆覺中道佛性是三千諸法的載體、源泉。由三千諸法逆反上去，而推尊出中道佛性的存在，並不是一種邏輯上的推理程序。邏輯上的推理，嚴格來說，雖有胡塞爾所說的明證性（Evidenz），但這是思考思維上的明證性，我們對它沒有直覺（Anschauung），不是現證的。由三千諸法以推尊中道佛性，具有明證性，因這是自我推尊。因為作出此一推尊的，正是中道佛性自己。它見三千諸法而逆反回溯，而霍然省悟這三千諸法的根源，正是作為中道佛性的自己。這個意思非常深微，我在這裏不能詳細論述。

最後，葛達瑪提到胡塞爾的生活世界（Lebenswelt）。他認為這個世界不具有對象性，卻是一切經驗的基礎，即在存有論上對經驗具有先在性。它關聯著主體而存在，而且存在於相對有效性的運動中。（註二八）這生活世界頗有上面時常提到的一念三千說法的三千法與佛性、真心、妄念同起同寂的意味。特別是它存在於相對有效性的運動中，表示它的存有基礎不是一個靜態的實體（Substanz），而是具有動感（Dynamik）的活動（Aktivität）。這便有活動先在於存在的意味。不過，葛達瑪說胡塞爾的這種活動或運動，是相對有效性的運動，這便有些問題。像這樣的存有論上先在於經驗的運動，應該是絕對的、超越的、有終極意義的。或許葛氏的意思是，胡氏的生活世界是超越的主體或絕對意識（absolutes Bewußtsein）落實在現實環境中的表現，一說到現實，便不能免於相對性了。

附註

註一：關於存有論，牟宗三先生在其《圓善論》的末尾有深入的剖析。（《圓善論》，臺北：臺灣學生書局，一九八五，頁三三七—三四〇。）

註二：《法華玄義》卷三下，大三三．七一四a，此書以下省作《玄義》。

註三：《玄義》卷二下，大三三．七〇四c—七〇五a。

註四：《玄義》卷五下，大三三．七四一c。

註五：立法攝受諸法是智顗最後言一心三觀中的從空入假觀的所指，這已脫離了認識論上的觀的意思，而純是從救贖的、解脫的角度來說。參看拙著《天台智顗的心靈哲學》，臺北：臺灣商務印書館，一九九九，頁一四三—一四四。

註六：《玄義》卷八上，大三三．七七七b。

註七：《玄義》卷二上，大三三．六九三c。

註八：《玄義》卷二上，大三三．六九二c。

註九：Idem.

註一〇：牟宗三著《佛性與般若》上、下，臺北：臺灣學生書局，一九七七。他的這種說法遍於下冊全書，故不引述其出處的頁碼了。

註一一：《玄義》卷四下，大三三．七二五b。

註一二：《玄義》卷四下，大三三．七二六a。

註一三：《玄義》卷五上，大三三．七三三a。

註一四：《玄義》卷五上，大三三．七三五a。

註一五：《玄義》卷五下，大三三．七四四a。

註一六：在《玄義》中，有與上面引文相類的說法：「凡心一念，即皆具十法界。一一界悉有煩惱性相、惡業性相、苦道性相。若有無明煩惱性相，即是智慧觀照性相。何者？以迷明，故起無明。若解無明，即是於明。大經云：無明轉，即變為明。淨名云：無明即是明。當知不離無明，而有於明。如冰是水，如水是冰。（卷五下，大三三・七四三c）又：「凡夫心一念即具十界，悉有惡業性相。只惡性相即善性相。由惡有善，離惡無善。翻於諸惡，即善資成。」（Idem.）

註一七：《摩訶止觀》卷五上，大四六・五四a。

註一八：有關這個問題，其詳可參考拙著《天台智顗的心靈哲學》，頁八二—八四。按在儒家王陽明的哲學中，亦有類似的心與存在的關係。陽明說：「你未看此花時，此花與汝心同歸於寂。你來看此花時，則此花顏色一時明白起來，便知此花不在你的心外。」（王陽明《傳習錄》下，《王陽明全書》一・九〇，臺北：正中書局，一九七六。）

註一九：《玄義》卷七上，大三三・七六四b。

註二〇：《維摩經》卷中，大一四・五四七c。

註二一：Hans-Georg Gadamer, *Wahrheit und Methode: Grundzüge einer philosophischen Hermeneutik*. Tübingen: J.C.B. Mohr (Paul Siebeck), 1990, S.259-260. 此書以下省作WM。

註二二：WM, S.260.

註二三：Idem.

註二四：WM, S.264.

註二五：WM, S.265.

註二六：Idem.

註二七：WM, S.271.

註二八：WM, S.251.

日本學者的佛學研究方法論

吳汝鈞著

日本一直以來都是世界的佛學研究方面的最大中心，它自身在佛學研究方面也分多個領域，如關東（東京）、關西（京都、大阪）、東北（仙台）和名古屋。不過，日本的佛學研究者很少談及佛學研究方法的問題，他們的佛學研究方法論的意識比較薄弱，目前還未有一本如我的這本拙著《佛學研究方法論》被撰寫出來，廣泛地探討對於佛學研究的方法。起碼就我的所知來說是如此。幾年前在京都看到如下兩本書：

1.日本佛教學會（小川一乘代表）編集：《佛教をいかに學ぶか：佛教研究の方法論的反省》，京都：平樂寺書店，二〇〇一。

2.日本佛教研究會編集：《日本佛教の研究法：歷史と展望》，京都：法藏館，二〇〇〇。

後一本書所關涉的範圍比較狹窄，只限於日本佛教，我國學者對日本佛教不是那麼感到興趣，故在這裏不談它。（註一）前一本書則廣泛地涉及印度、中國、西藏和日本方面的佛學，其性質也比較接近我的這本拙著《佛學研究方法論》，因此拿出來作些論述。不過，這本書的題材或內容相當混雜，包括義理、特定的著書、特定宗派的學習法、宗教儀式、信仰與地域的關連、教相判釋（判教法）、類比問題、佛教圖像、問答學習、宗教文化、思想史、特定語文（如西藏文）的語譯資料，等等，缺乏探討的中心與系統化。由於這本書的主要問題還是在佛學研究方法論方面，故還是要對它處理一下。另外，此書分有直排與橫排兩部分。

要指出的是，這本《佛教をいかに學ぶか：佛教研究の方法論的反省》（以下簡作《反省》，其中的「佛教研究」與「佛學研究」對等地應用，不作簡別，特別聲明的則是例外）並不是由一個學者撰寫的，而是多個學者所撰寫的論文的結集。按日本佛教學會於二〇〇〇年九月在廣島大學舉行「怎樣學習佛教：佛教研究的方法論的反省」（「佛教をいかに學ぶか：佛教研究の方法論的反省」）研討會。如該書的〈卷頭語〉（はしがき）所表示，這書不單是對近代日本在佛教研究的一般方面作批判的反省、考察，也是對以印度、西藏、中國、日本的各種佛教研究為對象的方法論的考察。這便是我在上面所交代的本書的內容的扼要的表述。本書正是該次會議所收到的論文的結集。

一、一些邊緣性的問題

顧名思義，佛學研究是對佛教的義理以至其他有關佛教的發展史、文獻（解讀）、佛教典籍的語言學（philology）、佛教地理與文學、佛教殘卷、佛教音樂與藝術、在佛教影響下的風土人情、點校、整理重要的佛教文獻、佛教建築（如佛塔的建造）、佛教的環保意識、佛教與女人、佛教戒律、佛教的禮儀、佛教典籍所用的語言文字（梵文、巴利文、漢文、藏文、蒙古文、高麗文、日文等）、宗教對話（佛教與其他宗教如基督教、儒家、道家等的遇合、比較 Begegnung, Vergleich）、與佛教有關的文物、古跡、敦煌學中特別關連到佛學方面的題材、資料，等等多方面的內容的研究。所謂佛學研究，便是指對於上面所列出來的東西（當然還有更多相關的東西）的研究，這在英語世界，稱為 Buddhist studies，又可作 Buddhology。研究是需要有方法的，這方法可以是文獻學方法、哲學分析方法，或兩者合起來並用的方法。本書所倡導的，是文獻學與哲學分析雙軌合起來的研究方法。而對於這些研究方法所進行的後設反思、評論，則是研究的方法論（Methodik, methodology）。

讀者或許會提出：佛學研究、佛學研究方法、佛學研究方法論三者的關係為如何呢？先後次序又如何呢？我想可以這樣看，我們對佛學（主要是指佛教的義理）進行研究，希望對生活有所助益。實際上，佛學可以說是一種生命的學問。這種研究需要藉著恰當的、相應的、有效的方法來進行才成，這便是研究方法。而對於這些研究方法的「研究」，便成方法論了。更周延地看，我們的生命有種種問題，如苦痛煩惱、死亡，因而有佛教這種學問被提出來，我們以殊勝的方法來了解這種學問，又後設地對這些方法進行反省，而成方法論。此中諸項的先後次序，可理解如下：

生命問題→佛學→佛學研究→佛學研究方法論（註二）

如所周知，日本方面的現代意義的佛學研究，是由南條文雄、笠原研壽等人開發的。所謂「現代意義」，是學習了歐陸的文獻學方法，如校勘、翻譯、作索引、列舉參考用書等程序來處理、研究原典的佛教文獻。這原典主要以梵文、巴利文、漢文、藏文等書寫的佛典，其中尤以梵文與巴利文的書寫本為重要。日本的佛學研究，本來是承接著我國傳統以漢文佛典為主要文獻而進行的。大約在前世紀後半期，南條文雄在英國牛津大學受學於梵文文獻學大師梅勒（Max Müller），學成後，把歐洲的文獻學方法帶回日本，在東京大學任教，展開日本方面的具有現代意義的佛學研究。其後一連串的一流學者如高楠順次郎、木村泰賢、宇井伯壽、宮本正尊、水野弘元、平川彰、中村元等人，都聚集於東大，進行梵文、巴利文的文獻學的佛學研究。稍後其他大學如京都大學、東北大學、九州大學等也先後接上這個學術研究的路向，傑出的學者輩出。重要的是，這些始自明治時代的留學學者甚至學僧把歐洲方面的文獻學的佛學研究方法納入日本的大學規制之中，快速而又廣遠地把這種方法流傳開來。由於人多勢眾，不久便把日本確立為國際間最大的佛學研究中心。由那個階段起，印度佛教漸漸超越了中國佛教，成為日本的佛學研究的主流對象，以迄於今日。（註三）至於在日本新興的所謂「批判佛教」，則廣泛受到國際佛學研究界的注意。（註四）

在國際佛學研究界，目前仍未見到有一周詳的專書對這方法論問題的有系統的敘述、評估與反思，一如拙著《佛學研究方法論》的，希過下來不久會有這種性質的專著問世。不過，探討佛學研究方法論的優秀論文還是有的，最明顯的莫如上田義文所撰寫的〈佛教學の方法論について〉。（註五）實際上，學術界中很有一些著書的內容是和佛學研究方法論有關連的，其內容可就它的書名窺見到。這裏謹列出這種類的部分著書如下：

J. W. de Jong, *A Brief History of Buddhist Studies in Europe and America*. Tokyo: Kose Publishing Co., 1997.

N. N. Bhattacharyya, *History of Researches on Indian Buddhism*. New Delhi: Munshiram Manoharlal Publishers Private Limited, 1981.

F. Reynolds, et al, *Guide to Buddhist Religion*. Boston: G. K. Hall and Co., 1981.

H. Nakamura, *Indian Buddhism: A Survey with Bibliographical Notes*. New Delhi: Motilal Banarsidass, 1980.

水野弘元監修、中村元等編：《新佛典解題事典》，東京：春秋社，一九七六。

山田龍城編集：《梵語佛典の諸文獻》，京都：平樂寺書店，一九五九。

再回到《反省》一書。上面說這本書所涉及的內容，極為複雜。這包含對某些佛教派別學說的研究法的文字如：

紅楳英顯：〈佛教をいかに學ぶか：真宗學の場合〉

鍋島直樹：〈真宗學の目的と領域：エンゲィジド・ピュアランド・ブディズムの探求〉（註六）

高城宏明：〈淨土教研究についの一考察〉

Michel Mohr（ミシェル・モール）：〈禪學には方法論がありうるか？〉

合田秀行：〈玉城康四郎博士の研究方法論と新教相判釋論〉

另外，《反省》也包含很多有關專題探討的文字如下：

西村實則：〈「白象入胎」をめぐる有部と大眾部〉

河波昌：〈佛教における「平等」概念について〉

坂本廣博：〈文脈からみた法華義疏〉

野村伸夫：〈稱名念佛とサクラメント〉（註七）

總的來說，日本的現代佛學研究方法仍是以文獻學方法為主要的研究進路，而且越來越向範圍極狹窄的題材鑽牛角尖。隨著長尾雅人、梶山雄一、田村芳朗、玉城康四郎、中村元等有較寬廣包容性的學者和京都哲學家武內義範的逝去，富有國際聲望的阿部正雄已經年邁（九十歲），失去活力，後起的學者難以接班，此後日本的佛學研究在一段期間處於弱勢，恐怕是難免的事。

總的來說，日本的佛學研究自明治時代南條文雄在關東（以東京為中心）廣泛地宣揚歐洲的文獻學進路以來，一直都是以文獻學的方法來進行。到目前為止，這種研究方式一直未有改變，而且有越來越鑽牛角尖的傾向，集中在一些小問題上作多元性的研究。如望月海慧所指出，現代的佛學研究的第一手資料是古典文獻的寫本、從遺跡中發現的碑銘和考古學的出土東西。至於佛陀自身的教法，由於他自己未有以文字寫出自家的意思，因此，要考察佛陀的教法，必然地要在他死後經多年的編纂而成的初期經典中求取。（註八）望月的說法，印證了我在上面的觀點，即是，日本的佛學研究還是以文獻學方法為主要方向，要精確地理解佛祖的教法、思想，還得倚賴那些早期佛弟子所編集的經典，如《阿含經》（*Āgama*）之屬，而對這些經典的研究，主要還得倚仗文獻學方法。

二、對佛學研究路向的反省

關於佛學研究的路向，筆者在近三十年前曾花了整整一年半的時間，在德國漢堡大學（Universität Hamburg）閱讀現代佛學研究（包括歐陸、英美和日本方面的研究）的方法與成果，為自己今後要進行的佛學研究的方法定位，最後敲定為文獻學與哲學分析雙軌並重的佛學研究法，並寫了《佛學研究方法論》的專書。這種方法的殊勝地方有兩點：一是扣緊有關文獻來研究，讓所涉及的問題都是關要的，不說離題的話。二是對於選定的關要文獻作邏輯的、知識論的、存有論的、現象學的和詮釋學的解讀與分析，讓隱藏在有關文獻裏頭的內涵、意義內容向自己開顯，不會凝結而滯留在文獻之中。由於要特別在前一點即作文獻學研究能夠周延地進行，符合國際的學術研究的要求，語文的知識便顯得非常重要。這些語文可分成兩個方面：古典文獻所用的語文和現代研究所用的語文。前者包含梵文、巴利文、西藏文與佛教漢文；後者則包含英文、日文、德文與法文。這八種語文合起來，可滿足直接閱讀原典文獻的嚴格要求，和吸納現代學者的研究成果的要求。在國際的佛學研究界來說，才算合格。關於這點，我在京都大學留學時的指導教授梶山雄一和服部正明曾當面跟我說過，歐陸學者狄雍（J. W. de Jong）在他寫的《歐美的佛學研究簡史》（*A Brief History of Buddhist Studies in Europe and America*）也曾提及過。結果我只弄懂其中六種語文，就國際學術界的標準來看，仍不算合格，但已弄至渾身是病了。我自己想，倘若要把這八種語文全都學會，不一定是不可能，但到了那個階段，人都老了，鬚也白了，也快要死了，還攪甚麼佛學研究呢？這真是有志於研究佛學的朋友所必需認真考慮的問題。

根據藤能成所說，研究日本佛學的中年學者末木文美士曾把現代的佛教學或佛教研究的特徵分為三點具列如下。一是在對象方面以文獻為中心，另外也兼顧及思想的、教法的內容，也視之為中心。二是在方法方面，著重客觀性與批判性。在這一點上，要與以宗派的教理為前提的宗學區別開來。在狹義方面，對於以宗派為前提的宗學來說，佛教學或佛學研究是廣泛地處理佛教全體的教理和思想的。三是把現代的佛教學與印度學密切地連結起來。（註九）在末木氏的說法中，第一、二兩點有與我所提的文獻學與哲學分析雙軌並進的研究法有相通處。第二點所強調的注重客觀性與批判性，是很重要的。一個人倘若以一種信仰的心情或態度來作佛學研究，可以不講客觀與批判性。但要建立佛教的學問，則非要客觀不可，要把佛教與其他宗教等量齊觀，抉擇它的優點與不足之處。批判性也是一樣，要以平等心情對待一切宗教。在這一點上，佛教只是各種宗教中的一種，它在真理性方面並不對其他宗教具有先在性（priority）與跨越性（superiority）。至於是否應把現代的佛學研究與印度學密切地連結起來，我想可以彈性地處理。從思想史來說，佛教發源於印度，各支佛教（如西藏佛教、中國佛教、日本佛教、絲綢之路佛教等）不能不有與印度佛教特別是原始佛教的義理關聯，例如無我、緣起、業等觀點；但既然是由印度佛教發展、分流出來的區域性的佛教，自然不得不展現有關區域在思維方法上、價值觀上的特色，例如中國佛教天台宗、華嚴宗強調崇高廣大的圓融境界，日本佛教的真宗則強調弔詭性的教化價值，提出「惡人正機」，認為越是惡人，便越是要教化的根器、對象。

年前逝世的田村芳朗，是日本佛教和天台學的研究專家。在他的佛教思想的研究中，可以看到，佛教研究的縱線是，在同一的思想、教理之中，可依中國、朝鮮、日本這個方向來作探討。在橫線上則有兩面，一面是把祖師們的思想、教理放在共通的立場上，一面是從共通的哲學科為中心，但始終都是考證學的研究，這包括原典的語言學的研究與漢文文獻的研究在背景加以比較、檢討。他又頗埋怨自明治以來的印度哲學以至佛學的研究，以東京大學的印度內。在有關日本方面所進行的佛教學的問題點上，他提出以佛教學研究中的全體的立場為出發點的思想的研究的必要性。（註一〇）田村氏也提到，研究不斷向專精與艱深的方向鑽，不免生起個別化、自我分裂的情況。其典型結果，就印度學、佛教學來說，是落至一片一片葉的研究，忘掉了枝，忘掉了幹，結果連根也忘掉了。因此他提倡要總括個別的研究，回歸向全體的導向。（註一一）按田村的這種說法，與本節註一〇所提到的玉成康四郎重視全人格的思維是相應的。這種思維正好像樹木的根一樣，具有穩固、支撐整棵宗教之樹的作用。他的前輩宮本正尊積極提倡中道的觀念與思想，所謂「根本中」，正有這樣的作為樹木的根的意味。

田村也提出，佛教學不是考古學與文獻學的對象，卻是繫心於人的救贖問題的宗教的一部分（一種宗教），故對它的思想的研究是必要的。倘若以原典研究與文獻考證為平台的話，則在這平台上建立的住家，正是思想的研究。（註一二）這種說法不錯。任何宗教的原典研究與文獻考證，只能被賦予工具的意義，作為探討思想的橋樑，而思想是為達致救贖的宗教目標而被建立的。

藤能成提到宗學的問題。他認為，在田村來說，宗學把祖師絕對化，不加以任何批判，結果只成為護教學，不能說真正的思想的研究。在田村看來，宗學應該遠離護教學的制約，我們有必要把各祖師放在印度以來的思想史中，而加以檢視。（註一三）田村的意思是，宗學是照著祖師的意思來發展思想，對於祖師的話只有信仰，沒有批評，甚至批判，這是不好的。這會成為護教學，把自己的學問作為對祖師的言說的註解，盡量維護祖師的說法。這自會帶來獨斷論（dogmatism），把自宗的學問、立場封閉起來，孤芳自賞，和外界隔絕。這令人想起法國哲學家柏格森（Henri Bergson）所說的封閉性的宗教（closed religion），這種宗教最後會形成偶像崇拜。（註一四）封閉性的宗教是宗教徒把自己所信仰的宗教視為唯一正確的宗教，對於外來的宗教加以排斥，也不接受別人對自己的宗教的批評、批判。這種做法，最後勢必會把自己所信奉的宗教推進死胡同，不讓它與其他宗教溝通、對話，宗教的自我轉化便很難說。

這自我轉化常常要依靠與其他宗教的對話的刺激而生起的。宗教而論為護教學，並不是好東西。

藤能成注意到上田義文說及佛教研究中的文獻學的界限性。即是，佛教學（按即是佛學義理）的本質被方法論本身所規限，而作為佛教學的方法論而作業、實行起來的，主要是文獻學的方法與歷史的研究。不過，這兩種方法不能抓到佛教的本質。而「不依賴這兩種方法」的方法，則展示了各宗所持的宗學的可能性。上田指出：「各宗的宗學應發揮它本來所特有的意義，它（按指各宗的宗學）與佛教學的關係應從方法論的角度被明確地弄清楚。」上田又說：

> 文獻學與歷史學所不能明確地闡明的部分，正是能夠抓住佛教的本質性的中核的覺悟乃至信仰（就他力宗來說）中要成立的學問。（註一五）

上田在這裏的意思很清楚，佛學或佛教的本質是在義理方面，是哲學的義理或宗教的義理、教義，它不可能透過文獻學方法和歷史的方法被把握，這則要涉及各個宗派的宗學。從各宗的宗學可以把握到它們的共同特性，這即是佛教的本質。我們可以就一般被視為佛教的義理核心或根本教說的緣起（pratītyasamutpāda）、空（śūnyatā）來看。對於緣起問題，或這一真理，不同的佛教教派各有其自身的表達方式。原始佛教說業感緣起，中觀學（Mādhyamika）說八不緣起，唯識學（Vijñāna-vāda）說賴耶緣起，如來藏（Tathāgatagarbha）思想說如來藏緣起或真如緣起，華嚴宗則說法界緣起。對於空，情況也相似。我們試參考智顗判教的說法：三藏教（包含原始佛教與小乘）說析法空，通教（般若 Prajñāpāramitā 思想、《維摩經》*Vimalakīrtinirdeśa-sūtra*、中觀學）

說體法空，別教（如來藏思想、《大乘起信論》）說經由歷次修行而證得的中道佛性、空與不空，圓教（天台思想、《法華經》*Saddharmapuṇḍarīka-sūtra*、《涅槃經》*Mahāparinirvāṇa-sūtra*）則說經由圓頓方式而證得的中道佛性、空與不空。

上面提到的玉城康四郎對佛學研究有他自己的路向，這便是全人格的思維。合田秀行認為，這種全人格的思維不同於對象的思維的地方在，後者是在主觀與客觀的相對待關係中進行的，前者則視主觀與客觀為一體，思維的主體與全世界、全宇宙是合一的。（註一六）合田又提到玉城的教相判釋的構想，強調玉城所關心的問題是遍佈於佛教思想中的根本義理。他以佛陀的覺悟作為教相判釋的原型，而向上追溯。他在一九八五年發表了〈未來にわたる佛教學轉換の根本課題：新教相判釋論〉，表達他的基本看法：在人的業異熟、業體、人格身體中，只有在那沒有形相的純粹生命（法、如來）顯現時，才開始有人間本身的根本轉化，有覺悟的果實實現出來。（註一七）這裏提出「沒有形相的純粹生命」一表述式，值得注意。這表述式讓人聯想到京都哲學家西田幾多郎所提的「純粹經驗」和久松真一所提的「無相的自我」觀念。所謂「無相」是指沒有形相的性格、超越的與終極的性格；「自我」則指主體性。這是超越的主體性（transzendentale Subjektivität），相當於胡塞爾（E. Husserl）的絕對意識（absolutes Bewußtsein）。而「純粹」則是沒有經驗的內容之意，沒有主體、客體之間的分野、對立。玉城的意思顯然是，宗教意義的轉化、覺悟，必須要上達超越的、渾然一體的超越的主體性，才能說。這種境界，在佛教來說，正是真理或法（dharma）、如來（tathāgata）的境界。

三、佛學與佛學研究的方法

上面一節探討過佛學研究的路向問題，也作過一些反省。以下要更進一步，對佛學研究的方法作比較詳細的析論。在這析論中，我會盡量把佛學研究關連到、指涉到我們日常的生活方面去。

日本學者前田惠學在他的《現代斯里蘭卡的上座佛教》一書（註一八）的序文中提到，佛教是佛陀由開悟到涅槃以至覺悟及救贖這一最高的究極目的所成就的文化的總合體系。他所謂「佛教文化」包括「佛教思想、哲學」、「佛教史」、「佛教文學」、「佛教美術、藝術、建築」等各個面相。（註一九）這些內容與我在上面第一節開首所說的頗有交集處。不過，本文所謂佛學或佛教學，仍是以義理方面為主。進一步說，佛教或佛教學畢竟是我們人間的宗教，它的內容仍應具有較強的人間性。在這一點上，小川一乘提到維也納學派學者維特（T. Vetter）就關連到佛教研究的目的方面，認為佛教研究應提供有關人的「生活經驗與解釋」的構造方面的知識。這可就下面三點來說：

1. 把基督教的絕對主張予以相對化的效果；
2. 對於基督教的宣教的運用；
3. 佛教的維持與復興的作用、應用。

維特認為我們要指向人文學的研究，其中包括基督教與佛教的宗教對話在內。佛教研究應對「深遠的人間學」有所貢獻，這即是「在人間的本性的可能性上以一切方法來開拓更多的、更豐富的學問」。維特是站在基督教的信仰世界的立場上普遍地開出比自己的信仰世界更深遠的人間學這一意義下來說佛教研究的重要性的。（註二〇）小川指出，維特是要以他的老師故法勞瓦爾納（E. Frauwallner）為榜樣，以學術的立場來進行客觀的、實證的佛教研究之餘，更進一步闡明自己的出發點：對自己的主體（性）的關心。（註二一）按維特和舒坦恩卡爾納（E. Steinkellner）都是維也納學派的開宗人物法勞瓦爾納的高足，一向是研究法稱（Dharmakirti）的知識論的專家、學者，近年好像都有些轉變，從佛教知識論的研究擴展開來，涉足中觀學與原始佛教的思想，甚至談到如何才能讓佛教繼續有興旺的發展與把它振興起來，其中一種有效的途徑是參照基督教的宣教方式。至於維特所提佛教研究應提供有關人的生活經驗與解釋的構造方面的知識，要能對於基督教的絕對主張加以相對化，我想很值得注意。所謂「基督教的絕對主張」，既有「絕對」字眼，則非涉及上帝不可。把這具有絕對主張義的上帝予以相對化，無疑是要把上帝的超然地位拉下來，至少把上帝與人間的關係建立得更為緊密，縮短上帝與人間的距離。上帝是超越而外在的，而佛教中所強調的覺悟、得解脫以成佛這一宗教目標，則是超越而內在的。從這一路數來理解，維特的觀點或導向並不是沒有道理。但這要假定維特沒有基督教的信仰、不是基督徒才成。

回到宗學的問題。這是與某一宗派的義理有特別密切關連的學問，有比較鮮明的信仰傾向。在這一點上，藤能成提到奈良康明等人的看法，他們認為宗學研究有三個座標。一是以客觀的立場來看宗學，這是「佛教學」的研究進路（approach）的宗學。二是宗教哲學的研究方式，這植根於個人的佛教信仰，和對實存的自己的確認。它以為我們不可遠離這實存性，要以自身的信仰去把握宗教的真實性。三是強調語言的表現或邏輯化只是第二義的意義的立場而已。（註二二）這便是三個座標：

1. 佛教學的、客觀的研究座標；

2. 宗教哲學的、實存的座標；

3. 佛教的真性、真實性是語言不可及的座標。（註二三）

藤能成的意思是，在「宗學」中，宗指個人的信仰與實踐，它基本上是遠離語言表現的範圍的，或在這範圍之外。若把它邏輯化、普遍化，便變成學，宗與學本來是矛盾的。即是，對於不能以語言表示的個人的信仰、體驗，加以技術性的處理：邏輯化、普遍化，便成「宗學」。就此點來說，立於第一座標的客觀方法而成立的宗學研究，是不易有進展的，因它畢竟是第二義的（secondary）。

在這裏，我認為有幾點需要澄清。所謂宗，是指踐履佛法的人的個人的信仰與實踐，這是非常個人性格的（personal）、主體性格的（subjective），它不是一種客觀的學問，而是一種主體性的認同、展示。關於這點，我們若比照、指涉詮釋學（Hermeneutik）的說法，便比較清楚。詮釋學對文本的詮釋，有兩個層面：解釋（auslegen）與理解（verstehen）。解釋是有關事實性、經驗性的處理，理解則指涉精神的、生命的層面。詮釋學的重要人物狄爾泰（Wilhelm Dilthey）便說過，自然需要解釋，人則需要理解。（註二四）此中的緣由，依我的理解，是由於自然（Natur）傾向於靜態，動感不足，變化不大，故容易相處，而少洶湧的波濤。人便不同，他有自己的主體性（Subjektivität）與自由意志（freier Wille），變數大，動感強，需以層次較高的理解來溝通、處理。或者可以這樣說，自然是經驗性格，人則有經驗性格，同時也有精神性格，而且以後者為主。狄氏主要是以精神性說人，強調與精神有密切關連的理解一面。另外，相對於第一座標來說，第二與第三座標在旨趣方面比較相近。宗教哲學的、實存的座標往往具有終極的性格，涉及京都哲學家們所時常提到的存在的、主體性的體會與體證，更具體地說：對真理（諦 satya）的現會、現觀、現證。這是當下一下子發生的，沒有思考的、思議的餘地。佛教所說的真實或真理，便是這種性格。

日本學者鍋島直樹也談到佛學研究的方法問題。不過，他不是總持地就佛教整體看，而是以淨土真宗並特別就親鸞的思想展開探討，同時也兼及西方近代的研究方法。他指出，自從明治以來，淨土真宗的研究方法論導入了西方近代的學術研究方法，而開展出三方面對親鸞的研究方法。一是通過研究者在信仰方面的涵養，對於超越世俗的宗教真理進行主體性的追溯與體驗，再加上詮釋，以成就哲學的研究。二是引入歷史學、文獻批判學、教理史學的方法論，客觀地理解與研究親鸞的思想。三是對於佛教與現實社會的關係的解釋與研究。（註二五）在這裏，鍋島氏對研究方法與方法論的分野未有清晰的意識。研究方法的對象是義理、歷史、思想史等方面，而方法論的對象則是研究方法。鍋島氏在這裏所說的「引入歷史學、文獻批判學、教理史學的方法論」中的「方法論」，應該是指方法的意味，這可能是一時的筆誤，不必抓得太緊。

鍋島氏在上面的提法，未必可以順利進行。單是第一點已成問題。從信仰入，對宗教真理作主體性的體證，成就哲學的研究，說是容易，但實行起來，並不簡單。信仰與主體性的體證，是實存的生命體驗的事，哲學的研究則勢必涉及觀念的、理論的重整與建構。一是純然的主體踐履問題，一是客觀學問的建立問題，兩者之間存在著概念上、導向上的矛盾。如何能夠以前者入路，以達致後者的成果呢？第二點顯明地是文獻學的研究方法，它自然可以概括歷史學、文獻批判學、教理史學的方法，但如何由主體性的體證、實存的生命體驗與文獻學的方法結合，而生起哲學的研究呢？又甚麼叫作文獻批判學呢？我們說批判，是指義理這一層面說，對於文獻，則基本上是考據學方面的事，是語言學（philology）、歷史學（historiography, historicism）與思想史的問題，那是以文獻、事實為依據，如何由此而關連到哲學的研究，以至生命主體方面去呢？

四、桂紹隆的意見

廣島大學的教授桂紹隆是日本中年一代的佛教學者中頗受注意的，他的專門研究是佛教知識論方面，梵文、藏文的學養都很好，特別是藏文方面。他不單能看藏文古籍，甚至能說藏文，跟別人（西藏人）溝通。在這一點上，他跟京都大學御牧克己教授相若。他對自己在法稱（Dharmakīrti）、陳那（Dignāga）的知識論的研究方面非常有自信，與東京早稻田大學的岩田孝和京都大學的赤松明彥都是在這方面的研究備受注目的學者，這些人被視為日本老一代或已逝去的服部正明、戸崎宏正、北川秀則、梶山雄一的接班者。

桂氏的所說值得注意的地方，是他具有自己一套佛學研究方法以至方法論，同時，他所關心的，除了佛學研究外，也包含佛教在現實生活上的意義與作用問題。在他的一篇討論奧姆真理教的文字中（註二六），他提到一個作為佛教徒的佛教研究者時常碰上信仰與學問之間的兩難問題，並表示他自己在佛學研究與有關問題上，是走所謂「方法論的中道」（Methodological Middle Path）之路。即是，倘若佛教學者只把自己關閉在大學象牙塔內，自我孤立起來，與外界隔絕，沒有對社會的責任感，便有省察這關乎責任（社會責任）問題的必要了。倘若否定作為客觀的學問的佛教學的意義，便要提出自身的活動的意義了。只是把佛教作為學問來理解的人，他最應做的事，正是透過實踐來理解作為宗教的佛教。另方面，對於只重視實踐而輕視佛教研究的意義的人，應該從事以通俗的方式把佛教解明。世界中有那麼多種佛教存在著，我們實在有必要從學術的立場來研究、思考「甚麼是正確的佛教」的問題。桂氏並表示，他的所謂「方法論的中道」是麥克基爾大學（McGill University）的黑茲（Richard P. Hayes）提出來的。（註二七）

桂紹隆在這裏提出的方法論的中道，基本上是建立在一種佛學研究與宗教實踐所成的平衡關係上。光是佛學的學術研究或純粹是宗教信仰的發揚是不足夠的，兩者應該有一個合理的、有效的平衡，不偏重於任何一方面。因此他提醒只醉心於學院中的研究的人要考慮、注意自己的社會責任。不要只往學術研究方面鑽牛角尖。而那些否定純粹的學術研究的價值的人，應該交代他自己所從事的工作的正面意義。而只從學術一面來看佛教的人，也應該轉換一下角度，從實踐的生活方面來看佛教。桂氏似乎有這樣的意思：佛教中有不同的派系與教說，我們應該從學術研究與宗教實踐這兩個方位下手，抉擇出正確的佛教的真面目，不要被某些假的佛教教說和信仰所迷惑，致失掉了方向。因此他要透過像麻原彰晃這樣的妄人所提出的奧姆真理教是不是佛教（如本文的題目所表示的）一問題，要讀者和同行的人對正信的佛教是甚麼作深入而認真的省察。

就上面所展示的桂紹隆的看法來說，這些看法好像很平常，一般人有時都可以說出來。學術研究是需要的，體證真理的踐履也是很重要的。這也很自然地導出一種中道性格的結論：兩者不可偏廢，需要同時肯定，只是雙方應該能維持一個恰當的平衡。這正是難處的所在。

要把理論與實踐、理性與信仰作出合理的平衡，談何容易呢？桂紹隆是一個學者，在有關問題上所能說的，只是學理與實踐並重，不可偏於任何一方而已。他對宗教問題的了解，只是一般的水平。不過，他提出了一點，倒有些新意，值得研究。他認為為了理解佛教，除了要解讀文獻外，還涉及以甚麼方式去直接地體會佛教。佛教是在西歐的文化圈之外發展的宗教，我們是否可以依據在西歐中確立的古典文獻學的客觀學問來正確地理解佛教呢？（註二八）對於這個問題，桂氏自己也提不出確定的答案。從宗教哲學來說，佛教既是一種宗教，它自然與其他的宗教有共通之處；世界的宗教，不管是基督教、天主教、回教、佛教、印度教、道教以至儒家（儒教），都在這共通之處下，被集合起來，作宗教哲學的處理。這共通之處是甚麼呢？桂紹隆便提不出來。這個問題其實很簡單，幾句說話便可回應了：宗教是讓人從人生的負面如罪、苦、惡、死亡等現象解放開來，突破上來，讓精神由凡俗的境界上提至絕對的、可以安身立命的境界，讓人的生命達致永恆的價值。這自然是一個實踐的、開悟的問題，與桂氏所說的「在西歐中確立的古典文獻學的客觀學問」扯不上關係。再進一步說，宗教是拿來實踐的，不是桂紹隆所說拿來「理解」的。光是理解解決不了人在精神病痛中的種種問題。

五、以實證為本的佛學研究

對於宗教的研究，不管是基督教、佛教、道家或其他，我們除了理解該宗教的教義、儀式等有客觀性的面相外，通常也會留意到它與社會的關係和研究者或理解者自己的研究經驗，特別是他個人在實踐、修證方面和他所研究的宗教之間的關聯。後面一點頗有提出來作些具體的探討的必要。即是，一個學者研究某種宗教，他當然應以一種客觀的、平正的、不偏不頗的態度來進行；不過，宗教並不單是為人所研究的，它也可以提供一個人在日常生活、日常行為中所依據或參考的指標，讓人生活得更好，更有意義。這便引出一個讓人感到興趣的問題：研究者除了客觀地對宗教作研究外，他是否也應把自己的生命存在和該宗教的教法、教義關連起來，而成為該宗教的實踐者呢？倘若答案是肯定的話，他應如何在實踐該有關宗教上從教法、教義方面得益呢？這便是我們在這一節中所要探討的問題。在這種脈絡下我們也可以提出一種以實證為本的佛學研究。這「實證」的實，是指生命存在與現實的環境。所謂實證，是指以自己的生命存在、關連著現實社會的環境去體會宗教的義理、真理。

鍋島直樹提出「關涉著的佛教」（Engaged Buddhism）的字眼，那是指在出世間與世間、聖與俗、自己與他者、個人與社會之間發展關係，達致雙方和解的目標。倘若要從佛教教理中找尋關涉性（engagement）的依據，則可求之於緣起的義理、大乘佛教的自利利他精神、親鸞的「自信教人信」（按這裏的意思應是自己信受，同時也勸勉他人信受）之中。如上面提的自己與他者的和解是甚麼意思呢？當我們瞭然於緣起的教說時，便能消棄基於我執而來的對於對象的自性的抓握和自與他這種二元對立的思維方式，而培養出相互支持合作的關係，在自他融洽中找到自己的存在性，而生起對一切存在的共感與感謝的情誼了。（註二九）這種所謂「關涉著的佛教」有一種實用的關心的意味在裏頭，它的總的旨趣是不孤守著自己所覺悟而得到的寂靜的境界，卻是要由自己的覺悟向外邊開拓、擴展，打破種種相對關係和背反，達致一種真正能表現洞見（Einsicht）的諧和的精神世界。這不正是大乘佛教一直要堅持、要努力追尋的境界麼？這在天台圓教來說，正是「煩惱即菩提，生死即涅槃」、「無明即法性，法性即無明」、

「不斷斷」、「不思議解脫」的說法，《維摩經》（*Vimalakīrtinirdeśa-sūtra*）所說的「諸煩惱是道場」也是同調，都是具有弔詭性格的實踐導向。日本的淨土真宗的「惡人正機」：人越具有惡性，便越是我們要轉化的對象、根器，也是同一的旨趣。

關涉著的佛教的重視實踐、實證的精神，也遍及於淨土真宗學方面。藤能成指出，在真宗學或宗學中，學徒對祖師有絕對的尊敬，祖述祖師的說法，不大有對祖師的客觀的評價與批判。奈良康明等人便指出過，宗學的特徵見於自己作為研究者的實存體驗以至以信仰為基礎的多項要素中，這是與純粹地客觀的、實證的種種科學的情況是不同的。（註三〇）實際上，像淨土真宗那樣的他力思想，很難有客觀的義理可言。你只要對這宗派的他力性格和它所崇奉的阿彌陀佛有堅定不移的信仰，便已經具備了作為這一宗派的信徒的條件了，便可成為這一宗派的護法了。你要在這個宗派中作客觀的、文獻學的或哲學分析的研究，要建立一套淨土的教法，不啻是在雞蛋裏找骨頭，不會有結果。便是由於這種情況，淨土真宗輕而易舉地成了日本佛教中的最大的宗派，它的靈魂人物親鸞也成了日本佛教宗祖中最廣泛地受人禮拜的出家人，因而有「聖人」的稱號。

在日本佛教界，佛教學者與出家人時常是分得很清楚的。佛教學者只作佛學研究，而且偏重於文獻與義理方面的研究，出家人則少談學術性問題，而熱衷於修行和做法事。像鈴木大拙那樣的學問僧（鈴木是屬於臨濟的法脈）兼顧聞、思、修三方面的工夫是比較少的；像山田無文、柴山全慶那樣重修行而又能說佛理的人也不多見。大部分佛教學者除了在大學裏講課外，便是做研究，著書立說。以京都大學為中心的關西方面的學者更是此中的典型。梶山雄一、御牧克己、桂紹隆他們都是很好的學者，文獻學的工夫非常深厚，他們的著作也很受國際的佛學研究界的重視。但也只此而已，他們的行持與一般攪其他學問的學者無異，沒有佛門中人那種慈悲為懷的意味。

不過，也有不少例外的情況。其中一個是玉城康四郎。他是一個學術研究與行持並重的人。他的研究領域跨越幾個方面，而且在每一面都有一定的成績。他是在德國觀念論的研究方面的學者，特別專長於康德（I. Kant）哲學；另方面，他又是天台學與唯識學的研究者，在中國佛教思想史和日本哲學都有一定的研究成績，包括對道元的研究在內。（註三一）關於玉城的學問，藤能成認為，玉城有禪定的實踐，相當於上田義文所提的以修行為依歸的研究。在他的禪定的修習過程中，突如其來地生起對於全人格的體證（筆者按：全人格相當於生命存在的全部內容）。全人格的推理與體證是完全不同於學問的研究、對象的推理的另外的、別的東西。他終於體證到：「沒有形相的純粹生命在經營全人格的思維的主體性展現出來時，乃能作出對人間生命的根本轉化，而覺悟便於然現成。」他通過對於自我的體證，理會到佛教底層的「沒有形相的生命自身」。他即以這種體驗作為根基，進行佛教學的研究。（註三二）按玉城的這種宗教經驗，即是，在禪定的修習過程中，突如其來地體證到全人格的存在性，覺悟到沒有形相的純粹生命，而得轉化，與京都哲學家久松真一面對大疑團這樣的理性與非理性所成的背反（Antinomie），而最後能突破這大疑團，當下悟到作為真正的主體性的無相的自我這樣的體驗，很有相通的地方。（註三三）玉城在這裏說的在經營全人格的思維的主體性中展現出來的「沒有形相的純粹生命」一觀念，很有意思。它不單有存有論的意味，也有工夫論的意味。「沒有形相」表示生命或主體要從一切形相突破開來，克服過來，而上達一超越的、沒有經驗內容的絕對的、純粹的生命主體。這「沒有形相的純粹生命」可以說是綜合了久松真一的「無相的自我」和西田幾多郎的「純粹經驗」兩觀念而提出來的。這樣的綜合，並不是單純地把無相的自我與純粹經驗這兩個觀念湊在一起，讓它們集結起來而成的。無寧是，作者分別理解了無相的自我與純粹經驗之後，進行一種概念上與理論上的根本整合，運用一種如德國的詮釋學大師葛達瑪（Hans-Georg Gadamer）在他的鉅著《真理與方法》（*Wahrheit und Methode*）中所提的對於作品的重新構架（rekonstruktiver Vollzug der Produktion）而創造性地建立這「沒有形相的純粹生命」一新的觀念。（註三四）玉城對德國觀念論有專精的了解，對當代德國的現象學（Phänomenologie）與詮釋學（Hermeneutik）亦有一定程度的認識，他運用了葛達瑪的這種詮釋學的方法來整合久松與西田的觀念而提出一個新的、綜合性的名相，應是很自然的事。即使他不是有意識地參考了、運用了葛氏的說法，在義理的脈絡中，我們也可以把這種關聯（沒有形相的純粹生命與對於作品的重新構架的關聯）提出來。（註三五）

作為一個學者，特別是佛學研究者，玉城康四郎的情況是比較特殊的。日本的一般的佛教學者，其研究重點多數是在文獻學方面，對於文獻作哲理上的分析、爬梳，已經是少有了。玉城在學問上的關心範圍，除了上述的多項外，又長於比較哲學、比較思想的研究，而且有相當的深度與廣度。這種表現，在日本的學術研究界是很少的，中村元與玉城康四郎可說是其中較有成就的。（註三六）他又參照了榮格（Carl Jung）的心理學對於科學的生命觀、宇宙觀作比較思想論的探討。他對佛教的禪定修行有相當高的評價和學養。他並認為能夠狹義地概括他所提的全人格的思維的，正是禪定、瞑想。而這禪定、瞑想的實修實證正是引領人由世俗境界提升至勝義、第一義境界的不二門徑，最後能達致解脫的宗教理想。他認為與解脫無關的佛教學自身是奇異的、自我矛盾的。（註三七）玉城的這種說法，頗令人感到困惑。所謂

「與解脫無關的佛教學」應該是指純然的佛學研究；這佛學研究可以是對佛教的文獻學的研究，也可以是對佛教的概念的、哲學性的研究。這些研究雖不能直接地關聯到作為宗教的目標的解脫，但也不是與解脫全無關連，全無幫助。文獻學的研究可使我們在文字上理解經論的意味，雖然只是表面的意味；而概念的、哲學的研究可讓我們把佛教的根本立場、對現實的人生的看法、對世界的真相的看法弄通，然後以之為基礎，進一步作工夫，雖不必能得覺悟、成解脫，但至少可讓人縮短與這宗教目標的距離，怎能說是自我矛盾呢？我想玉城可能是在一種非常嚴格的眼光下看佛學研究，不管是文獻學的研究，抑是哲學的研究；一個人倘若只作這兩種工夫，而完全不關心、不涉足解脫的問題，完全不作止觀的修行，佛學研究便變得對我們安身立命的事完全沒有幫助了。

* * *

有關〈佛教をいかに學ぶか：佛教研究の方法論的反省〉一書的內容的討論到這裏要結束了。總的來說，這本書所反映的最近時期日本方面對佛學研究的方法和對於這些方法的反省、評論，不免令人失望。日本的佛教學者似乎還在鑽文獻學的牛角尖，甚至以這種研究作為一種進身之階，在大學能找到一份教職，解決現實生活的問題。他們在大學、研究院、博士課程，走的是同一條路，以同樣的方法（文獻學方法）做同樣的事（佛學研究），謀取同樣的職位（大學教授），從事同樣的行業（教學與研究），最後弄出一本有分量的著作，申請同樣的東西（文學博士）。人生之路便是這樣了。佛教所提出的終極真理、大乘佛教對社會事務的積極參予、普渡眾生的志業，以至佛陀及原始佛教所常說及的、對眾生念之繫之的懷抱與悲願，對世間的同情共感，都變得不重要了。

附註

註一：這是日本佛教研究會所編集的大規模叢書《日本の佛教》第二期第二卷。分三部分：佛教史學の歷史と方法、佛教諸潮流の研究史と方法、關連諸學の研究史と方法。這套叢書的第一期包含六卷，分別為：《佛教史を見直す》、《アジアの中の日本佛教》、《神と佛のコスモロジー》、《近世、近代と佛教》、《ハンドブック日本佛教研究》、《論點·日本佛教》。至於《日本の佛教》第二期第一卷為《佛教と出會った日本》，第三卷為《日本佛教の文獻ガイド》。

註二：阿理生認為，有關佛教研究的最適切、最有效的方法本來並不存在，只是隨順著佛教研究的進展而有多樣化的方法被提出來。關連著研究的意圖、目的、形式、態度與研究的領域和範圍，基於各個研究者的立場的種種方法論便被開列出來了。（《反省》橫排，頁一。）這基本上與筆者的意思、看法相近。

註三：末木文美士也有這種看法，他並認為日本佛教研究並未受到重視。參看藤能成著〈佛教研究における體驗の意味〉，《反省》直排，頁一〇三。又末木著〈佛教學における日本佛教研究〉，《東洋學術研究》，二四—二，一九八五，頁七三。另外，在一九九五年出版的《國際佛教學會誌》（*The Journal of the International Association of Buddhist Studies*）有一方法論的特刊，其方法論方面主要是指涉印度和西藏佛學的。

註四：由於筆者會在另外一本書中敍述和評論批判佛教，故在這裏不多對這種佛教著墨。

註五：刊於上田義文著《大乘佛教の思想》，東京：第三文明社，レグルス文庫七五，一九七七，頁六三—八六。題目相近（〈佛教研究の方法論的反省〉）的論文也曾收入於上田氏所著《梵文唯識三十頌の解明》中，東京：第三文明社，一九八七，頁一二五—一六〇。另外，內容近似的英文論文 Ueda Yoshifumi, "Reflections on the Study of Buddhism: Notes on the Approaches of Ui Hakuju and D. T. Suzuki"也曾刊於 *The Eastern Buddhist*, New Series, Vol.XVIII, No.2, Autumn 1985, pp114-130。

註　六：所謂エンゲィジド・ピュアランド・ブディズム是英語語詞 Engaged Pure Land Buddhism 的片假名音譯，中文可譯為「關涉性的淨土佛教」。這種佛教所關心的焦點，是相互對立的事物之間的諧和、協調關係，這些相互對立的事物多得很，如：超越性與內在性、我與他、主體與客體、善與惡、神聖與世俗、人間與天國、上司與下屬等等。在佛教義理方面，我們可以找到這些相互對立的事物的依據，例如緣起（pratītyasamutpāda）、自利與利他精神、自渡與他渡等。就緣起這種事例來說，當我們體證到緣起的真理時，便能知道萬物都沒有自性（svabhāva），因而不起我執，而由我執或自我意識所衍生出來的一切二元對立的思維便會消失掉，而自己的生命存在便會提升到一種諧和的、圓融的境界，對於一切存在的事物都有一種溝通的、共通的關係，最後可以改善我們的生命存在與其他事物的存在質素。關於這個語詞或表述式，亦可參考鍋島直樹著〈真宗學の目的と領域〉，《反省》直排，頁九三。

註　七：サクラメント相應於英語的 sacrament，是聖禮、聖餐的意味。撰寫這有關篇章的野村伸夫認為，把淨土教特別是親鸞思想中的稱名念佛與基督教的聖禮、聖餐作一比較，考察雙方的對應與不對應的問題，會很有趣。參看野村伸夫著〈稱名念佛とサクラメント〉，《反省》直排，頁一三四—一三五。

註　八：望月海慧著〈ブッダは輪廻思想を認めたのか〉，《反省》橫排，頁四九。

註　九：藤能成著〈佛教研究における體驗の意味〉，《反省》直排，頁一〇三。又末木著〈佛教學における日本佛教研究〉，頁七三。

註一〇：田村氏所提東京大學作為印度哲學研究的中心，涵蓋了佛學，又偏重在考證、考據問題方面，而以負面的語氣出之。這點恐與事實有悖離之處。按東京大學在印度哲學的研究方面的確很強，也概括了佛學，這不錯。就南條文雄、高楠順次郎、宇井伯壽、水野弘元等學者的業績來說，的確是如此。但在宇井之前的木村泰賢，和宇井之後的宮本正尊、中村元、玉城康四郎、高崎直道等學者來說，便不盡然。他們反而有較開明的、開放的學風；對於另一邊的京都大學的情況來說，他們的學術思想範圍無疑是較寬闊的，學術研究也是較自由的。田村自己出身於東京大學文學部印度哲學科，又任東京大學教授，對於有關問題，應該很清楚，不知何故會有上述的負面看法。實際上，上面列出的故玉城康四郎反而走相反的路向，重視全人格的思維，又醉心於禪定的實踐，勤奮地用心於德國觀念論的鑽研，強調思想的多元性。於田村的所說，並不吻合。中村元的學問規模宏濶，學術思想自由開放，更不用說了。

註一一：藤能成著〈佛教研究における體驗の意味〉，頁一〇三。又田村芳朗著〈日本佛教研究の新たな研究方法〉，《東洋學術研究》，二四—二，一九八五，頁二。

註一二：藤能成，Idem.；田村芳朗，Idem.。

註一三：藤能成，Ibid., p.105；田村芳朗，Idem.。

註一四：柏格森在他的名著《道德與宗教的兩個來源》(*Les deux sources de la morale et de la religion.* 英譯：*The Two Sources of Morality and Religion.* Tr. by R. Ashley Audra and Cloudesley Brereton, Notre Dame, Indiana: University of Notre Dame Press, 1977. 中譯：王作虹、成窮譯《道德與宗教的兩個來源》，貴陽：貴州人民出版社，二〇〇〇)。有關柏氏的宗教哲學，參看拙文〈柏格森的宗教理論〉，拙著《西方哲學析論》，臺北：文津出版社，一九九二，頁八七—一一三。中文學界有關柏格森的哲學特別是他的生命哲學理解不多，劉述先與莫詒謀曾分別作過研究。

註一五：藤能成著〈佛教研究における體驗の意味〉，頁一〇六。又上田義文著《大乘佛教の思想》，頁六九。

註一六：合田秀行著〈玉城康四郎博士の研究方法論と新教相判釋論〉，《反省》直排，頁二一八。

註一七：Ibid., pp.221-222. 又玉城康四郎著〈未來にわたる佛教學轉換の根本課題：新教相判釋論〉，《研究紀要》三一號，日本大學文理學部人文科學研究所。

註一八：前田惠學者《現代スリランカの上座佛教》，東京：山喜房佛書林，一九八六。

註一九：桂紹隆著〈オウム真理教は佛教か：インド佛教研究に關する方法論的反省〉，《反省》直排，頁九。

註二〇：小川一乘著〈龍樹の二諦說への考察〉，《反省》直排，頁二一。

註二一：Ibid., p.23.

註二二：藤能成著〈佛教研究における體驗の意味〉，頁一〇二。又奈良康明等編《現代佛教を知る大辭典》，〈宗學〉項，東京：金花舍，一九八一，頁五二二。

註二三：藤能成，Idem.；奈良康明等，Idem.。

註二四：Wilhelm Dilthey, *Gesammelte Schriften* VII, Göttingen, S.208.

註二五：鍋島直樹著〈真宗學の目的と領域〉，《反省》直排，頁八四—八五。

註二六：桂紹隆著〈オウム真理教は佛教か〉，《反省》直排，頁一一—一五。

註二七：Ibid., pp.11-12.

註二八：Ibid., p.5.

註二九：鍋島直樹著〈真宗學の目的と領域〉，《反省》直排，頁九三。

註三〇：藤能成著〈佛教研究における體驗の意味〉，《反省》直排，頁一〇二。

註三一：筆者在一段時期中曾研究過天台宗智顗大師的心靈哲學，在一念三千或心具諸法一問題上，曾參考過三個日本學者的有關說法：玉城康四郎、安藤俊雄和田村芳朗。玉城的說法富於哲學意味；安藤則是文獻學的入路，說法平板，呆滯；田村則是以華嚴宗的相即相入的思考來詮釋。總的印象是，玉城與安藤的說法較為接近，他們都強調實踐的一面。玉城強調觀法，認為三千諸法只在觀中成立，不能形而上地在一心中具有實在性。安藤也說這日常的一念是修道的要處，是虔敬嚴肅的修道自覺的基礎。田村則強調一心或一物與三千諸法在形而上或存有論上的相即關係。但這種關係，顯然也不可能在現實中建立，除非你走法界緣起的路向，學習毗盧遮那大佛（Vairocana Buddha）行海印三昧（sāgara-mudrā-samādhi）的禪定工夫。但這是華嚴宗的獨特說法，與天台的立場很不相同。田村的這種解讀方式，顯然在方法論方面出了問題，最後捉錯用神，以為天台的修行可以概括在華嚴的觀法中。參閱拙著《天台智顗的心靈哲學》，臺北：臺灣商務印書館，一九九九，頁七九—八二。

註三二：藤能成著〈佛教研究における體驗の意味〉，《反省》直排，頁一〇八—一〇九。又參考玉城康四郎著《佛教の根底にあるもの》，東京：講談社，一九八六，頁四—五；三〇六。

註三三：參看拙文〈久松真一論覺悟〉，拙著《絕對無的哲學：京都學派哲學導論》，臺北：臺灣商務印書館，一九九八，頁九五—九六。又參考久松真一著〈絕對危機と復活〉，收於久松真一、西谷啟治編《禪の本質と人間の真理》，東京：創文社，一九六九。久松的後一篇論文又收於久松真一著《絕對主體道》，《久松真一著作集》卷二，東京：理想社，一九七二。

註三四：Hans-Georg Gadamer, *Wahrheit und Methode: Grundzüge einer philosophischen Hermeneutik.* Tübingen: J. C. B. Mohr (Paul Siebeck), 1990, S. 196.

註三五：玉城康四郎除了具有上面所說的學術與修習並重的難得之點外，也曾提出一種全人格的思維，在這方面寫有分量可觀的文字如下：〈分析心理學と全人格的思維〉、〈如來出現と全人格思維〉、〈全人格的思維の提唱：現代において禪とは何か〉、〈全人格的思維と七つの生命觀〉、〈神秘思想と全人格的思維〉、〈科學的宇宙觀と全人格的思維〉。參看合田秀行著〈玉城康四郎博士の研究方法論と新教相判釋論〉，頁二一七—二一八。

註三六：玉城曾主編一本在這方面的大書：《佛教の比較思想論的研究》，東京：東京大學出版會，一九七九。這本書收入了多位著名學者參與撰作，包括中村元、千谷七郎、西谷啟治、上田閑照、阿部正雄、武藤一雄、宮本正尊等。玉城自己便寫了兩篇論文：〈ブッダとキリスト・パウロ：ダンマとプネウマを軸として〉、〈カントの認識論と唯識思想：先驗的統覺とアーラヤ識を中心として〉。後一篇論文很能展示玉城在康德哲學與唯識學的研究上的功力。

註三七：合田秀行著〈玉城康四郎博士の研究方法論と新教相判釋論〉，頁二一七。

國家圖書館出版品預行編目資料

佛學研究方法論

吳汝鈞著. – 三版. – 臺北市：臺灣學生，
2006 [民 95]
面；公分

ISBN 957-15-1288-5 (精裝)
ISBN 957-15-1289-3 (平裝)

1. 佛教 – 研究方法

220.31 94023382

佛學研究方法論（全二冊）

著作者：吳汝鈞
出版者：臺灣學生書局有限公司
發行人：盧保宏
發行所：臺灣學生書局有限公司
臺北市和平東路一段一九八號
郵政劃撥戶：○○○二四六六八號
電話：(○二)二三六三四一五六
傳真：(○二)二三六三六三三四
E-mail:student.book@msa.hinet.net
http://www.studentbooks.com.tw

本書局登記證字號：行政院新聞局局版北市業字第玖捌壹號

印刷所：長欣彩色印刷公司
中和市永和路三六三巷四二號
電話：二二二六八八五三

定價：精裝新臺幣一一○○元
平裝新臺幣九○○元

西元一九八三年三月初版
西元一九九六年七月增訂版
西元二○○六年四月三版

22001

ISBN 957-15-1288-5 (精裝)
ISBN 957-15-1289-3 (平裝)

FOREWORD

Although China is one of very few countries in the world where the study of Buddhism has a long and productive history, when one reviews the research work done in the field of Buddhist Studies, one will find that the Chinese contributions in recent centuries are scanty and insignificant when compared to other countries, especially her neighbour, Japan. Lack of linguistic training, unavailability of foreign publications, preoccupation with political ideology and unrest, poverty and war affected Chinese life deeply in degree and largely in scope. Poor output in scholarly works is one of the results of the situation.

Methodology is regarded by modern scholarship as the key in all scientific researches. But Chinese contributions in the methodology of Buddhist Studies is minimal. Since the publication of Professor Lü Ch'eng's book, *Fo-chiao yen-chiu fa* in 1926, very little effort, if any, has been made in the discipline. It is true that information should not be regarded as research works, but methodoiogy can no longer be ignored as an insignificant and irrele-

vant subject. I am not one who wishes to boost methodology as a good medicine for all diseases; yet I also do not wish to say that it is completely useless. Methodology is particularly important to young scholars both in terms of thinking and in the process of research. As far as the thinking is concerned, methodology is helpful in providing a set of questions. It forces a scholar to think and examine these questions in the context of his materials. If the questions are substantiated by the material, new knowledge from the research can be expected. If it is not, then the research scholar must reexamine his presuppositions, or his material. In either case, methodology would stimulate scholarly thinking. As a procedure, methodology defines the logic and the manner of examining the subject, ascertaining the meaning, the structure, and sometimes leads to a solution of problems.

If young Chinese scholars are determined to advance their knowledge and to improve their contributions to Buddhist Studies, the only fruitful and speedy way to begin is with a methodological approach. By following this, one will start from a right point and move towards a right direction without the risk of wasting time. It is with this

in mind that I find Professor Ng's new book an important stimulus.

Compared with Chinese publications on the subject which have been published so far, one will find that the present work has many merits. In the first place, Professor Ng's book is large in scope and rich in contents. Part I of the book is an introduction which comprises a survey of the field of Buddhist Studies in the contemporary world. This will prepare a background for readers to learn what research and achievement have been made. This also shows that the framework of the book is based on solid ground and critical analysis. As a result of the survey and the analysis, the author reflects the methodological approaches to Buddhist Studies as represented by the major contributions which he has studied. The author has classified contemporary Buddhist studies into various categories according to their methods, which gives the reader a sketch of the major development of the discipline in some outstanding research centres throughout the world. The works and the methodologies presented in the book clearly prove that since the publication of Lü Ch'eng's work, Buddhist Studies have advanced in various branches of learn-

ing and at different centres. In comparison with the previous work, the present book has brought the data on the subject into a more comprehensive scope. It is careful in classification and sophisticated in discussion.

The second point of merit of the present work is its depth of analysis, which represents a creative effort. Taking the early work of Lü Ch'eng again as an example, that work divided Buddhist Studies into four subtitles, namely, the collection of the Tripiṭaka, the life of the Buddha, the history of Buddhism and doctrinal studies. If one puts these four headings into disciplinary terms they represent literary, historical, and philosophical studies of Buddhism. This scheme of approach is neat and scholarly. But the work itself is completely preoccupied with the introduction of publications in the field that are available to the author. In contrast to the survey, there is very little discussion on methodology itself. Lü's remarks on the philosophical studies is another good example of this limitation: out of about eight and a half leaves, the author uses less than one leaf to discuss the method for philosophical studies. If one goes on to ask what is the philosophical study of Buddhism, Lü points out that up to his time, the study of Buddhist doctrines had "universally adopted the methods of scholium

and exposition of meanings". The method of scholium means textual comparison and philological precision; the exposition of meanings means a critical approach to the fundamental philosophy of a thinker, or a school, in the light of the general history of philosophy of a given age. As for the definition of the Buddhist doctrine of philosophy, Lü summarizes it into four terms: purity and impurity; cause and effect. These problems are although truely important to Buddhist philosophy, the subject is certainly not as simple as the summary has presented it to us.

With this background in mind, one will see Professor Ng's new work is far more elaborate and articulate than the early one. As far as Buddhist doctrines are concerned, the present work includes historical, philosophical, epistemological, comparative and cultivative studies of Buddhist truths. Under the heading of each subtitle, the author introduces the principal works on the subject, and the methods and conclusions arrived at by the authoritative authors. This approach has its advantages as well as its limitations. One advantage is that the reader will learn methodology with concrete examples. Therefore, the method is no longer an empty and meaningless theory. This advantage is especially important to Chinese readers, as Chinese philosophy has always

been fond of understanding abstract truths through concrete illustrations, or universality through particular means. One limitation of such an approach is that the concepts of the disciplines are often vague or even remain without any systematic definition.

As I have compared the work of Lü Ch'eng with the present book at some length it may create an impression that I am downgrading the former for the sake of the latter. I wish to make it clear that this is not my intention. Professor Lü is one of the very few Chinese pioneers in Buddhist Studies. He has made considerable contribution to the field, and has influenced a number of scholars in various ways. I am one of the young scholars who was benefited by Professor Lü's book, when I entered the field in the early days of my career. My comparison of these two books was an attempt to show the progress in the discipline. Lü's limit is not his fault. Buddhist Studies itself has developed remarkably during the last fifty years. Methodologies as well as its results have progressed beyond the scope and degree of the twenties, when the former work was published.

All academic disciplines require a critical spirit for the advancement of knowledge, otherwise progress is impossible. It is with this in mind that I write this foreword. My praise for the present work does not mean

that I entirely agree with everything the author has stated. In my opinion his classification of Buddhist Studies as a discipline still requires further articulation and academic justification. The methodological arguments may still be improved. In spite of these differences, I would still say that Professor Ng's book is a valuable and timely publication, and that it will benefit readers, especially young Chinese scholars, as it will confront them with some of the sharp questions in the discipline. It also presents to them the fruits of recent research, and will show how to analyse these works.

Readers of this book will find that Buddhist Studies, like all other disciplines has undergone a serious change during the recent decades. It is through this constant and consistent effort that the discipline has developed. In the course of change and development, new problems and new methods are discovered; new scholarship and new research are accomplished, and new knowledge accumulated. As far as contemporary scholarship is concerned, one will find that European Buddhologists have made major contributions and exercised immense influences on the academic world.

Although Buddhist Studies were originally a branch of Oriental Studies in many European centres, that does not mean that the discipline was completely isolated from

the rest of academic disciplines. Methods and thinkings developed in the studies of ancient and medieaval Western religion, and philosophy was often brought into Buddhist Studies either intentionally or unintentionally. Keeping this intellectual background in mind, one may ask what is the current tendency in Buddhist Studies? The possible answer is that Buddhist Studies gradually moved closer to Religious Studies. In the past, Religious Studies were largely carried out in Biblical and Theological institutions and there was very little room to accommodate non-Christian religions. However, the situation has changed radically since the end of the Second World War. The academic Study of Religion in secular institutions, such as universities and colleges in North America, and to some extent in Western Europe, made Buddhist Studies more and more an essential part of Religious Studies. In many ways, the new direction is a welcome development because as a religion, Buddhism shares many similar problems with other religions. Even in the event that there may not be parallel or historical connections between Buddhism and certain other traditions, comparative enquiry often leads to important results in Buddhist research. After all, religions might differ in many aspects, yet they have many other phenomena in common.

The academic study of religion usually divides

the approach to the discipline into various categories. Religious philosophy, textual criticism, history of religion , and psychology of religion are commonly applicable to most religions including Buddhism. In a manner of speaking , various works in Buddhist Studies can be easily classified into one or two of these categories. As a matter of fact these methods are scientific results from traditional scholarship that existed long before contemporary scholarship. Apart from this, there have also been new additions to Religious Studies from social scientific disciplines. Sociology of Religion and Anthropology of Religion are the best examples of these new developments. One may think that these new social scientific disciplines are irrelevant to an old tradition such as Buddhism. But researches done in the field, especially Southern Asian Buddhism, have clearly proven that these new approaches have brought new knowledge to, and shed new light on the understanding of the Buddhist tradition. A combination of the traditional and scientific research experiences has enriched our knowledge, deepened our understanding and advanced our skill in research. Scientific developments in Buddhist Studies, though beyond the scope and purpose of the present work, have beyond doubt become essen-

tial in Religious Studies as a whole, and Buddhist Studies in particular. No student of Buddhist Studies should ignore these new and crucial developments when the methodology of Buddhist Studies is discussed. A few years from now, when there are more published works, and when the present work has been revised and enlarged, I hope that the results of scientific studies in Buddhism can be reviewed as a part of the subject.

JAN Yün-hua.

Jan. 1,1980.
McMaster University,
Hamilton, Ontario, Canada.

METHODOLOGY OF BUDDHIST STUDIES
Revised and Enlarged Edition
By NG, YU-KWAN
CONTENTS

PART Ⅱ EXAMPLE ARTICLES (ALL TRANSLATED INTO CHINESE)

現代佛學研究書目

編者附言：

①此項書目，以能表示近代現代日本、西方及我國學者研究佛教教義及其他問題，整理佛教典籍和有關資料為限。

②書目所收，皆是以書本形式出版之資料；期刊或一般雜誌所收之論文，並不包括在内；各種大藏經，亦不列入。

③近人寫佛學文字，輯而成書者，就量言，浩如烟海；但就質言，或就思想深度與學術水平言，有參考價值者，只佔其中部份而已。此書目之編纂，儘量就思想深度與學術水平這兩點着眼，選取有關資料；一般之宣傳或純出于信仰之文字，或蓄意誹謗佛教，格調卑下之文字，皆不收入。

④東西方學者或有關人士研究佛學，而出之以書本者，大抵言，不外通過以下五種現代語文：中、英、日、德、法語。五種中，基本上以前三種為主。本書之編纂動機，最初只考慮我國讀者，故只收入以中、英、日語寫成之資料，其中以日語的尤多；因我國讀者多只閱讀這幾方面資料故。關于法語之資料，編者無能為力；關于德語之資料，請參閱編者另文〈德國之佛學研究〉。

⑤書目中對資料之安排，主要就所涉内容着眼，通常是義理方面者放在前面，歷史、考據、文獻方面者放在後面；我們並未有依語文之不同，來安排資料。

⑥所收資料，分配于由A至N共十四個細項中。細項中之内容，不

免重覆；如D項之中國及日本佛教與K項之禪，前者表區域，後者表思想。若遇此種情形，重覆之資料，悉收在表思想之項目下，不收在表區域之項目下。如臨濟禪之研究資料，收在K項，不收在D項。

⑦編者對于部份資料，就有關其內容、價值諸方面，間有評述。但這是就一己所知者為限。

⑧此種書目之編纂，是一煩瑣工作。編者並無意在此一方面作全面之整理；只是數年來有機會接觸此方面之有關資料，因而記下，輯錄成如是之書目，冀能對有心研究佛學之讀者，作一備忘之用。其中遺漏之處，必定非鮮，特別是所列英語文獻的作者及出版者方面，必有很多錯誤，或不周全之處。凡此種種，敬祈讀者指正。

⑨通常的書目都附有出版年月，本書目則未列入。此中原因，一方面是找不到某些資料的出版年月；另外，很多時，某些資料又有超過一個以上的出版年月，這是由于不斷修訂與再版之故，到底應以那一個出版年月為準，一時很難取捨。是以概不列出版年月，以求一致。此點又要請讀者原宥。

目　錄

A.佛教概論

宮本正尊編: 佛教の根本眞理（三省堂；收入論印度、西藏、中國、日本各方佛教文字，尤重印度、日本方面）

宇井伯壽: 佛教泛論（岩波書店）

宇井伯壽: 佛教思想の基礎（大東出版社）

山口益等: 佛教學序說（平樂寺書店）

山口益: 佛教思想入門（理想社）

山口益: 空の世界（理想社；强調佛教的實踐面）

水野弘元: 佛教の基礎知識（春秋社；認識佛教的入門書）

水野弘元: 佛教とは何か（教育新潮社）

平川彰: 現代人のための佛教（講談社；强調佛教的現代意義）

岩本裕: 佛教入門（中央公論社）

增谷文雄: 新しい佛教のこころ（講談社）

渡邊照宏: 佛教のあゆみ（大法輪閣）

横超慧日: 佛教とは何か（法藏館）

中山延二: 佛教に於ける時の研究（百華苑）

中山延二: 現實存在の根源的說明（百華苑）

舟橋一哉: 佛教入門（法藏館）

高木俊一: 佛教概論（岩波書店）

金子大榮: 佛教概論（岩波書店）

江部鴨村: 佛教概論（百華苑）

佐佐木現順: 佛教における時間論の研究（清水弘文堂；亦論及佛教的存在論）

佐藤通次：佛教哲理（理想社）
上山春平、梶山雄一編：佛教の思想（公央公論社；多個學者執筆，探索佛教的原始形態）
渡邊照宏：佛教（岩波新書）
佛誕二千五百年紀念學會編：佛教學の諸問題（岩波書店）
鈴木大拙：佛教の大意（法藏館）
宮本正尊：佛法小觀（北海出版社）
友松圓諦：現代人の佛教概論（創元文庫）
友松圓諦編：佛教聖典（眞理運動本部）
增谷文雄編：現代語譯佛教聖典（在家佛教會，青山書院）
深浦正文：佛教聖典概論（京都生田書店）
東京大學佛教青年會編：現代人の佛教聖典（大藏出版社）
羽溪了諦：羽溪博士佛教論說選集（大東出版社）
宇井伯壽：佛教思想研究（岩波書店）
龍谷大學編：佛教學論纂（平樂寺書店）
村上專精著，印海譯：佛教唯心論概論（慧日講堂）
印順：佛法概論（慧日講堂）
黃懺華：佛教各宗大意（新文豐出版社；特別重視唯識）
黃公偉：佛學原理通釋（新文豐出版社）
蔣維喬：佛學綱要（中華佛教圖書館）
林傳芳：佛學概論（彌勒出版社）
張澄基：佛學今詮（上册，慧炬出版社；主要討論前期佛教）
J. Takakusu, The Essentials of Buddhist Philosophy (Honolulu: University of Hawaii Press; 泛論各派義理，但不够深入)

H. V. Guenther, Buddhist Philosophy: Its Theory and Practice (Penguin Books；以西藏方面的資料為主，作者本是西藏佛學專家)

B. R. Ambedkar, Essence of Buddhism (Motilal Banarsidass)

P. Lakshmi Nararasu, Essence of Buddhism (Motilal Banarsidass)

S. Hardy, A Manual of Buddhism (London)

W. N. McGovern, Manual of Buddhist Philosophy (London)

Clarence H. Hamilton, Buddhism (New York)

Nolan Pliny Jacobson, Buddhism: The Religion of Analysis (London: George Allen & Unwin)

A. David-Neel, Buddhism: Its Doctrines & its Methods (Avon Books)

M. Monier-Williams, Buddhism (London: John Murray)

Kenneth K. S. Ch'en, Buddhism: The Light of Asia (New York: Woodbury)

Khantipalo Bhikkhu, What Is Buddhism (Bangkok)

P. V. Bapat, 2500 Years of Buddhism (Delhi)

Dhira Vamsa, A New Approach to Buddhism (Motilal Banarsidass)

F. Max Müller and others, Studies in Buddhism (Motilal Banarsidass)

T. W. Rhys Davids, Buddhism: Being a Sketch of the Buddha's

Life and Teachings (Motilal Banarsidass)

Christmas Humphreys, Buddhism (London:Penguin Books)

O. Rosenbery, Introduction to the Study of Buddhism according to Material preserved in China and Japan (Tokyo)

E. Conze, Buddhism, its Essence and Development (New York)

E. Conze, Buddhist Wisdom Books (London: Allen & Unwin)

E. Conze, tr., Buddhist Scriptures (Penguin Classics; 主要是原始佛典的翻譯)

H. C. Warren, tr., Buddhism in Translation (Harvard Oriental Series)

F. Schuon, In the Tracks of Buddhism (tr. by M. Pallis, London: Allen & Unwin)

H. Saddhātissa, Handbook of Buddhists (Benares: Mahābodhi Society of India)

B.佛學大系與佛教史

I)佛學大系

佛典講座 (全四十卷，大藏出版株式會社)

①阿含一（中村元） ②阿含二（水野弘元）
③阿含三（水野弘元） ④律藏（佐藤密雄）
⑤佛傳（石上善應） ⑥金剛般若經（梶芳光運）
⑦法華經（田村芳朗） ⑧華嚴經（坂本幸男）
⑨維摩經（紀野一義） ⑩勝鬘經（雲井昭善）
⑪涅槃經（横超慧日） ⑫淨土三部經（藤田宏達）
⑬金光明經（壬生台舜） ⑭梵網經（石田瑞麿）
⑮大日經（金岡秀友） ⑯理趣經（宮坂宥勝）
⑰楞伽經（高崎直道） ⑱俱舍論（舟橋一哉）
⑲唯識論（結城令聞） ⑳攝大乘論（長尾雅人）
㉑中論（泰本融） ㉒大乘起信論（平川彰）
㉓往生論註（早島鏡正） ㉔觀經疏（香月乘光）
㉕摩訶止觀（關口眞大） ㉖法華玄義（多田厚隆）
㉗三論玄義（三枝充悳） ㉘華嚴五教章（鎌田茂雄）
㉙碧岩錄（太田悌藏） ㉚臨濟錄（柳田聖山）
㉛守護國界章（塩入良道） ㉜般若心經秘鍵（勝又俊教）
㉝一乘要訣（大久保良順） ㉞選擇本願念佛集（藤堂恭俊）
㉟教行信證（石田充之） ㊱歎異抄（松野純孝）
㊲正法眼藏（玉城康四郎） ㊳觀心本尊鈔（茂田井教亨）
㊴八宗綱要（平川彰） ㊵禪宗假名法語（古田紹欽）

佛教の思想（全十二卷，角川書店；每卷分三部份：歷史思想篇、思想展開篇、對談。前者由專門學者撰文，思想展開篇由一般學者負責，對談則是兩人對話的紀錄。內容遍及印度、中國、日本佛學的主要思想）

印度篇
- 知恵と慈悲（增谷文雄、梅原猛；論佛陀）
- 存在の分析（櫻部建、上山春平；論阿毘達磨）
- 空の論理（梶山雄一、上山春平；論中觀）
- 認識と超越（服部正明、上山春平；論唯識）

中國篇
- 絕對の眞理（田村芳朗、梅原猛；論天台）
- 無限の世界觀（鎌田茂雄、上山春平；論華嚴）
- 無の探求（柳田聖山、梅原猛；論禪）
- 不安と欣求（塚本善隆、梅原猛；論淨土）

日本篇
- 生命の海（宮坂宥勝、梅原猛；論密教師空海）
- 絕望と歡喜（增谷文雄、梅原猛；論淨土眞宗親鸞）
- 古佛のまねび（高崎直道、梅原猛；論禪師道元）
- 永遠のいのち（紀野一義、梅原猛；論日蓮）

中村元、長尾雅人監修，三枝充悳編集：

講座佛教思想（全七卷，理想社；多强調佛教之現代意義之學術性論文）

第一卷　存在論、時間論　　第二卷　認識論、論理學
第三卷　倫理學、教育學　　第四卷　人間論、心理學
第五卷　宗教論、眞理價值論　第六卷　人生觀
第七卷　文學論、藝術論

宇井伯壽著作選集（全七册，大東出版社；所論有據，但欠通透感）

①佛教論理學
②シナ佛教史、日本佛教史、大乘起信論

③佛教思潮論
④國譯中論
⑤國譯百論、十二門論、空の論理
⑥唯心の實踐、緣起と業、信仰佛教
⑦佛教哲學の根本問題、佛教經典史

現代人の佛教(全十二卷，筑摩書房)

太虛大師全書編纂委員會編:

太虛大師全書(全六十册，台北善導寺；其中第一部分之佛法總學最爲重要，卽佛學概論)

甲、法藏: Ⅰ)佛法總學，Ⅱ)五乘共學，Ⅲ)三乘共學，Ⅳ)大乘通學，Ⅴ)法性空慧學，Ⅵ)法相唯識學，Ⅶ)法界圓覺學

乙、制藏: Ⅰ)律釋，Ⅱ)制儀，Ⅲ)學行

丙、論藏: Ⅰ)宗依論，Ⅱ)宗體論，Ⅲ)宗用論，Ⅳ)支論

丁、雜藏: Ⅰ)時論，Ⅱ)書評，Ⅲ)酬對，Ⅳ)演講，Ⅴ)文叢，Ⅵ)詩存

張曼濤主編:

現代佛教學術叢刊(一百册，大乘文化社；收入大部份之中國近、現代佛學論文)

第一輯: 六祖壇經研究論集；禪學論文集(一～二)；禪宗史實考辨；中國佛教史論集(一～三)；玄奘大師研究(上)；佛教經濟研究論集；大藏經研究彙編(上)。

第二輯: 四十二章經與牟子理惑論考辨；禪宗典籍研究；中

國佛教史論集（四～六）；玄奘大師研究（下）；大藏經研究彙編（下）；佛教與中國文化；佛教與中國文學；佛教藝術論集。

第三輯：佛教邏輯與辯證法；俱舍論研究（上）；唯識學概論；唯識學的發展與傳承；唯識思想論集（一～二）；唯識思想今論；唯識問題研究；唯識典籍研究（一～二）。

第四輯：中國佛教的特質與宗派；華嚴學概論；華嚴思想論集；華嚴宗之判教及其發展；大乘起信論與楞嚴經考辨；佛教哲學思想論集（一～二）；佛典翻譯史論；中國佛教通史論述；佛教目錄學述要。

第五輯：佛學研究方法；佛教邏輯之發展；唯識思想論集㈢；華嚴典籍研究；中觀思想論集；般若思想研究；三論宗之發展及其思想；三論典籍研究；佛教人物史話；中國佛教史學史論集。

第六輯：俱舍論研究（下）；禪宗思想與歷史；佛教根本問題研究（一～二）；天臺學概論；天臺宗之判教與發展；天臺思想論集；天臺典籍研究；中國佛教寺塔史志；佛典譯述與著錄考略。

第七輯：佛教與政治；佛教與人生；佛教與科學、哲學；淨土宗概論；淨土宗史論；淨土思想論集（一～二）；淨土典籍研究；彌勒淨土與菩薩行研究；佛教各宗比較研究。

第八輯：密宗概論；密宗教史；密宗思想論集；密宗儀軌與圖式；西藏佛教（一）——概述；西藏佛教（二）——歷史；西藏佛教教義論集（一～二）；漢藏佛教關係研究；西域佛教研究。

第九輯：中日佛教關係研究；日韓佛教研究；東南亞佛教研究；歐美佛教之發展；現代世界的佛教學；中國佛教史論集（七

～八）；律宗概述及其成立與發展；律宗思想論集；佛敎與中國思想及社會。

第十輯：經典研究論集（一）；印度佛敎概述；印度佛敎史論；原始佛敎研究；部派佛敎與阿毗達磨；唯識學的論師與論典；佛滅紀年論考；大乘佛敎之發展；大乘佛敎的問題研究；佛敎文史雜考。

Ⅱ）佛教史

中村元、笠原一男、金岡秀友監修編集：

アジア佛教史（全二十卷，佼成出版社；這是亞洲佛敎史大系，重視一般資料，如地理、文化一類）

印度編
- ①古代インドの宗敎（按卽古代印度的宗敎）
- ②原始佛敎と部派佛敎
- ③大乘佛敎
- ④密敎
- ⑤インドの諸宗敎（印度的各種宗敎）
- ⑥東南アジアの佛敎（東南亞區域之佛敎）

中國編
- ①漢民族の佛敎
- ②民衆の佛敎
- ③現代中國の諸宗敎
- ④東アジア諸地域の佛敎（按卽東亞佛敎，包括朝鮮、台灣、香港、越南、琉球各地者）
- ⑤シルクロードの宗敎（按卽絲綢之路一區域之宗敎，西域宗敎）

日本編
- ①飛鳥、奈良佛敎
- ②平安佛敎
- ③鎌倉佛敎Ⅰ
- ④鎌倉佛敎Ⅱ
- ⑤鎌倉佛敎Ⅲ
- ⑥室町佛敎
- ⑦江戶佛敎
- ⑧近代佛敎
- ⑨現代佛敎

佛教史概説（全三卷，平樂寺書店；分別敍述印度、中國、日本之佛敎史）

①印度篇（佐佐木教悟、高崎直道、井之口泰淳、塚本啓祥著）

②中國篇（野上俊静、牧田諦亮、小川貫弌、野村耀昌、左藤達玄著）

③日本篇（千葉乘隆、北西弘、高木豐著）

Bu-ston, History of Buddhism（tr. by E. Obermiller, Suzuki Research Foundation, Reprint Series 5; 此書對了解印度、西藏佛教，極為重要）

T. W. Rhys Davids, History and Literature of Buddhism (Motilal Banarsidass)

Wm. Th. de Bary, ed., The Buddhist Tradition in India, China and Japan (New York: Vintage Books)

三枝充悳：佛教小年表（大藏出版社；所收包括印度、東南亞、西藏、中國、朝鮮、日本方面之佛教年表，尤重日本方面者）

C.印度佛教

I）印度佛教史

寺本婉雅譯：ターラナータ印度佛教史（丙午出版社；此是Tāranātha 書之日譯）

西藏達喇那他大師著，王沂暖譯：印度佛教史（佛教出版社；此是Tāranātha 書之中譯）

Tāranātha, History of Buddhism in India (tr. by Lama Chimpa & Alaka Chattopadhyaya, Simla；此是Tāranātha書之英譯)

龍山章眞：印度佛教史（法藏館）

崛謙德：印度佛教史（前川文榮閣）

呂澂：印度佛教史略（新文豐出版社）

A. K. Warder, Indian Buddhism (Motilal Banarsidass)

D. J. Kalupahana, Buddhist Philosophy: A Historical Analysis (Honolulu: University of Hawaii Press)

E. J. Thomas, The History of Buddhist Thought (London: Routledge & Kegan Paul Ltd.)

R. Kimura, A Historical Study of Hīnayāna and Mahāyāna and the Origin of Mahāyāna Buddhism (Calcutta University)

渡邊楳雄：上代インド佛教思想史（青山書院）

II）印度佛教

a. 思想一般

木村泰賢全集（全六卷，大法輪閣）

第一卷　印度哲學宗教史　　第二卷　印度六派哲學

第三卷　原始佛教思想論　　第四卷　阿毗達磨論の研究

第五卷　小乘佛教思想論　　第六卷　大乘佛教思想論

長尾雅人、梶山雄一監收：大乘佛典（中央公論社，全十五卷；此是用現代詞彙來譯解佛典的典型）

①般若部經典　②八千頌般若經 I

③八千頌般若經 II　④法華經 I

⑤法華經 II　⑥淨土三部經

⑦維摩經、首楞嚴三昧經　⑧十地經

⑨寶積部經典　⑩三昧王經 I

⑪三昧王經 II　⑫如來藏系經典

⑬ブツダ・チヤリタ（佛陀の生涯）　⑭龍樹論集

⑮世親論集

「世界の大思想」第二期第二卷　佛典（河出書房）

中村元編：原始佛典（筑摩書房）

中村元編：大乘佛典（筑摩書房）

世界の名著②：大乘佛典（中央公論社）

雲井昭善：佛教興起時代の思想研究（平樂寺書店）

平川彰：初期大乘佛教の研究（春秋社）

上田義文：佛教思想史研究——インドの大乘佛教（永田文昌堂）

上田義文：大乘佛教思想の根本構造（百華苑；收入研究中觀與唯識之論文多篇）

田中順照: 空觀と唯識觀 (永田文昌堂)

長尾雅人: 中觀と唯識 (岩波書店)

H. Kern, Manual of Indian Buddhism (Strassburg)

Bhikshu Sangharakshita, Survey of Buddhism (Banglore: The Indian Institute of World Culture)

P. L. Vaidya, ed., Buddhist Sanskrit Texts (The Mithila Institute, Darbhanga)

E. Conze, Buddhist Thought in India (George Allen & Unwin Ltd.)

E. Conze, Thirty Years of Buddhist Studies (University of South Carolina Press; 此是作者三十年來研究佛學所寫論文之結集)

Papers of Th. Stcherbatsky (tr. by Harish C. Gupta, Calcutta: Indian Studies, Past and Present)

N. Dutt, Buddhist Sects in India (Motilal Banarsidass)

A. B. Keith, Buddhist Philosophy in India & Ceylon (Oxford: The Clarendon Press)

荻原雲來: 荻原雲來文集 (東京大正大學)

印度學佛教學論集 (宮本正尊教授還曆紀念論文集, 三省堂)

山口益: 山口益佛教學文集 (上、下, 春秋社; 重點在印度佛教; 另外附有文集總索引一册)

金倉圓照: インド哲學佛教學研究 (三册, 春秋社; 其中第三册是有關佛學研究者)

ヤスパース著, 峰島旭雄譯: 佛陀と龍樹 (理想社)

金倉圓照：馬鳴の研究（平樂寺書店）

S. Mukhopadhyaya, tr., An Outline of Principal Methods of Meditation (Sri Aurobindo Ashram Press; 早期印度大乘佛教文獻《思惟略要法》之英譯)

b. 業與緣起

舟橋一哉：業思想序說（法藏館）

增谷文雄：業と宿業（講談社）

舟橋一哉：業の研究（法藏館）

梅原猛：地獄の思想（中央公論社）

上野順瑛：無我輪迴の論理的構造（平樂寺書店）

B. C. Law, Buddhist Conception of Spirits (Motilal Banarsidass)

B. C. Law, Heaven and Hell in Buddhist Perspective (Motilal Banarsidass)

Daigan and Alicia Matsunaga, The Buddhist Concept of Hell (New York: Philosophical Library)

Allan A. Andrews, The Teachings Essential for Rebirth (Tokyo: Sophia University)

演培：佛教的緣起觀（慧日講堂）

D. J. Kalupahana, Causality: The Central Philosophy of Buddhism (Honolulu: University of Hawaii Press)

S. Mookerjee, The Buddhist Philosophy of Universal Flux (University of Calcutta)

c. 涅槃思想

巴宙譯: 南傳大般涅槃經（慧炬出版社; 譯自巴利文原本）

K. Yamamoto, tr., The Mahayana Mahaparinirvana-Sutra（3 vols., The Karin Buddhological Series）

Louis de la Vallée Poussin, The Way to Nirvana（Cambridge: The University Press）

Th. Stcherbatsky, The Conception of Buddhist Nirvāṇa（Leningrad: Publishing Office of the Academy of Sciences of the USSR）

G. R. Welbon, The Buddhist Nirvāṇa and its Western Interpreters（University of Chicago Press）

D.中國及日本佛教

I）中國佛教史

境野黃洋: 支那佛教精史（境野黃洋博士遺稿刊行會）

境野黃洋: 支那佛教研究（共立社）

境野黃洋: 支那佛教史講話（二册, 共立社）

常盤大定: 中國佛教の研究（三册, 春秋社）

伊藤義賢: 支那佛教正史（東京）

塚本善隆: 中國佛教史（現代佛教名著全集第五卷, 隆文館）

道端良秀: 支那佛教史概說（法藏館）

塚本善隆: 支那佛教史研究（弘文堂）

黃懺華: 中國佛教史（普門精舍）

蔣維喬：中國佛教史（商務印書館）
Kenneth K. S. Ch'en, Buddhism in China: A Historical Survey (Princeton University Press; 此是英文書論中國佛教史最詳盡者)
Kenneth K. S. Ch'en, The Chinese Transformation of Buddhism (Princeton)
Arthur F。Wright, Buddhism in Chinese History (Stanford University Press; 這書由六篇雜文組成)
K. L. Reichelt, Truth and Tradition in Chinese Buddhism (Shanghai)
J. Edkins, Chinese Buddhism, a Volume of Sketches, Historical and Critical (London)
S. Beal, Buddhism in China (London)
A. C. Bannerjee, Chinese Buddhism (Motilal Banarsidass)
塚本善隆：中國佛教通史（第一卷，鈴木學術財團）
中國佛教協會編：中國佛教（知識出版社）

II）中國佛教

a。思想一般

牟宗三：佛性與般若（上、下册，台灣學生書局；論中國佛學，特崇天台，以之為眞正的圓教）
常盤大定：支那佛教の研究（春秋社）
R. Robinson, tr., Chinese Buddhist Verse (London)
J. Edkins, Notice of the Chinese Buddhism (London)
呂澂：中國佛學源流略講（中華書局；此書文獻資料頗為豐富）

b. 斷代佛教

湯用彤: 漢魏兩晉南北朝佛教史（上、下冊, 中華書局; 此書所收資料之豐, 同類書無出其右; 考據又精審, 學術水平極高）

E. Zürcher, The Buddhist Conquest of China (Leiden, Brill; 以社會現象角度來論中國佛教, 所述只及于中古時期)

湯用彤: 往日雜稿（中華書局）

宇井伯壽: 釋道安研究（東京）

W. Liebenthal, tr., The Book of Chao (Hong Kong University Press)

塚本善隆等: 肇論研究（法藏館; 此書為日本學者集體合作的典型表現）

横超慧日編: 北魏佛教の研究（平樂寺書店）

牧田諦亮: 五代宗教史研究（平樂寺書店）

高僧傳之研究（櫛田博士頌壽紀念, 山喜房佛書林）

牧田諦亮編: 梁高僧傳索引（平樂寺書店）

牧田諦亮、諏訪義純、藤善眞澄等編: 唐高僧傳索引（上、中、下, 平樂寺書店）

山崎宏: 隋唐佛教史の研究（法藏館）

藍吉富: 隋代佛教史述論（人人文庫, 台灣商務印書館）

矢吹慶輝: 三階教之研究

平井俊榮: 中國般若思想史研究—吉藏と三論學派（春秋社）

金倉圓照譯注: 三論玄義（岩波文庫）

前島信次: 玄奘三藏（岩波新書）

S. Beal, The Life of Hieun Tsiang (London)

佐佐木教悟: 南海寄歸傳講要（大谷大學内安居事務所）

A. Forte, Political Propaganda and Ideology in China at the End of the Seventh Century (Napoli: Istituto Universitario Orientale; 按此是研究佛教對唐代宮廷影響者)

J. Takakusu, tr., A Record of the Buddhist Religion as practised in India and the Malay Archipelago by I-tsing (Oxford)

Daniel L. Overmyer, Folk Buddhist Religion: Dissenting Sects in Late Traditional China (Harvard University Press)

陳垣: 釋氏疑年錄 (中華書局)

張聖嚴: 明末中國佛教の研究 (山喜房佛書林)

東初: 中國佛教近代史 (中華佛教文化館)

印順: 太虛大師年譜 (天華出版事業股份有限公司)

塚本善隆: 日支佛教交涉史研究 (弘文堂)

金知見編: 新羅佛教研究 (山喜房佛書林)

Ⅲ) 日本佛教史

村上專精: 日本佛教史綱 (金港堂)

辻善之助: 日本佛教史 (岩波書店)

圭室諦成: 日本佛教史概說 (理想社)

古田紹欽: 日本佛教史 (角川書店)

古田紹欽: 日本佛教思想史の諸問題 (春秋社)

橋川正: 日本佛教史 (平樂寺書店)

田村芳朗: 日本佛教史入門 (角川選書)

二葉憲香: 古代佛教思想史研究 (永田文昌堂)

家永三郎: 上代佛教思想史研究 (法藏館)

家永三郎: 中世佛教思想史研究（法藏館）
島地大等: 日本佛教教學史（明治書院）
A. Lloyd, Development of Japanese Buddhism（Tokyo）
土屋詮教: 明治佛教史（三省堂）
雲藤義道: 明治の佛教——近代佛教史序說（大藏出版社）
吉田久一: 日本近代佛教史研究（吉川弘文館）

Ⅳ）日本佛教

玉城康四郎: 日本佛教思想論（平樂寺書店）
渡邊照宏: 日本の佛教（岩波新書）
花山信勝: 日本佛教（三省堂）
家永三郎: 日本佛教思想の展開（平樂寺書店）
增谷文雄: 親鸞·道元·日蓮（至文堂）
武內義範、梅原猛編: 日本の佛典（中央公論社）
佐藤得二: 佛教の日本的展開（岩波書店）
薗田香勳: 佛教の日本的受容（百華苑）
田村芳朗: 鎌倉新佛教思想の研究（平樂寺書店）
戶頃重基: 鎌倉佛教（中央公論社）
A. K. Reischauer, Studies in Japanese Buddhism（New York）
C. Eliot, Japanese Buddhism（London）

E.西藏與西域問題

I)西藏佛教

長尾雅人: 西藏佛教研究(岩波書店;此書是宗喀巴"菩提道次第廣論"之專門研究)

呂澂: 西藏佛學原論(老古出版社)

敦珠: 西藏古代佛教史(劉銳之、明珠譯,金剛乘學會;此書側重佛教無上密宗寧瑪巴之歷史及瑜伽成就者之史事)

恆演: 西藏佛教略記 (佛教出版社)

妙舟編: 蒙藏佛教史

法尊編: 西藏佛教史 (佛教出版社)

George N. Roerich, The Blue Annals (Delhi;此書所述是西藏佛教史)

T. V. Wylie, compiler, A Place Name Index to George N. Roerich's Translation of the Blue Annals (Rome)

A. Waddell, Lamaism or the Buddhism of Tibet (Cambridge)

L. A. Waddell, Tibetan Buddhism (New York)

G. Tucci, Minor Buddhist Texts (Roma)

H. V. Guenther, Treasures of the Tibetan Middle Way (Berkeley/Leiden)

H. V. Guenther, Tibetan Buddhism in Western Perspective (Motilal Banarsidass)

芳村修基: チベット佛教の教學 (龍谷大學實幢會)

F. Fremantle & Ch. Trungpa, trans. & ed., The Tibetan Book of the Dead: The Great Liberation Through Hearing

in the Bardo (Berkeley: Shambhala; Bardo相當于涅槃)

Detlef Ingo Lauf, Secret Doctrines of the Tibetan Books of the Dead (Motilal Banarsidass)

法尊譯: 阿底峽尊者傳 (佛教出版社)

Alaka Chattopadhyaya, Atīśa and Tibet (Calcutta)

法尊譯: 菩提道次第廣論 (新文豐出版社)

大勇譯: 菩提道次第直講 (佛教出版社)

邢肅芝譯: 菩提道次第略論 (佛教出版社)

法尊譯: 宗喀巴大師傳 (佛教出版社)

D. S. Ruegg, tr., The Life of Bu. Ston Rin. Po. Che (Rome)

D. L. Snellgrove, tr., Four Lamas of Dolpo (2 vols。, Oxford)

The Fourteenth Dalai Lama, The Opening of the Wisdom Eye (Bangkok)

The Fourteenth Dalai Lama, The Buddhism of Tibet and the Key to the Middle Way (London)

Ⅱ) 西藏宗教

Ch. Bell, The Religion of Tibet (Oxford)

H. Hoffmann, The Religions of Tibet (London)

D. L。Snellgrove, The Nine Ways of Bon (London)

Samten G. Karmay, tr., The Treasury of Good Sayings: A Tibetan History of Bon (London)

H. V. Guenther, tr., sGam. po. pa, The Jewel Ornament of

Liberation (London; 此是論 bkaḥ brgyud pa 教義)

Evans-Wentz, tr., Tibet's Great Yogi Milarepa (Oxford)

Garma C. C. Chang, The Hundred Thousand Songs of Milarepa (New York: New Hyde Park, University Books)

張澄基譯: 密勒日巴尊者傳 (慧炬出版社)

A. Wayman, tr., Calming the Mind and Discerning the Real (Motilal Banarsidass)

Lama Anagārika Govinda, The Way of the White Clouds: A Buddhist Pilgrim in Tibet (Motilal Banarsidass)

S. Beyer, The Cult of Tārā: Magic and Ritual in Tibet (Berkeley)

R. B. Ekvall, Religious Observances in Tibet: Patterns and Functions (Chicago)

Ⅲ) 西藏文化

H. Hoffmann, Tibet: A Handbook (Bloomington)

René Nebesky-Wojkowitz, Oracles and Demons of Tibet (Innsbruck)

M. H. Duncan, Customs and Superstitions of Tibetans (London)

A. Getty, The Gods of Northern Buddhism (Tokyo)

S. C. Das, Indian Pandits in the Land of Snow (Calcutta)

A. Vostrikov, Tibetan Historical Literature (Calcutta)

F. W. Thomas, Ancient Folk-Literature From North-eastern Tibet (Berlin)

René Nebesky-Wojkowitz, Tibetan Religious Dances (The Hague)

A. H. Francke, Antiquities of Indian Tibet (2 vols., New Delhi)

Gotami Govinda, Tibetan Fantasies (Motilal Banarsidass)

Ch. Bell, Tibet, Past and Present (Oxford)

Ch. Bell, The People of Tibet (Oxford)

D. L. Snellgrove, Himalayan Pilgrimage (Oxford)

Ⅳ) 尼泊爾一帶及其佛教

Rajendra Ram, A History of Buddhism in Nepal AD 704-1396 (Motilal Banarsidass)

D. L. Snellgrove, Buddhist Himalayas (Oxford)

C. Von Fürer-Haimendorf, The Sherpas of Nepal; Buddhist Highlanders (London)

Lallauji Gopal & T. P. Varma, Studies in the History and Culture of Nepal (Motilal Banarsidass)

Turrell V. Wylie, tr., A Tibetan Religious Geography of Nepal (Rome)

A. W. Macdonald, Essays on the Ethnology of Nepal and South Asia (New Delhi)

G. Tucci, Preliminary Report on Two Scientific Expeditions in Nepal (Rome)

G. Tucci, Transhimalaya (Geneva)

C。von Fürer-Haimendorf, Himalayan Traders: Life in Highland Nepal (London)

John T. Hitchcock & Rex L. Jones, ed., Spirit Possession in the Nepal Himalayas (Warminster)

Dietmar Frank, Dreamland Nepal (S. Chand & Company Ltd.)

L. A. Waddell, Lamaism in Sikkhim (Delhi)

V) 西域與西域佛教（包括蒙古）

白鳥庫吉：西域史研究（上、下，岩波書店）

藤田豐八著，楊錬譯：西域研究（人人文庫，台灣商務印書館）

西域文化研究會編：西域文化研究（1－5，法藏館）

羽田明：西域（世界の歷史 10，角川書店）

馮承鈞編：西域地名（中華書局）

馮承鈞編譯：西域南海史地考證譯叢（甲、乙集，人人文庫，台灣商務印書館）

羽溪了諦：西域之佛教（興教書院）

深田久彌：中央アジア探險史（白水社；詳述中亞細亞探險事）

Sir Aurel Stein, Serindia (Motilal Banarsidass)

足立喜六：大唐西域記の研究（法藏館）

J. Legge, tr., A Record of Buddhist Kingdoms (Oxford; 此是法顯自記遊天竺事之英譯)

H. A. Giles, tr., Records of the Buddhistic Kingdoms (London)

S. Beal, tr., Si-yu-ki (London)
S. C. Banerjee, Cultural Heritage of Kashmir (Motilal Banarsidass)
D. L. Snellgrove & T. Skorupski, The Cultural Heritage of Ladakh (Warminster)
J。N. Ganhar & P. N. Ganhar, Buddhism in Kashmir and Ladakh (New Delhi)
寺本婉雅譯: 于闐國佛教史の研究 (國書刊行會)
R. E。Emmerick, The Book of Zambasta, a Khotanese Poem on Buddhism (Oxford University Press)
日野强: 伊犁(イリ)紀行(芙蓉書房)
N. Yermushkin, Buddhism and Buddhists in the USSR (Moscow)
長澤和俊: 敦煌(筑摩書房)
神田喜一郎: 敦煌學五十年(二玄社)
橋本光寶: 蒙古の喇嘛教(佛教公論社)
長尾雅人: 蒙古喇嘛廟記(高桐書院)
長尾雅人: 蒙古學問寺(全國書房)
馮承鈞譯: 多桑蒙古史(上、下冊, 中華書局)
寺本婉雅: 藏蒙旅日記(芙蓉書房)
札奇斯欽: 蒙古與西藏歷史關係之研究(正中書局)

F.佛陀傳與原始佛教

I）佛陀傳

a. 本生故事:

干潟龍祥: ジャータカ概觀（ペドマ叢書2，鈴木學術財團）

干潟龍祥: 本生經類の思想史的研究 （東洋文庫論叢第35）

E. Beswick, Jataka Tales (London: John Murray)

M. L. Feer, Studies in Jataka (Motilal Banarsidass)

E. B. Cowell, ed., The Jātaka, or Stories of the Buddha's Former Births (Cambridge)

T. W. Rhys Davids, tr., Buddhist Birth Stories, or Jātaka Tales (London: Trübner's Oriental Series)

J. S. Speyer, tr., The Jātaka-mālā, or Garland of Birthstories (London: Sacred Books of the Buddhists)

b. 本傳

增谷文雄: アーガマ資料による佛傳の研究 （在家佛教協會；此書據《阿含經》資料而寫成）

A. Csoma, Notices on the Life of Shakya extracted from the Tibetan Authorities (Asiatic Researches)

P. Bigandet, tr., The Life or Legend of Gautama, the Buddha of the Burmese (Rangoon)

E. H. Johnston, The Buddhacarita or Acts of the Buddha (Motilal Banarsidass; Buddhacarita 即是《佛所行讚》)

E. B. Cowell, tr., Buddha-carita (Oxford: Sacred Book

of the East)

S. Beal, tr., The Fo-sho-hing-tsan-king (Oxford: Sacred Book of the East)

中村元：ゴータマ・ブツダ一釋尊傳（法藏館）

水野弘元：釋尊の生涯（春秋社）

渡邊照宏：新釋尊傳（大法輪閣）

塚本啓祥：佛陀（教育新潮社）

增谷文雄：佛陀（角川書店）

舟橋一哉：釋尊（法藏館）

副島正光著，李世傑譯：釋迦的生平與思想（衆成出版社；同書又有李映荻譯本，牧童出版社）

H. Oldenberg,(W. Hoey, tr.,) Buddha: His Life, His Doctrine, His Order（London;此書據可靠之巴利文獻寫成，排除種種迷信成份）

S. Beal, tr., The Romantic Legend of Śākya Buddha (London)

E. J. Thomas, The Life of Buddha as Legend and History (London)

H. Saddhatissa, The Life of the Buddha (London: Mandala Books)

K. Morgan, ed., The Path of the Buddha (New York: Ronald Press)

Ananda K. Coomaraswamy, Buddha and The Gospel of Buddhism (New York: Harper Torchbook Edition)

Paul Carus, The Gospel of Buddha (Chicago)

A。Foucher, The Life of the Buddha (tr. by Simone

Braugier Boas, Connecticut)

René Grousset, <u>In the Footsteps of the Buddha</u> (tr. by M. Leon, London: Routledge & Kegan Paul)

Zbynek Fiser, <u>Buddha</u> (Praha: Orbis)

W. W. Rockhill, <u>The Life of the Buddha and the Early History of His Order</u> (London: Trübner's Oriental Series)

E。H. Brewster, <u>Life of Gautama, the Buddha</u> (Motilal Banarsidass)

A。G. Koras, <u>Life and Teaching of Buddha</u> (Motilal Banarsidass)

J. B. Saint-Hilaire, <u>Life and Legend of Buddha</u> (Motilal Banarsidass)

J. B. Saint-Hilaire, <u>Buddha and His Religion</u> (Motilal Banarsidass)

G. N. Marshall, <u>Buddha:The Quest for Serenity</u> (Boston: Beacon Press; 此是以流暢筆調寫成之佛陀之傳記)

Ⅱ)原始佛教

a. 原始佛教之教理

中村元: 釋尊のことば (春秋社)

安藤俊雄: 佛陀のおしえ (法藏館)

姉崎正治: 根本佛教 (明治書院)

水野弘元: パーリ佛教を中心とした佛教の心識論 (山喜房佛書林; 此書以巴利文獻爲中心而寫成)

舟橋一哉: 原始佛教思想の研究(法藏館)
中村元: 原始佛教(共五卷, 春秋社)
①ゴータマ・ブツダ一釋尊の生涯
②原始佛教の成立
③原始佛教の思想(上)
④原始佛教の思想(下)
⑤原始佛教の生活倫理
赤沼智善: 原始佛教の研究(破塵閣書房)
和辻哲郎: 原始佛教の實踐哲學(岩波書店)
和辻哲郎: 佛教哲學の最初の展開(岩波書店)
水野弘元: 原始佛教(平樂寺書店)
山本啓量: 原始佛教の哲學(山喜房佛書林)
中村元: 慈悲(サーラ叢書1, 平樂寺書店)
T. W. Rhys Davids, Early Buddhism (Motilal Banarsidass)
G. Grimm, The Doctrine of Buddha (Motilal Banarsidass)
H. Alabaster, The Wheel of the Law (London)
E. Arnold, The Light of Asia (London)
E. A. Burtt, ed., The Teachings of the Compassionate Buddha (New York: The New American Library of World Literature)
W. Rahula, What the Buddha Taught (New York: Grove Press)
Bhikkhu Ñāṇānanda, Concept and Reality in Early Buddhist Thought (Kandy: Buddhist Publication Society)
V. P. Varna, Early Buddhism and Its Origins (New

Delhi: Munshiram Manoharlal)

A. M. Shastri, Outline of Early Buddhism (Motilal Banarsidass)

A. K. Narain, ed., Studies in Pali & Buddhism (Motilal Banarsidass)

P. J. Saher, Conquest of Suffering (Motilal Banarsidass)

b。原始佛教之發展史

宮坂宥勝: 佛教の起源 (山喜房佛書林)

前田惠學: 原始佛教聖典之成立史研究 (山喜房佛書林)

印順: 原始佛教聖典之集成 (慧日講堂)

早島鏡正: 初期佛教と社會生活 (岩波書店)

塚本啓祥: 初期佛教教團史の研究 (山喜房佛書林)

佐藤密雄: 原始佛教教團の研究 (山喜房佛書林)

淨海: 南傳佛教史 (慧日講堂)

N. Dutt, Early History of the Spread of Buddhism and the Buddhist Schools (London)

G. C. Pandey, Studies in the Origin of Buddhism (Motilal Banarsidass)

Mrs. Rhys Davids, Sakya or Buddhist Origins (London)

F. Zürcher, Buddhism: Its Origin and Spread in Words, Maps and Pictures (London: Routledge and Kegan Paul)

c。法句經

長井眞琴: ダンマパダ (玄同社)

友松圓諦: 法句經講義（角川文庫）
渡邊照宏: 新譯法句經講話（大法輪閣）
友松圓諦編著: ダンマパダ（神田寺）
宮坂宥勝: 眞理の花たば—法句經（筑摩書房）
荻原雲來譯注: 法句經（岩波文庫）
友松圓諦: 法句經（眞理運動本部）
S. Beal, tr., Texts from the Buddhist Canon, commonly known as Dhammapada (London)
Venerable Acharya Buddharakkhita Thera, The Dhammapada (Bangalore)
S. Radhakrishnan, tr., The Dhammapada (London: Oxford University Press)
F. Max Müller, tr., The Dhammapada & Sutta Nipata (Motilal Banarsidass)

d. 其他聖典（阿含經、經集、遺教經、長老偈、長老尼偈、義足經、大事書、彌蘭王問經等）

F. L. Woodward, Minor Anthologies of the Pali Canon (London: Humphrey Milford)
Ph. Eidmann, tr., The Sutra of the Teaching Left by the Buddha (Osaka)
Mrs. Rhys Davids, Kindred Sayings of Buddhism (Calcutta)
T.W. Rhys Davids, tr., Buddhist Suttas (Dover Publications Inc.)
荻原雲來: 釋迦牟尼聖訓集（大東出版社）

增谷文雄: 阿含經講話（河出書房）

赤沼智善編: 漢巴四部四阿含互照錄（法藏館）

中村元: ブッダのことば——スッタニパーター（岩波文庫，此書是《經集》之日譯）

E. M. Hare, Woven Cadences of The Early Buddhists: Sutta-nipāta (London: Oxford University Press)

V. Fausböll, tr., The Sutta-Nipāta (Oxford: Clarendon Press)

R. Chalmers, ed. & tr., Buddha's Teachings, being the Sutta-Nipāta or Discourse-Collection (Harvard University)

Kaiten Nukariya, tr., The Sutra of Buddha's Last Instruction (Tokyo; 此是英譯《遺教經》)

Mrs. Rhys Davids, Psalms of the Sisters (London: Pali Text Society;《長老尼偈》之英譯)

Mrs. Rhys Davids, Psalms of the Brethren (London: Pali Text Society;《長老偈》之英譯)

P. V. Bapat, The Arthapada Sutra (Visva-bharati Santiniketan)

Bhikkhu Telwatte Rahula, A Critical Study of the Mahāvastu (Motilal Banarsidass)

J. J. Jones, tr., The Mahāvastu (3 vols., London)

B. C. Law, Study of the Mahavastu (Motilal Banarsidass)

中村元、早島鏡正共譯: ミリンダ王の問い（全三册，平凡社）

T. W. Rhys Davids, Questions of King Milinda (Motilal Banarsidass)

Thich Minh Chau, Milindapanha and Nagasena Bhikshusutra: A Comparative Study through Pali & Chinese Sources (Motilal Banarsidass)

G.小乘與大乘

I)小乘佛教

演培: 印度部派佛教思想觀(慧日講堂)

印順: 說一切有部爲主的論書與論師之研究 (慧日講堂)

演培: 異部宗輪論語體釋(靈峰般若講堂)

西義雄: 阿毗達磨佛教の研究(國書刊行會)

佐佐木現順: 阿毗達磨思想研究(清水弘文堂)

渡邊楳雄: 有部阿毗達磨論の研究(平凡社)

Th. Stcherbatsky, The Central Conception of Buddhism and the Meaning of the Word "Dharma" (Calcutta: Susil Gupta Publishers)

Nārada Thera, A Manual of Abhidhamma (Colombo: Vājirārāma)

櫻部建: 俱舍論の研究 (法藏館)

高木俊一: 俱舍教義 (興教書院)

深浦正文: 俱舍學概論(百華苑)

荻原雲來: 梵文俱舍論疏(山喜房佛書林)

演培: 俱舍論頌講記 (上、下册, 中華大典編印會)

河村孝照: 阿毗達磨論書の資料的研究(日本學術振興會)

福原亮嚴: 有部阿毗達磨論書の研究（永田文昌堂）

Shwe Zan Aung, Compendium of Philosophy (London: Pali Text Society; 按此是《攝阿毗達磨義論》之英譯）

福原亮嚴: 佛敎諸學派の學術批判・成實論の研究（永田文昌堂）

H. Oldenberg, tr. & ed., The Dīpavaṃsa（London; 此是《島史》之研究）

G. Turnour, tr. & ed., The Mahāvaṃsa（Ceylon; 此是《大史》之研究）

L. C. Wijesinha, The Mahāvaṃsa（Colombo）

Ⅱ）大乘佛教

William Montgomery, Introduction to Mahayana Buddhism（Motilal Banarsidass）

D. T. Suzuki, Outlines of Mahayana Buddhism（New York: Schocken Books）

D。T. Suzuki, On Indian Mahayana Buddhism（Harper Torchbooks）

Beatrice L. Suzuki, Mahayana Buddhism（London）

N. Dutt, Mahayana Buddhism（Motilal Banarsidass）

Jaideva Singh, An Introduction to Mahayana Philosophy（Motilal Banarsidass）

Cowell, Takakusu & Max Müller, Buddhist Mahayana Texts（Motilal Banarsidass）

Minoru Kiyota, ed., Mahāyāna Buddhist Meditation: Theory and Practice（Honolulu: University of Hawaii Press）

印順：初期大乘佛教之起源與開展（正聞出版社）
西義雄：初期大乘佛教の研究（大東出版社）
靜谷正雄：初期大乘佛教の成立過程（百華苑）
宮本正尊編：大乘佛教の成立史的研究（三省堂）
山田竜城：大乘佛教成立論序說（平樂寺書店）
印順：寶積經講記（妙雲集上編之二）
印順：藥師經講記（妙雲集上編之四）
蔣維喬：大乘廣五蘊論註（佛學書局）
N. Dutt, Aspects of Mahāyāna Buddhism and its Relation to Hīnayāna (London)

Ⅲ）般若思想與般若經

山口益：般若思想史（法藏館）
E. Conze, Literary History of the Prajñāprāmitā (London)
梶芳光運：原始般若經の研究（山喜房佛書林）
西義雄：原始佛教に於ける般若の研究（大倉山文化科學研究所）
梶山雄一：般若經一空の世界（中央公論社）
三枝充悳：般若經の眞理（春秋社）
印順：般若經講記（妙雲集上編之一）
E. Conze, The Prajñāpāramitā Literature (Mouton)
山田無文：生活の中の般若心經（春秋社）
橋本凝胤：般若心經講話（誠信書房）
中村元、紀野一義譯：般若心經、金剛般若經（岩波文庫）
高神覺昇：般若心經講義（角川文庫）
E. Conze, tr., The Short Prajñāpāramitā Texts(London:

Luzac & Company Ltd.)

E. Conze, Aṣṭasāhasrikā Prajñāpāramitā (Calcutta: The Asiatic Society)

荻原雲來: 梵文八千頌般若釋 (山喜房佛書林)

E. Conze, tr., The Perfection of Wisdom in Eight Thousand Lines, and Its Verse Summary (Four Seasons Foundation)

E。Conze, tr., The Large Sutra on Perfect Wisdom (University of California Press)

法尊譯釋: 現觀莊嚴論略釋 (老古出版社)

眞野龍海: 現觀莊嚴論の研究 (山喜房佛書林)

E. Conze, Abhisamayālaṃkāra, Introduction and Translation from the Original Text (Serie Orientale Roma 6)

E. Obermiller, Analysis of the Abhisamayālaṃkāra, (3 vols., London)

Ⅳ) 大乘菩薩思想

西義雄編: 大乘菩薩道の研究 (平樂寺書店)

Har Dayal, The Bodhisattva Doctrine in Buddhist Sanskrit Literature (Motilal Banarsidass)

橋本芳契: 維摩經の思想的研究 (法藏館)

山田無文: 維摩經法話 (春秋社)

竺摩: 維摩經講記 (二冊)

演培: 維摩詰所說經講記 (慧日講堂)

長尾雅人譯注: 維摩經 (中央公論社)
Robert A. F. Thurman, tr., The Holy Teaching of Vimalakīrti: A Mahāyāna Scripture (Pennsylvania State University Press)
Étienne Lamotte, tr., The Teaching of Vimalakīrti (tr. into English by Sara Boin, London: The Pali Text Society)
Cecil Bendall & W. H. D. Rouse, tr., Śikṣā-samuccaya: A Compendium of Buddhist Doctrine (Motilal Banarsidass; 按此是寂天《大乘集菩薩學論》之翻譯)
湯薌銘譯: 菩提正道菩薩戒論 (新文豐出版社)

V) 如來藏思想

a。思想一般及思想史

常盤大定: 佛性の研究 (明治書院)
印順: 如來藏之研究 (正聞出版社)
高崎直道: 如來藏思想の形成 (春秋社)
小川一乘: インド大乘佛教における如來藏佛性の研究 (文榮堂)
水谷幸正: 如來藏思想史 (佛教大學)

b. 專門研究

印順: 勝鬘經講記 (妙雲集上編之三)
月輪賢隆: 藏漢和譯三體合壁勝鬘經寶月童子所問經 (興教書院)
A. Wayman & H. Wayman, tr., The Lion's Roar of Queen Śrīmālā (Columbia University Press)

D。T. Suzuki, tr., Laṅkāvatāra Sūtra (London: Routledge & Kegan Paul)

D. T. Suzuki, compiler, An Index to the Lankavatara Sutra (鈴木學術財團)

D. T. Suzuki, Studies in the Lankavatara Sutra (London: Routledge & Kegan Paul)

安井広濟: 梵文和譯入楞伽經(法藏館)

南懷瑾: 楞伽大義今釋(老古出版社)

南懷瑾: 楞嚴大義今釋(老古出版社)

湯次了榮: 圓覺經の研究(佛教大學出版部)

大內青巒: 圓覺經講義(光融館)

宇井伯壽: 寶性論研究(岩波書店)

中村瑞隆: 梵漢對照究竟一乘寶性論研究(山喜房佛書林)

中村瑞隆: 藏和對譯究竟一乘寶性論研究(鈴木學術財團)

J. Takasaki, A Study on the Ratnagotravibhāga (S. O. R. XXXIII, Roma)

森田龍僊: 釋摩訶衍論之研究

望月信享: 大乘起信論之研究(金尾文淵堂)

武邑尚邦: 大乘起信論講讀(百華苑)

湯次了榮著, 豐子愷譯: 大乘起信論新釋(香港佛典刊行社)

印順: 大乘起信論講記(妙雲集上編之七)

D. T. Suzuki, tr., Aṣvaghosha's Discourse on the Awakening of Faith in the Mahayana (Chicago)

T. Richard, tr., The Awakening of Faith (New ed. by A. H. Walton, London)

H. 中觀與唯識

I）中觀學

a. 中觀思想一般

T. R. V. Murti, The Central Philosophy of Buddhism (London: George Allen and Unwin)

Frederick J. Streng, Emptiness: A Study in Religious Meaning (Nashville & New York: Abingdon Press)

梶山雄一著，吳汝鈞譯: 空之哲學（彌勒出版社）

宮本正尊: 中道思想及びその發達（法藏館）

宮本正尊: 根本中と空（第一書房）

安井広濟: 中觀思想の研究（法藏館）

Richard A. Gard, Mādhyamika Buddhism: Introductory Lectures on its History and Doctrines (Bangkok: Mahāmukūta University Press)

山口益: 中觀佛教論考（山喜房佛書林）

Richard H. Robinson, Early Mādhyamika in India and China (The University of Wisconsin Press, Madison)

稻津紀三: 龍樹空觀の研究（大東出版社）

印順: 性空學探原（妙雲集中編之四）

印順: 中觀今論（妙雲集中編之二）

b. 專門研究

印順: 中觀論頌講記（妙雲集上編之五）

Kenneth K. Inada, Nāgārjuna: A Translation of his Mūlamadhyamakakārikā with an Introductory Essay (Tokyo: The Hokuseido Press)

上野順瑛: 中論・因果の論理的構造 (平樂寺書店)

三枝充悳等: 中論, 梵漢藏對照語彙 (三省堂)

寺本婉雅: 梵漢獨對校西藏文和譯龍樹造・中論無畏疏(大東出版社)

V. Bhattacharya, Mahāyāna-viṃśaka of Nāgārjuna. Reconstructed Sanskrit Text, the Tibetan and the Chinese Versions, with an English Translation (Calcutta)

K. Bhattacharya, The Dialectical Method of Nāgārjuna (Motilal Banarsidass)

K. Venkata Ramanan, Nāgārjuna's Philosophy, as presented in The Mahā-Prajñāpāramitā-Śāstra (Motilal Banarsidass; 此書是透過《大智度論》來論龍樹思想)

三枝充悳: 大智度論の物語 (第三文明社)

印順標點: 大智度論(1—10冊, 佛慈淨寺)

山口益: 佛教に於ける無と有との對論 (山喜房佛書林; 此書是《中觀心論》入瑜伽行眞實抉擇章之專題研究)

山口益譯: 月稱造中論釋 (清水弘文堂書房)

S. Yamaguchi, Index to the Prasannapadā Madhyamaka-Vṛtti (2 parts, Kyoto: Heirakuji-Shoten)

演培: 入中論頌講記 (中華大典編印會)

金倉圓照譯: 悟りへの道 (平樂寺書店; 按此是寂天《入菩提行論》

之日譯）

M. C. Matics, Entering the Path of Enlightenment (The Bodhicaryavatara)（Motilal Banarsidass）

芳村修基: インド大乘佛敎思想研究（百華苑; 此是蓮華戒思想之研究）

芳村修基: カマラシーラの大乘稻芋經註譯（龍谷大學東方聖典研究會; 此是蓮華戒註釋佛經之研究）

Ⅱ）唯識學

a. 唯識思想一般

A. K. Chatterjee, Readings on Yogacara Buddhism（Motilal Banarsidass）

A. K. Chatterjee, The Yogācāra Idealism(Motilal Banarsidass)

熊十力: 佛家名相通釋（廣文書局）

吳汝鈞: 唯識哲學（佛光出版社; 此書專門討論轉識成智問題）

景昌極: 哲學論文集（正中書局; 按此書主要是唯識思想研究）

歐陽竟無: 唯識抉擇談（佛經流通處）

歐陽竟無: 唯識講義（佛教出版社）

上田義文: 唯識思想入門（あそか書林）

鈴木宗忠: 唯識哲學研究（明治書院）

深浦正文: 唯識學研究（上巻敎史論, 下巻敎理論, 永田文昌堂）

深浦正文: 唯識論解說（永田文昌堂）

葉阿月: 唯識思想の研究（山喜房佛書林）

結城令聞: 心意識論より見たる唯識思想史（東方文化學院東京研究所）

結城令聞：唯識典籍志（大藏出版社）
梅光義：相宗綱要（新文豐出版社）
周叔迦：唯識研究（瑞成書局）
楊白衣：唯識要義（文津出版社）
唐大圓：唯識新裁擷彙（新文豐出版社）
印順：唯識學探源（妙雲集中編之三）
演培：法相唯識及其思想演變（慧日講堂）
法舫：唯識史觀及其哲學（慧日講堂）

b. 專門研究

演培：解深密經語體釋（中華大典編印會）
野澤靜證：大乘佛教瑜伽行の研究—解深密經慈氏章及び疏の注釋（法藏館）
G. Tucci, On Some Aspects of the Doctrines of Asaṅga and Maitreyanātha (University of Calcutta)
宇井伯壽：瑜伽論研究（岩波書店）
A. Wayman, Analysis of the Śrāvakabhūmi Manuscript (University of California Press; 此是《瑜伽師地論》之研究）
宇井伯壽：梵漢對照菩薩地索引（鈴木學術財團）
Th. Stcherbatsky, Madhyāntavibhāga, Discourse on Discrimination between Middle and Extremes (Bibliotheca Buddhica, No. 30, Moscow-Leningrad; 此是研究《辨中邊論》者）
S. Yamaguchi, ed., Madhyāntavibhāgaṭīkā de Sthiramati（鈴木學術財團；此是安慧《中邊分別論釋疏》之校訂本）
山口益譯註：安慧阿遮梨耶造中邊分別論釋疏（鈴木學術財團）

山口益編: 漢藏對照弁中邊論(附梵本索引)(鈴木學術財團)

Gadjin M. Nagao, Madhyāntavibhāga-bhāṣya, A Buddhist Philosophical Treatise (Tokyo: Suzuki Research Foundation)

R. C. Pandeya, tr., Madhyanta-Vibhaga-Sastra (Motilal Banarsidass)

宇井伯壽: 攝大乘論研究(岩波書店)

佐佐木月樵: 漢譯四本對照攝大乘論 附西藏譯攝大乘論(日本佛書刊行會)

印順: 攝大乘論講記 (妙雲集上編之六)

宇井伯壽: 大乘莊嚴經論研究 (岩波書店)

Gadjin M. Nagao, Index to the Mahāyāna-sūtrālaṃkāra (Tokyo: Nippon Gakujutsu Shinkō-kai)

結城令聞: 世親唯識の研究 (青山書院)

山口益、野澤靜證: 世親唯識の原典解明 (法藏館)

宇井伯壽: 四譯對照唯識二十論研究(岩波書店)

安井広濟: 唯識二十論講義(大谷大學内安居事務所)

演培: 唯識二十頌講記(靈峰般若講堂)

C. H. Hamilton, Wei Shih Er Shih Lun by Vasubandhu, translated from the Chinese Version of Hsüan Tsang (New Haven)

宇井伯壽: 安慧、護法唯識三十頌釋論(岩波書店)

寺本婉雅譯註: 安慧造唯識三十論疏(大谷大學内聖典語學會)

霍韜晦: 安慧三十唯識釋原典譯註(中文大學出版社)

D. L. Friedman, Sthiramati, Madhyāntavibhāgaṭīkā, Analysis of the Middle Path and the Extremes

(Utrecht)

西尾京雄：佛地經論之研究（破塵閣書房）

富貴原章眞：護法唯識考（法藏館）

佐伯定胤校訂：新導成唯識論（法隆寺山内性相學聖典刊行會）

演培：成唯識論講記（1—5冊，靈峰般若講堂）

慈航：成唯識論講話（慈航法師全集第四編，慈航法師永久紀念會出版）

Wei Tat, tr., Ch'eng Wei-Shih Lun (Hong Kong: The Ch'eng Wei-Shih Lun Publication Committee)

王恩洋：八識規矩頌釋論（善導寺）

演培：八識規矩頌講記（菩提樹雜誌社）

I.天台與華嚴

I)法華經與天台思想

a.法華經及其思想

南條文雄、泉芳璟共譯：梵漢對照新譯法華經（平樂寺書店）

三枝充悳：法華經現代語譯（上、中、下冊，第三文明社）

本田義英：法華經新譯要集（平樂寺書店）

庭野日敬：新釋法華三部經（冬樹社）

坂本幸男、岩本裕譯註：法華經（上、中、下，岩波文庫）

H. Kern, tr., The Saddharma-pundarika or the Lotus of the True Law (Dover Orientalia)

Bunnō Katō, tr., Myōhō-Renge-Kyō, the Sutra of the Lotus

Flower of the Wonderful Law (Tokyo: Risshō Kōsei-kai)

Senchu Murano, tr., The Sutra of the Lotus Flower of the Wonderful Law (Tokyo: Nichiren Shu Headquarters)

Wm. E. Soothill, tr., The Lotus of the Wonderful Law (Oxford)

L. Hurvitz, tr., Scripture of the Lotus Blossom of the Fine Dharma (New York: Columbia University Press)

中村又衞: 現代語譯法華辭典 (平樂寺書店)

大島仲太郎: 妙法蓮華經索引 (平樂寺書店)

橫超慧日: 法華經序說 (法藏館)

久保田正文: 法華經新講 (大法輪閣)

紀野一義: 法華經の探求 (平樂寺書店)

田村芳朗: 法華經 (中央公論社)

岩本裕: インド佛教と法華經 (第三文明社)

里見岸雄: 法華經の研究 (平樂寺書店)

布施浩岳: 法華經精神史成立篇 (平樂寺書店)

•布施浩岳: 法華經成立史 (大東出版社)

渡邊楳雄: 法華經を中心にしての大乘經典の研究 (青山書院)

坂本幸男編: 法華經の思想と文化 (平樂寺書店)

橫超慧日編: 法華思想 (平樂寺書店)

橫超慧日: 法華思想の研究 (平樂寺書店)

金倉圓照編: 法華經の成立と展開 (平樂寺書店)

稻荷日宣: 法華經一乘思想の研究 (山喜房佛書林)

鈴木宗忠: 基本大乘法華佛教 (明治書院)

塩田義遜: 法華教學史の研究 (地方書院)

坂本幸男編: 法華經の中國的展開 (平樂寺書店)

b. 天台思想

日比宣正: 唐代天台學研究 (山喜房佛書林)
日比宣正: 唐代天台學序說 (山喜房佛書林)
聖嚴: 大乘止觀法門之研究 (益友出版社)
安藤俊雄: 天台性具思想論 (法藏館)
安藤俊雄: 天台學: 根本思想とその展開 (平樂寺書店)
安藤俊雄: 天台學論集—止觀と淨土 (平樂寺書店)
關口眞大校註: 摩訶止觀 (上、下, 岩波文庫)
關口眞大譯: 天台小止觀 (岩波文庫)
關口眞大: 天台小止觀の研究 (山喜房佛書林)
關口眞大: 天台止觀の研究 (岩波書店)
京戸慈光: 天台大師の生涯 (第三文明社)
佐藤哲英: 天台大師の研究 (百華苑)
L. Hurvitz, Chih-i (Mélanges chinois et bouddhique)
玉城康四郎: 心把捉の展開—天台實相觀を中心として— (山喜房佛書林)
安藤俊雄: 天台思想史 (法藏館)
福田堯頴: 天台學概論 (三省堂)
前田慧雲: 天台宗綱要 (丙午出版社)
島地大等: 天台敎學史 (明治書院)
石津照璽: 天台實相論の研究 (弘文堂書房)
佐佐木憲德: 天台敎學 (百華苑)
島地大等述: 十不二門論講義 (光融館)

上杉文秀：日本天台史（破塵閣）
望月歡厚編：近代日本の法華佛教（平樂寺書店）
望月歡厚：日蓮教學の研究（平樂寺書店）
姉崎正治：法華經の行者日蓮（博文館）
馬田行啓：日蓮上人の思想と宗教（大東出版社）
兜木正亨校註：日蓮文集（岩波文庫）
久保田正文：日蓮（講談社）

Ⅱ）華嚴經與華嚴思想

脇谷撝謙：華嚴經要義（興教書院）
吉祥眞道：平易に說いた華嚴經（中央出版社）
龜谷聖馨：華嚴大經の研究（萬里閣）
金子大榮：華嚴經概說（全人社）
坂本幸男：佛陀の智慧—華嚴經講話（平樂寺書店）
末綱恕一：華嚴經の世界（春秋社）
玉城康四郎：永遠の世界觀・華嚴經（筑摩書房）
龜谷聖馨：華嚴聖典研究（寳文館）
龜谷聖馨：華嚴聖典の哲學的根本問題（東京名教學會）
Garma C. C. Chang, The Buddhist Teaching of Totality (Pennsylvania State University Press)
F. H. Cook, Hua-yen Buddhism (Pennsylvania State University Press)
川田熊太郎、中村元編：華嚴思想（法藏館）
湯次了榮：華嚴大系（法林館）
龜谷聖馨：華嚴の哲理と相對性原理（東京名教學會）
龜谷聖馨：華嚴哲學研究（文英堂）

龜谷聖馨：華嚴哲學と泰西哲學（三省堂）

河野法雲、龜谷聖馨：華嚴發達史（名教學會）

高峰了州：華嚴思想史（興教書院）

鈴木大拙：華嚴の研究（法藏館）

坂本幸男：華嚴教學の研究（平樂寺書店）

鍵主良敬：華嚴教學序說（文榮堂書店）

石井教道：華嚴教學成立史（石井教道博士遺稿刊行會）

佐佐木月樵：華嚴教學（丁字屋）

齋藤唯信：華嚴學綱要（丙午出版社）

土田杏村：華嚴哲學小論攷（内外出版株式會社）

鈴木宗忠：原始華嚴哲學の研究（大東出版社）

龜川教信：華嚴學（百華苑）

鎌田茂雄：中國華嚴思想史の研究（東京大學出版會；此書是研究澄觀思想之專著）

方東美：華嚴宗哲學（上、下册，黎明文化事業公司）

李世傑：華嚴哲學要義（佛教出版社）

高峰了州：華嚴と禪との通路（南都佛教研究會）

龜谷天尊：金師子章講義（光融館）

鎌田茂雄：原人論（明德出版社）

鎌田茂雄：宗密教學の思想史的研究（東京大學出版會）

J.淨土與密教

I）淨土經及淨土思想

a. 淨土經

中村元、早島鏡正、紀野一義譯註：淨土三部經（上、下，岩波文庫）

荻原雲來、河口慧海等譯：梵藏和英合璧淨土三部經（大東出版社）

坪井俊映：淨土三部經概說　全（隆文館）

泉芳璟：梵文無量壽經の研究（顯眞學苑出版部）

藤堂恭俊：無量壽經論註の研究（智思院內佛教文化研究所）

成田惠門：無限の智慧と永遠の生命（漢譯《無量壽經》之現代語譯；樹海社）

池本重臣：大無量壽經の教理史的研究（永田文昌堂）

南條文雄譯：支那五譯對照梵文和譯佛說無量壽經、支那二譯對照梵文和譯佛說阿彌陀經（平樂寺書店）

藤田宏達譯：梵文和譯大無量壽經、阿彌陀經（法藏館）

b. 淨土思想

矢吹慶輝：阿彌陀佛の研究（明治書院）

中山延二：阿彌陀佛の論理的理解（百華苑）

山口益：世親の淨土論（法藏館）

石田瑞麿：往生の思想（平樂寺書店）

高峰了州：般若と念佛（永田文昌堂）

金子大榮：念佛のこころ（法藏館）

舟橋一哉：佛教としての淨土教（法藏館）

鈴木宗忠：基本大乘淨土佛教（明治書院）

加藤秀旭：淨土宗綱要（丙午出版社）

千葉良導：淨土宗乘要義（近江屋書店）
望月信亨：淨土教之研究（佛書研究會）
石井教道：淨土の教義と其教團（寶文館）
望月信亨：淨土教の起源及發達（山喜房佛書林）
石田充之：淨土教教理史（平樂寺書店）
佐佐木月樵：支那淨土教史（無我山房）
塚本善隆：支那淨土教の展開（弘文堂）
小笠原宣秀：中國淨土教學の研究（平樂寺書店）
望月信亨：中國淨土教理史（法藏館）
服部英淳：淨土教思想論（山喜房佛書林）
木村英一編：慧遠研究（二册，創文社）
龍谷大學眞宗學會編：曇鸞教學の研究（永田文昌堂）
山本佛骨：道綽教學の研究（永田文昌堂）
大原性實：善導教學の研究（明治書院）
名畑應順：迦才淨土論の研究（法藏館）
塚本善隆：唐中期之淨土教（東方文化研究所）
小笠原宣秀：中國近世淨土教史の研究（百華苑）
眞宗教學研究所編：淨土論註總索引（東本願寺出版部）
D. T. Suzuki, Shin Buddhism (New York: Harper & Row)
D. T. Suzuki, Collected Writings on Shin Buddhism (Kyoto: Shinshū Ōtani-ha)
金子大榮：經說の妙好人（法藏館；按妙好人是日本江戶時代淨土眞宗的念佛修行者）

c。親鸞及其淨土思想

赤沼智善、山邊習學：教行信證講義（法藏館）
大原性實：教行信證概說（平樂寺書店）
金子大榮：教行信證講讀（在家佛教協會）
D. T. Suzuki, tr., Kyōgyōshinshō (Kyoto: Shinshū Ōtani-ha)
Yoshifumi Ueda, ed., Letters of Shinran: A Translation of Mattōshō (Kyoto: Hongwanji International Center)
梅原猛譯註：歎異抄（講談社文庫）
多屋賴俊：歎異抄略註（法藏館）
松野純孝：親鸞—その生涯と思想の展開過程（三省堂）
廣瀨杲：親鸞のおしえ（法藏館）
野間宏：親鸞（岩波新書）
中澤見明：史上の親鸞（文獻社）
早島鏡正：親鸞入門（講談社）
山田文昭：親鸞そその敎團（法藏館）
唐澤富太郎：親鸞の世界（法藏館）
星野元豐：現代に立つ親鸞（法藏館）
岩倉政治：親鸞（法藏館）
武內義範：親鸞と現代（中央公論社）

Ⅱ）密教

大山公淳：密敎史概說と敎理（高野山大學）
松長有慶：密敎の歷史（平樂寺書店）

栂尾祥雲：秘密佛教史（高野山大學）

吉祥眞雄：印度支那密教史（二松堂書店）

A. Bhārati, The Tantric Tradition（Motilal Banarsidass）

權田雷斧：密教綱要（丙午出版社）

高神覺昇：密教概論（第一書房）

金岡秀友：密教の哲學（サーラ叢書，平樂寺書店）

宮坂宥勝：密教の眞理（高野山出版社）

密教學密教史論文集（高野山）

B. Bhattāchārya, An Introduction to Buddhist Esotericism（Varanasi）

C. Chakravarti, Tantras: Studies on their Religion and Literature（Calcutta）

S. B. Dasgupta, An Introduction to Tantric Buddhism（Calcutta）

F. D. Lessing & A. Wayman, Introduction to the Buddhist Tantric Systems（Motilal Banarsidass）

A. Mookerjee & Mulk Raj Anand, Tantra Magic（Motilal Banarsidass）

A. P. Sinnett, Esoteric Buddhism（Motilal Banarsidass）

L. P. Singh, Tantra: Its Mystic and Scientific Basis（Motilal Banarsidass）

Sudhakar Chattopadhya, Reflections on the Tantras（Motilal Banarsidass）

H. V. Guenther, The Tantric View of Life（Motilal Banarsidass）

H. V. Guenther & C. Trungpa, The Dawn of Tantra (Motilal Banarsidass)

A. Wayman, The Buddhist Tantras: Light on Indo-Tibetan Esotericism (New York)

酒井眞典: チベット密教教理の研究 (高野山出版社)

Lama Anagārika Govinda, Foundations of Tibetan Mysticism (Motilal Banarsidass)

Eva. M. Dargyay, The Rise of Esoteric Buddhism in Tibet (Delhi)

J. Blofeld, Mantras: Sacred Words of Power (Unwin Paperbacks)

J. Blofeld, The Tantric Mysticism of Tibet (New York)

酒井眞典: 大日經の成立に關する研究 (高野山出版社)

栂尾祥雲: 理趣經の研究 (高野山大學)

那須政隆: 理趣經達意 (文政堂)

金岡秀友: さとりの秘密一理趣經 (現代人の佛教9, 筑摩書房)

八田幸雄: 理趣經の現代意譯と密教教理 (高野山出版社)

H. V. Guenther, tr., The Royal Song of Saraha (Motilal Banarsidass)

法尊譯: 密宗道次第廣論 (佛教出版社)

Tsong-kha-pa, tr. by Jeffrey Hopkins, Tantra in Tibet: The Great Exposition of Secret Mantra (Motilal Banarsidass)

芙蓉良順: 卽身成佛義講義 (智山文庫)

吉原瑩覺: 卽身の哲學 (理想社)

Per Kvaerne, ed. & tr., An Anthology of Buddhist Tantric Songs (Oslo)

C. S. George, tr., The Caṇḍamahāroṣaṇa Tantra (New Haven)

H. V. Guenther, The Life and Teachings of Naropa (Oxford)

F. Lessing & A. Wayman, tr., mKhas-grub-rje's Fundamentals of the Buddhist Tantras (The Hague)

D. L. Snellgrove, The Hevajra Tantra (Oxford)

Chögyam Trungpa, Mudra (Berkeley and London: Shambala Publication Inc.)

栂尾祥雲：曼荼羅の硏究（高野山大學）

Jose & Miriam Arguelles, Mandala (Motilal Banarsidass)

G. Tucci, The Theory and Practice of the Mandala (London)

K.禪

I）禪學概論

秋月龍珉：禪入門（潮文社）

大森曹玄：禪の眞髓（教育新潮社）

柳田聖山：禪思想（中央公論社）

上田閑照：禪佛教（筑摩書房）

佐橋法龍：禪入門（三一書房）

南懷瑾：禪話（老古出版社）

D. T. Suzuki, An Introduction to Zen Buddhism (London: Rider and Company)

D. T. Suzuki, Manual of Zen Buddhism (Grove Press, Inc.)

D. T. Suzuki, The Essentials of Zen Buddhism (New York: E. P. Dutton and Co.)

D. T. Suzuki, What is Zen? (London: The Buddhist Society)

D. T. Suzuki, The Field of Zen (ed. by C. Humphreys; London: The Buddhist Society)

D. T. Suzuki, Studies in Zen (New York: a Delta Book)

D. T. Suzuki, Essays in Zen Buddhism (Series of 3 vols., London: Rider & Company)

I. Miura & R. F. Sasaki, Zen Dust (Kyoto: The First Zen Institute of America; 此書參考資料豐富，極便初學)

N. W. Ross, ed., The World of Zen (New York: Vintage Books)

T. Leggett, A First Zen Reader (Tokyo: Tuttle)

Charles Luk, Ch'an and Zen Teachings (3 vols., Rider)

E. Herrigel, The Method of Zen (tr. by R. F. C. Hull, London: Routledge and Kegan Paul)

D. T. Suzuki, The Zen Doctrine of No-mind (New York: Samuel Weiser)

Ⅱ）禪之本質及其展開

久松眞一、西谷啓治編：禪の本質と人間の眞理（創文社）

鈴木大拙監修，西谷啓治編集：講座禪（全八巻，筑摩書房;此套叢書强調禪的基本精神及其現代的意義）

第一巻　禪の立場　　第二巻　禪の實踐

第三巻　禪の歴史（中國）　第四巻　禪の歴史（日本）

第五巻　禪と文化　　第六巻　禪の古典（中國）

第七巻　禪の古典（日本）　第八巻　現代と禪

禪の語錄（二十巻，第二十巻未知名目，筑摩書房）

1. 達摩の語錄　（柳田聖山譯註）
2. 初期の禪史　Ⅰ（柳田聖山譯註）
3. 初期の禪史　Ⅱ（柳田聖山譯註）
4. 六祖壇經（中川孝譯註）
5. 神會語錄（篠原壽雄譯註）
6. 頓悟要門（平野宗淨譯註）
7. 龐居士語錄　（入矢義高譯註）
8. 傳心法要（入矢義高譯註）
9. 禪源諸詮集都序　（鎌田茂雄譯註）
10. 臨濟錄（秋月龍珉譯註）
11. 趙州錄（秋月龍珉譯註）
12. 洞山錄（飯田利行譯註）
13. 寒山詩（入谷仙介譯註）
14. 輔教篇（島田虔次譯註）
15. 雪竇頌古（梶谷宗忍譯註）
16. 十牛圖（梶谷宗忍、辻村公一共譯）
17. 大慧書（荒木見悟譯註）

18.無門關（平田高士譯註）

19.禪關策進（藤吉慈海譯註）

秋月龍珉：禪門の異流（筑摩書房）

鈴木大拙：東洋の心（春秋社）

久松眞一著作集（理想社；作者是日本著名居士，富哲學睿思，又深于修行）

第一卷	東洋的無	第二卷	絕對主體道
第三卷	覺と創造	第四卷	茶道の哲學
第五卷	禪と藝術	第六卷	經錄抄
第七卷	任運集	第八卷	破草鞋

來馬琢道編：禪宗聖典（無我山房）

Ⅲ）禪宗史

村上專精：禪宗史綱（富山房）

伊藤英三：禪思想史體系（鳳舍）

關口眞大：禪宗思想史（山喜房佛書林）

忽滑谷快天：禪學思想史（二卷，玄黃社；此書所收資料極為宏富）

今枝愛眞：禪宗の歷史（至文堂）

H. Dumoulin, A History of Zen Buddhism（tr. by P. Peachey; A. Franke AG Verlag；綜述印度、中國、日本之禪思想之演化）

孤峰智璨：印度支那禪宗史（有印海之中譯，題為"中印禪宗史"，海潮音社）

宇井伯壽：禪宗史研究（三卷，岩波書店）

鈴木大拙：禪思想史研究（二卷，岩波書店）

胡適禪學案（柳田聖山主編，正中書局翻印）

柳田聖山：初期禪宗史書の研究（法藏館）

印順：中國禪宗史（慧日講堂）

柳田聖山著，吳汝鈞譯：中國禪思想史（台灣商務印書館）

阿部肇一：中國禪宗史の研究（誠信書房）

H. Dumoulin & R. F. Sasaki, The Development of Chinese Zen after the Sixth Patriarch in the Light of Mumonkan（New York: The First Zen Institute of America）

萩須純道：日本中世禪宗史（木耳社）

孤峰智璨：日本禪宗史要

今枝愛眞：中世禪宗史の研究（東京大學出版會）

Ⅳ）中國禪

R. H. Blyth, Zen and Zen Classics（5 vols., Tokyo: Hokuseido）

Vol. Ⅰ General Introduction, From the Upanishads to Huineng

Vol. Ⅱ History of Zen

Vol. Ⅲ History of Zen（cont'd）

Vol. Ⅳ Mumonkan（《無門關》之英譯）

Vol. Ⅴ Twenty-five Zen Essays

John C. H. Wu, The Golden Age of Zen（Taipei: National War College；有吳怡之中譯，題為"禪學之黃金時代"）

巴壺天：藝海微瀾（一名"禪與詩"，廣文書局）

關口眞大：達摩大師の研究（彰國社）

關口眞大：達摩の研究（岩波書店）

陳慧劍：寒山子研究（華新出版有限公司；附寒山之詩）

B、Watson, tr., Cold Mountain (New York: Grove)

長部和雄：一行禪師の研究（神戶商科大學）

田中忠雄：人間性の探求—唐代禪僧評傳（誠信書房）

P. B. Yampolsky, tr., The Platform Sutra of the Sixth Patriarch (New York: Columbia University)

Wing-tsit Chan, tr., The Platform Scripture, The Basic Classic of Zen Buddhism (New York: St. John's University Press)

Mou-lam Wong, The Sūtra of Wei Lang (London)

澤木興道：禪とは何か—證道歌新釋（誠信書房）

澤木興道：證道歌を語る（大法輪閣）

熊澤泰禪：參同契·寶鏡三昧提唱（誠信書房）

胡適校：敦煌唐寫本神會和尚遺集（中央研究院胡適紀念館）

Y. Iriya & R. F. Sasaki, tr., The Recorded Sayings of Layman P'ang (New York: Weatherhill)

T. Cleary, tr., Sayings and Doings of Pai-chang (Los Angeles: Center Publications)

J. Blofeld, The Zen Teaching of Huang Po, on the Transmission of Mind (New York: Grove)

鈴木大拙校，秋月龍珉編：趙州禪師語錄（春秋社）

Yoel Hoffmann tr., Radical Zen: The Sayings of Jōshū (Autumn Press；此是《趙州錄》之英譯）

鏡島元隆、佐藤達玄、小坂機融：譯註禪苑清規（曹洞宗宗務廳）

中島鐵心：虛堂錄義解七卷（春秋社）

柴山全慶：十牛圖（其中堂）

N. Senzaki & S. Reps, tr., Ten Bulls (Los Angeles: Devorss)

M. H. Trevor, tr., The Ox and His Herdsman (Tokyo: Hokuseido)

Z. Shibayama, The Six Oxherding Pictures (Hamilton, N.Y.: Colgate University)

J. Blofeld, The Zen Teaching of Hui Hai, on Sudden Illumination (New York: Samuel Weiser)

Chung-Yuan Chang, Original Teachings of Ch'an Buddhism, Selected from the Transmission of the Lamp (New York: Pantheon)

岑學呂：虛雲和尚年譜（天華出版事業股份有限公司）

Kyung-bo Seo, Korean Zen Approached Through the Chodang-jip (Walnut Creek, Calif.: Cho Ke Mountain Zendo)

V) 臨濟及其禪法

朝比奈宗源譯註：臨濟錄（岩波文庫）

平野宗淨：無著道忠較訂臨濟禪師語錄（禪文化研究所）

大森曹玄：臨濟錄新講（黎明書房）

柳田聖山：訓註臨濟錄（其中堂）

柳田聖山：臨濟の家風（筑摩書房）

柴山全慶：臨濟の禪風（春秋社）

R. F. Sasaki, tr., The Recorded Sayings of Ch'an Master Lin-chi Hui-chao of Chen Prefecture (Kyoto: The Insti-

tute for Zen Studies；此是《臨濟錄》之英譯）

I. Schloegl, tr., Zen Teaching of Rinzai (Berkeley: Shambhala ； 此是《臨濟錄》之英譯）

Ⅵ) 公案禪、碧岩錄、無門關

秋月龍珉: 公案（筑摩書房）

伊藤古鑑: 禪と公案 （春秋社）

吳怡: 公案禪語（東大圖書公司；分兩部份：第一部為公案解說，第二部為《無門關》之淺註）

G. M. Kubose, Zen Koans (Chicago: Henry Ragnery)

I. Miura & R. F. Sasaki, The Zen Koan (Kyoto: The First Zen Institute of America)

蕭武桐: 禪之花—禪的公案的解說（長鯨出版社）

林明裕: 禪機（聯亞出版社）

朝比奈宗源編: 碧岩錄（全三册，岩波文庫）

T. Cleary & J. C. Cleary, tr., The Blue Cliff Record (Berkeley: Shambhala)

R. D. M. Shaw, tr., The Blue Cliff Records: The Hekigan Roku, containing 100 Stories of Zen Masters of Ancient China (London: Michael Joseph)

柴山全慶: 訓註無門關（其中堂）

Z. Shibayama, Zen Comments on the Mumonkan (New York: Harper & Row)

N. Senzaki & S. Reps, tr., The Gateless Gate (Los Angeles: John Murray)

S. Ogata, Zen Shu Mu-Mon-Kuan (Kyoto: Hanazono College)
K. Sekida, tr., Two Zen Classics: Mumonkan & Hekigan-roku (New York, Tokyo: Weatherhill)

Ⅶ) 日本禪

古田紹欽: 禪思想史論—日本禪 (春秋社)
柳田聖山: 訓註大應錄(其中堂)
佐藤泰舜校訂: 夢窗國師夢中問答(岩波文庫)
玉村竹二: 夢窗國師 (平樂寺書店)
D. T. Suzuki, Sengai, The Zen Master (London: Faber & Faber)
鈴木大拙編校: 盤珪禪師語錄 (岩波文庫)
山田無文: 白隱禪師坐禪和讚講話(春秋社)
P. B. Yampolsky, The Zen Master Hakuin (New York: Columbia University; 此是有關白隱禪者)
秋月龍珉: 鈴木大拙の言葉と思想(講談社)
秋月龍珉: 鈴木禪學と西田哲學(春秋社)

Ⅷ) 道元及其禪法

大久保道舟譯註: 道元禪師語錄(岩波文庫)
大久保道舟編: 道元の言葉 (誠信書房)
中村宗一: 正法眼藏(現代語譯全四卷, 誠信書房)
禪文化學院編: 現代譯正法眼藏 (誠信書房)
高橋賢陳譯: 正法眼藏(上、下, 理想社)
增谷文雄: 現代譯正法眼藏 (角川書店)

K. Nishiyama & J. Stevens, A Complete English Translation of Dōgen Zenji's Shōbōgenzō (Sendai: Daihokkaikaku)
山田靈林: 正法眼藏講話 (河出書房)
古田紹欽: 正法眼藏の研究 (春秋社)
田邊元: 正法眼藏の哲學私觀 (岩波書店)
R. Masunaga, tr., Introduction to Fukanzazengi (Tokyo: Seigan-in)
澤木興道: 道元禪の神髓—谿聲山色の卷講話 (誠信書房)
鏡島元隆: 道元禪師の引用經典、語錄の研究
和辻哲郎校訂: 正法眼藏隨聞記 (岩波文庫)
R. Masunaga, A Primer of Sōtō Zen: a Translation of Dōgen's Shōbōgenzō Zuimonki (Honolulu: East-West Center)
高階、和辻、保坂監修: 道元禪 (誠信書房)
1.傳と人物 2.學道入門
3.人間性 4.生活
飯田利行: 入門道元禪 (誠信書房)
高橋賢陳: 道元の實踐哲學 (理想社)
秋月龍珉: 道元入門 (講談社)
竹內道雄: 道元 (吉川弘文館)
衞藤卽應: 宗祖としての道元禪師 (岩波書店)
圭室諦成: 道元 (現代叢書10, 三笠書房)
大久保道舟: 道元禪師の研究 (岩波書店)
秋山範二: 道元の研究 (岩波書店)
高橋新吉: 道元禪師の生涯 (寶文館)

鏡島元隆：道元禪師研究序說
鏡島元隆：道元禪師とその門流（誠信書房）
Y. Yokoi, tr., Regulations for Monastic Life by Eihei Dogen (Tokyo: Sankibo)
Y. Yokoi, Zen Master Dōgen (New York: Weatherhill)
Hee-Jin Kim, Dōgen Kigen: Mystical Realist (Tucson: University of Arizona Press)

Ⅸ）禪與生活、宗教體驗

大森曹玄：參禪入門（春秋社）
山田無文：心の眼を開く（筑摩書房）
山田無文：死にともない（春秋社）
愛宮眞備著，池本志山譯：禪一悟りへの道（理想社）
山田靈林：禪と人生（河出書房）
秋山範二：禪と實踐（山喜房佛書林）
秋山範二：禪家の思想と實踐（山喜房佛書林）
關牧翁：牧翁禪話（春秋社）
關牧翁：魔禪（春秋社）
關牧翁：禪界三十年（春秋社）
宮坂哲文：禪における人間形成（評論社）
山田無文：むもん法話集（春秋社）
柴山全慶：人生禪話（春秋社）
柴山全慶：禪心茶話（春秋社）
柴山全慶：禪心禪話（春秋社）
柴山全慶編：禪畫の圓相（春秋社）

澤木興道：禪に生きる（誠信書房）
田中忠雄：生活のなかの禪（誠信書房）
田中忠雄：禪の人間像（誠信書房）
田中忠雄：禪人禪話（誠信書房）
南懷瑾：習禪錄影（老古出版社）
南懷瑾：禪海蠡測（老古出版社）
K. Sekida, Zen Training: Methods and Philosophy (New York and Tokyo: Weatherhill)
K. Nukariya, Principles of Practice & Enlightenment of the Soto Sect, and the Method of Practising Zazen (Tokyo: Komeisha)
S. Ogata, A Guide to Zen Practice (Kyoto: Bukkasha)
Z. Shibayama, A Flower Does not Talk (Rutland: Charles E. Tuttle)
D. T. Suzuki, Training of the Zen Buddhist Monk (New York)
D. T. Suzuki, Living by Zen (London: Rider & Company)
Chen-chi Chang, The Practice of Zen (New York: Harper)
S. Kuzunishi & K. Sato, The Zen Life (tr. by R. Victoria, New York, Tokyo, Kyoto: Weatherhill / Tankosha)
R. Masunaga, Zen for Daily Living (Tokyo: Shunjusha)
K. Uchiyama, Approach to Zen: The Reality of Zazen (San Francisco: Japan Publications)
Janwillem van de Wetering, A Glimpse of Nothingness: Experiences in an American Zen Community (London: Rout-

ledge and Kegan Paul)

G. Tokiwa, A Dialogue on the Contemplation-Extinguished (Kyoto: The Institute for Zen Studies)

Paul Reps, compiler, Zen Flesh, Zen Bones (Tokyo: Charles E. Tuttle ; 這是五本小書的結合, 禪肉禪骨卽是以文字勝相來表示的禪, 這是表面工夫, 不是禪髓的內裏工夫 (不能言詮的))

Jiyu Kennett, Zen is Eternal Life (Emeryville)

Frederick Franck, The Zen of Seeing, Seeing / Drawing as Meditation (New York)

I. Schloegl, The Wisdom of the Zen Masters (London: Sheldon Press)

Philip Kapleau, ed., The Three Pillars of Zen: Teaching, Practice, Enlightenment (New York: Harper & Row)

S. Holmes & C. Horioka, Zen Art for Meditation (Tokyo, Rutland, Vermont: Charles Tuttle Co.)

Alan W. Watts, The Way of Zen (New York: Vintage Book)

C. Hyers, Zen and the Comic Spirit (Rider & Co. Ltd.: London and the Westminster Press)

T. Merton, Mystics and Zen Masters (New York)

李紹崑: 彌爾敦與禪道 (台灣學生書局)

D. Goddard, A Buddhist Bible (Boston: Beacon)

古田紹欽: 近世の禪者たち (春秋社)

田中忠雄: 禪と現代人 (誠信書房)

佐藤幸治: 禪のすすめ (講談社)

飯塚關外: 禪のこころ (講談社)

P. Wienpahl, Zen Diary (Motilal Banarsidass)
Trevor Leggett, Zen and the Ways (Motilal Banarsidass)
Koji Sato, Zen Life (Motilal Banarsidass)
P. J. Saher, Zen-Yoga (Motilal Banarsidass)

X)禪與佛教、文化、藝術

印順：淨土與禪（妙雲集下編之四）
N. Senzaki & other, ed. & tr., Buddhism and Zen (New York: Philosophical Library)
D. T. Suzuki, Zen and Japanese Buddhism (Tokyo: Japanese Tourist Bureau)
南懷瑾：禪宗叢林制與中國社會（老古出版社）
D. T. Suzuki, Zen and Japanese Culture (New York: Pantheon Books, Bollingen Series)
荻須純道編：禪と日本文化の諸問題（平樂寺書店）
山田靈林：日本人の生死觀と禪（至文堂）
福嶋俊翁編：禪と東洋思想の諸問題（平樂寺書店）
S. Ogata, Zen for the West (London: Rider)
Van Meter Ames & Betty Ames, Japan and Zen (Cincinnati)
E. Fromm, D. T. Suzuki, R. De Martino, Zen Buddhism and Psychoanalysis (Harper & Brothers)
Shin'ichi Hisamatsu, Zen and Fine Art (tr. by Gishin Tokiwa, Tokyo: Kodansha International Ltd.)
Yasuichi Awakawa, Zen Painting (tr. by J. Bester, Kodansha International Ltd.)

H. Munsterberg, Zen and Oriental Art (Rutland, Vt.: Charles Tuttle)

大森曹玄：劍と禪（春秋社）

E. Herrigel, Zen in the Art of Archery (London: Routledge and Kegan Paul)

G. Herrigel, Zen in the Art of Flower Arrangement (London: Routledge and Kegan Paul)

伊藤古鑑：茶と禪（春秋社）

中西政次：弓と禪（春秋社）

大森曹玄：書と禪（春秋社）

杜松柏：禪學與唐宋詩學（黎明出版社）

L.佛教與思想

I）佛家邏輯（因明學）

K. N. Jayatilleke, Early Buddhist Theory of Knowledge (London: George Allen & Unwin Ltd.)

村上專精、境野黃洋：佛教論理學（丙午出版社）

武邑尚邦：佛教論理學の研究（百華苑；所用資料主要是窺基者，略嫌陳舊）

佐伯良謙：因明作法變遷と著述（法隆寺）

R. S. Y. Chi, Buddhist Formal Logic (London)

陳大齊：印度理則學（中華大典編印會；說理明晰，但主要是講佛家因明，且只據窺基資料）

霍韜晦：佛家邏輯研究（佛光出版社）

北川秀則：インド古典論理學の研究（鈴木學術財團；此是陳那《集量論》論邏輯部份之專門研究）

M. Hattori, Dignāga on Perception (Harvard Oriental Series Vol. 47；此是陳那《集量論》論知識部份之專門研究）

宇井伯壽：陳那著作の研究（岩波書店）

H. N. Randle, Fragments from Dignāga (London)

G. Tucci, Pre-Diṅnāga Buddhist Texts on Logic from Chinese Sources (Gaekwad's Oriental Series XLIX, Baroda Oriental Institute)

G. Tucci, The Nyāyamukha of Dignāga: the Oldest Buddhist Text on Logic (Heidelberg, Germany)

慧圓：因明入正理論講義（佛教出版社）

熊十力：因明大疏刪注（廣文書局）

陳大齊：因明入正理論悟他門淺釋（台灣中華書局）

Th. Stcherbatsky, Buddhist Logic (2 vols., New York: Dover Publications, Inc.；上册闡述因明學的理論，下册則是法稱的《正理一滴》及法上的註釋的英譯。此是一劃時代的巨著，同類書中，無出其右）

R. Gnole, The Pramāṇavārttikam of Dharmakīrti, the first Chapter with the Autocommentary, Text and Critical Notes (Serie Orientale Roma)

Nagin J. Shah, Akalaṅka's Criticism of Dharmakīrti's Philosophy (Ahmedabad: L. D. Institute of Indology)

梶山雄一譯註：論理のことば（中央公論社；按此是脫作護因明學著述之翻譯）

Y. Kajiyama, An Introduction to Buddhist Philosophy

(Memoirs of the Faculty of Letters, Kyoto University; 此是上一書之英文本)

A. C. Senape Mc Dermott, An Eleventh-Century Buddhist Logic of 'Exists', Ratnakīrti's Kṣaṇabhaṅgasiddhiḥ Vyatirekātmikā (Dordrecht-Holland)

Ⅱ)佛教心理學

Mrs. Rhys Davids, The Birth of Indian Psychology and its Development in Buddhism (London)

水野弘元: パーリ佛教を中心とした佛教の心識論(山喜房佛書林; 此書所據資料, 是南傳佛教者)

佐佐木現順: 佛教心理學の研究(日本學術振興會)

H. V. Guenther, Philosophy and Psychology in the Abhidharma (Berkeley: Shambhala)

Lama Anagārika Govinda, The Psychological Attitude of Early Buddhist Philosophy (London: Rider & Co.)

勝又俊教: 佛教における心識說の研究(山喜房佛書林; 此書主要以唯識學說為中心而展開論述)

黑田亮: 唯識心理學(小山書店)

H. V. Guenther, tr., Mind in Buddhist Psychology, a Treatise by Ye-shes rgyal-mtshan (Emeryville)

Ⅲ)佛教倫理

現代佛教思想研究會編: 大悲の源流―人間回復への思索(誠信書房)

中野義照: 密教の信仰と倫理(教育新潮社)

橋本凝胤：佛教の人間觀（講談社）

井上善右衞門：佛教の倫理學的研究（百華苑）

桐村泰次：佛法と人間の生き方（第三文明社）

日本佛教學會編：佛教における信の問題（平樂寺書店）

日本佛教學會編：佛教における行の問題（平樂寺書店）

日本佛教學會編：佛教における證の問題（平樂寺書店）

日本佛教學會編：佛教における戒の問題（平樂寺書店）

日本佛教學會編：佛教の人間觀（平樂寺書店）

Roderick Hindery, Comparative Ethics in Hindu and Buddhist Traditions (Motilal Banarsidass)

佛教思想研究會編：愛（佛教思想Ⅰ）（平樂寺書店）

佛教思想研究會編：惡（佛教思想Ⅱ）（平樂寺書店）

Ⅳ）東西方思想中的佛教

S. Radhakrishnan, ed., History of Philosophy, Eastern and Western (2 vols., London: George Allen & Unwin)

唐君毅：生命存在與心靈境界（上、下冊，台灣學生書局；論佛教為我法二空境，極精彩）

K. Nishida, Intelligibility and the Philosophy of Nothingness (tr. by R. Schinzinger, Tokyo)

川田熊太郎：佛教と哲學（平樂寺書店）

山內得立：ロゴスとレンマ（岩波書店；此是討論認識與思考方法問題）

西谷啓治：根源的主體性の哲學（弘文堂）

西谷啓治：宗教とは何か（創文社；此書就佛教立場而論宗教問題）

E. Rice, Eastern Definitions (New York: Doubleday ；解釋

東方思想的重要名相）

E. Rice, The Five Great Religions（A Bantam Book；簡述印度教、佛教、猶太教、伊斯蘭教、基督教）

中村延二：矛盾的相即の論理（百華苑）

三枝充悳：東洋思想と西洋思想—比較思想序論（春秋社）

増谷文雄：東洋思想の形成（富山房；主要就佛教而說東方思想）

末木剛博：東洋の合理思想（講談社；此書專論東方人的邏輯思考）

馮友蘭：新知言（滙文閣書店；此書第九章專論禪宗的方法）

中村元：東西文化の交流（春秋社）

中村元：東洋人の思惟方法（共四卷，春秋社；此書把東方思想分爲印度、中國、西藏、日本四個系統）

H. Nakamura, Ways of Thinking of Eastern Peoples: India, China, Tibet, Japan（Honolulu: University of Hawaii Press；此是上一書之簡要翻譯）

Raymond van Over, ed., Eastern Mysticism（2 vols., New American Library）

Charles A. Moore, ed., Essays in East-West Philosophy（Honolulu: University of Hawaii Press）

F. S. C. Northrop, The Meeting of East and West（London: Collier-Macmillan Ltd.）

宇野精一、中村元、玉城康四郎編集：

講座東洋思想（全十卷，東京大學出版會）

第一卷　インド思想　　第二卷　中國思想 I

第三卷　中國思想 II　　第四卷　中國思想 III

第五卷　佛教思想 I　　第六卷　佛教思想 II

第七卷　イスラムの思想　　　第八卷　東洋と西洋 I
（此是論伊斯蘭思想者）　　　第九卷　東洋と西洋 II
第十卷　東洋思想の日本的展開

印順：我之宗敎觀（妙雲集下編之六）

鈴木大拙：鈴木大拙全集（三十二卷，岩波書店；以論禪及淨土文字最多）

梅原猛：美と宗敎の發見（講談社文庫）

梅原猛：哲學する心（講談社文庫）

館凞道：宗敎哲學における悪の研究（山喜房佛書林）

金岡秀友：死（東京堂；此書以佛敎思想作背景而論死之問題）

Charles A. Moore, ed., <u>The Japanese Mind: Essentials of Japanese Philosophy and Culture</u> (Honolulu: University of Hawaii Press)

Dorothea W. Dauer, <u>Schopenhauer as Transmitter of Buddhist Ideas</u> (Berne: Herbert Lang & Co.)

A. Matsunaga, <u>The Buddhist Philosophy of Assimilation</u> (Tokyo)

V）印度思想中的佛教

宇井伯壽：印度哲學研究（六卷，岩波書店；此中有相當部份為研究佛教者，學術價值極高）

宇井伯壽：印度哲學史（岩波書店）

金倉圓照：インド哲學史（平樂寺書店；篇幅不多，但對每派思想都有簡明的敘述）

周祥光：印度哲學史（國防研究院；分印度哲學之泉源及印度哲學之派別兩部，內容豐富，敘述稍嫌欠缺明晰）

Surendranath Dasgupta, A History of Indian Philosophy（5 vols., Motilal Banarsidass；考證甚詳）

E. Frauwallner, History of Indian Philosophy（2 vols., tr. by V. M. Bedekar, Motilal Banarsidass）

Chandradhar Sharma, A Critical Survey of Indian Philosophy（Motilal Banarsidass）

Charles A. Moore, ed., The Indian Mind: Essentials of Indian Philosophy and Culture（Honolulu: University of Hawaii Press）

金倉圓照：印度哲學入門（百華苑）

金倉圓照：印度古代精神史（岩波書店）

金倉圓照：印度中世精神史（岩波書店）

金倉圓照：印度精神文化の研究（岩波書店）

P. T. Raju, Idealistic Thought of India（London: George Allen and Unwin）

松尾義海：印度の論理學（弘文堂）

宇井伯壽、渡邊照宏：印度の論理學（隆文館）

D. Sharma, The Differentiation Theory of Meaning in Indian Logic（Mouton & Co.）

Satis Chandra Vidyabhusana, A History of Indian Logic（Motilal Banarsidass；此是敍述同類問題之開山著作）

Sukhlalji Sanghavi, Advanced Studies in Indian Logic and Metaphysics（Calcutta: Indian Studies）

J. Sinha, Indian Epistemology of Perception（Motilal Banarsidass）

インド古典研究 Acta Indologica（成田山新勝寺；佛學譯著及論

文，佔重要部份，包括渡邊照宏所譯的《正理一滴》）

中村元：インド思想の諸問題（春秋社）

中村元編：自我と無我（平樂寺書店；論述印度思想與佛教的根本問題）

雲井昭善：佛教興起時代の思想研究（平樂寺書店）

金倉圓照：印度哲學の自我思想（大藏出版社）

Ⅵ）中國思想中的佛教

熊十力：十力語要（廣文書局；其中多處論及佛學，語多精闢）

熊十力：十力語要初續（樂天出版社）

馮友蘭：中國哲學史（太平洋圖書公司）

Yu-lan Fung, A History of Chinese Philosophy (2 vols., Princeton University Press)

勞思光：中國哲學史（中卷，崇基學院；有專章論佛學，論述十二因緣，尤為精彩）

唐君毅：中國哲學原論—原性篇（台灣學生書局；收入中國佛學論文多篇）

唐君毅：中國哲學原論—原道篇卷三（台灣學生書局；其中收入中國佛學論文多篇，論天台判教部份，尤多創意）

牟宗三：智的直覺與中國哲學（台灣商務印書館；其中收入一些中國佛學文字）

牟宗三：心體與性體（上册，正中書局；其中有附錄：佛家體用義之衡定）

牟宗三：現象與物自身（台灣學生書局，其中論及中國佛學，極精彩）

張曼濤：佛教思想文集（獅子吼月刊社）

曉雲等：佛教與時代（華岡出版部）

Wm. Th. de Bary, ed., Sources of the Chinese Tradition

(Columbia University Press)

Charles A. Moore, ed., The Chinese Mind (Honolulu: University of Hawaii Press)

Wing-tsit Chan, A Source Book in Chinese Philosophy (Princeton University Press)

Thomé H. Fang, The Chinese View of Life (Hong Kong: The Union Press)

D. Howard Smith, Chinese Religions (London: Weidenfeld and Nicolson)

VII) 佛教與他教之比較研究

Kashi N. Upadhaya, Early Buddhism and the Bhagavadgita (Motilal Banarsidass)

J. L. Metha & others, ed., Vedanta and Buddhism (Motilal Banarsidass)

C. Sharma, Dialectic in Buddhism and Vedānta (Banaras: Nand Kishore & Brothers)

M. Sprung, ed., The Problem of Two Truths in Buddhism and Vedanta (Holland: D. Reidel Publishing)

J. G. Jennings, The Vedantic Buddhism of the Buddha (Cambridge)

熊十力: 新唯識論（廣文書局; 此是透過佛教以凸顯儒家）

熊十力: 新唯識論與破破新唯識論 （河洛出版社）

荒木見悟: 佛教と儒教（平樂寺書店）

道端良秀: 佛教と儒教倫理 （平樂寺書店）

堀堅士：佛教とキリスト教（第三文明社）

增谷文雄：佛教とキリスト教の比較研究（青山書院）

F. Masutani, A Comparative Study of Buddhism and Christianity (Tokyo: Bukkyo Dendo Kyokai)

D. A. Graham, Conversations: Christian and Buddhist (London: Collins; 作者為一基督徒，此書是他于 1967 年訪問日本與該國佛教學者及禪僧的對談的記錄)

W. Johnston, Silent Music (Fontana / Collins; 此是論瞑想問題的專著，亦涉及禪)

W. Johnston, The Inner Eye of Love (Harper & Row; 此是論神秘主義與宗教，涉及西方與佛教的遇合問題)

D. T. Suzuki, Mysticism: Christian and Buddhist (New York: Harper & Brothers)

Chai-Shin-Yu, Early Buddhism and Christianity-A Comparative Study (Motilal Banarsidass)

西谷啓治：神と絕對無（創文社）

山口諭助：空と辯證法（理想社）

Ernst Benz, Buddhism or Communism (Garden City, N. Y. : Doubleday and Co.; 考究佛教在亞洲國家的新的地位與作用)

M.佛教文化

I）佛教修證

印順：成佛之道（妙雲集中編之五）

姉崎正治：現身佛と法身佛（明治書院）
佐佐木現順：解脫道論（法藏館）
山口益：動佛と靜佛—佛教における實踐の體系（理想社）
山口益：心清淨の道（理想社）
增田英男：佛教思想の求道的研究（創文社）
Nyanaponika Thera, The Heart of Buddhist Meditation (Motilal Banarsidass)
Tarthang Tulku, Gesture of Balance: A Guide to Buddhist Meditation (Motilal Banarsidass)
Hari Prasad Shastri, Meditation-Its Theory and Practice (Motilal Banarsidass)
G. Grimm, Buddhist Wisdom: The Mystery of the Self (Motilal Banarsidass)
Richard H. Robinson, The Buddhist Religion (Belmont, California: Dickenson Publishing Co. Ltd.)
Paul Lévy, Buddhism, A "Mystery Religion"? (London)
Lama Anagārika Govinda, Creative Meditation and Multi-Dimensional Consciousness (Unwin Paperbacks；作者是當代最卓越的瞑想修行者之一)
日本佛教學會編：佛教における神秘思想（平樂寺書店）
日本佛教學會編：佛教における三昧思想（平樂寺書店）

Ⅱ）佛教戒律

N. Dutt, Early Monastic Buddhism (Motilal Banarsidass)

石井米雄：戒律の救い—小乘佛教（世界の宗教第八巻，淡交社）
平川彰：律藏の研究（山喜房佛書林）
芳村修基編：佛教教團の研究（百華苑）
T. W. Rhys Davids & H. Oldenberg, ed., Vinaya Texts (3 vols., Motilal Banarsidass)
A. C. Bannerjee, ed., Two Buddhist Vinaya Texts in Sanskrit (Motilal Banarsidass)
Gustav Roth, Bhikṣuṇī-Vinaya (Patna: K. P. Jayaswal Research Institute)
聖嚴：戒律學綱要（天華出版事業公司）
P. V. Bapat, in collaboration with A. Hirakawa, A Chinese Version by Saṅghabhadra of Samantapāsādikā (Poona: Bhandarkar Oriental Research Institute; Samantapāsādikā 卽是"善見毗婆沙")
B. C. Law, Life and Work of Buddhaghosa (Motilal Banarsidass)
F. Max Müller & T. Rogers, Buddhaghosha's Parables (Motilal Banarsidass)
W. Pachow, A Comparative Study of the Prātimoksha (Santiniketan : The Sino-Indian Cultural Society)
W. Pachow & Ramakanta Mishra, The Prātimokṣa-sūtra of the Mahāsaṅghikas (Allahabad: Ganganatha Jha Research Institute)
Charles S. Prebish, Buddhist Monastic Discipline, the Sanskrit Prātimokṣa Sūtra of the Mahāsaṃghikas and

Mūlasarvāstivādins (Pennsylvania University Press)
大野法道：大乘戒經の研究（理想社）

Ⅲ）佛教文學

M. Winternitz 原著，中野義照、大佛衞共譯：印度佛教文學史（丙午出版社）
J. K. Nariman, Literary History of Sanskrit Buddhism (Motilal Banarsidass)
岩本裕：佛傳文學、佛教說話（讀賣新聞社）
岩本裕：佛教說話研究序說（法藏館）
增谷文雄：佛教百話（筑摩書房）
深浦正文：新稿佛教文學（春秋社）
增谷文雄：經典のことば（修道社）
常任俠選註：佛經文學故事選（中華書局）
魯迅標點：百喻經（文學古籍刊行社）
E. W. Burlingame, Buddhist Legends (3 vols., Harvard Oriental Series)
談錫永：摩登女（明河社；此是用現代文學手筆重寫佛教文學故事）

Ⅳ）佛教藝術

高田修：佛像の起源（岩波書店）
佐和隆研：佛像の流轉（法藏館）
D. L. Snellgrove ed., The Image of the Buddha (Motilal Banarsidass)
B. Bhattacharya, Indian Buddhist Iconography (Motilal

Banarsidass)

A. Grünwedel, Buddhist Art in India (London)

A. Foucher, Beginning of Buddhist Art and Other Essays (Motilal Banarsidass)

N. K. Bhattsaali, Iconography of Buddhist and Brahmanical Sculptures in Dacia Museum (Motilal Banarsidass)

A. Rea, South Indian Buddhist Antiquities (Motilal Banarsidass)

高田修: 印度南海の佛教美術 (創藝社)

J. Burgess, Buddhist Cave Temples and their Inscription (Varanasi)

J. Marshall, The Buddhist Art of Gandhāra (London)

常盤大定: 支那佛教史蹟 (五卷, 東京)

中國佛教協會編: 中國佛教畫集 (民族出版社)

長廣敏雄編: 中國の石窟寺 (世界の文化史蹟七, 講談社)

S. Mizuno & T. Nagahiro, ed., Yün-kang, the Buddhist Cave-temples of the Fifth Century A. D. in North China (Kyoto)

J. LeRoy Davidson, The Lotus Sutra in Chinese Art (New Haven)

Jōji Okazaki, Pure Land Buddhist Painting (tr. by E. ten Grotenhuis, Tokyo: Kodansha)

Yasutada Watanabe, Shinto Art (Motilal Banarsidass)

Haruki Kageyama, Arts of Shinto (Motilal Banarsidass)

姜亮夫: 敦煌—偉大的文化寶藏 (上海)

蘇瑩輝：敦煌論集（台灣學生書局）
北川桃雄：敦煌美術の旅（雪華社）
芳村修基編集：西域文化研究第五·中央アジアの佛教美術（法藏館）
M. Bussagli, Painting of Central Asia (tr. by L. Small, London: A. Zwemmer Ltd.)
H. Karmay, Early Sino-Tibetan Art (Warminster)
Pratapaditya Pal, The Art of Tibet (New York)
M. Singh, Himalayan Art (London)
C. Trungpa, Visual Dharma: The Buddhist Art of Tibet (Motilal Banarsidass)
F. Lessing, Yung-Ho-Kung: An Iconography of the Lamaist Cathedral of Peking (Stockholm)
D. I. Lauf, Tibetan Sacred Art: The Heritage of Tantra (Berkeley: Shambhala)

V）佛教與社會

Allan Dahlaquist, Megasthenes and Indian Religion (Motilal Banarsidass)
A. Getty, The Gods of Northern Buddhism (Tokyo)
L. M. Joshi, Studies in the Buddhistic Culture of India (Motilal Banarsidass)
吳永猛：中國佛教經濟發展之研究（文津出版社）
日本佛教學會編：佛教と社會の諸問題（平樂寺書店）
日本佛教學會編：佛教と教育の諸問題（平樂寺書店）

日本佛教學會編：佛教と政治・經濟（平樂寺書店）
竹田聽洲：民俗佛教と祖先信仰（東京大學出版會）
S. Beal, Si-Yu Ki, Buddhist Records of the Western World（2 vols., London）
I. B. Horner, Women under Primitive Buddhism（Motilal Banarsidass）
H. Domoulin, ed., Buddhism in the Modern World（New York: Collier Books；此書是就文化、政治、宗教各方面論佛教在各有關國家之表現。此等國家包括斯里蘭卡、印度、緬甸、泰國、高棉、印尼、中國、越南、馬來西亞、韓國、日本、喜馬拉雅山地帶及西方世界）

VI）佛教史地（印度、中國、西藏）

B. C. Law, Geography of Early Buddhism（Motilal Banarsidass）
T. W. Rhys Davids, Buddhist India（London）
R. L. Mitra, Buddha Gaya（Motilal Banarsidass）
R. K. Mookerji, Asoka（Motilal Banarsidass）
K. Murthy, Nagarjunakonda（Motilal Banarsidass）
A. Ghosh, Nālandā（New Delhi）
中村元編：インド佛蹟とヒンドウー寺院（世界の文化史蹟五，講談社）
Sukunar Dutta, Buddhist Monks and Monasteries of India（Motilal Banarsidass）
T. Watters, On Yuan Chwang's Travels in India（London）

足立喜六：法顯傳—中亞、印度、南海紀行の研究（法藏館）
S. Beal, tr., Travels of Fa Hian and Sung-yun (London)
岑仲勉：佛教天竺記考釋（人人文庫，台灣商務印書館）
印順：佛教史地考論（妙雲集下編之九）
R. F. Johnston, Buddhist China (London)
范祥雍：洛陽伽藍記校註（古籍出版社）
東初：中日佛教交通史（中華大典編印會）
東初：中印佛教交通史（中華佛教文化館）
D. Snellgrove & H. Richardson, A Cultural History of Tibet (New York)
R. A. Stein, Tibetan Civilization (Stanford)
S. C. Das, Contributions on the Religion and History of Tibet (New Delhi)
佐藤長：古代チベット史研究（上、下，東洋史研究會）
楠基道：上世西藏史考（永田文昌堂）
王沂暖譯：西藏王統記（商務印書館）
青木文教：西藏（芙蓉書房）
多田等觀：チベット（岩波書店）
長澤和俊：チベット・極奧アジアの歷史と文化（校倉書房）
W. D. Shakabpa, Tibet: A Political History (New Haven)
A. Ferrari, tr., Mk'yen Brtse's Guide to the Holy Places of Central Tibet (Rome)
Turrell V. Wylie, tr., The Geography of Tibet According to the Dzam-gling rgyas-bshad (Rome)
F. De Filippi, An Account of Tibet: The Travels of Ip-

polito Desideri (Taipei)

J. Macgregor, Tibet: A Chronicle of Exploration (London: Routledge & Kegan Paul)

T. L. Shen & S. Ch. Lin, Tibet and the Tibetans (Stanford & London)

G. Tucci, Tibet, Land of Snow (London)

W. W. Rockhill, Land of the Lamas (Taipei)

P. Carrasco, Land and Polity in Tibet (Seattle)

The Fourteenth Dalai Lama, My Land and My People (New York)

L. A. Waddell, Lhasa and its Mysteries (Taipei)

Perceval London, Lhasa: The Mysterious City

S. C. Das, Journey to Lhasa and Central Tibet (New Delhi)

陳寅恪: 陳寅恪先生文史論集 (上、下卷, 文文出版社; 此中收入佛學考證文字多篇, 學術水平甚高)

N.佛教文獻學與方法論

I)佛學辭典

a. 佛學一般辭典

織田得能編: 佛教大辭典 (大倉書店)

丁福保編: 佛學大辭典 (四冊, 華嚴蓮社影印; 以織田辭典為藍本而編

成，收入資料多，但缺乏分析性）

望月信亨監修、主編：佛教大辭典（增訂版，1—10冊，台灣地平線出版社翻印；收入資料極為繁富，為規模最大之佛教辭典）

龍谷大學編：佛教大辭彙（1—7冊，台灣地平線出版社翻印）

宇井伯壽監修：佛教辭典（大東出版社；資料多，但無辭彙索引，查閱不易）

多屋賴俊、横超慧日、舟橋一哉編：佛教學辭典（法藏館）

池田大作監修：佛教哲學大辭典（1—5冊，注重現代學問語彙）

中村元著：佛教語大辭典（上、下、別卷，東京書籍刊；注重詞彙之梵文、巴利文、藏文之原語及翻譯語，解釋現代化，索引系統完備）

中村元監修：新佛教辭典（誠信書房）

Japanese-English Buddhist Dictionary（Tokyo: Daito Publishing Comp.；佛教詞彙選自宇井伯壽之辭典，略嫌簡單，適合一般性用）

Nyanatiloka, Buddhist Dictionary（Colombo: Island Hermitage Publication No. 1, Frewin & Co. Ltd.）

G. P. Malalasekera, ed., Encyclopaedia of Buddhism

仁愿法師等編集：漢梵英泰佛學辭典（初發印務局）

b. 個別學派辭典

E. Conze, Materials for a Dictionary of the Prajñāpāramitā Literature（Tokyo: Suzuki Research Foundation）

駒澤大學禪學大辭典編纂所編：禪學大辭典（上、下、別卷，台灣地平線出版社翻印；最詳盡之禪學辭典，附有西歐語譯禪籍要覽、禪籍分類要覽、禪宗史年表、禪宗法系譜等多項）

山田孝道編：禪宗辭典

神保如天編：禪學辭典

E. Wood, Zen Dictionary (Penguin Books ；此書極嫌簡單)

塚本善隆編：淨土宗大辭典（山喜房佛書林）

佐和隆研編：密教辭典 （法藏館）

赤沼智善編：印度佛教固有名詞辭典（法藏館；學術性高，但只限于原始時期）

W. E. Soothill & Levis Hodous, A Dictionary of Chinese Buddhist Terms (London: K. Paul, Trench, Trubner & Co.)

E. J. Eitel, Handbook of Chinese Buddhism (Tokyo)

c. 佛學典籍辭典

小野玄妙監修：佛書解說大辭典（增補版，1—14冊，台灣地平線出版社翻印；附有篇幅浩繁之佛教經典總論）

水野弘元監修，中村元、平川彰、玉城康四郎主編：佛典解題事典（增補本，台灣地平線出版社翻印；所收資料包括一切經，印度、西藏、中國、日本方面佛教典籍，及印度聖典，並附有佛書簡介）

d. 佛學關係辭典（此非純粹之佛學辭典，但却提供豐富之佛學方面之資料）

下中邦彥編集：哲學事典（平凡社；西方哲學、印度哲學、中國哲學三面並重，佛學方面資料，很可參考）

小口偉一、崛一郎監修：宗教學辭典（東京大學出版會）

任繼愈主編：宗教詞典（上海辭書出版社）

前嶋信次、加藤九祚編：シルクロード事典（芙蓉書房；此是有關

絲綢之路卽西域之事典）

貝塚茂樹等編集：アジア歷史事典（1－10册，平凡社；為亞洲歷史事典，收入大量有關佛教之資料）

荻原雲來等編纂：漢譯對照梵和大辭典（1－16册，鈴木學術財團；收入極多佛教辭彙，附有梵文文法之詞類分析，並有漢譯對照及辭彙之出處）

榊亮三郎編：翻譯名義大集Mahāvyutpatti（二册，眞言宗京都大學）

U. Wogihara, ed., The Sanskrit-Chinese Dictionary of Buddhist Technical Terms (Tokyo: Sankibo；此書基於《翻譯名義大集》而編成）

Ⅱ）佛學研究與方法論

印順：以佛法研究佛法（妙雲集下編之三）

金岡秀友：佛典の讀み方（大法輪閣；注重大乘佛典，並附有主要文獻目錄）

岩本裕：日常佛教語（中央公論社）

深浦正文：新稿佛教研究法

呂澂：佛教研究法（文粹閣；此書參考深浦正文之書寫成，甚扼要）

吳汝鈞：佛學研究方法論（台灣學生書局）

渡邊海旭：歐米の佛教（丙午出版社；所收資料略嫌陳舊）

馮蒸：國外西藏研究概況（中國社會科學出版社；所收資料為1949－1978年者）

William Peiris, The Western Contribution to Buddhism (Motilal Banarsidass；此書特別强調小乘研究方面之零碎資料）

鷹谷俊之：東西佛教學者傳

R. C. Pandeya, Buddhist Studies in India（Motilal Banarsidass）

Ⅲ）佛典目錄學、佛典研究

常盤大定：後漢より宋齊に至る譯經總錄（東京）

馮承鈞：歷代求法翻經錄（商務印書館）

呂澂：新編漢文大藏經目錄（齊魯書社）

B. Nanjio, A Catalogue of the Buddhist Tripitaka（Oxford :Clarendon Press）

F. Chandhuri, Tibetan Bibliography（Calcutta）

A. F. R. Hoernle, Manuscript Remains of Buddhist Literature Found in Eastern Turkestan（Oxford: University Press）

山田竜城：梵語佛典の諸文献（平樂寺書店）

龍谷大學圖書館編：佛教學關係雜誌論文分類目錄（自昭和6年至昭和30年，百華苑）

龍谷大學佛教學研究室編：佛教學關係雜誌論文分類目錄（昭和31年1月至昭和44年12月，永田文昌堂）

陳垣：中國佛教史籍概論（中華書局）

龍谷大學佛教學會：佛教文献の研究（百華苑）

呂澂：佛典泛論（九思出版社；此書就佛典之構成、流傳、翻譯、重編、印刻而論述，並附有主要之參考書籍及論文）

椎尾弁匡：佛教經典概說（三康文化研究所）

長井眞琴：根本佛典の研究（天地書房）

渡邊照宏: お經の話 (岩波新書)
月輪賢隆: 佛典の批判的研究 (百華苑)
宇井伯壽: 大乘佛典の硏究 (岩波書店)
望月信亨: 佛教經典成立史論 (法藏館)
梁啓超: 佛學研究十八篇 (台灣中華書局)
道安: 中國大藏經翻譯刻印史 (盧山出版社)
道安: 中國大藏經雕刻史話 (盧山出版社)

Ⅳ) 巴利文、梵文研究資料

a. 巴利文文法書、讀本:

長井眞琴: 獨習巴利語文法 (山喜房佛書林)
水野弘元: パーリ語文法 (山喜房佛書林)
水野弘元: パーリ語佛教讀本 (山喜房佛書林)

b. 巴利文辭典:

Robert Caesar Childers, Dictionary of the Pali Language (Motilal Banarsidass)
T. W. Rhys Davids & William Stede, Pali-English Dictionary (London: Pali Text Society)

c. 梵文文法書、讀本:

岩本裕: サンスクリット文法綱要 (山喜房佛書林; 注重圖表式的解釋, 方便利用)
荻原雲來: 實習梵語學 (明治書院)

A. A. Macdonell, A Sanskrit Grammar for Students (London)

M. Coulson, Sanskrit: An Introduction to the Classical Language (Teach Yourself Books, Hodder and Stoughton)

E. D. Perry, A Sanskrit Primer (New York: Columbia University Press ；附有習題，以便學習)

吳汝鈞編：梵文入門（彌勒出版社）

J. S. Speijer, Sanskrit Syntax (Motilal Banarsidass)

W. D. Whitney, A Sanskrit Grammar, including both the Classical Language and the Older Dialects of Veda and Brāhmaṇa (Cambridge, Mass.)

W. D. Whitney, The Roots, Verb-Forms and Primary Derivatives of the Sanskrit Language (Motilal Banarsidass)

M. R. Kale, A Higher Sanskrit Grammar (Motilal Banarsidass)

H. Nakamura, A Companion to Contemporary Sanskrit (Motilal Banarsidass)

F. Edgerton, Buddhist Hybrid Sanskrit, Grammar and Dictionary (2 vols., Motilal Banarsidass)

F. Edgerton, Buddhist Hybrid Sanskrit, Reader (Motilal Banarsidass)

Charles R. Lanman, A Sanskrit Reader: Text, Vocabulary & Notes (Harvard University Press ；語彙解釋與分析都十分詳盡)

辻直四郎：サンスクリット讀本（春秋社；附有對所選文字之現代語譯，並附語彙解釋）

奈良康明：梵語佛典讀本（佛教書林中山書房）

d. 梵文辭典

M. Monier-Williams, A Sanskrit-English Dictionary (Oxford；此書解釋詳盡，收入字彙多，極有用）

A. A. Macdonell, A Practical Sanskrit Dictionary（Oxford ；注重語原分析）

V. S. Apte, The Practical Sanskrit-English Dictionary（Motilal Banarsidass）

V. S. Apte, The Student's Sanskrit-English Dictionary（Motilal Banarsidass ；淺易而扼要，利便初學）

e. 西藏文文法書、讀本：

矢崎正見：初心者のための獨習チベット語文法（大東出版社；敍述極扼要）

池田澄達、中村元：チベット文法入門（山喜房佛書林）

寺本婉雅：西藏語文法（内外出版株式會社）

V. Bhattacharyya, A Tibetan Chrestomathy, With Introduction, Skeleton Grammar, Notes, Texts and Vocabularies（University of Calcutta；解釋深入淺出，是極理想的西藏文學習書）

S. C. Das, An Introduction to the Grammar of the Tibetan Language（Motilal Banarsidass; 附有大量閱讀資料）

A. C. De Körös, A Grammar of the Tibetan Language (Calcutta)

H. A. Jäschke, Tibetan Grammar（Supplement by J. L.

Mish, New York:Ungar Publishing Co.)
George N. Roerich & Lopsang Phuntshok, Textbook of Colloquial Tibetan (New Delhi)
V. C. Henderson, Tibetan Manual (Calcutta)
C. A. Bell, Grammar of Colloquial Tibetan (Calcutta)
H. B. Hannah, A Grammar of the Tibetan Language (Calcutta)
Melvyn C. Goldstein & Nowang Nornang, Modern Spoken Tibetan: Lhasa Dialect (University of Washington Press)
稻葉正就: チベット語古典文法學(法藏館)
稻葉正就: 古典西藏語文法要論(法藏館)
稻葉正就、田邊一郎: 形態論より見たるチベット語文法(法藏館)
楠基道: 新西藏語學(永田文昌堂)
河口慧海: 西藏文典(大東出版社)
明石惠達: 西藏語文典綱要(弘文堂)
池田澄達: チベット語讀本(山喜房佛書林)

f. 西藏文辭典

H. A. Jäschke, A Tibetan-English Dictionary (London: Routledge and Kegan Paul)
S. C. Das, A Tibetan-English Dictionary (Calcutta)
民族出版社編: 漢藏新詞集(四分册, 新華書店)
格西曲扎編: 增訂藏文辭典(法尊等譯, 山喜房佛書林重印; 此書收入不少佛教辭彙, 但解釋略嫌簡單)
芳村修基編: チベット語辭典(法藏館)

現代佛學研究書目補編　目　錄

現代佛學研究書目補編

多年前，我編製了一個現代佛學研究書目，收於拙著《佛學研究方法論》（台灣學生書局，一九八三）中。這個書目所收的資料，是出之以中、日、英三種語文的佛學研究的書籍。當時我是考慮到這個書目主要是供我國讀者及佛學研究者參考，他們通常只諳這幾種語文。最近我考慮到，現代佛學研究的資料，當然日本和英美方面的很多，因而很多是以日、英語寫的。不過，用其他語文寫的，例如德語、法語、俄語、丹麥語、荷蘭語、意大利語，甚至西班牙語，也是有的；特別是法、德語方面的資料，不止豐富，且做得很好，學術價值極高，有很多是日、英語的資料所不能代替的。要使這個現代佛學研究書目更爲完備，便有補上這方面的資料的必要。這便是這個書目補編的來由。此中所補的，仍只限於以書本形式出現的資料，論文方面，由於著實太多，應付不來，只能附闕如了。而所補的，也包括少量中、日、英語方面的資料，這主要是我在編製原來的《現代佛學研究書目》時所未及知未及見的 。

以下便是《現代佛學研究書目》的補編。在體例上，仍依收於拙著《佛學研究方法論》中的書目。只是加上了出版年份一項。由於這是補編，因而只在部份標題下補上書目，並不是在所有標題下都補上書目。如開首所說，所補上的書目，大部份是中、日、英語以外的資料。在這些資料中，若是法語和德語的，則有時註明，有時不註明，視需要而定；但若是意大利語、俄語、丹麥語等的，則必會註明。

一、佛教概論

Erich Frauwallner, *Die Philosophie des Buddhismus.* Berlin: Akademie Verlag, 1969.

Louis de La Vallée Poussin, *Bouddhisme. Opinions sur l'Histoire de la Dogmatique.* Paris, 1909.

Louis de La Vallée Poussin, *Le dogme et la philosophie du bouddhisme.* Paris, 1930.

吳汝鈞：佛教的概念與方法（商務印書館，一九八八）

George R. Elder, *Buddhist Insight, Essays by Alex Wayman.* Motilal Banarsidass, 1990.

Y. Kajiyama, *Studies in Buddhist Philosophy.* Kyoto: Rinsen Book Co., 1989.（此是梶山雄一之英文佛學研究論文集）

P. Demiéville, *Choix d'études bouddhiques.* Leiden, 1973.（此是作者之佛學論文集，收入優秀論文多篇，包括研究唯識與中國佛教方面者）

E. Conze, *Further Buddhist Studies.* Oxford, 1975.

V. P. Vasil'ev, *Buddizm, ego dogmaty, istorija i literatura.* Č. I., Spb., 1857.（此是俄文《佛教》，基於西藏方面資料寫成，內容包括教義、歷史等方面）

V. P. Vasil'ev, *Der Buddhismus, Seine Dogmen, Geschichte und Literatur.* St.-Pétersbourg-Riga-Leipzig, 1860.（此是上一書之德譯本）

V. P. Vasil'ev, *Le Bouddhisme, ses dogmes, son histoire et sa littérature.* Paris, 1865.（此是上一書之法譯本）

Hermann Beckh, *Buddhismus.* Berlin und Leipzig, 1916.(此是以瑜伽實踐來看佛教義理，強調瑜伽修行對佛教之影響)

Louis de La Vallée Poussin, *Bouddhisme, Études et matériaux.* London, 1898.(作者強調佛教是僧侶的宗教，重視解脫式的苦行；此書對緣起說亦有精闢的解釋)

André Bareau, *L'absolu en philosophie bouddhique: évolution de la notion d'asaṃskṛta.* Paris, 1951. (此是有關佛教之絕對問題之探究)

C.S.Prebish, ed., *Buddhism, a Modern Perspective.* State University of Pennsylvania Press, 1975.

二、佛學大系與佛教史

(Ⅰ) 佛學大系

平川彰、梶山雄一、高崎直道編集：講座大乘佛教全十卷（春秋社）

1.大乘佛教とは何か　2.般若思想
3.華嚴思想　4.法華思想
5.淨土思想　6.如來藏思想
7.中觀思想　8.唯識思想
9.認識論と論理學　10.大乘佛教とその周邊

佛教思想研究會（中村元代表）編：佛教思想（平樂寺書店）

1.愛　2.惡　3.因果　4.恩
5.苦　6.空（上）　7.空（下）
8.解脱　9.心　10.死

渡邊照宏著作集（筑摩書店）

1.インドの思想　2.涅槃への道
3.彌勒經　4.日本佛教のこころ
5.佛教聖典（一）　6.佛教聖典（二）
7.佛教聖典（三）　8.佛教聖典（四）

三、印度佛教

（Ⅰ）印度佛教史

E. Burnouf, *Introduction à l'histoire du Bouddhisme indien*. Paris, 1844.（此書包含不少佛教梵典的翻譯）

Franz Anton von Schiefner, *Tāranātha's Geschichte des Buddhismus in Indien*. St. Petersburg, 1869.（此是達勒那他之《印度佛教史》之德譯）

Étienne Lamotte, *Histoire du bouddhisme indien*. Louvain, 1958.

（Ⅱ）印度佛教

(a)思想一般

Otto Rosenberg, *Problemy buddijskoj filosofii*, Petrograd, 1918.（此是以俄文來寫佛教哲學問題。作者基本上以世親的《俱舍論》來看佛教。他所說的佛教，亦限於印度佛教。他以佛教哲學的根柢，是多元主義，這是指《俱舍論》所說的諸法的多元性而言）

Otto Rosenberg, *Die Probleme der buddhistischen Philosophie*. Heidelberg, 1924.（此是上書之德文本）

Ernst Waldschmidt, *Die Überlieferung vom Lebensende des Buddha*. Göttingen, 1944-1948.（此是研究佛陀教理之發展者；其中有對《大般涅槃經》之分析）

吳汝鈞：印度佛學的現代詮釋（文津出版社，一九九四）

(b)業與緣起

佐佐木現順：業の思想（第三文明社，レグルス文庫，一九九〇）

James P. McDermott, *Development in the Early Buddhist Concept of Kamma, Karma*. Munshiram Manoharlal Publishers Pvt. Ltd., 1984.

(c)涅槃思想

Louis de La Vallée Poussin, *The Way to Nirvāṇa*. Cambridge, 1917.

Louis de La Vallée Poussin, *Nirvāṇa*. Paris, 1925.

Ernst Waldschmidt, *Das Mahāparinirvāṇasūtra*. Berlin, 1950－1951.（此是《大般涅槃經》之梵文版本，並附巴利文本、西藏譯及漢譯對照）

Joseph Dahlmann, *Nirvāṇa*. Berlin, 1897.（此是以數論觀點來說佛學）

四、中國及日本佛教

(Ⅰ) 中國佛教史

Jan Yün-hua, tr., *A Chronicle of Buddhism in China*, 581－960 *A.D.* Santiniketan: Visvabharati, 1966.

(Ⅱ) 中國佛教

(a)思想一般

方立天：中國佛教研究（上、下）(新文豐出版公司，一九九三)

坂本幸男：大乘佛教の研究（大東出版社，一九八〇；此是有關中國佛學特別是華嚴、天台研究之論文結集）

(b)斷代佛教

Young-ho Kim, *Tao-sheng's Commentary on the Lotus Sūtra*. Sri Satguru Publication, 1992.

廖明活：嘉祥吉藏學説（台灣學生書局，一九八五）

楊惠南：吉藏（東大圖書公司，一九八九）

冉雲華：宗密（東大圖書公司，一九八八）

釋聖嚴：明末佛教研究（東初出版社，一九八七）

五、西藏與西域問題

(Ⅰ) 西藏佛教

P. Demiéville, *Le concile de Lhasa. Une controverse sur le quiétisme entre bouddhistes de l'Inde et de la Chine au VIIIe siècle de l'ère chrétienne.* Paris, 1952. (此是有關印度佛教與中國佛教在拉薩之

論爭之研究；此論爭對西藏佛教的方向有決定性的影響）

（Ⅱ）西藏宗教

Isaak Jakob Schmidt, *Dsanglun oder der Weise und der Tor*. St. Petersburg, 1843.（此是西藏宗教文獻《聖者與愚人》之校本及德譯）

Franz Anton von Schiefner, *Tibetan Tales*. London, 1882.

六、佛陀傳與原始佛教

（Ⅰ）佛陀傳

(a)本生故事

Michael Hahn, *Haribhaṭṭa and Gopadatta: Two Authors in the Succession of Āryaśūra*. On the Rediscovery of Parts of their Jātakamālās. Tokyo, 1977.

Margaret Cone and Richard F. Gombrich, *The Perfect Generosity of Prince Vessantara*. Oxford, 1977.

P.S. Jaini ed., *Paññāsa-jātaka or Zimme Paṇṇasa*. 2 vols. London, 1981－1983.（此是五十種本生故事的緬甸文版本之編印）

(b)本傳

Hermann Oldenberg, *Buddha. Sein Leben, seine Lehre, seine Gemeinde*. Berlin, 1890.（此是研究佛陀傳之巨著；包括佛陀的生平教說及教團各項）

Joseph Dahlmann, *Buddha*. Berlin, 1898.

Ernst Windisch, *Māra und Buddha*. Leipzig, 1895.

Ernst Windisch, *Buddha's Geburt und die Lehre von der Seelenwanderung*. Leipzig, 1908.（此是研究佛陀的誕生及有關輪迴之學說）

Richard Pischel, *Leben und Lehre des Buddha*. Leipzig, 1906.(此是以佛陀的教說受數論學派的影響)

Poul Tuxen, *Buddha. Hans Laere, dens Overlevering og dens Liv i Nutiden*. Kφbenhavn, 1928.(此是根據泰國佛教資料而寫成之佛傳及其教說)

André Bareau, *Recherches sur la biographie du Buddha dans les Sūtrapiṭaka et les Vinayapiṭaka anciens*. Paris, 1963, 1970, 1971.

A. Foucher, *La vie du bouddha*. Paris, 1949.(此是以考古方面的資料爲根據而寫之佛陀傳記)

(Ⅱ) 原始佛教

(a)原始佛教之教理

J. Pérez-Remón, *Self and Non-Self in Early Bnddhism*. The Hague-Paris-New York, 1980.

Wilhelm Geiger & Magdalene Geiger, *Pāli Dhamma vornehmlich in der kanonischen Literatur*, München, 1921.(此是據巴利文文獻研究「法」之觀念者)

中村元編：原始佛典（筑摩書房，一九七四；此主要是原始佛典的翻譯，包括《本生經》、《長老偈》、《百五十讚》等多種）

H. Oldenberg, *The Doctrine of the Upaniṣads and the Early Buddhism*. Tr. by S.B. Shrotri, Motilal Banarsidass, 1991.

(b)原始佛教之發展史

André Bareau, *Les sectes bouddhiques du petit véhicule*. Saigon, 1955.

(c)法句經

John Brough, *The Gāndhārī Dharmapada*. London, 1962.(此是

《法句經》的 Prākrit 寫本之研究；Prākrit 是印度的一種通俗語文）

Charles Willemen, *Dharmapada : A Concordance to Udānavarga*. Bruxelles, 1974.

(d)其他聖典

Bhikkhu Ñānamoli, *The Path of Discrimination* (Paṭisambhidāmagga). London, 1982.（此是《小部》Khuddaka-nikāya 中的《無礙解道》Paṭisambhidāmagga 之翻譯）

I.B. Horner, *Vimānavatthu: Stories of the Mansions*. London, 1974.（此是《小部》Khuddaka-nikāya 中的《天宮事》Vimānavatthu 之翻譯）

I.B. Horner, *Buddhavaṃsa: Chronicle of Buddhas, Cariyāpiṭaka: Basket of Conduct*. London, 1975.（此是《小部》中的《佛種姓》Buddhavaṃsa 等之翻譯）

I.B. Horner, *Clarifier of the Sweet Meaning* (Buddhavaṃsa Commentary). London, 1978.

K.R. Norman, *The Elders' Verses*. London, 1969－1971.（此是《長老偈》與《長老尼偈》之翻譯；重視原典之文法與文獻問題）

七、小乘與大乘

(Ⅰ) 小乘佛教

José van den Broeck, *La saveur de l'immortel*. Louvain-la-Neuve, 1977.（此是阿毘曇文獻之法譯）

Marcel van Velthem, *Le traité de la descente dans la profonde loi (Abhidharmāvatāraśāstra) de l'Arhat Skandhila*. Louvain-la-Neuve,

1977.（此是阿毘曇文獻之法譯）

Charles Willemen, *The Essence of Metaphysics. Abhidharmahṛdaya.* Bruxelles, 1975.（此是《阿毘曇心要》之英譯）

I. Armelin, *Le coeur de la loi suprême. Traité Fa-cheng. Abhidharmahṛdayaśāstra de Dharmaśrī.* Paris, 1978.（此是《阿毘曇心要》之法譯）

Tetsnya Tabata, et al, comp., *Index to the Kathāvatthu.* London, 1982.（此是對於《論事》Kathāvatthu 之索引）

Louis de La Vallée Poussin, *L'Abhidharmakośa de Vasubandhu.* 6 vols., Paris-Louvain, 1923 – 1931.（此是世親之《俱舍論》之法譯，是一偉大之譯作）

Lin Li-kouang, *L'aide-mémoire de la vraie loi.* Paris, 1949.（此是後期小乘重要經典《正法念處經》Saddharmasmṛty-upasthānasūtra 之研究）

（Ⅱ）大乘佛教

上田義文：大乘佛教の思想（第三文明社，レグルス文庫，一九七七）

Étienne Lamotte, *Saṃdhinirmocana.* Louvain, 1935.（此是《解深密經》之法譯）

Johannes Nobel, *Suvarṇaprabhāsottamasūtra. Die tibetischen Übersetzungen.* I. Die tibetischen Übersetzungen, Leiden, 1944; II. Wörterbuch Tibetisch-Deutsch-Sanskrit, Leiden, 1950.（此是《金光明最勝王經》Suvarṇaprabhāsottamasūtra 之研究；包括原典、藏譯之校本及藏、德、梵文對照）

Johannes Nobel, *Suvarṇaprabhāsottamasūtra.* I-tsing's chinesis-

che Version und ihre tibetische Übersetzung, 2 Bände, Leiden, 1958. (此是《金光明最勝王經》義淨本之德譯及該本之藏譯)

Étienne Lamotte, *La concentration de la marche béroïque*. Bruxellex, 1965. (此是《首楞嚴三昧經》Śūraṃgamasamādhisūtra 之法譯)

Friedrich Weller, *Index to the Tibetan Translation of the Kāśyapaparivarta*. Cambridge, Mass., 1933. (此是《大寶積經》迦葉品 Kāśyapaparivarta 之藏譯索引)

Friedrich Weller, *Index to the Indian Text of the Kāśyapaparivarta*. Cambridge, Mass., 1935.

Friedrich Weller, *Zum Kāśyapaparivarta*. Heft I. Mongolischer Text, Berlin, 1962; Heft II. Verdeutschung des sanskrit- tibetischen Textes, Berlin, 1965. (此是《大寶積經》迦葉品之研究；第一册是蒙古文校本，第二册是梵藏本的德譯)

J. Ensink, *The Question of Rāṣṭrapāla*. Zwolle, 1952. (此是《大寶積經》的 Rāṣṭrapāla 部份的翻譯；此部份相當於漢譯第十八會的護國菩薩會)

中村元編：大乘佛典（筑摩書房，一九七四；此書是大乘佛典的翻譯，包括《維摩經》、《法華經》、《心經》、《中論》等多種）

(Ⅲ) 般若思想與般若經

L. Lancaster, ed., *Prajñāpāramitā and Related Systems*. Berkeley, 1977.

E. Conze, ed. & tr., *Vajracchedikā Prajñāpāramitā*. Roma, 1957.

E. Conze, *Buddhist Wisdom Books. The Diamond Sutra. The Heart Sutra*. London, 1958.

E. Conze, ed. & tr., *The Gilgit Manuscript of the Aṣṭādaś-āhasrikā Prajñāpāramitā*. Roma, 1962.

(Ⅳ)大乘菩薩思想

Bhikṣu Prāsādika and Lal Mani Joshi, *Vimalakīrtinirdeśasūtra*. Sarnath, 1981.(此是把《維摩經》從藏譯還原爲梵文原本，再譯之爲印地文。該經之梵本已佚)

Étienne Lamotte, *L'enseignement de Vimalakīrti*. Louvain, 1962.(此是《維摩經》之法譯。所根據者是該經之藏譯及玄奘譯本)

Leslie S. Kawamura, ed., *The Bodhisattva Doctrinal in Buddhism*. Wilfrid Laurier University Press, 1981.

(Ⅴ)如來藏思想

(a)思想一般及思想史

高崎直道：佛性とは何か（法藏館，一九八五）

高崎直道：如來藏思想Ⅰ、Ⅱ（法藏館，一九八八，一九八九；此是高崎氏研究如來藏思想的專門論文集）

David Seyfort Ruegg, *La Théorie du Tathāgatagarbha et du Gotra*. Paris, 1969.(此是根據印度及西藏方面之資料對如來藏之研究)

(b)專門研究

David Seyfort Ruegg, Le traité du tathāgatagarbha de Bu ston *Rin chen grub*. Paris, 1973.(此是布頓 Bu ston 之如來藏思想之研究，主要是翻譯)

S. K. Hookham, *The Buddha Within*. Sri Satguru Publications, 1992.(這是對西藏系統的如來藏思想的研究)

Brian E. Brown, *The Buddha Nature. A Study of the Tathāgatagarbha and Ālayavijñāna*. Motilal Banarsidass, 1991.

David S. Ruegg, *Buddha-nature, Mind and the Problem of Gradualism in a Comparative Perspective*. Heritage Publishers, 1992.

Sallie B. King, *Buddha Nature*. State University of New york Press, 1991.

平川彰編：如來藏と大乘起信論（春秋社，一九九〇）

柏木弘雄：大乘とは何か?《大乘起信論》を読む（春秋社，一九九一）

八、中觀與唯識

（Ⅰ）中觀學

(a)中觀思想一般

Gadjin M. Nagao, *The Foundational Standpoint of Mādhyamika Philosophy*. Tr. John P. Keenan. Sri Satguru Publications, 1989.

Gadjin M. Nagao, *Mādhyamika and Yogācāra*. Tr. Leslie S. Kawamura. Sri Satguru Publications, 1991.

C.W. Huntington, *The Emptiness of Emptiness*. Motilal Banarsidass, 1992.

David Seyfort Ruegg, *The Literature of the Madhyamaka School of Philosophy in India*. Wiesbaden, 1981.

Ven. L. Jamspal et al., *Nāgārjuna's Letter to King Gautamīputra*. Delhi, 1978.(龍樹之函件，是以中觀之立場闡述佛教者)

Peter D. Santina, *Madhyamaka Schools in India*. Motilal Banarsidass, 1986.

印順：空之探究（正聞出版社，一九八五）

M.D. Eckel, *Jñānagarbha's Commentary on the Distinction between the Two Truths*. N.Y.:Suny,1987.

(b)專門研究

Ramendra N. Ghose, *The Dialectics of Nāgārjuna*. Allahabad, 1987.

David J. Kalupahana, *Nāgārjuna: The Philosophy of the Middle Way*. N.Y.:Suny,1987.

Max Welleser, *Die Mittlere Lehre des Nāgārjuna*. Nach der chinesischen Version übertragen. Heidelberg, 1912.(此是參照漢譯資料對龍樹之中道教義之研究)

壬生台舜編：龍樹教學の研究（大藏出版株式會社，一九八三）

三枝充悳：中論偈頌總覽(第三文明社，一九八五)

立川武藏：「空」の構造·『中論』の論理（第三文明社，レグルス文庫，一九八六）

A.M. Padhye, *The Framework of Nagarjuna's Philosophy*. Sri Satguru Publications,1988.

丹治昭義：沈默と教説·中觀思想研究Ⅰ（關西大學出版部，一九八八；此是有關《中論》第十八章及其注釋之思想史的研究）

丹治昭義：實在と認識·中觀思想研究Ⅱ（關西大學出版部，一九九二；這是研究中觀學的實在、認識與論證的問題）

Chr. Lindtner, *Nāgārjunas filosofiske vaerker*. Kϕbenhavn, 1982.(此是龍樹之研究，其中主要是《中論》之丹麥譯文)

R. Gnoli, *Nāgārjuna: Madhyamaka kārikā, Le stanze del cammino di mezzo.* Torino, 1961.(此是《中論》之意大利譯文)

Chr. Lindtner, *Nagarjuniana: Studies in the Writings and Philosophy of Nāgārjuna. Copenhagen*, 1982.(此是研究龍樹之著作及哲學者。作者以爲，有十三種著作，可視爲龍樹之作)

Chr. Lindtner, Nagarjuna: Juvelkaeden og andre skrifter. Kφbenhavn, 1980.(龍樹一些著作的丹麥文翻譯，包括《寶行王正論》*Ratnāvalī*)

Hsueh-li Cheng, Nāgārjuna's Twelve Gate Treatise. Dordrecht, 1982.(此是《十二門論》之英譯)

Mitsuyoshi Saigusa, Studium zum Mahāprajñāpāramitā (upadeśa)-śāstra. Tokyo, 1969.(此是有關《大智度論》之研究)

Étienne Lamotte, *Le traité de la grande vertu de sagesse.* Louvain, 1944, 1949, 1970.(此是《大智度論》之法譯，未完。此是西方佛學研究中之鉅製)

P.L. Vaidya, *Études sur Āryadeva et son Catuḥśataka: Chapitres* VIII-XVI. *Paris,* 1923.(此是提婆《四百論》之研究)

Jacques May, *Candrakīrti. Prasannapadā madhyamakavṛtti.* Douze chapitres traduits du sanscrit et du tibétain, accompagnés d'une introduction, de notes et d'une édition critique de la version tibétaine, Paris, 1959.(此是月稱《中論釋》之部份法譯；所譯部份，包括：一－四章，六－九章，十一章，二十三－二十四章，二十六－二十七章)

Stanislas Schayer, *Ansgewählte Kapitel aus der Prasannapadā.* Cracow, 1931.(此是月稱《中論釋》之部份德譯與研究)

Poul Tuxen, *Indledende Bemaerkninger til buddhistisk Rela-*

tivism. Kφbenhavn, 1936.(此是月稱《中論釋》之部份之丹麥文翻譯與研究)

Mervyn Sprung, *Lncid Exposition of the Middle Way: The Essential Chapters from the Prasannapadā of Candrakīrti.* London, 1979.(此是月稱《中論釋》主要部份之英譯)

Louis de La Vallée Poussin, *Mūlamadhyamakakārikās de Nāgārjuna avec la Prasannapadā, commentaire de Candrakīrti.* St. Pétersbourg, 1903－1913.(此是月稱《中論釋》之校本，內有《中論》之梵本原文)

Helmut Tauscher, *Candrakīrti: Madhyamakāvatāraḥ und Madhyamakāvatārabhāṣyam.* Wien, 1981.(此是月稱《入中論》及其註釋之德譯，但非全譯)

Friedrich Weller, *Tibetisch-sanskritischer Index zum Bodhicaryāvatāra.* Berlin, 1952－1955.(此是《入菩提行論》之藏梵索引)

Louis de La Vallée Poussin, *Bodhicaryāvatārapañjikā.* Calcutta, 1901－1904.(此是智作慧 Prajñākaramati 對《入菩提行論》所作之疏釋之校本)

Louis de La Vallée Poussin, *Introduction à la pratique des futurs Bouddhas.* Paris, 1907.(此是寂天之《入菩提行論》之法譯，是同書之幾種翻譯中最具學術價值者)

Stephen Batchelor, *A Guide to the Bodhisattva's Way of Life.* Dharamsala, 1979.(此是寂天之《入菩提行論》之英譯)

Ernst Steinkellner, *Śāntideva: Eintritt in das Leben zur Erleuchtung.* Düsseldorf-Köln, 1981.(此是《入菩提行論》之德譯)

Chr. Lindtner, *To Buddhistiske Laeredigte*. Kφbenhavn, 1981.(此主要是《入菩提行論》之丹麥譯文)

Ganganatha Jha, *Tattvasaṃgraha with the Commentary of Kamalashila*. Delhi, 1986.(此是寂護之《攝真實論》及蓮華戒註釋之英譯)

Arnold Kunst, *Probleme der buddhistischen Logik in der Darstellung des Tattvasaṅgraha*. kraków, 1939.(此是寂護之《攝真實論》之比量章之德譯)

J. van den Broeck, *La progression dans la méditation*. Bruxelles, 1977.(此是蓮華戒之《修習次第》之法譯)

川崎信定：一切智思想の研究（春秋社，一九九二）

(Ⅱ) 唯識學

(b)專門研究

Janice Dean Willis, tr., *On Knowing Reality*. New York, 1979.(此是《瑜伽師地論》實相義章 Tattvārtha 之翻譯)

L. Schmithausen, *Der Nirvāṇa-Abschnitt in der Viniścayasaṃgrahaṇī der Yogācārabhūmi*. Wien, 1969.(此是對《瑜伽師地論》攝抉擇章中有關涅槃部份之精細研究)

Nalinaksha Nutt, *Bodhisattvabhūmi*. Patna, 1966.(此是《瑜伽師地論》中菩薩地章之校本)

Étienne Lamotte, *Mahāyānasaṃgraha*. 2 tomes, Louvain, 1938–1939.(此是無著《攝大乘論》之法譯)

Prahlad Pradhan, *Abhidharmasamuccaya of Asaṅga*. Santinike-

tan, 1950.(此是以玄奘的翻譯爲基礎，把無著的《大乘阿毗達磨集論》還原爲梵文)

Walpola Rahula, *Le compendium de la super-doctrine (philosophie)(Abhidharmasamuccaya) d'Asaṅga*. Paris, 1971.(此是《大乘阿毗達磨集論》之法譯)

Sylvain Lévi, *Vijñaptimātratāsiddhi*. Paris, 1925.(此是李維在尼泊爾發現之《唯識二十論》及《唯識三十頌》之梵本及註釋之校本)

Stefan Anacker, ed., *Seven Works of Vasubandhu*. Motilal Banarsidass, 1986.

Thomas A. Kochumuttom, *A Buddhist Doctrine of Experience*. Motilal Banarsidass, 1989.(此是世親著作之翻譯與詮釋，包括《唯識三十頌》與《唯識二十論》)

上田義文:「梵文唯識三十頌」の解明(第三文明社，一九八七)

Louis de La Vallée Poussin, *Vijñaptimātratāsiddhi*. Paris, 1928–1929.(此是護法《成唯識論》之法譯)

木村俊彥：ダルマキールティ宗教哲學の原典研究(木耳社，一九八一；此書附有法上解《正理一滴》的日譯)

九、天台與華嚴

(Ⅰ)法華經與天台思想

(b)天台思想

佐藤哲英：續天台大師の研究(百華苑，一九八一)

田村芳朗、新田雅章：智顗（大藏出版株式會社，一九八二）

新田雅章：天台哲學入門（第三文明社，レグルス文庫，一九八八）

新田雅章：天台實相論の研究（平樂寺書店，一九八一）

關口真大編著：天台教學の研究（大東出版社，一九七八）

平井俊榮：法華文句の成立に關する研究（春秋社，一九八五）

池田魯參：摩訶止觀研究序説（大東出版社，一九八六）

尤惠貞：天台宗性具圓教之研究（文津出版社，一九九三）

Paul L. Swanson, *Foundation of T'ien-t'ai Philosophy.* Asian Humanities Press, 1989.

NG Yu-kwan, *T'ien-t'ai Buddhism and Early Mādhyamika.* University of Hawaii Press, 1993.

武覺超：天台教學の研究（法藏館，一九八八；這主要是研究天台與《大乘起信論》之關係者）

池田魯參：國清百錄の研究（大藏出版株式會社，一九八二）

賴永海：湛然（東大圖書公司，一九九三）

David W. Chappell, ed., *T'ien-t'ai Buddhism: An Outline of the Fourfold Teachings.* Tokyo, 1983.（此是諦觀之《天台四教儀》之英譯）

（Ⅱ）華嚴經與華嚴思想

木村清孝：中國華嚴思想史（平樂寺，一九九二）

吉津宜英：華嚴禪の思想史的研究（大東出版社，一九八五）

小林實玄：華嚴一乘十玄門講讚（永田文昌堂，一九八四）

十、淨土與密教

(Ⅱ) 密教

Louis de La Vallée Poussin, *Études et textes tantriques.* Gand, 1896.

十一、禪

(Ⅱ) 禪之本質及其展開

二本柳賢司：禪の構造（法藏館，一九八七；此是把禪修套在現代的脈絡下來討論，研究禪的瑜伽、吐納、坐姿等的生理在精神上所起的作用，並兼及禪問答的解釋學與時空等問題）

上田閑照編：禪の世界（理想社，一九八一；這是關於禪的宗教的與哲學的對談集，如鈴木大拙與上田閑照關於《臨濟錄》的對談，久松真一與武內義範關於西田哲學與禪的對談）

西谷啓治監修、上田閑照編集：禪と哲學（禪文化研究所，一九八八；這主要是京都學派對禪的研究）

上田閑照：禪佛教（岩波書店，一九九三）

吳汝鈞：游戲三昧：禪的實踐與終極關懷（台灣學生書局，一九九三）

上田閑照、柳田聖山：十牛圖：自己の現象學（筑摩書房，一九九〇）

（Ⅲ）禪宗史

杜繼文、魏道儒：中國禪宗通史（江蘇古籍出版社，一九九三）

潘桂明：中國禪宗思想歷程（今日中國出版社，一九九二）

篠原壽雄、田中良昭編：敦煌仏典と禪（大東出版社，一九九〇）

Lewis S. Lancaster and Whalen Lai, ed., *Early Ch'an in China and Tibet*. Berkeley Buddhist Studies Series, 1983.

冉雲華：中國禪學研究論集（東初出版社，一九九〇）

胡適説禪（潘平、明立志編，東方出版社，一九九三）

（Ⅴ）臨濟及其禪法

P. Demiéville, *Entretiens de Lin-tsi*. Paris, 1972.（此是對臨濟之研究）

（Ⅵ）公案禪、碧岩錄、無門關

伊藤古鑑：公案禪話：禪、悟りの問答集（大法輪閣，一九九〇）

安谷白雲解：禪の心髓從容錄（春秋社，一九八一）

梶谷宗忍譯注：宗門葛藤集（法藏館，一九九一）

(Ⅷ) 道元及其禪法

Masao Abe, *A Study of Dōgen: His Philosophy and Religion*. State University of New York Press, 1992.

十二、佛教與思想

(Ⅰ) 佛家邏輯 (因明學)

Th. Stcherbatsky, *Erkenntnistheorie und Logik nach der Lehre der späteren Buddhisten*. München-Neubiberg, 1924. (此書與下一書,是作者之《佛家邏輯》Buddhist Logic 之德、法文本。按作者先以俄文譯出法稱之《正理一滴》及法上之評釋,又以俄文撰寫有關佛教知識論中之問題。此書與下一書即是此等翻譯及撰作之德、法文譯本。其後作者更擴充之,即成英語巨著《佛家邏輯》。就内容言,此德文本與法文本之翻譯較拘謹,亦較忠於法稱等的原意。英語本則較多發揮,亦有遠離法稱等的原意之嫌)

Th. Stcherbatsky, *La théorie de la connaissance et la logique chez les bouddhistes tardifs*. Paris, 1926.

Tilman Vetter, *Erkenntnisprobleme dei Dharmakīrti*. Wien, 1964. (此是法稱之認識論之研究)

户崎宏正:佛教認識論の研究(上、下,大東出版社,一九七九,一九八五;此是法稱之《量評釋》現量部份之翻譯與研究)

A. 144

Louis de la Vallée Poussin, *Tibetan Translation of the Nyāyabindu of Dharmakīrti, with the commentary of Vinītadeva*. Bibliotheca Indica. Calcutta, 1907－1913.(此是法稱《正理一滴》西藏文翻譯及有關此書之註釋之校本)

Ernst Steinkellner, *Dharmakīrti's Hetubinduḥ*. 2 Teile, Wien, 1967.(此是法稱之《因一滴論》之德譯；譯文後有詳盡的注釋，又附有藏文翻譯本及梵文重整本)

Tilman Vetter, *Dharmakīrti's Pramāṇaviniścayaḥ I. Kapitel: Pratyakṣam*. Wien, 1966.(此是法稱之《量抉擇》中現量章之德譯；並附藏譯文及梵文斷片，書前又有一總論)

Ernst Steinkellner, *Dharmakīrti's Pramāṇaviniścayaḥ*. Zweites Kapitel: Svārthānumānam. Teil I: Tibetischer Text und Sanskrittexte. Wien, 1973.(此是法稱之《量抉擇》爲自比量章之梵本及藏譯之校定本；原來的梵本並不齊全，藏譯則完整)

Ernst Steinkellner, *Dharmakīrti's Pramāṇaviniścayaḥ*. Zweites Kapitel: Svārthānumānam. Teil Ⅱ: Übersetzung und Anmerkungen, Wien, 1979.(此是法稱之《量抉擇》爲自比量章之德譯及研究)

Ernst Steinkellner, *Verse-index of Dharmakīrti's works (Tibetan version)*. Wien, 1977.(此是藏譯法稱著作偈頌之索引)

Lata S. Bapat, *Buddhist Logic*. Bharatiya Vidya Prakashan, 1989.(此是法稱哲學之研究)

M.R. Chinchore, *Dharmakīrti's Theory of Hetu-Centricity of Anumāna*. Motilal Banarsidass, 1989.

A. Singh, *The Heart of Buddhist Philosophy-Diṅnāga and Dharmakīrti*. Munshiram Manoharlal Publishers Pvt. Ltd., 1984.

Gudrun Bühnemann, *Der allwissende Buddha. Ein Beweis und seine Probleme. Ratnakīrtis Sarvajñasiddhi*. Wien, 1980.（此是寶稱著作《一切智論》Sarvajñasiddhi 之德譯）

（Ⅱ）佛教心理學

David J. Kalupahana, *The Principles of Buddhist Psychology*. Sri Satguru Publications, 1992.

（Ⅲ）佛教倫理

和辻哲郎：仏教倫理思想史（岩波書店，一九八五）

Hammalawa Saddhatissa, *Buddhist Ethics*. London: Wisdom Publications, 1987.

（Ⅵ）東西方思想中的佛教

玉城康四郎編：佛教の比較思想論的研究（東京大學出版會，一九七九）

Chris Gudmunsen, *Wittgenstein and Buddhism*. London, 1977.

（Ⅶ）佛教與他教之比較研究

Henri de Lubac, *La rencontre du bouddhisme et de l'occident*. Paris, 1952.（此是佛教與西方思想之比較研究；著重西方對佛教思想

之回應)

Masao Abe, *Zen and Western Thought*. Macmillan, 1985.

Keiji Nishitani, *Religion and Nothingness*. Berkeley, 1982.

Yoshinori Takeuchi, *The Heart of Buddhism: In search of the Timeless Spirit of Primitive Buddhism*. New York, 1983.(作者爲京都學派之成員)

Frederick Franck, ed., *The Buddha Eye: An Anthology of the Kyoto School*. New York, 1982.(此是京都學派文集)

Hans Waldenfels, *Absolute Nothingness: Foundations of a Buddhist-Christian Dialogue*. tr. by J.W. Heisig. New York, 1980.

Al Copley, ed., *Listening to Heidegger and Hisamatsu*. Kyoto, 1963.(這主要是海德格與京都學派的久松真一的對話)

Joseph J. Spae, *Buddhist-Christian Empathy*. Chicago and Tokyo, 1980.

Marco Pallis, *A Buddhism Spectrum: Contributions to Buddhist-Christian Dialogue*. New York, 1981.

Thomé H. Fang, *Chinese Philosophy: Its Spirit and its Development*. Linking Publishing Co. Ltd., 1981.

山内得立: 隨眠の哲學（岩波書店，一九九三；這是研究哲學上的存在與邏輯問題，而有很多方面涉及佛學者）

十三、佛教文化

（Ⅱ）佛教戒律

Erich Frauwallner, *The Earliest Vinaya and the Beginnings of Buddhist Literature*. Rome, 1956.

I.B. Horner, *The Book of Discipline*. London, 1938－1966.

（Ⅲ）佛教文學

Siglinde Dietz, *Die buddhistische Briefliteratur Indiens*. Nach dem tibetischen Tanjur herausgegeben, übersetzt und erläutert. 3 Teile. Inaugural-Dissertation Bonn, 1980.（此是研究佛教書翰文學之德文著作）

Chr. Lindtner, *To Buddhistiske Laredigte*. Kφbenhavn, 1981.

Leslie Kawamura, *Golden Zephyr: Instruction from a Spiritual Friend*. Emeryville, 1975.

Michael Hahn, *Candragomins Lokānandanāṭaka*. Nach dem tibetischen Tanjur herausgegeben und übersetzt. Wiesbaden, 1974.

Heinz Zimmermann, *Die Subhāṣita-ratna-karaṇḍaka-kathā und ihre tibetische Übersetzung*. Wiesbaden, 1975.

Michael Hahn, *Die Subhāṣitaratnakaraṇḍakakathā*. Ein spätbuddhistischer Text zur Verdienstlehre. Göttingen, 1982.

J. W. de Jong, *Textcritical Remarks on the Bodhisattvāvadānakalpalatā*. Tokyo, 1979.

Th. Damsteegt, *Epigraphical Hybrid Sanskrit*. Its Rise, Spread,

Characteristics and Relationship to Buddhist Hybrid Sanskrit. Leiden, 1978.(此是對書翰式的混雜梵語之研究，並涉及此種梵語與佛教混合梵語之關連)

K.R.Norman, *Pāli Literature, including the Canonical Literature in Prakrit and Sanskrit of all the Hīnayāna School of Buddhism.* Wiesbaden, 1983.

(Ⅵ)佛教史地

Jean Przyluski, *Le concile de Rājagṛha. Introduction à l'histoire des canons et des sectes bouddhiques.* Paris, 1926–1928.(此是研究佛典的結集與佛教的分派問題。所用的是漢譯資料)

Marcel Hofinger, *Étude sur le concile de vaiśālī.* Louvain, 1946.

A. Bareau, *Les premiers conciles bouddhiques.* Paris, 1955.

Heinrich Lüders, *Beobachtungen über die Sprache des buddhistischen Kanons.* Berlin, 1954.

Ulrich Schneider, *Die grossen Felsen-Edikte Aśokas.* Kritische Ausgabe, Übersetzung und Analyse der Texte. Wiesbaden, 1978.(此是對阿育王石刻詔書之研究)

M.A. Mehendale, *Aśokan Inscriptions in India.* A linguistic study, together with an exhaustive bibliography. Bombay, 1948.

Jean Przyluski, *La légende de l'empereur Aśoka.* Paris, 1923.

Abel-Rémusat, *Foe Koue Ki ou Relation des royaumes bouddhiques de Fa hian.* Paris, 1836.(此是法顯《佛國記》之法譯)

Stanislas Julien, *Histoire de la vie de Hiouen-thsang et de ses voy-*

ages dans l'Inde. Paris, 1853.(此是玄奘傳記及其《西域記》之法譯)

Édouard Chavannes, *Mémoire composé à l'époque de la grande dynastie T'ang sur les religieux éminents qui allèrent chercher la loi dans les pays d'Occident par I-tsing*. Paris, 1894.(此是義淨西遊文獻之法譯)

Ernst Waldschmidt, *Von Ceylon bis Turfan*. Göttingen, 1967.(此是有關大小乘佛教寫本之研究)

Ernst Waldschmidt, *Sanskrithandschriften aus den Turfanfunden*. Wiesbaden, 1965–1968.(此是在吐魯蕃發現之梵文寫本之研究)

Jack A. Dabbs, *History of the discovery and exploration of Chinese Turkestan*. The Hague, 1963.(此是佛教文獻學學者在新疆以至中亞等地搜羅有關文獻之研究紀錄)

D.J. Gogerly, *Ceylon Buddhism*. Colombo, 1908.

Heinz Bechert, ed., *Buddhism in Ceylon and Studies on Religious Syncretism in Buddhist Countries*. Göttingen, 1978.

François Bizot, *Le figuier à cinq branches: Recherche sur le bouddhisme khmer*. Paris, 1976.(此是佛學在高棉發展之研究)

François Bizot, *Le don de soi-même. Recherches sur le bouddhisme khmer* Ⅲ*.Paris,* 1981.(此是佛學在高棉發展之研究)

C. Hooykaas, *Balinese Bauddha Brahmans*. Amsterdam, 1973.(此是佛教在巴里島發展之研究)

Oskar von Hinüber, *Notes on the Pāli Tradition in Burma*. Göttingen, 1983.(此書顯示在緬甸的巴利文佛學的學習傳統對傳播巴利文佛教經典的貢獻)

Heinz Bechert, *Buddhismus, Staat und Gesellschaft in den*

Ländern des Theravāda-Buddhismus. Frankfurt am Main-Berlin, 1966.(此是根據上座部佛教之發展地，如中南半島，來說佛教及其社會)

十四、佛教文獻學與方法論

（Ⅰ）佛學辭典

(a)佛學一般辭典

武邑尚邦著：佛教思想辭典（教育新潮社，一九八二）

吳汝鈞：佛教思想大辭典（商務印書館，一九九二）

中村元、福永光司、田村芳朗、今野達編：岩波佛教辭典（岩波書店，一九九一）

(b)個別學派辭典

河村孝照編：天台學辭典（國書刊行會，一九九一）

袁賓主編：禪宗詞典（湖北人民出版社，一九九四）

入矢義高監修，古賀英彥編著：禪語辭典（思文閣，一九九二）

（Ⅱ）佛學研究與方法論

J.W. de Jong, *A Brief History of Buddhist Studies in Europe and America*. Varanasi, 1976.(此書日譯有：平川彰譯：《佛教研究の歷史》，東京，一九七五；中譯有：霍韜晦譯：《歐美佛學研究小史》，香港，一九八三。作者以極其豐富之文獻學知識介紹西方之佛學研究。

按此書所收資料，止於一九七三年。作者有另文“Recent Buddhist Studies in Europe and America”, *the Eastern Buddhist*, Vol. X VII, No. 1, 1984, pp. 79－107，記述一九七三－－九八三一段時期之西方之佛學研究)

Frank E. Reynolds, *Guide to Buddhist Religion*. Boston：G. K. Hall & Co., 1981.（此是西文有關佛學研究之書籍與論文之總介；分門別類，評論詳盡，有甚高參考價值)

(Ⅲ) 佛典目錄學、佛典研究

Hajime Nakamura, *Indian Buddhism：A Survey with Bibliographical Notes*. Osaka, 1980.（此是印度佛學研究書目)

Russell Webb, *An Analysis of the Pali Canon. With a Bibliography*. Kandy, 1975.（此是巴利文佛典之翻譯之書目)

Akira Yuyama, *Systematische Übersicht über die buddhistische Sanskrit-Literatur*. Erster Teil：Vinaya-Texte. Wiesbaden, 1979.（此是律藏文獻之經錄)

Akira Yuyama, *A Bibliography of the Sanskrit Text of the Saddharmapuṇḍarīkasūtra*. Canberra, 1970.（此是有關梵文《法華經》之書目)

Peter Pfandt, *Mahāyāna Texts translated into Western Language：A Bibliographical Guide*. Köln, 1983.

La Vallée Poussin, *Catalogue of the Tibetan Manuscripts from Tun-huang in the India Office Library*. London, 1962.

D. Schuh, *Tibetische Handschriften und Blockdrucke*. Teil 5.

Wiesbaden, 1975; Teil 6. Wiesbaden, 1976; Teil 8. Wiesbaden, 1981.(此是西藏文佛典寫本及刻本之整理)

F. Wilhelm und J. Losang Panglung, *Tibetische Handschriften und Blockdrucke*. Teil 7. Wiesbaden, 1979.(此是西藏文佛典寫本及刻本之整理)

Palmyr Cordier, *Catalogue du fonds tibétain de la Bibliothèque Nationale*. Paris, 1909－1915.(此是有關西藏文獻丹殊爾 Tanjur 之詳盡書目)

Lewis R. Lancaster, *The Korean Buddhist Canon: A Descriptive Catalogue*. Berkeley, 1979.(此是高麗藏經之經錄)

C. E. Godakumbura, *Catalogue of Ceylonese Manuscripts*. Copenhagen, 1980.

Heinz Bechert. et al., *Burmese Manuscripts*, Part I. Wiesbaden, 1979.(此是緬甸文抄本之經錄)

(Ⅳ)巴利文、梵文、西藏文研究資料

(a)巴利文文法書、讀本

E. Burnouf et Chr. Lassen, *Essai sur le Pali ou langue sacrée de la presqu'île au-delà du Gange*. Paris, 1826.(這是在歐洲出版的第一本巴利文文法書)

Benjamin Clough, *A compendious Pali grammar with a copious vocabulary in the same language*. Colombo, 1824.

Hans Hendriksen, *Syntax of the infinitive verb-forms of Pāli*. Copenhagen, 1944.

Oskar von Hinüber, *Studien zur Kasussyntax des Pāli*, *besonders des Vinaya-piṭaka*. München, 1968.（此是從律藏取例）

T. Y. Elizarenkova and V. N. Toporov, The Pāli Language. Moscow, 1976.（此是巴利文文法書）

T. Ja. Elizarenkova & V. N. Toporov, *Fazyk Pali*. Moskva, 1965.（此是以俄文來寫的巴利文文法書，注重語句之構造）

附註： 本目錄中所列之款目未列有頁次且書目補編內未配合列有新資料者，其佛學研究書目可參考A.19頁原「目錄」內所列項目之相關頁。

Chih-i and Mādhyamika
A Ph.D. Thesis Proposal

1. Basic Questions

Nāgārjuna was the founder of the Indian Mādhyamika School. He was also revered in the T'ien-t'ai tradition as the founder of this Chinese Buddhist School. Indeed Chih-i, the actual founder of T'ien-t'ai, had very close relations with the Mādhyamika tradition, both textually and philosophically speaking. However, in his theory of "classification of the Buddhist doctrines" (*p' an-chiao*) 1, Chih-i regarded Mādhyamika as the "Common Doctrine" (*t'ung-chiao*), whereas he found his ultimate resort in the "Perfect Doctrine" (*yüan-chiao*). He considered the Perfect Doctrine to be theoretically higher than the Common Doctrine. Here, then, are two important questions:

1. Why was Chih-i not satisfied by Mādhyamika?
2. Why had he to seek ultimate resort in the Perfect Doctrine?

These questions can be formulated in a more concrete manner. Chih-i inherited from Mādhyamika the key concept of the Middle

Way (*madhyamā-pratipad*), which Nāgārjuna identified with Emptiness (*śūnyatā*). 2 He also inherited Mādhyamika's major logical form of Four Alternatives (*catuṣkoṭi*) 3. He developed this Middle Way and elevated it to a different dimension. that is, on the ground of this concept he established the concept of Middle Way - Buddha Nature (*chung-tao fo-hsing*) and identified it with No-emptiness (*pu-k' ung*). We also see the identification of the Middle Way and Buddha Nature4 in the concept. And for the comprehension and attainment of the state of this Middle Way - Buddha Nature, he basically made use of the logic of Four Alternatives and the method of Threefold Contemplation (*san-kuan*). 5 In Chih-i's view this new concept embraces more positive content than Nāgārjuna's Middle Way, which tends to be negative, denoting a state free from extremes. It is, indeed, a key concept of the Perfect Doctrine and makes it decisively different from the Common Doctrine. Here, then, are four questions:

1. How did Chih-i understand and criticize Mādhyamika's Middle Way?

2. How does Chih-i's Middle Way - Buddha Nature differ from Mādhyamika's Middle Way?

3. What were Chih-i's philosophical methods in relation to the realization of the Middle Way - Buddha Nature?

4. To what extent, and in what sense, did Chih-i inherit and differ from Mādhyamika?

The thesis is devoted to the study of these questions. This study will lead to the understanding of Chih-i' s thought in light of its relation to Mādhyamika, and will show how Chih-i established his Perfect Doctrine through taking advantage of Mādhyamika. We shall thus be able to see how a Chinese thinker absorbed Indian Buddhist doctrines, developed them, and eventually built up a great Buddhist school of Chinese style.

2. Arguments

The arguments through which I shall answer these questions are, in brief, as follows. Chih-i understood Mādhyamika' s Middle Way in connection with its concept of Emptiness. He pointed out that the Mādhyamika School understood Emptiness as the Truth of non-substantiality, which can be realized right in the phenomena (*t'-i-fa*), without disintegrating and eradicating them. He praised this understanding as skillful (*ch' iao*). As Nāgārjuna identified Emptiness with the Middle Way in his *Mādhyamika-kārikā*, it follows that, for Chih-i, the Mādhyamika understanding of the Middle Way was also skillful. He inherited this way of understanding.

However, he criticized Mādhyamika' s Middle Way in two respects. First, he said that it is a one-sided (*p' ien*) Absolute which tends to be transcendent and static, and thus has less connection with the phenomenal world. It is Emptiness, void of positive con-

tent. The religious life based on it is bound to be negative and futile.

Secondly, he said that the scope of the application of this Middle Way is limited. Its application covers the sentient beings, but does not cover the non-sentient world. This has important implication upon enlightenment, which, for Mādhyamika, is the realization of the Middle Way. That is, Mādhyamika is Mahāyānistic, for it extends enlightenment from oneself to other sentient beings. This enlightenment, however, is limited, because it is not extended to the non-sentient world. Chih-i tends to think that the Mādhyamika enlightenment , with this limitation, can hardly assume truely infinite implications.

This is our answer to the first question. Let us now come to the second one. Chih-i' s Middle Way - Buddha Nature differs from Mādhyamika's Middle Way in that it is free from the above criticisms. In this concept, Buddha Nature is affirmed through identification with the Middle Way. Chih-i claimed that this Buddha Nature has two major facets. First, it is permanent and thus transcends origination and extinction. With its permanency, Buddha Nature substantiates and strengthens the compassion for sentient beings. In the process of realizing the permanent Buddha Nature, one can also accumulate all kinds of merit for enlightenment. In Chih-i's view, a deep compassion and a variety of merit are important in making religious life positive and productive .

Secondly, Chih-i said that Buddha Nature embraces all things.

That is, it is the Nature of not only the sentient beings, but also the non-sentient. Enlightenment, which, for Chih-i, is the realization of Buddha Nature, includes necessarily the realization of the non-sentient. Chih-i thus declared that enlightenment is to be attained in the context of embracing all things. Only this enlightenment is truly infinite.

As the Middle Way is identical with Buddha Nature, it thus also has the above two facets.

Let us now come to the third question. The Middle Way - Buddha Nature was, for Chih-i, the Truth spoken in the context of Perfect Doctrine. He termed the state of this Truth "inconceivable" (*Pu-ssu-i*). This state has to be realized. In this regard Chih-i proposed three philosophical methods, namely, Four Alternatives, Threefold Contemplation and Identification (*chi*). 6 It can be construed that the Four Alternatives are the logical method, through which the inconceivable state of the Middle Way - Buddha Nature becomes intelligible, that the Threefold Contemplation is the manner of seeing things in this state, and that the Identification is the method to see the relationship between the pure and the mundane in this state. All these methods had their origin in Nāgārjuna's *Mādhyamika-kārikā* and the *Ta-chi-tu lun*. Chih-i basically made use of them , with, however, considerable modifications.

Coming to our final question, we want to point out that Chih-i can be related to Mādhyamika in key concepts and philosophical

methods. He was much indebted to Mādhyamika in both of these aspects. But he never hesitated to criticize Mādhyamika and positively propose his own view, particularly in key concepts. His elaboration to replace Mādhyamika's Middle Way with the Middle Way - Buddha Nature is a vivid example. His dissatisfaction with Mādhyamika lays in the conception of the Truth. For him, the Mādhyamika Truth, whether it be Emptiness or the Middle Way, is bound to be detached from the phenomenal world, and thus onesided. He thought that the Truth should be more comprehensive, as to incorporate both the sentient and the non-sentient, the transcendent and the worldly. The development of the Middle Way - Buddha Nature from the Middle Way was based on this consideration. This difference, however, should not be taken as implying that Chih-i parted company with Mādhyamika. As far as fundamental standpoint is concerned, Chih-i did not go so far as to view his Middle Way - Buddha Nature as Substance in a metaphysical sense, which was severely rejected by Nāgārjuna. In coping with the question of the origin of the various things, he made no reference to Buddha Nature at all. Rather, he resorted to the Non-abiding as Root (*Wu-chu pen*), which means the same as Mādhyamika's Emptiness, or non-substantiality. It then seems safe to say that Chih-i's difference from Mādhyamika is a development, rather than a deviation.

3. Scope

As my objective is to work out a solution to our basic questions, it follows that the scope of my study has to be confined to the aspects, the discussions of which are most relevant to the solution. These aspects consist of some key concepts and philosophical methods in the systems of Mādhyamika and Chih-i, including the concepts of the Middle Way, the Middle Way - Buddha Nature, Emptiness, No-emptiness, Nature-Possession (*hsing-chü*), 7 Supreme Truth (*ti-i-i-ti*) and Non-abiding as Root, the logic of Four Alternatives and Identification, and the epistemology of Threefold Contemplation.

The outline of my study is as follows:

Part Ⅰ: Key concepts

1. Chih-i on Mādhyamika doctrine and the Middle Way
2. The permanency of Middle Way - Buddha Nature
3. Middle Way - Buddha Nature embraces all things.

Part Ⅱ: Philosophical Methods

1. The Four Alternatives in Mādhyamika context and Chih-i's use of them
2. Epistemological character of Threefold Contemplation
3. Logical structure of Identification.

Conclusion

Part I will deal with our first and second questions, Part Ⅱ with the third one. The final question will be discussed in the Conclusion.

Thus my study will be a systematic, philosophical comparison of Chih-i and Mādhyamika. There have been numerous studies of Mādhyamika in the West and Japan; there have also been numerous studies of Chih-i in Japan. However, there is yet not a single work which brings these two great philosophies together and makes a serious comparative study of them. Hence there is a need for this study.

4. Sources

My study will be based on two sources, i. e., the Mādhyamika texts and works either written by Chih-i himself, or recorded by his disciple Kuan-ting but reflecting his own thought. The Mādhyamika texts consist of Nāgārjuna's *Chung-lun* (*Madhyamaka-kārikā*) and *Ta-chi-tu lun* (*Mahāprajñāpāramitā-śāstra*), which was traditionally attributed to Nāgārjuna, both being in Kumārajīva's translation. Among them, *Chung-lun* is the crucial text, in which the major Mādhyamika doctrines are seen, and which had tremendous influence on Chih-i. I will basically understand Mādhyamika through this work. As regard the voluminous *Ta-chi-tu lun*, I will merely consult those chapters where a close doctrinal relation between Mādhyamika and Chih-i can be found. They include chapters 11, 27, 31, 32, 33, 42, 55, 61, 71, 84 and 87.

As regards Chih-i's works, the situation is a little complicated. Among the tremendous quantity of works attributed to Chih-i, I will basically make use of those which bear a doctrinal relation to Mādhyamika. Chih-i did not make any direct commentary on the Mādhyamika texts. However, his thoughts, which reveal his relation to Mādhyamika and his standpoint, often appear in a number of works. They include: *Mo-ho chi-kuan*, *Fa-hua hsüan-i*, *Wei-mo-chieh-ching hsüan-su* and *Wei-mo-ching lüeh-su*. *Mo-ho chi-kuan* is most important, in the sense that it represents in a systematic way Chih-i' s most mature thought and covers nearly all the philosophical aspects mentioned above, which we intend to study. Among the twenty chapters of this work, the following ones will particularly attract our attention: 1, 2, 5, 6, 9, 10, 11, 12, 13, 14, 15, and 18.

The following works are also important, in the sense that each of them is particularly informative about one or two of those aspects on Chih-i' s part. To be more specific, it might be construed that *Ssu-chiao i* is informative about Chih-i' s classification of the Buddhist doctrines, *Ssu-nien chu* about Buddha Nature and *Kuan-yin hsüan-i* about the concept of Nature-Evilness (*hsing-o*), which is closely associated with Chih-i' s idea that Buddha Nature embraces all things. Among these works, special attention will be paid to *Ssu-chiao i*, which provides a most detailed and systematic description of Chih-i' s theory of classification of the Buddhist doctrines.

All these works of Chih-i will be examined in my study. In addi-

tion, classical commentaries made by T'ien-t'ai thinkers and scholars will also be used. They include commentaries of Chan-jan, T'i-kuan, Chih-li, etc. These commentaries are contributive in clarifying the exact meaning of Chih-i's concept of "Perfect" (yüan) and his idea that Buddha Nature embraces all things. I will also make reference to the sūtras which are closely related to Chih-i, for example, *Fa-hua ching* (*Saddharma-puṇḍarīka-sūtra*) and *Wei-mo ching* (*Vimalakīrti-nirdeśa-sūtra*). Particular attentions will be paid to chapters 2, 3, 4, 5, 7 and 16 of the *Fa-hua ching*, which deal with the concept of "Expedience" (*fang-pien*), and chapter 7 of the *Wei-mo ching*, which expresses the concept of Non-abiding as Root. These two concepts are important in understanding Chih-i's thought.

5. Method of Study

There are close textual relations between Chih-i and Mādhyamika. For example, Chih-i frequently quoted the *Chung-lun* and *Ta-chi-tu lun* in his works. There are also deep theoretical relations between these two systems of thoughts. In many of Chih-i's crucial doctrines, such as the Threefold Contemplation and Four Alternatives, one can easily find impressive Mādhyamika traces. Even the concept of Middle Way-Buddha Nature, though articulated in a different dimension, embraces the meaning of transcending all ex-

tremes, which is the major content of Nāgārjuna' s Middle Way.

"Textual relations" implies a method based on textual study; whereas "theoretical relations" implies a method based on conceptual analysis. Conceptual analysis is the study of concepts in which one does not confine oneself to textual data, but penetrates deeper in order to discover the meaning that lies behind. To give an example, for the interpretation of the concept of the Middle Way, there are the Indian original expression "no-being no-nothing" and the Chinese one "no-being no-emptiness". Textually speaking, it is correct to say that the Chinese interpretation does not correspond to the Indian one, because "no-emptiness" is not "no-nothing". However, when we go further and reason that both the Indians and Chinese wanted to reveal through these expressions the state of transcending all extremities, represented by "being" and its opposite, whether it be "nothing" or "emptiness", the picture is different. We cannot say that the Chinese misinterpreted the concept of Middle Way. Indeed both expressions aim at the same goal, which is the revelation of the transcendent character of the concept. This sort of reasoning I regard as conceptual analysis.

In my study both methods will be adopted, with, however, more stress laid on conceptual analysis.

NOTES

(1) In the development of Buddhism in China, it was necessary to

reconcile and integrate the different and even contradictory doctrines transmitted from India, so that they could all be regarded as true teachings of the Buddha. This was usually done by classifying the doctrines and viewing them as instructed by the Buddha to different listeners, through various methods and on different occasions. This sort of work is called "classification of the Buddhist doctrines."

(2)Emptiness in Buddhism signifies the Supreme Truth of non-substantiality of the phenomena.

(3)The Four Alternatives were regarded by the Mādhyamika School as logical forms, through the negation of which the Truth could be attained.

(4)Buddha Nature is understood in the *Mahāparinirvāṇa-sūtra* as a universal endowment of every sentient being. It is the basis of the attainment of Buddhahood or enlightenment.

(5)The Threefold Contemplation consists of Contemplation of Emptiness (*k'ung-kuan*), Provisional Contemplation (*chia-kuan*) and Middle Contemplation (*chung-kuan*). In this Threefold Contemplation, one sees the three aspects of Truth, namely, Emptiness, Provisionality and the Middle Way, simultaneously.

(6)That is, the identification of *Nirvāṇa* and *Saṃsāra*. For the Buddhists, *Nirvāṇa* denotes the world of absolute purity, whereas *Saṃsāra* denotes the world of life and death.

(7)This is Chih-i's concept, signifying that Buddha Nature embraces all things.